全国船舶工业职业教育教学指导委员会推荐教材

U0868828

船舶结构与强度

（第2版）

主　编　刘　旭

副主编　孙程程

主　审　刘向东

哈爾濱工程大學出版社

Harbin Engineering University Press

内容简介

本书以项目化课程标准为标准，并征求了企业意见，围绕典型工作任务，由教师、行业专家及企业工程技术人员共同编写而成。

本书共分为10个项目，从单跨梁的弯曲理论、力法、位移法、能量法、稳定性、有限元法基础等10个大方面进行了编写。本书本着"理实一体、工学结合"的方针，将关键知识分解为单个任务，针对每个任务配有相应的学习任务单、典型案例、任务测试，使学生在教师的引导下在完成任务的同时即完成了对知识的学习。

本书可作为高等职业院校船舶工程技术专业教材，同时也可供船舶与海洋工程专业学生及有关专业技术人员参考。

图书在版编目(CIP)数据

船舶结构与强度/刘旭主编. —2版. —哈尔滨：哈尔滨工程大学出版社，2021.6

ISBN 978-7-5661-3061-7

Ⅰ.①船… Ⅱ.①刘… Ⅲ.①船体结构 ②船体强度 Ⅳ.①U663

中国版本图书馆CIP数据核字(2021)第112357号

船舶结构与强度(第2版)

CHUANBO JIEGOU YU QIANGDU(DI 2 BAN)

选题策划 史大伟 薛 力
责任编辑 张 彦 马毓聪
封面设计 博鑫设计

出版发行 哈尔滨工程大学出版社
社　　址 哈尔滨市南岗区南通大街145号
邮政编码 150001
发行电话 0451-82519328
传　　真 0451-82519699
经　　销 新华书店
印　　刷 哈尔滨市石桥印务有限公司
开　　本 787 mm×1 092 mm 1/16
印　　张 19.25
字　　数 508千字
版　　次 2021年6月第1版
印　　次 2021年6月第1次印刷
定　　价 52.00元
http://www.hrbeupress.com
E-mail:heupress@hrbeu.edu.cn

前　言

本书共分为10个项目，从单跨梁的弯曲理论、力法、位移法、能量法、稳定性、有限元法基础等10个大方面进行了编写。本书本着“理实一体、工学结合”的方针，将关键知识分解为单个任务，针对每个任务配有相应的学习任务单、典型案例、任务测试，使学生在教师的引导下在完成任务的同时即完成了对知识的学习。

本书以项目化课程标准为标准，并征求了企业意见，围绕典型工作任务，由教师、行业专家及企业工程技术人员共同编写而成。本书具有以下几个突出的特点。

（1）分析船舶工程技术专业毕业生的职业岗位能力，基于船舶生产工作岗位，与行业和企业专家共同分析职业能力，选择教材的学习内容；根据船舶工程技术专业培养目标，瞄准职业岗位工作任务，基于工作过程和工作任务进行内容的编写。

（2）围绕典型工作任务的工作过程，对教学内容进行改革和重新组合，突出内容的针对性和适用性；突出工学结合特点，由教师和企业专家共同建设，在内容上体现出行业、企业发展和岗位工作任务的知识、能力和素质要求。

（3）在编写过程中充分考虑了高职教育的特点，注重学生的认知规律和接受能力，尽量回避艰深的理论推导，着重介绍一些基本的、实用的理论与方法；知识内容组织条理清晰，由浅入深，由简到繁，并列举大量典型案例，力求让学生产生专业兴趣。

（4）在船舶结构力学方面，介绍了经典的单跨梁的弯曲理论、力法、位移法及能量法，考虑到船舶结构计算的实际情况，还介绍了稳定性和有限元法基础；在船舶强度方面，介绍了船舶静置在波浪上的剪力与弯矩计算、总纵强度计算等的基本理论与计算方法；在船体结构设计方面，介绍了船体型材剖面设计和船体结构规范设计。

本书的绪论、项目1、项目2由渤海船舶职业学院孙程程编写，项目3、项目4由江苏省无锡交通高等职业技术学校魏斌编写，项目5由渤海船舶职业学院王璞编写，项目6由上海华润大东船务工程有限公司丁微微编写，项目7由渤海船舶职业学院程相茹编写，项目8由渤海船舶职业学院陈宏宇编写，项目9、附录由渤海船舶职业学院黄晓雪编写，项目10由渤海船舶职业学院刘旭编写。全书由刘旭担任主编，孙程程担任副主编，渤海船舶职业学院刘向东担任主审。

本书在编写过程中得到了众多专家、同行的帮助和支持，在这里致以深切的谢意。由于编者学识水平和教学经验有限，书中有些问题可能考虑不周，疏漏与错误之处在所难免，竭诚欢迎广大专家和读者批评指正。

编　者

2021年4月

目　　录

绪　论

一、船舶强度问题综述

船舶是一个复杂的水上工程建筑物。它航行于江河湖海，担负着运输、生产、战斗及其他各种任务。为了保证船舶能很好地完成上述任务，船舶应具有良好的航行性能、工作性能，并具有一定的强度。

船舶具有一定的强度，是指船体结构在正常的使用过程和一定的使用年限中具有不被破坏或不发生过大变形的能力，以保证船舶能正常地工作。由于一般船舶的经常工作状态是航行状态，因此设计人员应首先保证船舶处于航行状态时有足够的强度。

所谓结构物的强度问题，是指根据作用于结构物上的外力（包括主动力和约束反力），按照一定的计算方法和程序，确定出结构物中危险截面处的应力 σ，然后将此应力与许用应力$[\sigma]$相比较（$[\sigma]$由多种因素确定，如外载荷的可靠性、计算方法的合理性、结构物的使用年限以及结构材料的均匀性等）。若 $\sigma \leqslant [\sigma]$，则结构物的强度是足够的；反之，结构物将遭到破坏。

船在海洋中航行，它所受到的外力是相当复杂的。这些外力除了因船的载重和装备等产生重力以外，主要就是水作用于船体的力。除非船是静置于水中的，否则船受到的力总是动力。动力包括水动压力、冲击力以及船在运动中的惯性力，等等。这些力显然取决于海面的情况和波浪的大小（即所谓环境条件），并且是随机性的，这样就使得船体外力的确定显得相当复杂。

尽管如此，人们通过长期的生产实践，分析了船体受力和变形的主要特征，认为在考虑船体强度问题时，首先把整个船体当作一根梁来研究是合理的。这时将船，或者如一些文献中所说，将船体梁静置于静水中或波浪中，计算沿船纵向（船长方向）分布的重力与浮力作用下其弯曲变形与应力。这种将船作为一个整体来研究的强度问题就叫作船体的总纵强度（或简称为总强度）问题，长期以来，总强度一直是船体强度校核的主要方面。

除了总强度以外，船体的横向构件（如横梁、肋骨、肋板等）及船体的局部构件（如船底板及底纵桁等）也会因局部载荷而发生变形或受到破坏，因此也需研究这些横向构件或局部构件的强度问题。这类问题通常称为横向强度问题或局部强度问题，以便与前述的总纵强度问题有所区别。

然而，把船舶静置于波浪上，按梁的弯曲理论来研究船舶总纵强度是初步的。随着时间的推移和对总强度认识的逐步深入，人们发现，为了使船体强度的计算更接近于实际，更趋于完善，还需讨论和研究一些其他与强度有关的问题。

首先，应讨论结构物的稳定性问题。随着船舶尺度的增加，人们发现船在总弯曲时船体的受压构件（主要是处于中垂状态的上层甲板）常常会在较小的应力下因为受压过度而丧失稳定性，这样就大大降低了船体抵抗总弯曲的能力。因此在总强度计算的同时，稳定性问题就被提了出来。也就是说，在研究船体总强度的时候，必须要考虑受压构件是否有失稳现象，并要分析构件失稳后的应力再分配问题，这样才能正确地反映船体总的承载能力。

其次，应讨论扭转强度问题。船在航行时，并不总是正对着波浪的运动方向，经常会有船与波浪斜交的情况。船在斜浪上航行，就会导致船体发生扭转，因此也就需要讨论船体的扭转强度问题。尤其是对那些抗扭刚度较低的船体（如大开口驳船、舱口特别大的集装箱船）来说，对扭转强度的研究十分必要。

最后，应研究应力集中等问题。应力集中是由船体结构不连续引起的。舱口角隅、船体上层建筑的端部、内河船舷侧开的波门及其他结构不连续的地方也都会发生应力集中。所以，应力集中问题及上层建筑问题（又称间断构件问题）都是船体强度问题所包含的内容。再加上波浪外力、船体振动、造船材料强度及船体低周疲劳等问题，船体强度问题所包含的内容就相当广泛了。

综上所述，船体强度问题包括总强度、局部强度、稳定性、扭转强度和应力集中等问题，船舶必须具有一定的强度和刚度。

随着造船实践经验的积累和对船体强度问题研究的日益深入，逐渐形成了专门研究船体强度的科学，即“船体强度”。为了保证船体的强度，必须根据作用于船体或各个构件上的载荷大小以及《船舶建造规范》的要求来确定船体构件的最佳尺度，这又是“船体结构设计”的内容。要想具有对船体结构进行校核和进行船体结构设计的能力，就离不开“船舶结构力学”，所以“船舶结构力学”又是“船体强度”和“船体结构设计”的基础。“船舶结构与强度”是专门研究船体强度与结构设计的科学，它包括船体外力的确定、船体结构在外力作用下的反应（即内力）研究、许用应力的确定、船体强度校核以及船体构件尺度的确定等一系列内容。

二、船舶结构力学的研究方法

为了进行结构计算，分析结构的应力与变形，一般都要对实际结构进行一些简化，即把实际的结构图形简化为便于力学计算的理想化图形（或叫作力学模型），然后选用适当的计算方案和方法进行计算，得出计算结果，并在实践中检验计算结果的准确性。这是一般结构力学所采用的共同的方法。

在船舶结构力学中，人们也是根据需要与可能，对实际船体结构先进行简化，再进行分析和计算。如前所述，船舶结构力学主要研究船体中板和骨架的强度计算问题，或者说研究甲板、舷侧、船底及舱壁等结构的强度计算问题。传统的船体结构计算方法如下：

（1）将总强度问题与横向强度或局部强度问题分开考虑，必要的时候再把它们的结果叠加起来；

（2）在研究横向强度或局部强度问题时，常把空间结构拆成平面结构来考虑，如甲板部分、舷侧部分、船底部分和舱壁部分都可以当作平面结构；

（3）在计算板时，可把骨架分开，同时把骨架视为对板的支撑；

（4）在研究骨架时，将骨架和与之相邻的一部分板一起考虑。

事实上，船体的总强度问题与局部强度问题是同时存在的，船体中的板和骨架也是连在一起的，将它们人为地分开考虑，主要是由于受到计算方法和计算技术的限制，具有一定的近似性。随着计算机和有限元法的发展，计算方法有了很大改进，传统做法中的很多限制可以去除，从而使得结构计算更加精确，更为切合实际。今后船体结构的计算方法将如下：

(1)可以将总强度问题与横向强度或局部强度问题一起考虑,即在确定了船体整个受力情况的前提下,可将船体各组成结构中的应力与变形一起计算出来;

(2)可以直接计算空间结构,无须将空间结构化为平面结构;

(3)可以不将骨架和板分开,而将骨架和板一起考虑。

三、船舶强度计算方法

1. 一般强度问题的计算方法

(1)确定作用于结构上的外力;

(2)计算结构中的应力和变形;

(3)将计算值与规定的许用值相比较。

2. 船舶总纵强度的计算方法

(1)确定各类纵向构件的总纵弯曲应力 σ_1。

①根据重力分布曲线及静水中的浮力分布曲线,求得静水中的弯矩和剪力;

②计算中拱和中垂状态下的波浪附加弯矩和波浪附加剪力;

③作①求得的静水中的弯矩和②求得的波浪附加弯矩的代数和,得到中拱和中垂状态下船体梁截面的计算弯矩;

④计算所选校核截面的静矩、中和轴的位置、惯性矩,进而求得各类纵向构件的抗弯剖面模数;

⑤将③求得的计算弯矩除以④中的相应纵向构件的抗弯剖面模数,求得各类构件的总纵弯曲应力 σ_1。

(2)确定各类构件的局部弯曲应力 σ_2、σ_3 和 σ_4。

①在确定横向载荷的条件下,计算板架的弯曲应力 σ_2;

②在确定横向载荷的条件下,计算纵骨的弯曲应力 σ_3;

③在确定横向载荷的条件下,计算板格的弯曲应力 σ_4。

(3)按照下述公式算得各类构件的总应力,并与相应的许用应力相比较。

$$\sigma_{板} = \sigma_1 + \sigma_2 + \sigma_3 + \sigma_4 \text{(板架为纵骨架式时)}$$

$$\sigma_{板} = \sigma_1 + \sigma_2 + \sigma_4 \text{(板架为横骨架式时)}$$

$$\sigma_{纵桁} = \sigma_1 + \sigma_2$$

$$\sigma_{纵骨} = \sigma_1 + \sigma_2 + \sigma_3$$

四、船体结构的设计方法

船体结构的设计,通常采用强度标准设计与建造规范设计两种方法。

强度标准设计方法又称计算设计方法,其实质就是依据规定的外力和内力计算方法以及强度标准,选择适当的结构形式和构件尺寸。它的计算量较大,但随着计算机的应用和优化理论的发展,强度标准的计算过程加快了,使得船体结构的优化设计成为可能。

建造规范设计方法把钢船建造规范对船体强度的要求,对结构布置、钢材性质和构件尺寸的规定作为设计的准则,也就是把船舶入级的检验准则作为船体结构设计的最低要求来完成结构设计。用建造规范设计方法设计船体结构时,根据船舶的主尺度以及它们和结构布置的关系,就能从规范中查得构件尺寸或构件所要求的剖面模数的简化计算公式,从而通过计算求得构件尺寸和连接形式。例如,中国船级社(China Classification Society,CCS)

的《钢质海船入级有新的年限规范》规定水密肋板加强筋的剖面模数[W]应不小于按下式计算所得之值：

$$[W] = 5.5shl^2 \quad (\text{cm}^3)$$

式中 s——加强筋间距，m；

h——由内底板到溢流管顶的垂直距离，m；

l——加强筋跨距，即实取的双层底高度，m。

经计算求得[W]之值后，再按强度条件 $W \geqslant [W]$ 就可以设计出水密肋板加强筋的剖面尺寸。

这样的设计是方便、实用的，但设计的合理程度主要取决于规范拟定的水平。因此，应不断地根据科学的新发展和积累的新经验对规范加以补充和修订。我国的钢船建造规范经过多次修订，拟定的水平在不断提高。

项目1　单跨梁的弯曲理论

【项目描述】

受外力作用而发生弯曲的杆件叫作梁,在工程结构中梁是最常见的构件。如果仅在梁的两端有支座支持,那么这种梁叫作单跨梁。悬臂梁也属于单跨梁,虽然它只有一端有支座,但它是单跨梁的一种特殊情况。

船的骨架是一个复杂的杆件系统。在大多数情况下,骨架在外力作用下将发生弯曲变形,因此组成骨架的各杆件都可看作梁。在分析杆件系统的时候,总是要把它拆为一根根的杆件来进行研究,显然这拆开后的每一根杆件都是单跨梁。因此,单跨梁的弯曲研究是船体骨架研究的基础,具有特别重要的意义。

【项目目标】

1. 知识目标

(1)掌握梁在各种载荷作用下的剪力与弯矩的表达式;

(2)掌握梁的弯曲微分方程及其解;

(3)掌握梁的弯曲要素表并了解其应用。

2. 能力目标

(1)能够正确绘制梁在各种载荷作用下的剪力图与弯矩图;

(2)能够正确求出梁的变形与应力。

3. 素质目标

(1)具有严谨细致、认真负责的工作态度;

(2)具有正确的思维方式;

(3)具有分析问题、解决实际问题的能力。

【学习任务】

1. 单跨梁的剪力图与弯矩图;

2. 梁的弯曲微分方程及其解;

3. 梁的弯曲要素表及其应用。

【相关知识】

根据单跨梁的支座反力是否能够通过静力平衡方程求出,可以将单跨梁分为静定单跨梁和静不定单跨梁。如果单跨梁的支座反力能够通过静力平衡方程求出,即为静定单跨梁,如图1-1(a)所示;反之为静不定单跨梁,如图1-1(b)和(c)所示。建立静力平衡方程的条件是所有外力在坐标轴上的投影之和等于零,所有外力对任意一点的弯矩之和等于零。

研究单跨梁的弯曲问题,就是在已知梁的尺寸、梁端的约束情况和梁上外力的条件下,求出梁弯曲时的变形和应力。如果梁仅受到垂直于梁轴线的载荷(称为横向载荷)作用,这种梁的弯曲叫作单跨梁的简单弯曲；有时梁不仅受到垂直于梁轴线的载荷作用，同时还受到沿着梁轴向的载荷（称为纵向载荷）作用，这种梁的弯曲叫作单跨梁的复杂弯曲，如图 1－2 所示。

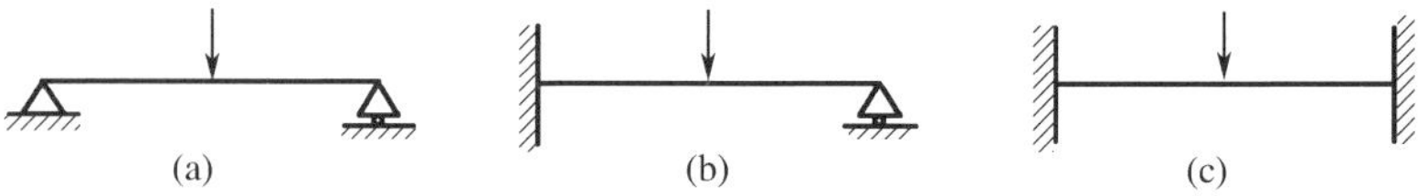

图 1－1　单跨梁

在单跨梁的弯曲理论中对坐标系是这样规定的：假设梁有一个纵向对称面，则 x 轴在梁的纵向对称面与中性层的交线上，向右为正；y 轴与 x 轴成直角，向下为正；z 轴与 x、y 轴组成右手坐标系统，如图 1－3 所示。

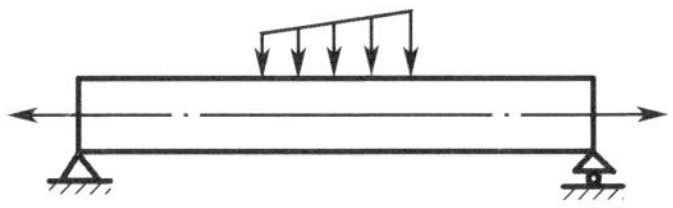
图 1－2　单跨梁的复杂弯曲

梁在受到横向载荷作用时，将发生弯曲变形，梁上任意一点的垂向位移称为该点的挠度，用字母 ν 表示；梁上某平断面在梁弯曲变形后仍为平断面，其转过的角度称为该断面的转角，用字母 θ 表示；梁上任意一点处断开时将有内力弯矩和剪力，分别用字母 M 和 N 表示。在单跨梁的弯曲理论中规定挠度向下为正，反之为负；转角顺时针为正，反之为负；弯矩在梁的左断面上时逆时针为正，在梁的右断面上时顺时针为正，反之为负；剪力在梁的左断面上时向下为正，在梁的右断面上时向上为正，反之为负（图 1－4）。

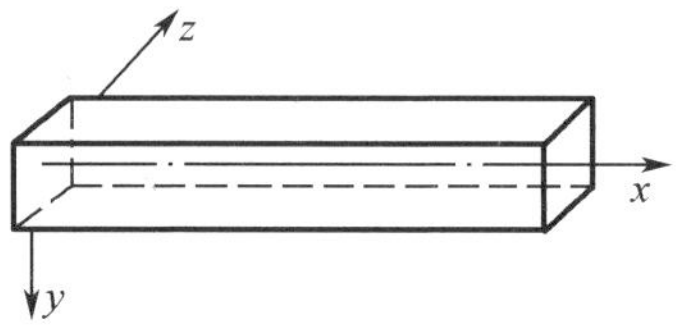

图 1－3　坐标系

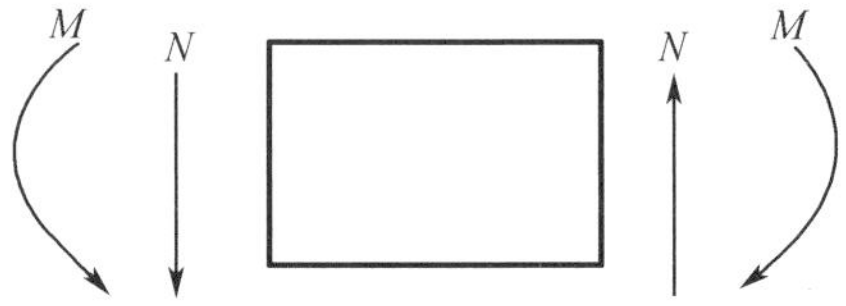

图 1－4　内力弯矩和剪力正号方向

梁受横向载荷作用时的剪力图与弯矩图是计算梁断面上应力的依据。当梁上的载荷比较复杂时，有多种梁的剪力图与弯矩图的画法。在材料力学中多数是根据剪力方程与弯矩方程，或根据载荷、剪力与弯矩三者之间的微积分关系来画剪力图与弯矩图的。而在结构力学中一般是采用“叠加法”来画剪力图与弯矩图的。梁在线弹性变形范围内发生变形时，要画出多载荷作用下的梁剪力图与弯矩图，可先分别画出各个载荷单独作用时的剪力图与弯矩图，然后把这些图形叠加起来，就得到了此梁在这几个载荷共同作用下的剪力图与弯矩图。叠加法画剪力图与弯矩图既简便又快捷，目前在工程上被广泛采用。下面先画出几个常见的简单载荷作用下的梁的剪力图与弯矩图，然后论述用叠加法画多载荷作用下梁的剪力图与弯矩图的方法。

【任务实施】

任务 1.1　单跨梁的剪力图与弯矩图

【学习任务单】

学习领域	船舶结构与强度	
项目 1	单跨梁的弯曲理论	学时
学习任务 1	单跨梁的剪力图与弯矩图	
任务描述	任务导入： 图 1－5 是梁在集中力作用下的剪力图与弯矩图；图 1－6 是梁在均布载荷作用下的剪图和弯矩图；图 1－7 是梁在单弯矩作用下的剪力图与弯矩图；图 1－8 是梁在双弯矩作用下的剪力图与弯矩图；图 1－9 是梁在多个载荷共同作用下的剪力图与弯矩图。通过对单跨梁的剪力图与弯矩图的学习，分别绘制梁在简单载荷和多个载荷作用下的剪力图与弯矩图。 学习步骤： (1)根据静力平衡方程求出支座反力； (2)根据静力平衡方程求出剪力与弯矩的表达式； (3)根据剪力与弯矩的表达式画出剪力图与弯矩图	
任务要求	技能要求： (1)能够根据单跨梁的受力情况建立静力平衡方程； (2)能够根据静力平衡方程求出剪力与弯矩的表达式，并画出剪力图与弯矩图； (3)能够根据掌握的剪力图与弯矩图绘制方法解决实际工程中遇到的问题。 职业素质要求： (1)具有分析问题、解决实际问题的能力； (2)具有责任意识和敬业精神； (3)具有迎接挑战的意识	
学习资源	教材、教学课件、图片	

【典型案例】

新疆下坂地移民公路跨库大桥

新疆下坂地移民公路跨库大桥，是下坂地水库修建完成后塔什库尔干县板地乡、瓦恰乡、马尔泽乡与外界联系的交通要道。大桥设计高程 2 968 m，桥长 408 m。5 跨 1 联，共 2 联，单跨 40 m。

【知识要点学习】

1.1.1　梁在简单载荷作用下的剪力图与弯矩图

梁在简单载荷作用下的剪力图与弯矩图的画法十分简单：首先，去掉单跨梁两端的支座，加上支座反力，根据静力平衡方程求出支座反力；然后，选取研究对象，在 x 点将单跨梁断开加上剪力与弯矩，建立静力平衡方程，根据静力平衡方程求出剪力与弯矩的表达式；最后，根据剪力与弯矩的表达式画出剪力图与弯矩图。下面给出四种常见载荷作用下梁的剪力图与弯矩图。

(1)简支梁，中点受到集中力 P 的作用(图 1－5)；

(2)简支梁，全长受到均布载荷 q 的作用(图 1－6)；

(3)简支梁，左端受到集中弯矩 m 的作用(图 1－7)；

(4)简支梁，两端受到集中弯矩 m_1 和 m_2 的作用(图 1－8)。

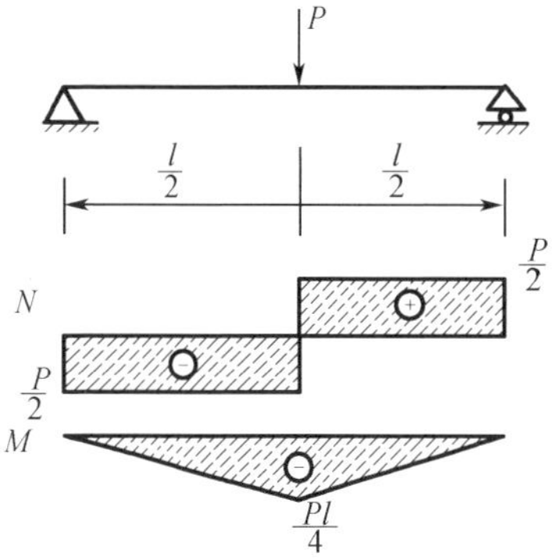

图 1－5　梁在集中力作用下的剪力图和图弯矩

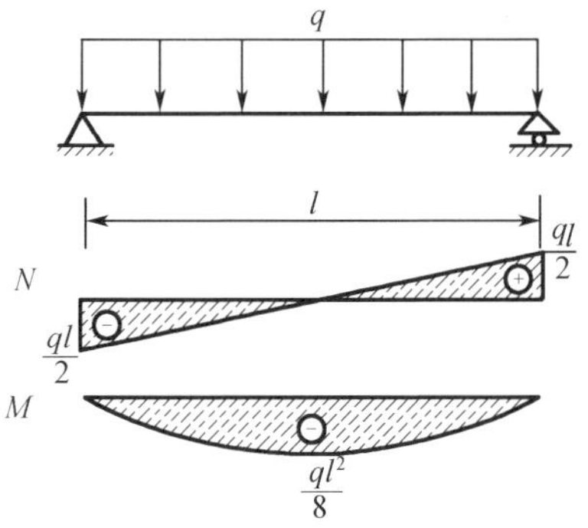

图 1－6　梁在均布载荷作用下的剪力图与弯矩图

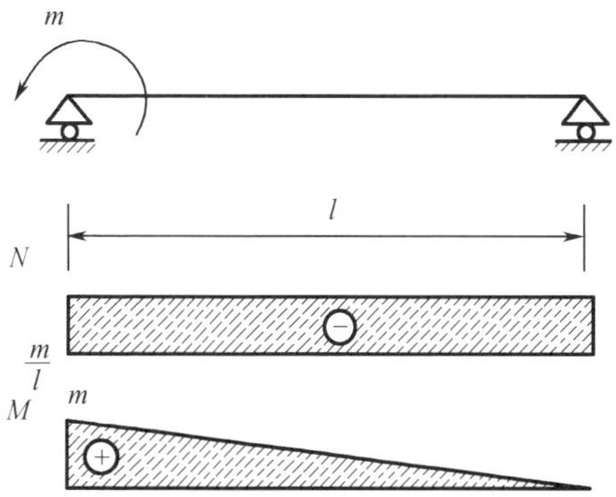

图 1－7　梁在单弯矩作用下的剪力图与弯矩图

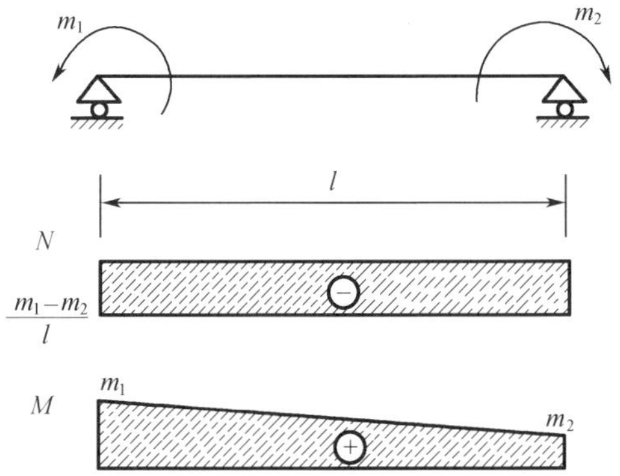

图 1－8　梁在双弯矩作用下的剪力图与弯矩图

1.1.2　梁在多个载荷作用下的剪力图与弯矩图

前已述及，在船舶结构力学中对于梁受多个载荷共同作用时的剪力图与弯矩图通常是用叠加法来画的。叠加法是基于梁在线弹性范围内的变形规律建立起来的(所谓线弹性是指材料符合胡克定律，杆件在小变形范围内发生变形)。当梁在线弹性范围内变形时，梁的弯曲要素与梁上的载荷成正比，或者说呈线性关系。这样，如果梁受到多个外力共同作用，各个外力所引起的弯曲要素是各自独立、互不影响的，于是就可以用所谓的“叠加原理”来进行计算，即梁受多个外力共同作用时的弯曲要素，可以先分别计算各外力单独作用时的弯曲要素，然后求其代数和而得到。叠加法应用在剪力图与弯矩图上的绘制就是：先分别作出各外力单独作用时的剪力图与弯矩图，然后将它们叠加，同号图形相加，异号图形相减，便得到多个外力共同作用时的剪力图与弯矩图。

例 1－1　一个两端铰支的单跨梁，全长受有均布载荷 q，中点受有集中力 $P=ql$，如图 1－9(a)所示。作此梁的剪力图与弯矩图。

解　本例中梁所受的载荷有两种，一种是集中力 P，另一种是均布载荷 q，因此先分别画出集中力 P 单独作用时梁的剪力图与弯矩图(图 1－9(e))，以及均布载荷 q 单独作用时梁的剪力图与弯矩图(图 1－9(f))，然后将图形叠加起来得到两种载荷共同作用时梁的剪力图与弯矩图(图 1－9(d))。在画两种载荷共同作用时梁的剪力图时，可以先画好集中力 P 单独作用时梁的剪力图，然后把均布载荷 q 单独作用时梁的剪力图叠加上去；也可以先画好均布载荷 q 单独作用时梁的剪力图，然后把集中力 P 单独作用时梁的剪力图叠加上去。在叠加图形时，通常先画较简单的图形，然后将较复杂的图形叠加上去；另外，在画图时还要注意正负号，同一符号的图形应该相加，不同符号的图形应该相减。弯矩图的叠加方法与剪力图的叠加方法类似。

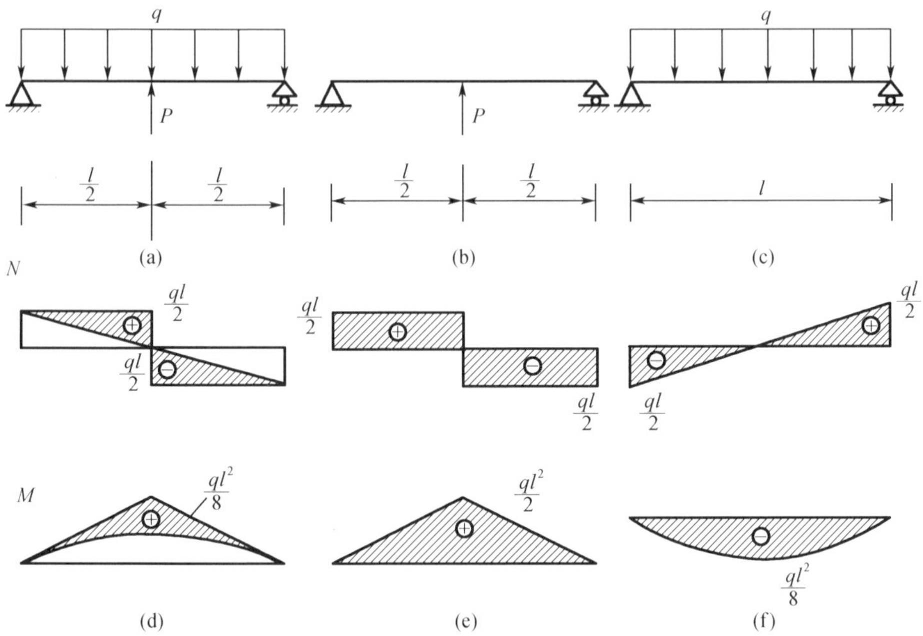

图 1－9　叠加法画梁的剪力图与弯矩图

例 1－2　两端铰支的单跨梁，中点受有集中力 P，左端受有集中弯矩 $m=0.1Pl$，如图 1－10(a)所示。作此梁的剪力图与弯矩图。

解　作图过程同例 1－1，这里不再叙述。图 1－10(b)为该梁的剪力图，图 1－10(c)为该梁的弯矩图。

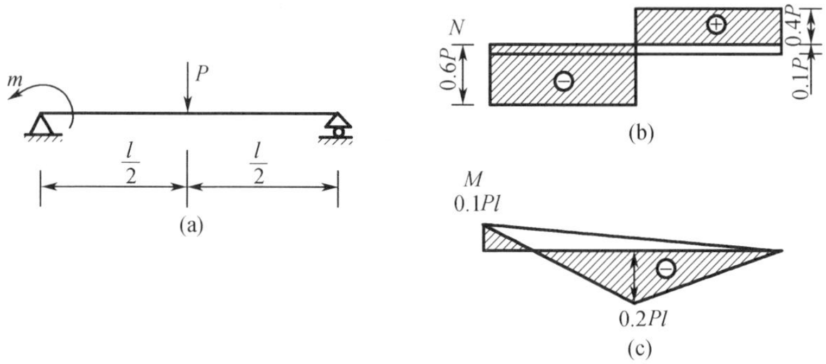

图 1－10　叠加法画剪力图与弯矩图

【任务测试】

1. 什么是单跨梁?

2. 用叠加法作习图 1－1 中单跨梁的剪力图与弯矩图,图中的各量均为已知。

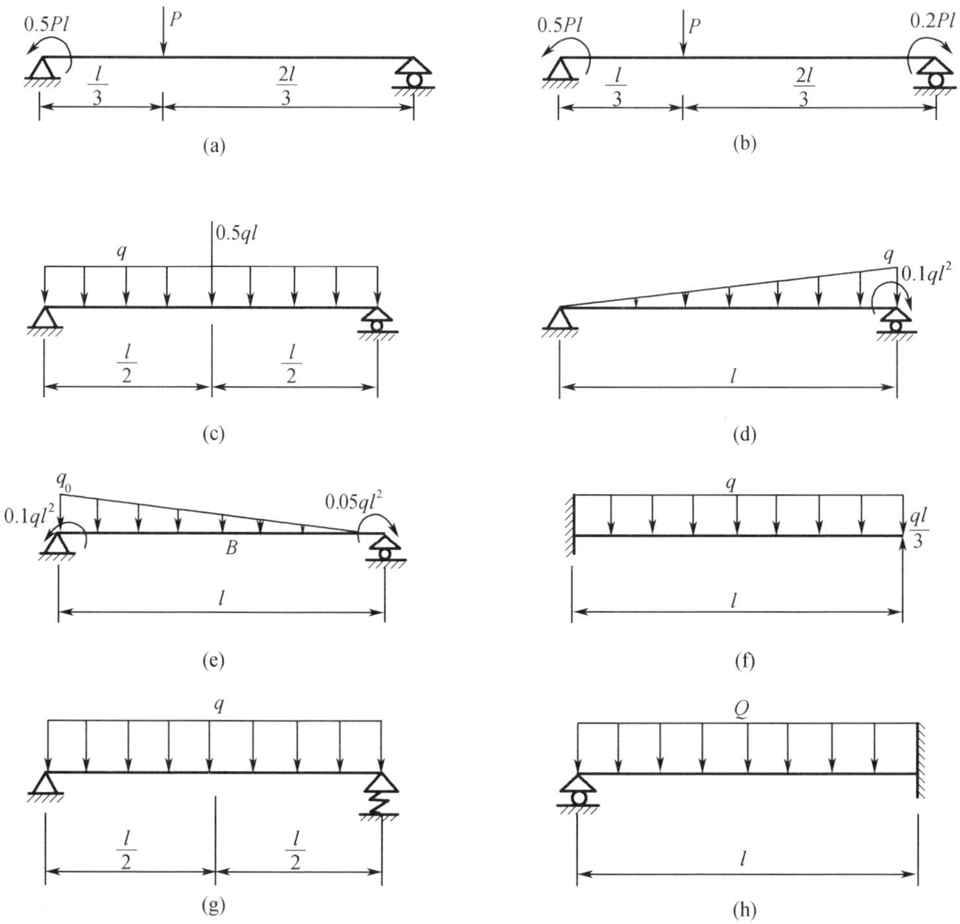

习图 1－1

任务 1.2 梁的弯曲微分方程及其解

【学习任务单】

学习领域	船舶结构与强度	
项目 1	单跨梁的弯曲理论	学时
学习任务 2	梁的弯曲微分方程及其解	
任务描述	任务导入： 研究单跨梁的弯曲问题，就是在已知梁的几何尺寸、梁的支持情况及梁上外载荷的条件下，求出梁的变形与应力。本任务通过分析集中力作用下的单跨梁、弯矩作用下的单跨梁、分布载荷作用下的单跨梁及多种载荷作用下的单跨梁，求取梁的弯曲微分方程及其解。 学习步骤： (1)根据梁的挠度与断面上弯矩间的关系确立微段的静力平衡方程； (2)根据微段的静力平衡方程求出梁的弯曲微分方程； (3)利用“初参数法”求解梁挠曲线方程	
任务要求	技能要求： (1)能够根据梁的挠度与断面上弯矩间的关系确立微段的静力平衡方程，进而导出梁的弯曲微分方程； (2)能够利用“初参数法”求解梁挠曲线方程； (3)能够根据梁的弯曲微分方程解决实际工程中遇到的问题。 职业素质要求： (1)具有分析问题、解决实际问题的能力； (2)具有责任意识和敬业精神； (3)具有迎接挑战的意识	
学习资源	教材、教学课件、图片	

【典型案例】

武夷山公馆大桥垮塌事故

2011 年 7 月 14 日上午，一辆旅游大巴车坠入桥下，当场造成 1 人死亡，22 人受伤，受伤人员已全部送往当地医院救治。

据通报，专家组通过现场勘查、查阅相关资料，对事故原因形成了初步意见，严重超载超限车辆是造成桥梁破坏的主要原因。该桥设计荷载为汽 – 20、挂 – 100。当桥梁荷载超过设计荷载或多部超载车上桥时，将导致吊杆产生强度破坏或疲劳损伤，长期超载运行将最终导致破坏。

【知识要点学习】

1.2.1 梁的弯曲微分方程

单跨直梁在横向外载荷的作用下将发生弯曲，由材料力学知识可知，在符合平断面假设与梁在线弹性变形范围内发生变形的条件下，梁的挠度与断面上弯矩间的关系为

$$EI\frac{d^2\nu}{dx^2}=M \tag{1-1}$$

为了建立梁上外载荷与挠度之间的关系，需进一步研究梁的平衡。先在梁上受有分布载荷的部分中取出一长度为 dx 的微段，如图 1－11 所示，作用在微段上的分布载荷为 $q\mathrm{d}x$，微段的两个断面上分别作用有弯矩 M、$M+\mathrm{d}M$ 和剪力 N、$N+\mathrm{d}N$，图中弯矩和剪力的方向都是规定的正向。列出微段的静力平衡方程：

$$N+q\mathrm{d}x-(N+\mathrm{d}N)=0$$

$$M+N\mathrm{d}x+\frac{1}{2}q(\mathrm{d}x)^2-(M+\mathrm{d}M)=0$$

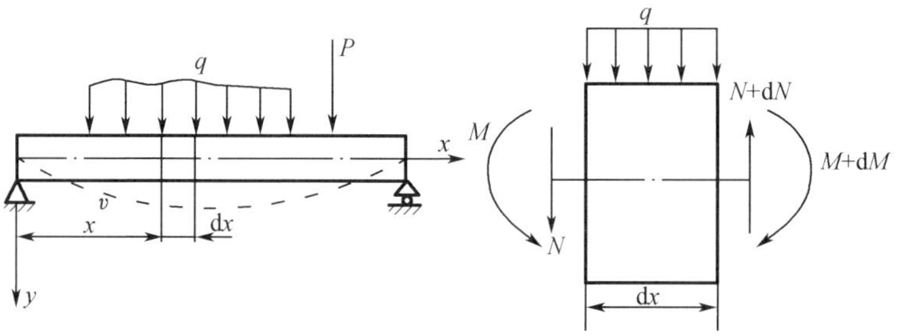

图 1－11 单跨梁受力情况

整理这两式，并略去高阶小量后可得

$$\frac{\mathrm{d}N}{\mathrm{d}x}=q,\frac{\mathrm{d}M}{\mathrm{d}x}=N \tag{1-2}$$

将式(1－1)代入式(1－2)中，得

$$\frac{\mathrm{d}}{\mathrm{d}x}\left(EI\frac{\mathrm{d}^2\nu}{\mathrm{d}x^2}\right)=N \tag{1-3}$$

及

$$\frac{\mathrm{d}^2}{\mathrm{d}x^2}\left(EI\frac{\mathrm{d}^2\nu}{\mathrm{d}x^2}\right)=q \tag{1-4}$$

式中 E——材料的弹性模量；

I——断面惯性矩；

M——断面上的弯矩；

N——断面上的剪力；

q——作用在梁上的分布载荷；

ν——梁上点的挠度。

式(1－4)就是梁的弯曲微分方程。

1.2.2　梁的弯曲微分方程的解

如果梁的材质是均匀的，并且梁是等断面的，则材料的弹性模量 E 和断面惯性矩 I 为常量，那么梁的弯曲微分方程式(1－4)就变为

$$EI\nu^{\mathrm{IV}} = q \tag{1-5}$$

式(1－5)是一个简单的四阶常微分方程，通过逐次积分可得到梁的剪力、弯矩、转角和挠度等四个弯曲要素。现逐次积分如下：

$$EI\nu''' = \int_0^x q\mathrm{d}x + A = N \tag{1-6}$$

$$EI\nu'' = \int_0^x \int_0^x q\mathrm{d}x^2 + Ax + B = M \tag{1-7}$$

$$\nu' = \frac{1}{EI}\int_0^x \int_0^x \int_0^x q\mathrm{d}x^3 + \frac{Ax^2}{2EI} + \frac{Bx}{EI} + C = \theta \tag{1-8}$$

$$\nu = \frac{1}{EI}\int_0^x \int_0^x \int_0^x \int_0^x q\mathrm{d}x^4 + \frac{Ax^3}{6EI} + \frac{Bx^2}{2EI} + Cx + D \tag{1-9}$$

式中，A、B、C、D 为积分常量。

设梁的左端，即 $x=0$ 处的四个弯曲要素值为 ν_0、θ_0、M_0 及 N_0，称为初参数，那么由式(1－6)至式(1－9)可以得到

$$A = N_0, B = M_0, C = \theta_0, D = \nu_0$$

因此，可将梁的挠曲线方程式(1－9)改写成

$$\nu = \frac{1}{EI}\int_0^x \int_0^x \int_0^x \int_0^x q\mathrm{d}x^4 + \frac{N_0x^3}{6EI} + \frac{M_0x^2}{2EI} + \theta_0x + \nu_0 \tag{1-10}$$

利用式(1－10)及梁端的边界条件，就可以解决梁的弯曲要素问题。下面在具体应用之前，对所得到的梁的挠曲线方程式(1－10)作一些讨论。

式(1－10)是在梁上受有分布载荷 $q(x)$ 的条件下导出的，因此当梁上受的不是分布载荷而是其他类型的外力（如集中力或弯矩）时，情况将有所不同，在没有分布载荷作用的情况下，式(1－10)将变为

$$\nu = \frac{N_0x^3}{6EI} + \frac{M_0x^2}{2EI} + \theta_0x + \nu_0 \tag{1-11}$$

这表示，梁的挠曲线方程由梁左端的四个弯曲要素值 ν_0、θ_0、M_0 及 N_0 决定。也就是说，如果一根梁的左端有初参数 ν_0、θ_0、M_0 及 N_0 存在，那么这根梁的挠度就是与这四个量有关的四项之和。

现将这个概念应用于在跨度中受集中力作用的单跨梁（图1－12）。把梁分为两段来考虑，第一段为 $0\leqslant x\leqslant b$，第二段为 $b\leqslant x\leqslant l$，并把集中力看作作用在第二段的初始点。于是，第一段的挠曲线方程可写作

$$\nu = \frac{N_0x^3}{6EI} + \frac{M_0x^2}{2EI} + \theta_0x + \nu_0$$

第二段相对于第一段来说，在端点处多了一个集中力，这个集中力相当于第二段的一个初始剪力，且为正，所以梁的挠度在由第一段过渡到第二段时将仅增加一项与 P 有关的项，为 $P\bar{x}^3/6EI$，其中，$\bar{x}$ 为从第二段开始的坐标，它与 x 的关系为 $\bar{x}=x-b$。在 $P\bar{x}^3/6EI$ 前加一个符号 $\|_b$，表示此项在 $x>b$ 时才起作用，于是得梁的挠曲线方程为

$$\nu=\frac{N_0x^3}{6EI}+\frac{M_0x^2}{2EI}+\theta_0x+\nu_0+\Big\|_b\frac{P\,(x-b)^3}{6EI}$$

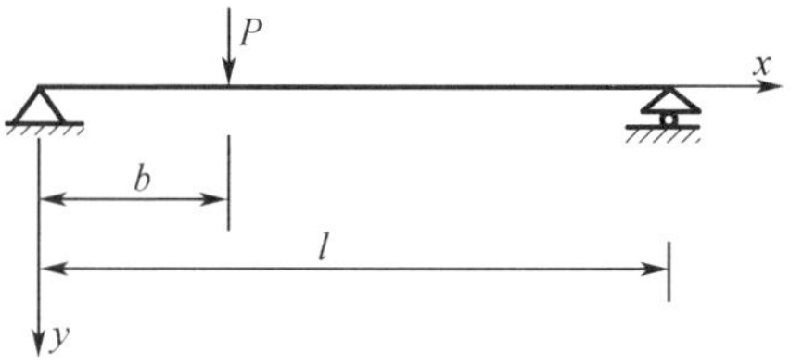

图 1－12　集中力作用下的单跨梁

同理，如果梁在 $x=a$ 处受有一弯矩 m，其方向如图 1－13 所示，则弯矩作用的结果将使梁的挠度在 $x>a$ 后增加一项，为 $\Big\|_a\dfrac{m(x-a)^2}{2EI}$。

分布载荷可视为无穷多个集中力之和（图 1－14），所以如果梁在 $c\leqslant x\leqslant d$ 处受有任意分布载荷 $q(x)$，则梁的挠度在 $x>c$ 后应增加的项为 $\Big\|_c\displaystyle\int_c^x\frac{q(\xi)\,\mathrm{d}\xi}{6EI}(x-\xi)^3$；如果 $x>d$，则此项的积分上限为 d。

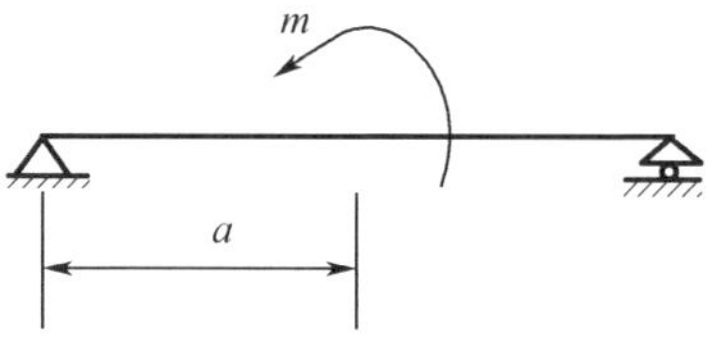

图 1－13　弯矩作用下的单跨梁

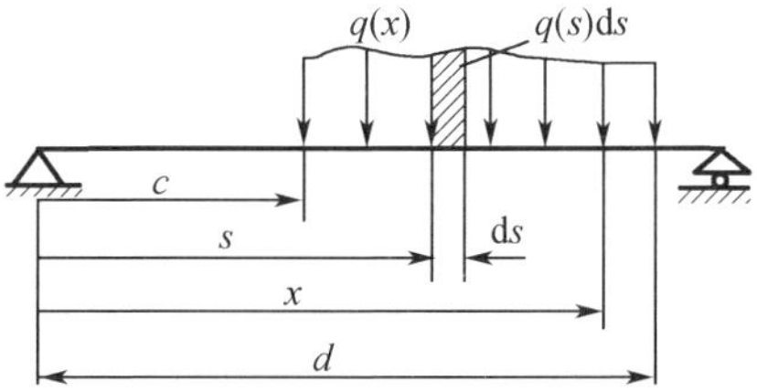

图 1－14　分布载荷作用下的单跨梁

综上所述，一般载荷作用下的梁（图 1－15）的挠曲线方程可表示为

$$\nu=\frac{N_0x^3}{6EI}+\frac{M_0x^2}{2EI}+\theta_0x+\nu_0+\Big\|_a\frac{m}{2EI}(x-a)^2+\Big\|_b\frac{P}{6EI}(x-b)^3+\Big\|_c\int_c^x\frac{q(\xi)}{6EI}(x-\xi)^3\mathrm{d}\xi \tag{1-12}$$

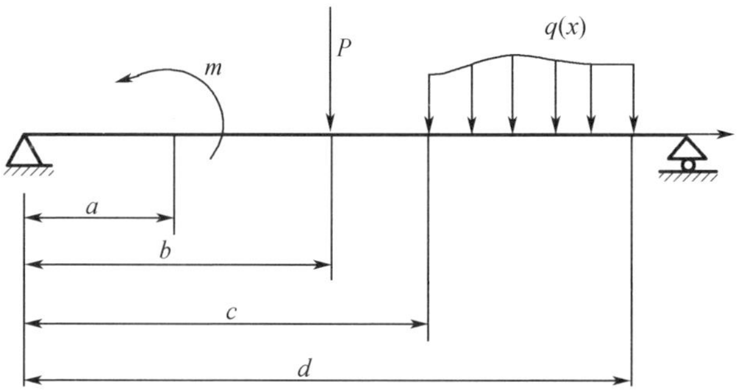

图 1－15　多种载荷作用下的单跨梁

式(1－12)为梁的挠曲线的通用方程。以上求解梁的挠曲线方程的方法由于在方程中引入了初参数,因此被称为“初参数法”。

1.2.3　边界条件

求解梁的挠曲线方程中的积分常数,要用到梁的边界条件。梁的边界条件是指梁两端的弯曲要素的特定值或弯曲要素之间的特定关系,它们取决于梁端的支座情况。不同的支座对梁有不同的约束,边界条件因而不同,所以研究梁的边界条件必须由梁的支座入手。下面给出四种支座约束下的边界条件。

1. 自由支持端

自由支持端自由支持在刚性支座上,又称铰支端或简支端,它不允许梁端发生挠度,而对梁的转动无限制(图1－16)。由于梁端能自由转动,故梁端断面的弯矩为零而剪力不为零。这样,自由支持在刚性支座上的端点的挠度和弯矩都等于零。因为弯矩 $M=EI\nu''$,故其边界条件为

$$\nu=0 \text{ 及 } \nu''=0 \tag{1-13}$$

2. 刚性固定端

刚性固定端刚性固定在刚性支座上,它阻止梁端发生挠度与转动(图1－17),故梁在刚性固定端处挠度与转角均为零,而弯矩、剪力不为零,其边界条件为

$$\nu=0 \text{ 及 } \nu'=0 \tag{1-14}$$

3. 弹性支座

如果自由支持在支座上的端点在受力后将发生一个正比于支座反力的挠度,那么这个支座就叫作“弹性支座”。

图1－16　自由支持端

图1－17　刚性固定端

如图1－18所示,设梁作用于支座的力(称为支座反力)为 R,支座在 R 作用下发生的位移为 ν,则 ν 与 R 的正比关系可写作

$$\nu=AR \text{ 或 } \nu=\frac{R}{K} \tag{1-15}$$

式中　A——弹性支座的柔性系数;

　　K——弹性支座的刚性系数。

显然,A 与 K 互为倒数,即 $A=1/K$。

对于梁来说,支座反力 R 就是梁端的剪力,因此可以得到梁端的挠度与剪力之间的关系。但应注意到剪力在梁的左端断面与右端断面的正向是不同的,所以如果用剪力 $N=EI\nu'''$ 来表示 ν,那么梁的左端断面与右端断面的表达式必相差一负号,即

$$\begin{aligned}&\text{左端断面}:\nu=-AEI\nu'''\\&\text{右端断面}:\nu=AEI\nu'''\end{aligned} \tag{1-16}$$

这就是弹性支座的边界条件。自由支持在弹性支座上的边界条件为

$$\nu''=0 \text{ 及 } \nu=\mp AEI\nu''' \tag{1-17}$$

当然也可能有刚性固定在弹性支座上的情形(图 1－19),此时相应的边界条件为

$$\nu' = 0 \text{ 及 } \nu = \mp AEI\nu''' \tag{1－18}$$

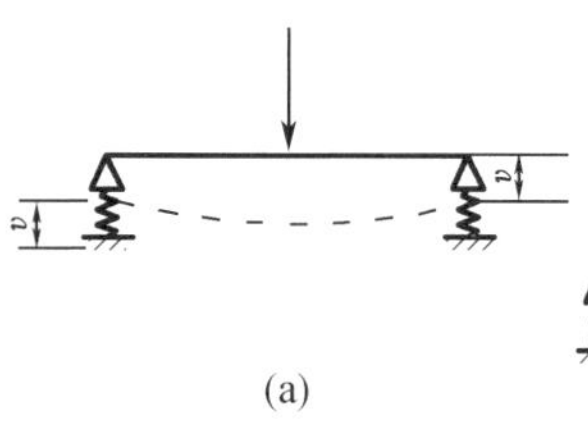

图 1－18　弹性支座

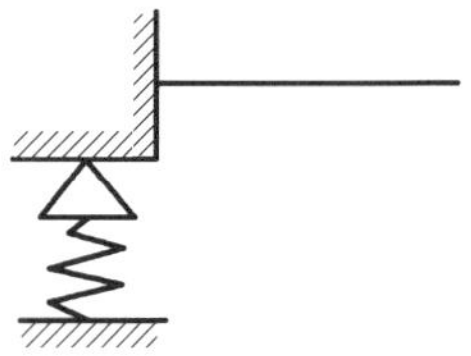

图 1－19　刚性固定在弹性支座上

如果弹性支座的刚性系数 $K=\infty$(或柔性系数 $A=0$),此时支座的挠度为零,则该支座为刚性支座;如果弹性支座的刚性系数 $K=0$(或柔性系数 $A=\infty$),此时支座反力 $R=0$,而 $\nu \neq 0$,这表示根本没有限制挠度的支座存在。

4. 弹性固定端

如果梁的固定端在梁受力弯曲时有一个正比于梁端弯矩的转角,则此固定端叫作“弹性固定端”。

如图 1－20 所示(图 1－20(b)为弹性固定端的习惯画法),设固定端受到梁作用于固定端的弯矩为 M,固定端发生的转角为 θ,则 θ 与 M 间的正比关系可表示为

$$\theta = \alpha M \text{ 或 } \theta = \frac{M}{K} \tag{1－19}$$

式中　α——弹性固定端的柔性系数;

K——弹性固定端的刚性系数。

显然,$\alpha = 1/K$。

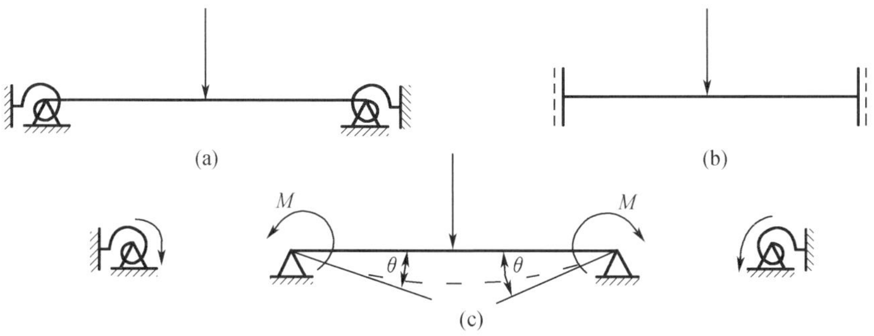

图 1－20　弹性固定端

如果按图 1－20(c)所示变形,那么梁左端断面的转角为正,弯矩也为正;而梁右端断面的转角为负,弯矩为正。因此,利用关系式 $M = EI\nu''$,并考虑到梁左右两端点的挠度都等于零,弹性固定端的边界条件可写成

$$\begin{aligned} &\text{左端断面}: \nu = 0, \nu' = \alpha EI\nu'' \\ &\text{右端断面}: \nu = 0, \nu' = -\alpha EI\nu'' \end{aligned} \tag{1－20}$$

显然,当 $\alpha = 0$(或 $K = \infty$)时,转角等于零,此时支持可以看作刚性固定端;当 $K = 0$(或 $\alpha = \infty$)时,梁端不存在限制梁端转动的约束。

如果梁端根本没有任何支座，即为完全自由端，那么 $A=\infty$，$\alpha=\infty$，这时梁端的挠度与转角都不等于零，而弯矩与剪力都等于零。故完全自由端的边界条件为

$$EI\nu''=0 \text{ 及 } EI\nu'''=0$$

或

$$\nu''=0 \text{ 及 } \nu'''=0 \tag{1-21}$$

例 1-3 求两端自由支持在支座上、受均布载荷 q 作用的梁的挠曲线方程，并求梁左端的转角与中点的挠度（图 1-21）。

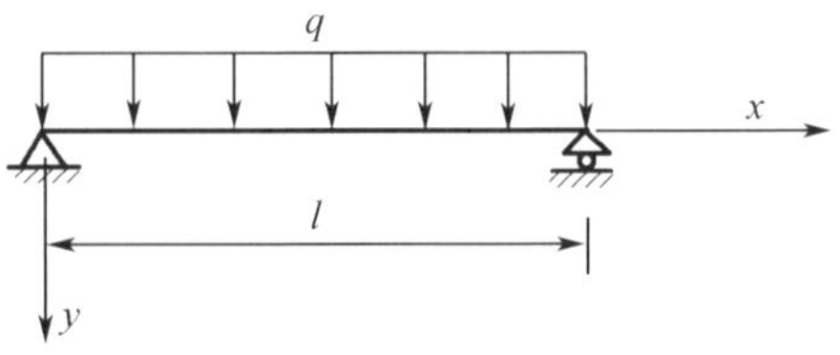

图 1-21 均布载荷作用下的单跨梁

解 本例中均布载荷 q 沿梁全长分布，故可利用式（1-10）：

$$\nu=\frac{1}{EI}\int_0^x\int_0^x\int_0^x\int_0^x q\mathrm{d}x^4+\frac{N_0x^3}{6EI}+\frac{M_0x^2}{2EI}+\theta_0x+\nu_0$$

由于 q 为常量，故上式中的积分为

$$\int_0^x\int_0^x\int_0^x\int_0^x q\mathrm{d}x^4=\frac{qx^4}{24}$$

所以

$$\nu=\frac{qx^4}{24EI}+\frac{N_0x^3}{6EI}+\frac{M_0x^2}{2EI}+\theta_0x+\nu_0$$

$$\nu'=\frac{qx^3}{6EI}+\frac{N_0x^2}{2EI}+\frac{M_0x}{EI}+\theta_0$$

$$\nu''=\frac{qx^2}{2EI}+\frac{N_0x}{EI}+\frac{M_0}{EI}$$

由于梁两端的支座为刚性支座，其边界条件为：$x=0$（即梁的左端）处，$\nu=0$ 及 $\nu''=0$；$x=l$（即梁的右端）处，$\nu=0$ 及 $\nu''=0$。

分别将 x 的值代入边界条件，可建立方程组：

$$\begin{cases}\nu_0=0\\ M_0=0\\ \dfrac{ql^4}{24EI}+\dfrac{N_0l^3}{6EI}+\theta_0l=0\\ \dfrac{ql^2}{2EI}+\dfrac{N_0l}{EI}=0\end{cases}$$

解方程组可得

$$\begin{cases}\nu_0=0\\ \theta_0=\dfrac{ql^3}{24EI}\\ M_0=0\\ N_0=-\dfrac{ql}{2}\end{cases}$$

于是梁的挠曲线方程为

$$\nu=\frac{qx^4}{24EI}-\frac{qlx^3}{12EI}+\frac{ql^3x}{24EI}$$

有了梁的挠曲线方程之后,不难求得梁左端的转角与中点的挠度。就梁左端的转角而言,按边界条件意义,它就等于 θ_0,也可以通过 $\nu'(0)$ 求得,计算如下:

$$\nu' = \frac{qx^3}{6EI} - \frac{qlx^2}{4EI} + \frac{ql^3}{24EI}$$

$$\nu'(0) = \frac{ql^3}{24EI} = \theta_0$$

对梁中点的挠度,可将 $x = l/2$ 直接代入梁挠曲线方程而得到

$$\nu\left(\frac{l}{2}\right) = \frac{q}{24EI}\left(\frac{l}{2}\right)^4 - \frac{ql}{12EI}\left(\frac{l}{2}\right)^3 + \frac{ql^3}{24EI}\left(\frac{l}{2}\right) = \frac{5ql^4}{384EI}$$

例 1-4 求图 1-22 所示集中力作用下的单跨梁的挠曲线方程。梁的左端为弹性固定端,柔性系数为 $\alpha = l/(3EI)$;梁的右端为弹性支座,柔性系数为 $A = l^3/(48EI)$。

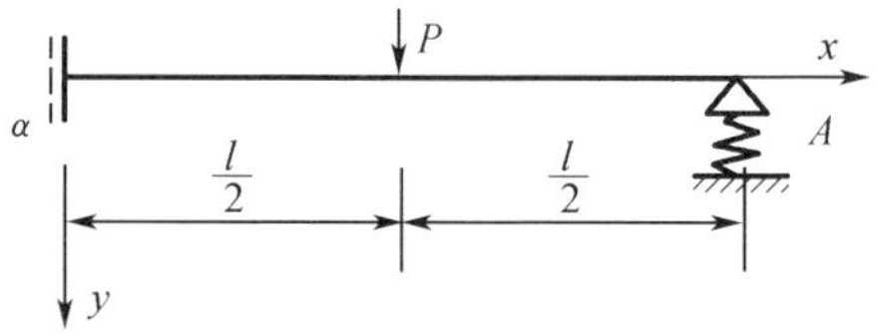

图 1-22 集中力作用下的单跨梁

解 对于本例,由式(1-12)得

$$\nu = \frac{N_0x^3}{6EI} + \frac{M_0x^2}{2EI} + \theta_0x + \nu_0 + \Big\|_{\frac{l}{2}} \frac{P}{6EI}\left(x - \frac{l}{2}\right)^3$$

$$\nu' = \frac{N_0x^2}{2EI} + \frac{M_0x}{EI} + \theta_0 + \Big\|_{\frac{l}{2}} \frac{P}{2EI}\left(x - \frac{l}{2}\right)^2$$

$$\nu'' = \frac{N_0x}{EI} + \frac{M_0}{EI} + \Big\|_{\frac{l}{2}} \frac{P}{EI}\left(x - \frac{l}{2}\right)$$

$$\nu''' = \frac{N_0}{EI} + \Big\|_{\frac{l}{2}} \frac{P}{EI}$$

由于梁的左端为弹性固定端,右端为弹性支座,其边界条件为:$x = 0$(即梁的左端)处,$\nu = 0$ 及 $\nu' = \alpha EI\nu''$;$x = l$(即梁的右端)处,$\nu = AEI\nu'''$ 及 $\nu'' = 0$。

分别将 x 的值代入边界条件,可建立方程组:

$$\begin{cases} \nu_0 = 0 \\ \theta_0 = \alpha M_0 \\ \dfrac{N_0l^3}{6EI} + \dfrac{M_0l^2}{2EI} + \theta_0 l + \dfrac{P}{6EI}\left(\dfrac{l}{2}\right)^3 = AEI\left(\dfrac{N_0}{EI} + \dfrac{P}{EI}\right) \\ \dfrac{N_0l}{EI} + \dfrac{M_0}{EI} + \dfrac{P}{EI}\left(l - \dfrac{l}{2}\right) = 0 \end{cases}$$

解方程组可得

$$\begin{cases} \nu_0 = 0 \\ \theta_0 = \dfrac{7}{198EI}Pl^2 \\ M_0 = \dfrac{7}{66}Pl \\ N_0 = -\dfrac{20}{33}P \end{cases}$$

于是梁的挠曲线方程为

$$\nu = -\frac{10Px^3}{99EI} + \frac{7Plx^2}{132EI} + \frac{7Pl^2x}{198EI} + \Big\|_{\frac{l}{2}} \frac{P}{6EI}\left(x - \frac{l}{2}\right)^3$$

例 1-5　如图 1-23 所示，两端刚性固定的梁，无外载荷作用，当其右支座发生位移 Δ 时，求其挠曲线方程与端点弯矩和剪力。

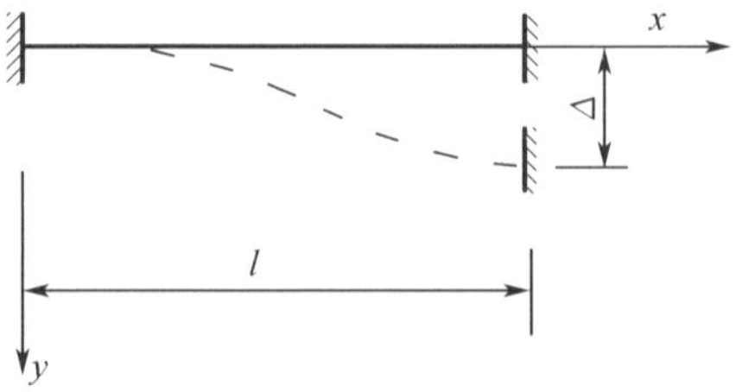

图 1-23　无外载荷作用的单跨梁

解　应用式(1-12)，当梁上无外载荷作用时有

$$\nu = \frac{N_0x^3}{6EI} + \frac{M_0x^2}{2EI} + \theta_0x + \nu_0$$

$$\nu' = \frac{N_0x^2}{2EI} + \frac{M_0x}{EI} + \theta_0$$

由于梁两端刚性固定，其边界条件为：$x=0$(即梁的左端)处，$\nu=0$ 及 $\nu'=0$；$x=l$(即梁的右端)处，$\nu=\Delta$ 及 $\nu'=0$。

分别将 x 的值代入边界条件，可建立方程组：

$$\begin{cases} \nu_0 = 0 \\ \theta_0 = 0 \\ \dfrac{N_0l^3}{6EI} + \dfrac{M_0l^2}{2EI} = \Delta \\ \dfrac{N_0l^2}{2EI} + \dfrac{M_0l}{EI} = 0 \end{cases}$$

解方程组可得

$$\begin{cases} \nu_0 = 0 \\ \theta_0 = 0 \\ M_0 = \dfrac{6EI\Delta}{l^2} \\ N_0 = -\dfrac{12EI\Delta}{l^3} \end{cases}$$

于是梁的挠曲线方程为

$$\nu = \Delta\left(\frac{3x^2}{l^2} - \frac{2x^3}{l^3}\right)$$

梁断面的弯矩与剪力分别为

$$M = EI\nu'' = \frac{6EI\Delta}{l^2}\left(1 - \frac{2x}{l}\right)$$

$$N = EI\nu''' = -\frac{12EI\Delta}{l^3}$$

则梁端点的弯矩为

$$M(0) = \frac{6EI\Delta}{l^2}$$

$$M(l) = -\frac{6EI\Delta}{l^2}$$

梁两端点的剪力均为 $-12EI\Delta/l^3$。

【任务测试】

1. 用初参数法求解习图 1－2 所示单跨梁的挠曲线方程以及边界条件(不必求解)。已知梁的弯曲刚度为 EI。

2. 用初参数法求解习图 1－3 所示单跨梁的挠曲线方程。已知梁的弯曲刚度为 EI。

3. 用初参数法求解习图 1－4 所示受均布载荷 q 作用的单跨梁的挠曲线方程。已知梁右端为弹性支座，其柔性系数 $A = l^3/(48EI)$，左端为自由支持端，梁的弯曲刚度为 EI。

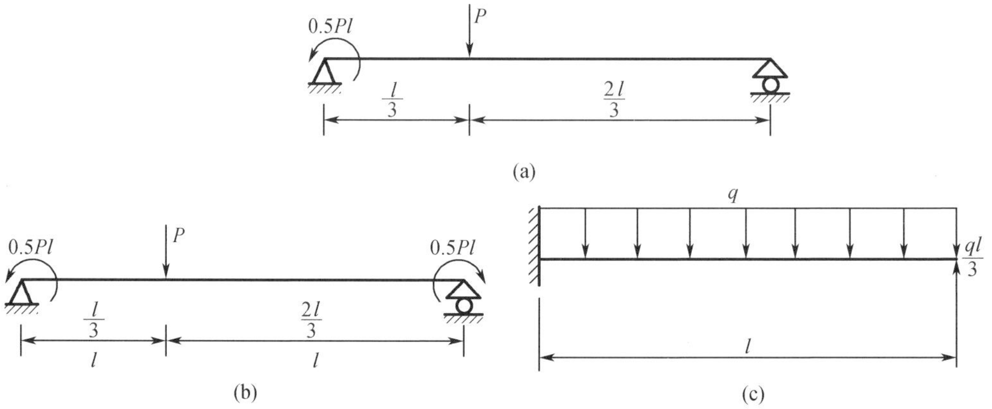

习图 1－2

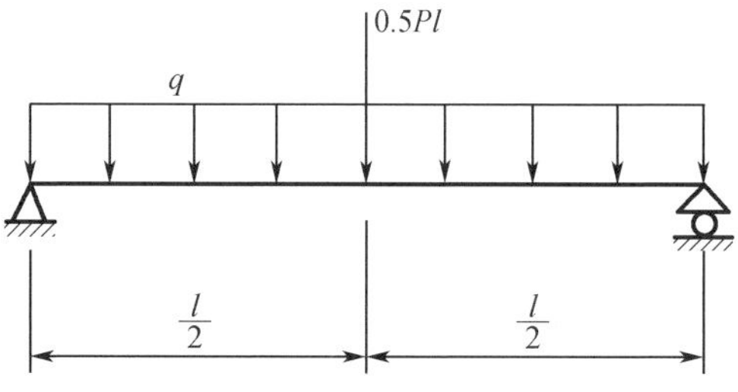

习图 1－3

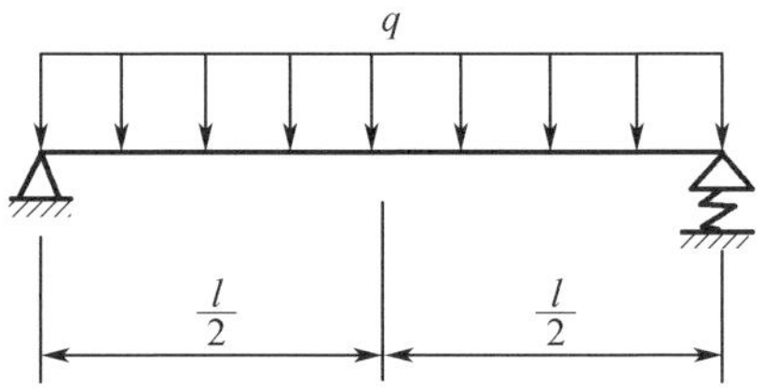

习图 1－4

任务1.3 梁的弯曲要素表及其应用

【学习任务单】

学习领域	船舶结构与强度	
项目1	单跨梁的弯曲理论	学时
学习任务3	梁的弯曲要素表及其应用	
任务描述	任务导入： 任务1.2叙述了求解单跨梁的挠曲线方程的方法与过程。有了梁的挠曲线方程就不难求得梁在任一剖面处的弯曲要素，但其计算工作量仍比较大，本任务利用弯曲要素表来绘制单个力和几个力同时作用下的静定梁和静不定梁的剪力图与弯矩图。 学习步骤： (1)静定单跨梁 利用单跨梁的弯曲要素表计算静定单跨梁的弯曲要素：当梁上载荷比较简单时，可直接查表计算；若梁上载荷比较复杂，则采用叠加法。 (2)静不定单跨梁 ①利用初参数法来求解； ②利用弯曲要素表和变形协调条件来求解，以多余约束力为基本变量，通过建立变形协调方程最终求得多余约束力	
任务要求	技能要求： (1)能够利用弯曲要素表绘出静定单跨梁的剪力图与弯矩图； (2)能够利用弯曲要素表绘出静不定单跨梁的剪力图与弯矩图； (3)能够利用弯曲要素表解决实际工程中遇到的问题。 职业素质要求： (1)具有分析问题、解决实际问题的能力； (2)具有责任意识和敬业精神； (3)具有迎接挑战的意识	
学习资源	教材、教学课件、图片	

【典型案例】

胡克定律

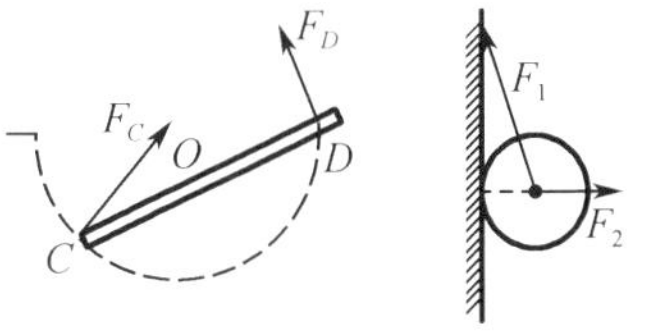

图1-24 胡克定律

胡克定律(Hooke's law)(图1-24)是力学弹性理论中的一条基本定律，表述为：固体材料受力之后，材料中的应力与应变(单位变形量)之间呈线性关系。满足胡克定律的材料称为线弹性或胡克型(Hookean)材料。

胡克定律的表达式为 $F=kx$ 或 $\Delta F=k\Delta x$，其中 k 是常数，是物体的劲度(倔强)系数。在国际单位制中，F 的单位是 N,x 的单位是 m,它是形变量(弹性形变),k 的单位是 N/m。劲度系数在数值上等于弹簧伸长(或缩短)单位长度时的弹力。

【知识要点学习】

1.3.1 单跨梁的弯曲要素表

即使梁上的载荷极为简单,其计算工作量仍比较大。为了计算方便,人们将大部分单跨梁的挠曲线方程与弯曲要素都计算好并列成表格。这样,对于几何尺寸与外载荷已知的单跨梁,可以很方便地通过查表计算其弯曲要素。本书附录给出了各种支持形式下的单跨梁受外载荷作用时的挠曲线方程与部分弯曲要素计算公式,这些表格叫作“弯曲要素表”。更为详细的弯曲要素表可查《船舶结构力学手册》。

查看单跨梁的弯曲要素表,可以发现表中梁上作用的载荷都比较简单,一般为一个。由于目前梁的弯曲要素计算公式是在小变形与材料符合胡克定律的前提下得到的,所以梁的弯曲要素与梁上的外载荷成正比,即梁的弯曲要素与外力呈线性关系。这样,如果梁受到几个载荷共同作用,就可以用“叠加原理”来进行计算,即先分别计算各外力单独作用时梁的弯曲要素,然后求其代数和,便可得到梁同时受到多个外力作用时的弯曲要素。下面先举几个静定梁的例子,然后讨论静不定梁的计算。

1.3.2 静定单跨梁

利用单跨梁的弯曲要素表计算静定单跨梁的弯曲要素比较简单。当梁上载荷比较简单时,可直接查表计算;若梁上载荷比较复杂,则可采用叠加法。

例 1-6 求图 1-25(a)中梁的中点挠度与两端断面转角,并画出此梁的弯矩图与剪力图。已知梁中点受到集中力 P 的作用,梁右端受到集中弯矩 m 的作用,$m=0.1Pl$。

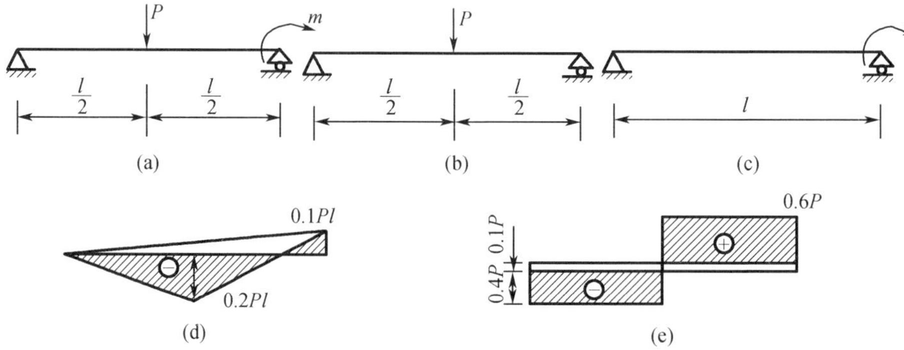

图 1-25 多载荷作用下的单跨梁

解 因本例中的梁受到一个集中力 P 和一个集中弯矩 m 的作用,故将它分为一个仅受到集中力 P 作用的梁(图 1-25(b)),以及一个仅受到集中弯矩 m 作用的梁(图 1-25(c))。查附表 2 中的 1 和 3,可分别计算得到集中力 P 与集中弯矩 m 单独作用时梁的中点挠度与两端断面转角。

集中力 P 单独作用时：

$$\nu_{中}=\frac{Pl^3}{48EI}$$

$$\theta_{左}=-\theta_{右}=\frac{Pl^2}{16EI}$$

集中弯矩 m 单独作用时：

$$\nu_{中}=-\frac{ml^2}{16EI}=-\frac{0.1Pl^3}{16EI}$$

$$\theta_{左}=-\frac{ml}{6EI}=-\frac{0.1Pl^2}{6EI}$$

$$\theta_{右}=\frac{ml}{3EI}=\frac{0.1Pl^2}{3EI}$$

将以上结果分别相加便得到 P 与 m 同时作用时梁的中点挠度与两端断面转角：

$$\nu_{中}=\frac{Pl^3}{48EI}-\frac{0.1Pl^3}{16EI}=\frac{7Pl^3}{480EI}=0.014\ 6\ \frac{Pl^3}{EI}$$

$$\theta_{左}=\frac{Pl^2}{16EI}-\frac{0.1Pl^2}{6EI}=\frac{11Pl^2}{240EI}=0.045\ 8\ \frac{Pl^2}{EI}$$

$$\theta_{右}=-\frac{Pl^2}{16EI}+\frac{0.1Pl^2}{3EI}=-\frac{7Pl^2}{240EI}=-0.029\ 2\ \frac{Pl^2}{EI}$$

在画梁的弯矩图与剪力图时也采用叠加法，即分别画出集中力 P 与集中弯矩 m 单独作用时梁的弯矩图与剪力图，然后叠加。图 1－25(d) 为梁的弯矩图，图 1－25(e) 为梁的剪力图。

例 1－7　求解图 1－26(a) 中两端自由支持的梁的中点挠度与两端断面转角，并画出弯矩图与剪力图。已知梁全长受到均布载荷 q 的作用，中点受到集中力 P 的作用，$P=ql$。

解　查附表 2 中的 6，可得由均布载荷 q 单独作用时梁的中点挠度与两端断面转角如下：

$$\nu_{中}=\frac{5ql^4}{384EI}$$

$$\theta_{左}=-\theta_{右}=\frac{ql^3}{24EI}$$

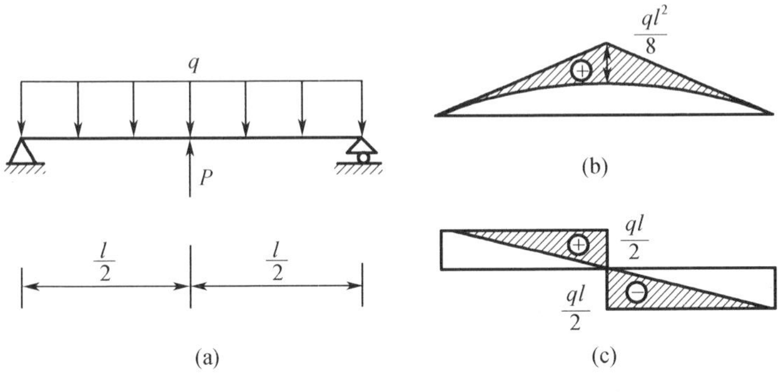

图 1－26　两种载荷作用下的单跨梁

查附表 2 中的 1,可得集中力 P 单独作用时梁的中点挠度与两端断面转角如下:

$$\nu_{中} = -\frac{Pl^3}{48EI}$$

$$\theta_{左} = -\theta_{右} = -\frac{Pl^2}{16EI}$$

运用叠加原理便得到 q 与 P 同时作用时梁的中点挠度与两端断面转角:

$$\nu_{中} = \frac{5ql^4}{384EI} - \frac{ql^4}{48EI} = -\frac{ql^4}{128EI}$$

$$\theta_{左} = -\theta_{右} = \frac{ql^3}{24EI} - \frac{ql^3}{16EI} = -\frac{ql^3}{48EI}$$

在画梁的弯矩图与剪力图时,可先画出集中力 P 单独作用时梁的弯矩图与剪力图,然后将均布载荷 q 单独作用时梁的弯矩图与剪力图叠加上去,如图 1-26 的(b)和(c)所示。

1.3.3 静不定单跨梁

单跨梁有静定和静不定两种,前面的例子几乎都是关于静定单跨梁的,从现在起将逐步介绍静不定结构的解法,本部分主要讨论静不定单跨梁的解法。静不定单跨梁也可以用任务 1.2 介绍的初参数法来求解,这里不予介绍,读者完全可以仿照静定单跨梁的解法来解静不定梁。下面介绍的是另一种方法,即利用弯曲要素表和变形协调条件来求解静不定梁。现以图 1-27(a)所示的静不定单跨梁为例来阐述该法的原理。

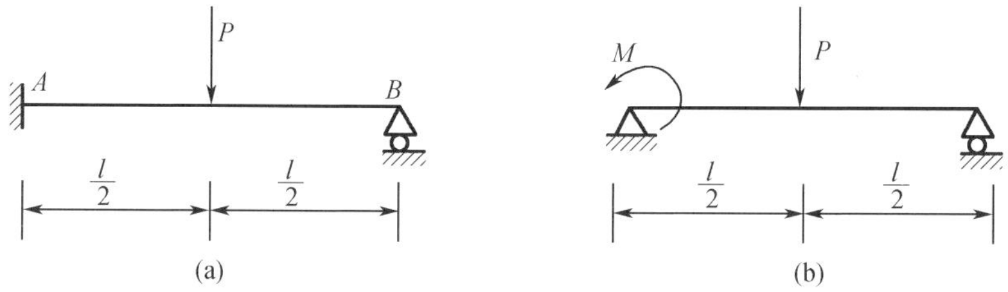

图 1-27 单载荷作用下的单跨梁

图 1-27(a)所示的单跨梁为一次静不定梁,它有一个多余约束力。把梁左端的固定端弯矩 M 定为多余约束力,很显然,如果多余约束力 M 能够求得,那么梁的未知约束力数等于静力平衡方程数,这样静不定梁就转化为静定梁,此时若要计算梁的弯曲要素就比较容易了。因此,将梁左端的刚性固定端改为自由支持端,并加上多余约束力 M(图 1-27(b)),由此得到的计算图形在形式上是静定的,因为此时约束力支座给予的约束力数等于静力平衡方程数。这样得到的计算图形称为原静不定梁的静定基本结构,简称静定基。然而,由于多余约束力 M 仍然是未知的,所以仅根据静力平衡方程仍不能解这个静定基。为了求出 M,还必须考虑梁的变形情况,即变形协调条件(或称变形条件)。比较图 1-27(a)与(b)可以看出,原单跨梁左端断面的转角等于零。为了使两种计算图形的变形一致,图 1-27(b)中的弯矩 M 应该恰好使梁左端断面的转角等于零,这样两种计算图形就完全等价了,即根据静定基本结构计算出来的弯曲要素就是原静不定梁的弯曲要素。上述变形条件可用以下数学式子(称为变形协调方程)表示:

$$\theta_A = 0$$

或

$$\theta_P+\theta_M=0$$

式中，θ_P、θ_M分别为图1－27(b)中的单跨梁由集中力P与多余约束力M所引起的左端断面的转角。显然，这个方程只包含一个未知量M，因根据这个方程可求得多余约束力M，进而根据静力平衡方程能够求得各个支座反力。

查单跨梁的弯曲要素表，可知

$$\theta_P=\frac{Pl^2}{16EI}$$

$$\theta_M=-\frac{Ml}{3EI}$$

将以上两式代入$\theta_P+\theta_M=0$中，得

$$\frac{Pl^2}{16EI}-\frac{Ml}{3EI}=0$$

解此方程，可得

$$M=\frac{3Pl}{16}$$

上述方法是解静不定梁的一般方法。这种方法的实质是以多余约束力为基本变量，通过建立变形协调方程最终求得多余约束力。由于此方法以力为基本变量，所以把它叫作“力法”。关于力法的进一步讨论与应用将在下一项目中具体阐述。

目前静不定单跨梁的弯曲要素也都已计算好并列成表格，本书将它列入附表3至附表6中。图1－27(a)所示的静不定梁，可查附表3得到其固定端的弯矩为$M=3Pl/16$，这与上面的计算结果是一致的。

例1－8 图1－28(a)所示的梁，左端刚性固定，右端自由支持并受到集中弯矩m的作用。计算梁左端断面的弯矩，并作弯矩图与剪力图。

解 本例中的梁为静不定梁，在本书附录中查不到这样的计算图形，因此用力法来求解。去掉梁左端的转动约束，并加上多余约束力(弯矩)M，便得到如图1－28(b)所示的静定基。根据梁左端的变形条件，有

$$\theta_A=\theta_m+\theta_M=0$$

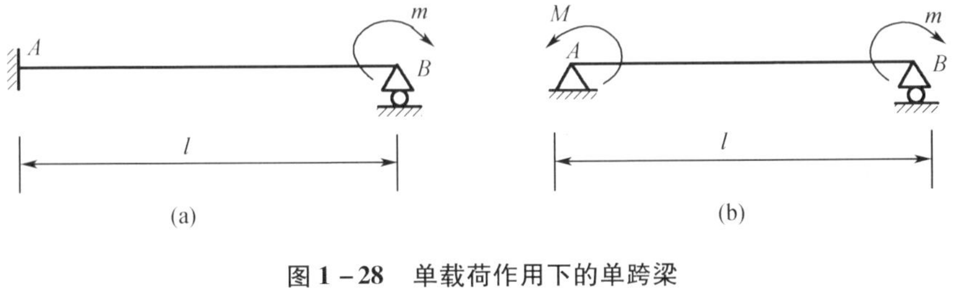

图1－28 单载荷作用下的单跨梁

查附表2，可得

$$\theta_m=-\frac{ml}{6EI}$$

$$\theta_M=-\frac{Ml}{3EI}$$

于是有

$$\theta_A = -\frac{ml}{6EI} - \frac{Ml}{3EI} = 0$$

解上式，得 $M = -m/2$，式中负号表示梁左端断面弯矩的实际方向与图 1－28(b) 中假设的方向相反。图 1－29 的(a)和(b)分别为梁的弯矩图与剪力图。

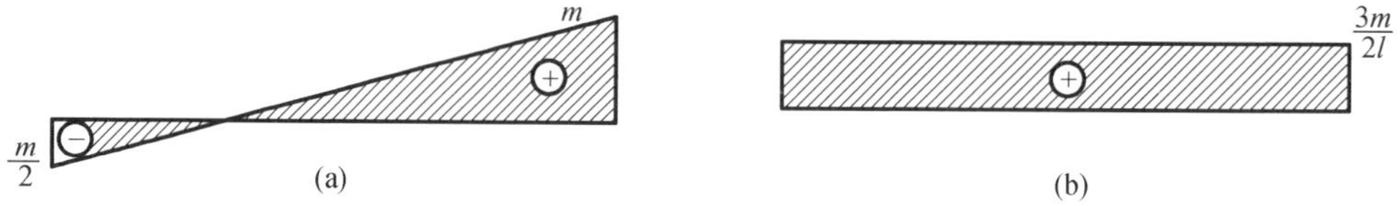

图 1－29　梁的弯矩图与剪力图

例 1－9　图 1－30(a)所示梁左端为弹性固定端，右端为弹性支座，全长受到均布载荷(合力为 Q)的作用。求梁弹性固定端处断面的弯矩与转角，以及梁中点的挠度，并作梁的弯矩图与剪力图。弹性固定端与弹性支座的柔性系数分别为 $\alpha = l/(3EI)$，$A = l^3/(48EI)$。

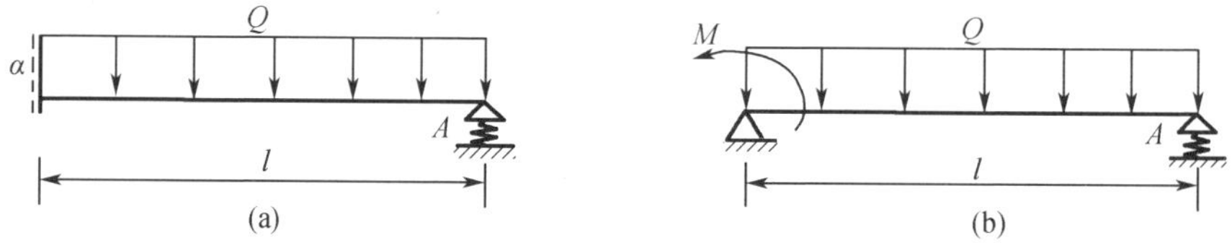

图 1－30　单载荷作用下的单跨梁

解　本例中的梁可查本书附表 5 进行计算，但这类梁的弯曲要素比较简单，表中仅给出了梁弹性固定端处的弯矩，因此梁弹性固定端处断面的转角及梁中点的挠度都不能通过直接查表计算而得到。因此，在计算中采取如下步骤。

先求出梁弹性固定端处的弯矩。查附表 5，计算如下：

$$\bar{A} = \frac{AEI}{l^3} = \frac{l^3}{48EI}\frac{EI}{l^3} = \frac{1}{48}$$

$$\bar{\alpha} = \frac{\alpha EI}{l} = \frac{l}{3EI}\frac{EI}{l} = \frac{1}{3}$$

$$K_A = \bar{\alpha} + \bar{A} + \frac{1}{3} = \frac{1}{3} + \frac{1}{48} + \frac{1}{3} = \frac{11}{16}$$

$$M = \frac{Ql}{24}\frac{1}{K_A}(12\bar{A}+1) = \frac{Ql}{24}\frac{16}{11}\left(12\times\frac{1}{48}+1\right) = \frac{5}{66}Ql$$

得到弹性固定端处的弯矩 M 之后，就不难求得梁弹性固定端处断面的转角，由式(1－19)可得

$$\theta = \alpha M = \frac{l}{3EI}\frac{5Ql}{66} = \frac{5Ql^2}{198EI}$$

由于弹性固定端在梁的左端，因此上述计算转角 θ 的公式中 α 前的符号是正的；若弹性固定端在梁的右端，则 $\theta = -\alpha M$。

为了求得梁中点的挠度，把图 1－30(a)所示的计算图形化为图 1－30(b)所示的计算图形。由于弹性支座的存在，梁中点的挠度不但与外载荷 Q 及端点弯矩 M 有关，而且与弹

性支座的变形有关，即与弹性支座的受力及柔性系数 A 有关。因此，梁中点的挠度为由外载荷 Q、端点弯矩 M 及弹性支座的变形所引起的三部分挠度之和（图 1－31 的(a)(b)(c)）。前两部分挠度 ν_1 与 ν_2 可查表直接计算得到：

$$\nu_1 = \frac{5Ql^3}{384EI}$$

$$\nu_2 = -\frac{Ml^2}{16EI} = -\frac{5Ql^3}{1\ 056EI}$$

弹性支座的受力为

$$R = \frac{Q}{2} - \frac{M}{l} = \frac{14}{33}Q$$

弹性支座的位移为

$$\nu_D = AR = \frac{l^3}{48EI}\ \frac{14Q}{33} = \frac{7Ql^3}{792EI}$$

由弹性支座的位移所引起的梁中点的挠度 ν_3 等于 ν_D 的一半，因此有

$$\nu_3 = \frac{1}{2}\nu_D = \frac{7Ql^3}{1\ 584EI}$$

三部分挠度叠加后的结果为

$$\nu = \nu_1 + \nu_2 + \nu_3 = \frac{161Ql^3}{12\ 672EI} = 0.012\ 7\ \frac{Ql^3}{EI}$$

如果本题还要求计算梁右端的断面转角，可以采用和以上求解梁中点的挠度相同的方法计算得到，这就留给读者自行去解决。本题梁的弯矩图与剪力图如图 1－31(d)和(e)所示。

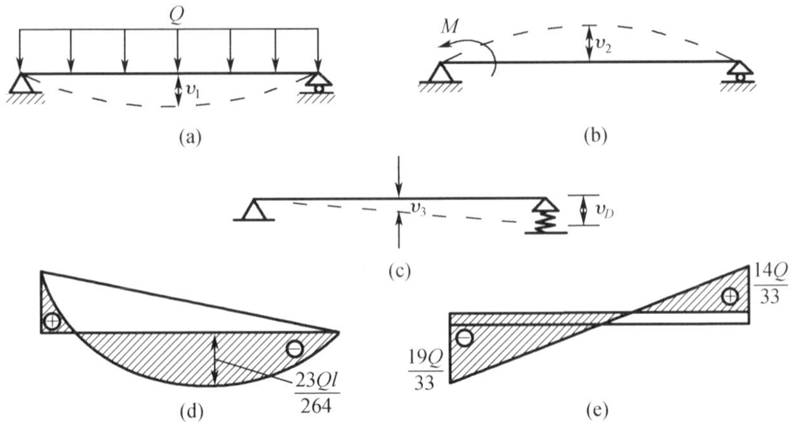

图 1－31　受力分析及弯矩图与剪力图

【任务测试】

利用梁的弯曲要素表计算（断面惯性矩均为 I）：

(1) 习图 1－5(a)所示梁上集中力 P 作用处的挠度与两端的转角。

(2) 习图 1－5(b)所示梁中点的挠度与左端的转角。

(3) 习图 1－5(c)所示梁中点的挠度与右端的转角。

（4）习图1-5(d)所示梁中点的挠度与左端的转角，并画出此梁的弯矩图与剪力图。

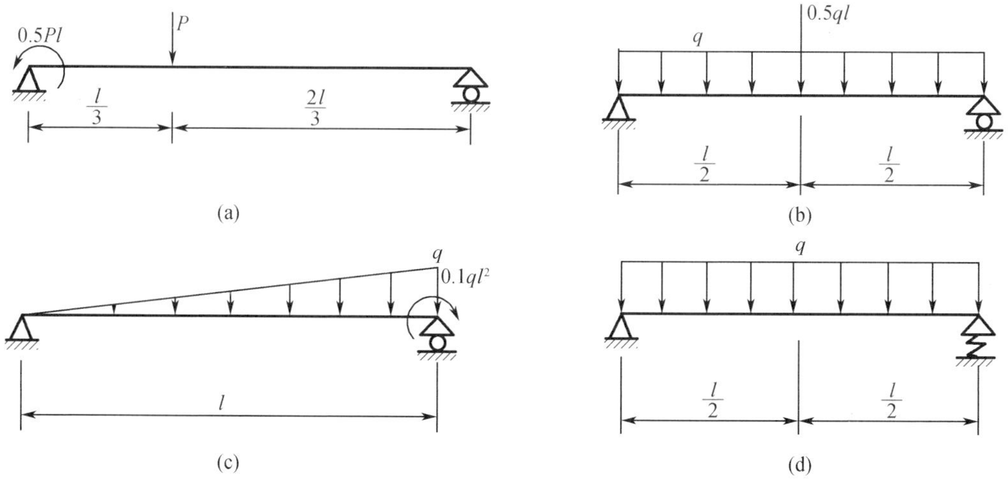

习图1-5

2. 利用梁的弯曲要素表计算(断面惯性矩均为 I)：

（1）习图1-6(a)所示梁固定端处的弯矩与中点的挠度，并画出此梁的弯矩图与剪力图。

（2）习图1-6(b)所示梁固定端处的弯矩与弹性支座处的挠度(弹性支座的柔性系数 $A=l^3/(48EI)$)。

（3）习图1-6(c)所示梁两端弹性固定端处的弯矩(弹性固定端的柔性系数 $\alpha_1=l/(4EI)$，$\alpha_2=l/(3EI)$)。

（4）习图1-6(d)所示梁左端固定端的弯矩(梁右端弹性固定端的柔性系数 $\alpha=l/(6EI)$)。

（5）习图1-6(e)所示梁中点的挠度，并画出此梁的弯矩图与剪力图。

（6）习图1-6(f)所示梁右端的转角(弹性支座的柔性系数为 $A=l^3/(48EI)$)，并画出此梁的弯矩图与剪力图。

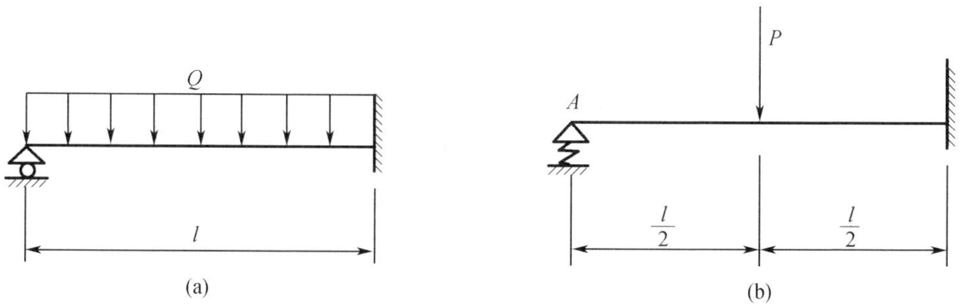

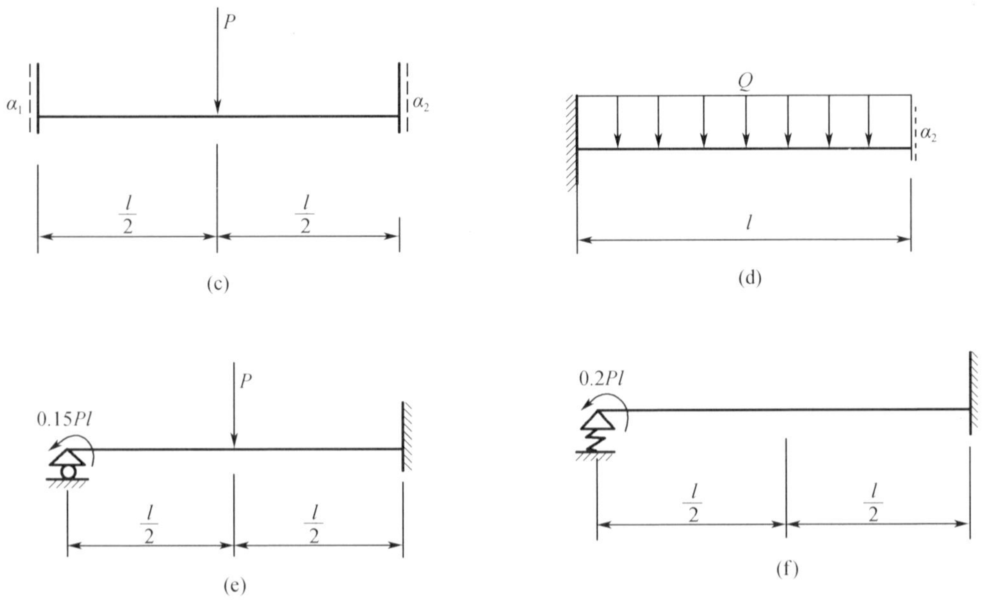

习图 1 – 6

【项目拓展】

求图 1 – 32 中梁的固定端处断面弯矩。已知梁左端为刚性固定端，右端为弹性支座，弹性支座的柔性系数 $A = l^3/(6EI)$，梁的中点受有集中力 P。

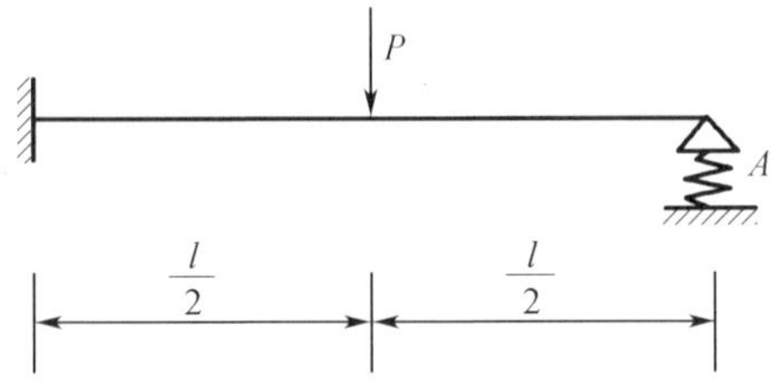

图 1 – 32　单载荷作用下的单跨梁

解　求解本题中梁的固定端处断面弯矩可查附表 5 中 2 的计算公式，这时取弹性固定端的柔性系数为 $\alpha = 0$，因此有

$$\bar{\alpha} = 0$$

$$\bar{A} = \frac{AEI}{l^3} = \frac{l^3}{6EI}\,\frac{EI}{l^3} = \frac{1}{6}$$

$$K_A = \bar{\alpha} + \bar{A} = 0 + \frac{1}{6} + \frac{1}{3} = \frac{1}{2}$$

于是有

$$M = \frac{Pl}{2}\,\frac{1}{K_A}\left(\bar{A} + \frac{1}{8}\right) = \frac{Pl}{2}\,\frac{2}{1}\left(\frac{1}{6} + \frac{1}{8}\right) = \frac{7}{24}Pl$$

项目2　力　　法

【项目描述】

在船体结构中，除了少数桁架结构外，大多数结构都是以弯曲变形为主的静不定杆系，连续梁、刚架及板架等都属于这类杆系。因此，研究这类静不定杆系是船舶结构力学的主要任务之一。本书从本项目开始将逐步介绍求解杆系的各种方法。

求解杆系的方法比较多，其中力法与位移法是最基本的。本项目研究力法，位移法将在下一项目中介绍。

【项目目标】

1. 知识目标

(1)掌握力法的原理；

(2)掌握力法的应用；

(3)掌握弹性支座与弹性固定端的实际概念。

2. 能力目标

(1)能够正确运用力法的一般原理进行解题；

(2)能够将力法的一般原理正确地运用到简单的静不定结构计算中；

(3)能够正确运用力法的一般原理进行弹性支座和弹性固定端的计算。

3. 素质目标

(1)具有严谨细致、认真负责的工作态度；

(2)具有正确的思维方式；

(3)具有分析问题、解决实际问题的能力。

【学习任务】

1. 计算刚性支座上的连续梁；

2. 计算简单不可动节点刚架；

3. 计算简单板架；

4. 计算弹性支座柔性系数 A；

5. 计算弹性固定端柔性系数 α。

【相关知识】

力法是以广义力为未知量求解静不定结构问题的一种方法。由于静不定结构具有多余约束，其广义未知力不能单由平衡条件求出。用力法求解静不定结构的要点是：求解时可把结构的多余约束去掉(去掉的约束数应等于结构的静不定度)，并代之以相应的广义力，这些广义力称为多余未知力。这样就得到了原结构的静定基本结构，又称相当系统。在这种结构中，多余约束被转化为作用外力。为使静定基本结构的变形和原结构相同，须使解除约束后对应于每一多余未知力的广义位移和原结构在该点的广义位移一致，这个条件称为变形协调条件。每个变形协调条件都对应一个变形协调方程。因此，n 度静不定结构就有 n 个变形协调方程，它们正好弥补了静不定结构平衡方程数目的不足。将它们和平衡方程联立，就能求出全部的广义未知力。在一般情况下，由于多余约束的选取不同，会得到不同的静定基本结构，但这并不影响最后的结果。

力法的基本思路：把静不定结构的计算问题转化为静定结构的计算问题。

【任务实施】

任务2.1　力法的原理

【学习任务单】

学习领域	船舶结构与强度	
项目2	力法	学时
学习任务1	力法的原理	
任务描述	任务导入： 力法要遵守的两个原则：一是建立静定基，二是以力为基本未知量建立变形协调方程。“去支座法”和“断面法”都是以力为基本未知量，根据变形协调条件建立方程，最后解出力来，这两种解法都叫作“力法”。 学习步骤： (1)确定静不定结构的多余约束，然后去掉多余约束，并代之以多余未知力，使其成为静定结构； (2)根据结构变形的连续性，在去掉多余约束加上多余未知力的地方建立变形协调方程，以保证静定基本结构变形与原结构相同； (3)解变形协调方程，求出未知力	
任务要求	技能要求： (1)能够用“去支座法”解决实际工程中遇到的问题； (2)能够用“断面法”解决实际工程中遇到的问题。 职业素质要求： (1)具有分析问题、解决实际问题的能力； (2)具有责任意识和敬业精神； (3)具有迎接挑战的意识	
学习资源	教材、教学课件、图片	

【典型案例】

运用所学的知识，试求解图 2－1。

【知识要点学习】

运用力法求解杆系的基本原则：先将杆系拆为一根根杆件，拆开后的每一根杆件在形式上都是一个静定的单跨梁，然后以杆件上的未知力作为基本未知量，按变形协调条件列出相应的方程组，最后解方程组求得未知力。

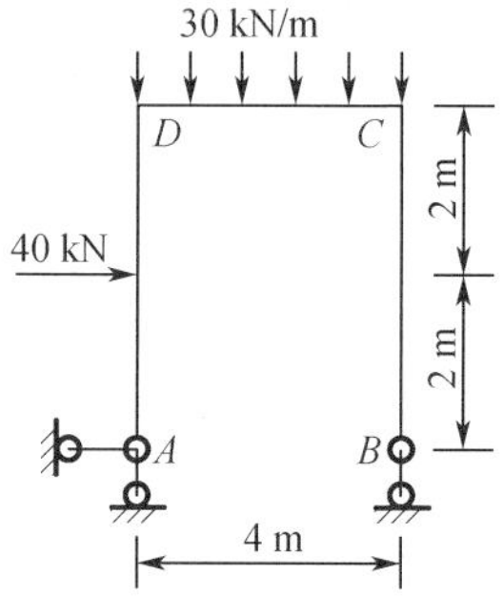

图 2-1　梁结构

现以图 2-2 所示的双跨梁为例来详细论述力法的基本原理及计算过程。这个双跨梁是一个一次静不定梁，只有设法求出这个双跨梁的一个多余的约束力，才有可能进一步求出弯曲要素。为此，将支座 2 对梁的约束反力 R 作为多余约束力，如果多余约束力 R 可通过一定的方法求得，那么去掉支座 2 并在此加上已求得的约束反力 R，则原双跨梁就变成静定的单跨梁（图 2-3）。显然求解静定单跨梁是不困难的，于是问题可得到完全的解决。为求解支座 2 处的约束反力 R，先分析一下支座 2 对梁所起的作用。由于支座 2 是铰支座，显然它所起的作用是使梁在此处的垂直位移（即挠度）等于零，同时给予梁一个约束反力 R。因此，如果把支座 2 去掉，并在梁此处加上力 R（图 2-3），又令此处的垂直位移（即挠度）等于零，那么这样得到的力学模型与原结构是等价的。

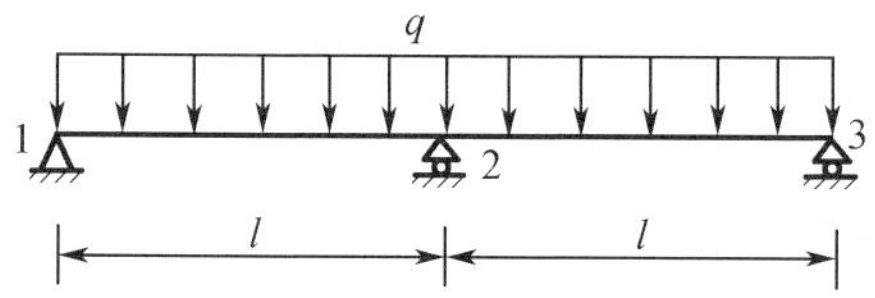

图 2-2　双跨梁

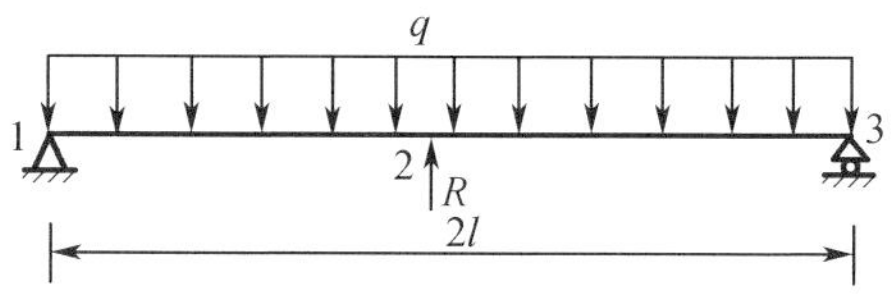

图 2-3　静定的单跨梁

值得指出的是，两个力学模型等价必须同时满足受力完全一致与变形完全一致这两个条件，缺一不可。因此，图 2-3 中的 R 必须等于图 2-2 中支座 2 处的约束反力，而这一点又是通过 R 作用处梁的挠度等于零来保证的，也就是说，R 的大小应该恰好使梁在此处的挠度等于零。

根据以上所述的基本原理，不难求解图 2-2 所示的双跨梁。图 2-3 所示的静定基本结构，由于梁在支座 2 处的挠度 $\nu=0$（变形协调条件），因此有

$$\nu=\nu_q+\nu_R=0$$

式中，ν_q 与 ν_R 分别代表图 2-3 中由均布载荷 q 与多余约束力 R 单独作用时引起的单跨梁中点的挠度。

查单跨梁的弯曲要素表（附表 2），不难得到

$$\nu_q=\frac{5q(2l)^4}{384EI}=\frac{5ql^4}{24EI}$$

$$\nu_R=-\frac{R(2l)^3}{48EI}=-\frac{Rl^3}{6EI}$$

将以上两式代入 $\nu=\nu_q+\nu_R=0$ 后，得

$$\frac{5ql^4}{24EI}-\frac{Rl^3}{6EI}=0$$

解此方程，得

$$R=\frac{5ql}{4}$$

求得 R 之后，原双跨梁就成为真正的静定的单跨梁，于是问题得到解决。由于以上方

法中静定基本结构是通过去掉支座来得到的，所以这个方法叫作“去支座法”。

从以上解题过程来看，力法有两个原则要遵守：一是建立静定基，二是以力为基本未知量建立变形协调方程。根据这两个原则，图2－2所示的双跨梁还有一种解法。在这种解法中，静定基的取法不同于“去支座法”，而是假定把原双跨梁在中间支座处的断面切开，或在此处断面加上铰链（注意：中间支座不拿掉），这样原双跨梁就可拆为两根两端为自由支持端的单跨梁（图2－4）。梁在中间支座处的断面切开之后，左右两个断面上出现了弯矩，这两个弯矩就是断面未切开时左右两个断面上互为作用力与反作用力的内弯矩，它们大小相等、方向相反，用 M 表示。在切开后的断面上没有画上剪力，这是由于剪力已经反映在新的计算图形（图2－4）的中间支座给予梁的反力上，或者说已经反映在铰链上。

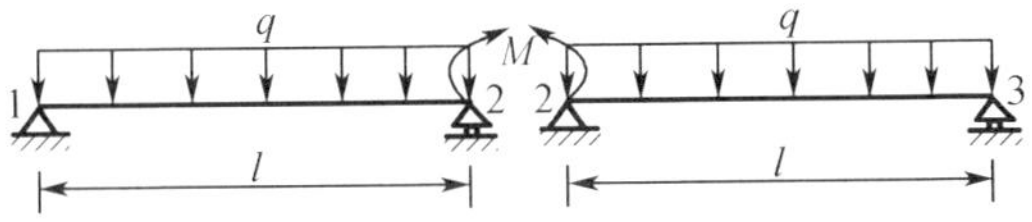

图2－4　两根两端为自由支持端的单跨梁

为了使新的计算图形与原结构保持等价，仍需考虑变形协调条件。由于原结构在中间支座处的断面转角是连续的，因此切开后新的结构在此处的转角也应保持连续。也就是说，切开处断面弯矩 M 的大小应恰使梁1－2与梁2－3在支座2处保持相同的转角，即

$$\theta_{21}=\theta_{23}$$

式中　θ_{21}——梁1－2在支座2处的转角；

θ_{23}——梁2－3在支座2处的转角。

查单跨梁的弯曲要素表，可以得到

$$\theta_{21}=\frac{Ml}{3EI}-\frac{ql^3}{24EI}$$

$$\theta_{23}=-\frac{Ml}{3EI}+\frac{ql^3}{24EI}$$

将以上两式代入 $\theta_{21}=\theta_{23}$ 后，可得

$$\frac{Ml}{3EI}-\frac{ql^3}{24EI}=-\frac{Ml}{3EI}+\frac{ql^3}{24EI}$$

由此解得

$$M=\frac{ql^2}{8}$$

解得 M 后，切开后的两个单跨梁的弯曲要素就不难求得了。在以上所述的方法中，静定基是通过切断梁的断面来得到的，因此把这种方法称为“断面法”。

以上两种解法，其实质是一样的，即以力为基本未知量，根据变形协调条件建立方程，最后解出力来，因此这两种解法都叫作“力法”。然而它们的静定基取法是不一样的，而一个结构的静定基选择，对于建立方程与解方程都有着直接的影响。

下面将力法的一般原理和解题步骤归纳如下：

（1）首先确定静不定结构的多余约束力，然后去掉相应的多余约束，并代之以约束反力，使其成为静定结构。这个静定结构叫作原结构的静定基。值得指出的是，结构的多余约束力数等于静不定次数，因此力法中的未知量数与静不定次数相同。

而集中反力为

$$R_3=\frac{q_2 l_2}{2}+\frac{M_3-M_2}{l_2}=0.533\ 5q_0 l_0$$

对于支座 2,可以看到它不同于支座 1 及支座 3,它分别支持着杆 1 – 2 与杆 2 – 3,因此支座 2 处的反力应该等于杆 1 – 2 与杆 2 – 3 在支座 2 处的反力之和。于是有

$$R_{21}=\frac{q_1 l_1}{2}+\frac{M_2}{l_1}=0.276\ 3q_0 l_0$$

$$R_{23}=\frac{q_2 l_2}{2}+\frac{M_2-M_3}{l_2}=0.466\ 5q_0 l_0$$

$$R_2=R_{21}+R_{23}=0.742\ 8q_0 l_0$$

事实上,连续梁支座的集中反力可从其剪力图中直接得到,若梁端为刚性固定端,则固定端处的弯矩也可从其弯矩图中直接得到。这些问题留给读者自行解决。

例 2 – 2 解图 2 – 11(a)所示的等断面三跨连续梁,已知梁的跨长为 8 m,$P=40$ kN,$q=10$ kN/m,梁的断面惯性矩为 I。

解 为了计算简单,先将梁的跨长用 l 代替,至于梁上的载荷 P,根据 P、q 及跨长的关系,可取 $P=\frac{ql}{2}$,在得到未知力的表达式后,再将具体数值代入。这样列出的方程,式子整齐,量纲清楚,便于校对。建议读者在今后计算给出梁长及外力具体数值的杆系问题时都这样做。

本例中的三跨梁为三次静不定结构,因此有三个未知量。现将梁的左端刚性固定的约束去掉,并在支座 1 和 2 处切开,再加上未知弯矩 M_0、M_1 和 M_2,即得原结构的静定基本结构,如图 2 – 11(b)所示。

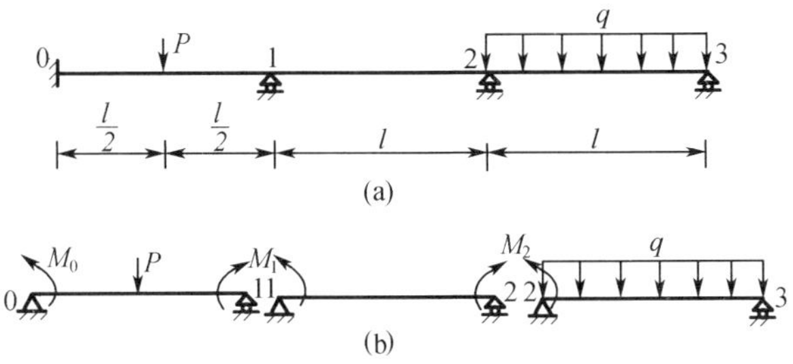

图 2 – 11 三跨梁及其静定基本结构

先列出支座 0 处转角为零的式子,计及 $P=\frac{ql}{2}$,不难得到

$$-\frac{M_0 l}{3EI}-\frac{M_1 l}{6EI}+\frac{1}{16}\left(\frac{ql}{2}\right)\frac{l^2}{EI}=0$$

再列出支座 1 和支座 2 的转角连续方程:

$$\frac{M_0 l}{6EI}+\frac{M_1 l}{3EI}-\frac{1}{16}\left(\frac{ql}{2}\right)\frac{l^2}{EI}=-\frac{M_1 l}{3EI}-\frac{M_2 l}{6EI}$$

$$\frac{M_1 l}{6EI}+\frac{M_2 l}{3EI}=-\frac{M_2 l}{3EI}+\frac{ql^3}{24EI}$$

将以上三式乘以 $6EI/l$ 并整理后,得到正则方程:

$$\begin{cases}2M_0+M_1=0.187\ 5ql^2\\M_0+4M_1+M_2=0.187\ 5ql^2\\M_1+4M_2=0.25ql^2\end{cases}$$

解之即得

$$\begin{cases}M_0=0.088\ 9ql^2=56.90\ \text{kN}\cdot\text{m}\\M_1=0.009\ 6ql^2=6.14\ \text{kN}\cdot\text{m}\\M_2=0.060\ 1ql^2=38.46\ \text{kN}\cdot\text{m}\end{cases}$$

求得 M_0、M_1 和 M_2 后，可分别画出梁 0 – 1，梁 1 – 2，梁 2 – 3 的弯矩图与剪力图，然后合成原结构的弯矩图与剪力图，如图 2 – 12 所示。

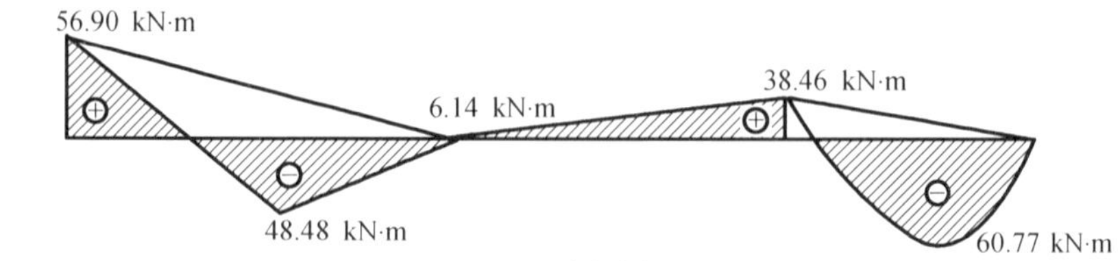

(a) 弯矩图

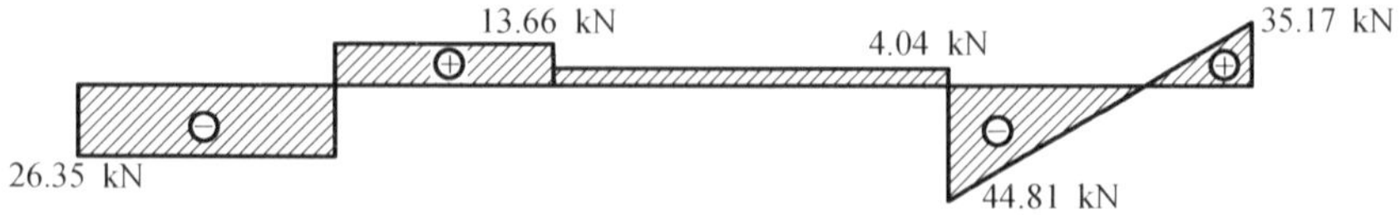

(b) 剪力图

图 2 – 12 原结构的弯矩图与剪力图

2.2.2 简单不可动节点刚架

在工程结构中刚架是很常见的，它由一根根杆件彼此刚性连接而成。刚架中杆件的相交点叫作刚架的"节点"。图 2 – 13 中杆 1 – 2 与杆 2 – 3 的连接点 2 就是节点。在节点处各杆件变形时彼此无相对转角，即保持原连接处的角度不变。由图 2 – 13 可以看到，刚架中有的杆件不仅受到横向力作用产生弯曲变形，还受到轴向力作用而产生拉压变形，因此刚架中的杆件常常在受力后产生复杂变形。然而，对于大多数刚架的杆件来说，因轴向力对其影响较小，可以忽略线位移，所以在计算刚架结构时，一般仅考虑其弯曲变形。

船体结构中的刚架大都是由横梁、肋骨与肋板所组成的"肋骨刚架"。如果刚架中节点处交汇的杆件只有两根，那么此刚架称为"简单刚架"（图 2 – 14(a)），例如单层甲板船的肋骨刚架；如果刚架中节点处交汇的杆件多于两根，则称之为"复杂刚架"（图 2 – 14(b)），例如多层甲板船的肋骨刚架。

还可以根据刚架在受力后节点是否有线位移来对刚架进行分类。若刚架受力后节点有线位移，则称之为"可动节点刚架"；若刚架受力后节点无线位移，则称之为"不可动节点刚架"。图 2 – 14 所示两个刚架均属于不可动节点刚架，这里仅讨论简单不可动节点刚架的解法。

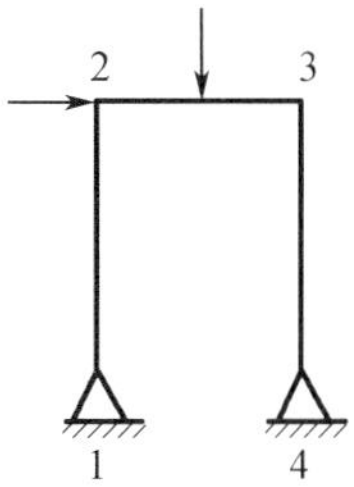

图 2 – 13　刚架

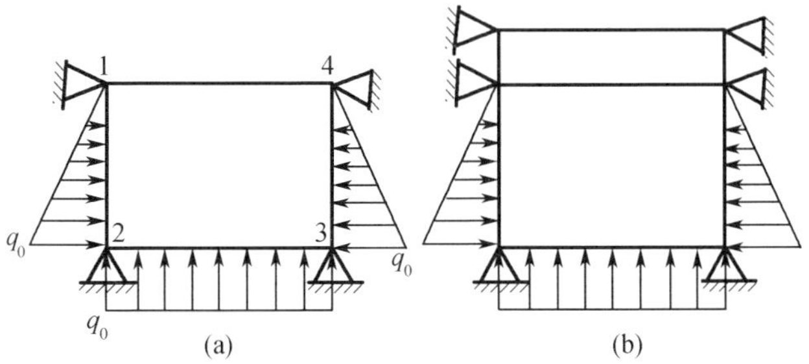

图 2 – 14　简单刚架和复杂刚架

不可动节点刚架可以看作连续梁折合的结果,这样刚架的节点相当于连续梁的支座,因此解这类刚架可如同解连续梁那样运用三弯矩方程。

例 2 – 3　解 2 – 15(a)所示的简单刚架。已知各杆的断面惯性矩均为 I,$l_{12}=l$,$l_{23}=1.5l$,杆 1 – 2 受均布载荷 q 的作用。

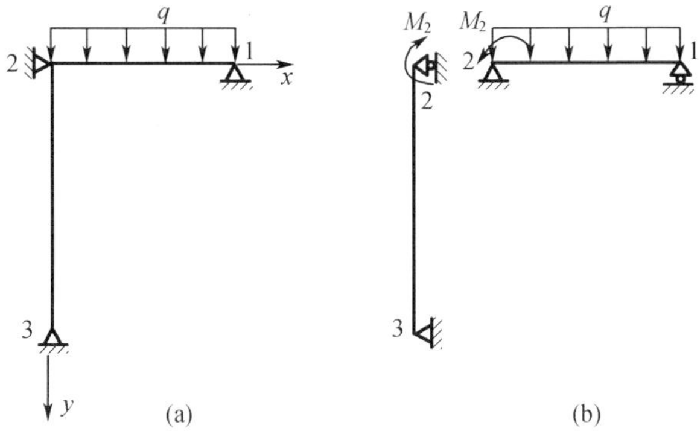

图 2 – 15　简单刚架

解　本例中的刚架为不可动节点简单刚架,其静不定次数为 1。仿照连续梁的解法,切开节点 2 处的断面,并加上弯矩 M_2,这样就得到了如图 2 – 15(b)所示的两个两端为自由支持端的单跨梁。在添加弯矩时,与连续梁的解法相仿,一般是将杆件两端的弯矩画成一正一反,同一节点相连续的两个杆件的端点弯矩也画成一正一反(作用力与反作用力)。

值得指出的是,在建立转角连续方程时,转角的正负号应按计算图形中载荷作用于单个杆件时产生的转角方向来确定。例如图 2 – 15(b)中的杆 1 – 2,当仅受弯矩 M_2 作用时,在 2 端产生的转角为逆时针,因此 $\theta_{21}(M_2)$是负的;而受均布载荷 q 单独作用时,2 端产生的转角为顺时针,因此 $\theta_{21}(q)$为正。

按节点 2 处转角连续条件,变形协调方程为

$$\theta_{21}=\theta_{23}$$

即

$$-\frac{M_2 l}{3EI}+\frac{ql^3}{24EI}=\frac{M_2\cdot 1.5l}{3EI}$$

解之即得

$$M_2=\frac{ql^2}{20}$$

得到弯矩 M_2 后,便可很容易地画出弯矩图。在画刚架的弯矩图时,与连续梁一样,先分别画出每一杆件的弯矩图,然后叠加在一起就得到整个刚架的弯矩图。在对每一杆件画弯矩图时,一般先画好杆件两端在弯矩作用下的弯矩图,然后再将外载荷的弯矩图叠加上去。图 2-16 便是图 2-15 所示刚架的弯矩图。此外,在习惯上不标刚架弯矩图的正负号。

下面来求刚架的支座反力。支座 1 处的反力可以通过建立杆 1-2 的平衡方程求得:

$$R_{1y}=\frac{ql}{2}-\frac{M_2}{l}=\frac{9}{20}ql=0.45ql$$

R_{3x}可通过建立杆 2-3 的平衡方程求得:

$$R_{3x}=\frac{M_2}{1.5l}=\frac{ql}{30}=0.033ql$$

例 2-4　计算图 2-17(a)所示的简单刚架。已知各杆的断面惯性矩均为 I,$l_{12}=1.5l$,$l_{23}=l$,杆 1-2 受到三角形分布的载荷(合力为 Q)的作用,杆 2-3 的中点受到集中力 P 的作用,$P=Q/2$。

解　本例中的刚架为二次静不定结构,因此有两个未知弯矩。去掉支座 1 处的转动约束,并切开节点 2 处的断面,然后再加上弯矩 M_1 与 M_2,这样便得到了图 2-17(b)所示的两个两端为自由支持端的单跨梁。

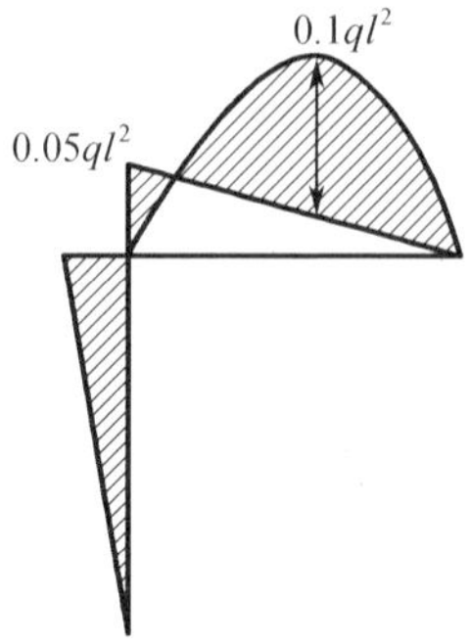

图 2-16　弯矩图

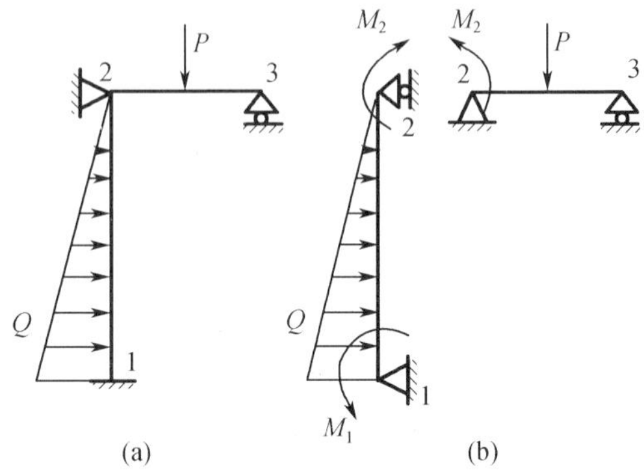

图 2-17　简单刚架

按节点 1,2 的变形协调条件,可建立两个变形连续方程如下:

$$\begin{cases}\theta_{12}=0\\ \theta_{21}=\theta_{23}\end{cases}$$

$$\begin{cases}-\dfrac{M_1\cdot 1.5l}{3EI}-\dfrac{M_2\cdot 1.5l}{6EI}+\dfrac{2Q(1.5l)^2}{45EI}=0\\ \dfrac{M_1\cdot 1.5l}{6EI}+\dfrac{M_2\cdot 1.5l}{3EI}-\dfrac{7Q(1.5l)^2}{180EI}=-\dfrac{M_2l}{3EI}+\dfrac{Pl^2}{16EI}\end{cases}$$

将 $P=Q/2$ 代入并加以整理,得

$$\begin{cases}6M_1+3M_2=1.2Ql\\ 3M_1+10M_2=1.425Ql\end{cases}$$

解之即得

$$\begin{cases}M_1=0.1515Ql\\M_2=0.0971Ql\end{cases}$$

图 2-18 是图 2-17 所示刚架的弯矩图，其中杆 1-2 上的一个弯矩值 $0.0632Ql$ 是此杆件中点处断面的弯矩值。

例 2-5 解图 2-14(a)所示的简单刚架。已知 $l_{12}=l_{34}=l, l_{14}=l_{23}=1.2l, I_{14}=I$, $I_{12}=I_{34}=2I, I_{23}=4I$，刚架的受载情况如图 2-14(a)所示。

解 先将刚架在节点 1,2,3,4 处的断面切开，并加上相应的弯矩 M_1、M_2、M_3 与 M_4，使刚架成为四根两端为自由支持端的单跨梁（如图 2-19 所示，图中仅画了三根），然后根据节点处转角连续条件建立一组方程求解。

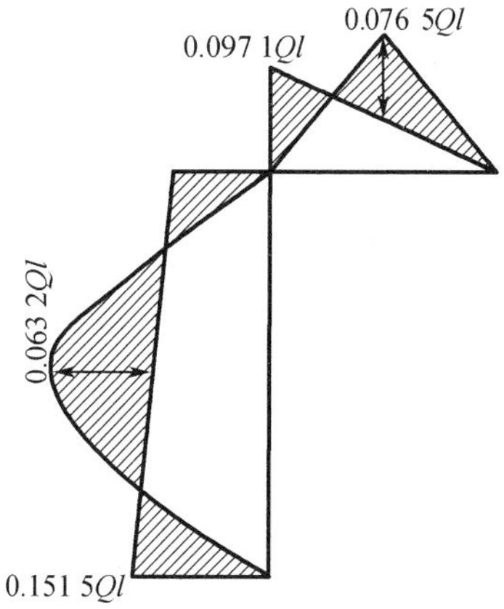

图 2-18 弯矩图

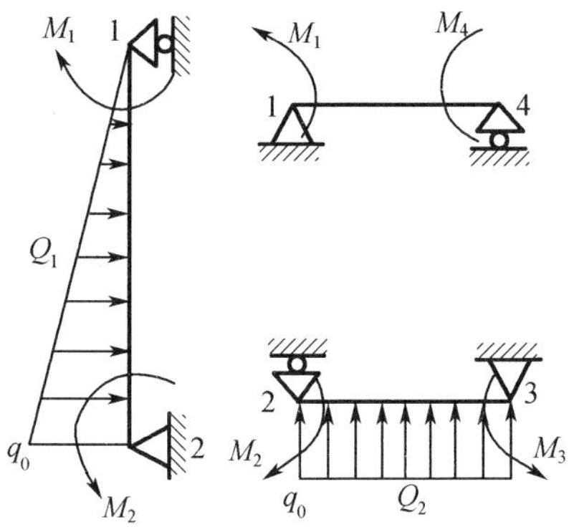

图 2-19 简单刚架的静定基本结构

就本例而言，这个肋骨刚架是一个左右对称的结构，它所受的载荷也是对称的，因此刚架受力后其变形与内弯矩也是对称的，故有 $\theta_1=-\theta_4, \theta_2=-\theta_3, M_1=M_4, M_2=M_3$。这样，未知弯矩由原来的四个减少到两个（$M_1$、$M_2$），故只需要对节点 1 与 2 处分别建立转角连续方程：

$$\begin{cases}\theta_{12}=\theta_{14}\\\theta_{21}=\theta_{23}\end{cases}$$

$$\begin{cases}\dfrac{M_1l_{12}}{3EI_{12}}+\dfrac{M_2l_{12}}{6EI_{12}}-\dfrac{7Q_1l_{12}^2}{180EI_{12}}=-\dfrac{M_1l_{14}}{3EI_{14}}-\dfrac{M_4l_{14}}{6EI_{14}}\\-\dfrac{M_1l_{12}}{6EI_{12}}-\dfrac{M_2l_{12}}{3EI_{12}}+\dfrac{2Q_1l_{12}^2}{45EI_{12}}=\dfrac{M_2l_{23}}{3EI_{23}}+\dfrac{M_3l_{23}}{6EI_{23}}-\dfrac{Q_2l_{23}^2}{24EI_{23}}\end{cases}$$

将 $Q_1=q_0l_{12}/2, Q_2=q_0l_{23}$ 以及各 I、l 值代入上式并加以整理，可得

$$\begin{cases}0.767M_1+0.083M_2=0.0097q_0l^2\\0.083M_1+0.317M_2=0.0291q_0l^2\end{cases}$$

解之即得

$$\begin{cases}M_1=0.0028q_0l^2\\M_2=0.09q_0l^2\end{cases}$$

2.2.3 简单板架

船体结构中,相互交叉的梁系叫作板架。板架受垂直于杆系平面的载荷作用而弯曲,板架中梁的交叉点叫作板架的“节点”。

船体结构中的板架,其周界大都是矩形,两个方向的梁是正交的,并且两个方向的梁的数目一般是不等的。其中数目较多的一组梁叫作“主向梁”,与其交叉的数目较少的梁叫作“交叉构件”。本部分主要讨论节点数目较少,并且主向梁与交叉构件都是等断面的简单板架的解法。用力法解板架时,常用的方法是将板架两个方向的梁在节点处拆开。如果忽略梁的扭转,则把两个方向的梁拆开之后,它们之间的互相作用力就是集中力,然后再用变形连续条件建立方程求解这些集中力。下面通过例子来说明解板架的过程。图2-20所示的简单板架,代表大型油轮在纵、横舱壁之间的船底板架,由三根肋板(主向梁)和一根中内龙骨(交叉构件)组成。该板架上作用有均布载荷 q(此处 q 为单位面积的载荷),肋板的长度与断面惯性矩分别为 l 及 i,中内龙骨的长度与断面惯性矩分别为 L 及 I。

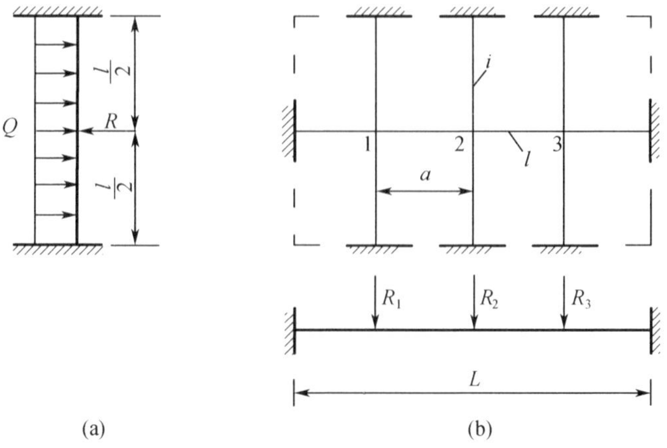

图2-20　板架

先说明一下外载荷的分配问题:由于实际上外载荷由船底板传递给船底纵骨,再由船底纵骨传至肋板,因此在计算时通常认为板架上的外载荷全部由肋板(主向梁)承受。

现将板架的主向梁与交叉构件在节点处拆开,并加上节点反力 R_1、R_2、R_3。于是,主向梁将有图2-20(a)所示的计算图形,其中主向梁的外载荷 $Q=aql$;交叉构件将有图2-20(b)所示的计算图形,对于本例,由于载荷及构件的对称性,因此有 $R_1=R_3$。

下面根据主向梁与交叉构件在相应节点处挠度相等的变形连续条件来建立方程。先写出边上一根主向梁与交叉构件在节点1处挠度相等的方程,由单跨梁的弯曲要素表可得

$$\frac{1}{384}\frac{Ql^3}{Ei}-\frac{1}{192}\frac{R_1l^3}{Ei}=\frac{5}{1\,536}\frac{R_1L^3}{EI}+\frac{1}{384}\frac{R_2L^3}{EI}$$

同理可得中间一根主向梁与交叉构件在节点2处挠度相等的方程:

$$\frac{1}{384}\frac{Ql^3}{Ei}-\frac{1}{192}\frac{R_2l^3}{Ei}=\frac{1}{192}\frac{R_1L^3}{EI}+\frac{1}{192}\frac{R_2L^3}{EI}$$

解以上二式,即可得

$$R_1=\frac{(4+2\mu)Q}{8+13\mu+\mu^2}$$

$$R_2 = \frac{\left(4 - \frac{3}{2}\mu\right)Q}{8 + 13\mu + \mu^2}$$

式中，

$$\mu = \frac{i}{I}\frac{L^3}{l^3}$$

求出了节点力后，即可分别计算出主向梁与交叉构件的弯曲要素。

【任务测试】

1. 试用力法解习图 2－2 所示受均布载荷 q 作用的连续梁，并作弯矩图与剪力图。已知 $l_1 = 2$ m，$l_2 = 1.2l_1$，$I_1 = 48\ 500\ \text{cm}^4$，$I_2 = 2\ 425\ \text{cm}^4$，$q = 18\ 081$ N/m。

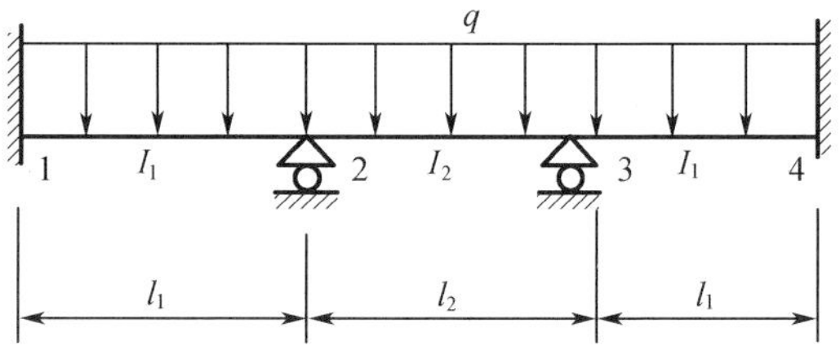

习图 2－2

2. 用力法求解习图 2－3 所示双跨梁，并作弯矩图与剪力图。已知杆 2－3 受有均布载荷 q，杆 1－2 的中点受有集中力 P，$P = ql/2$，各杆的长度 l 与断面惯性矩 I 分别相等。

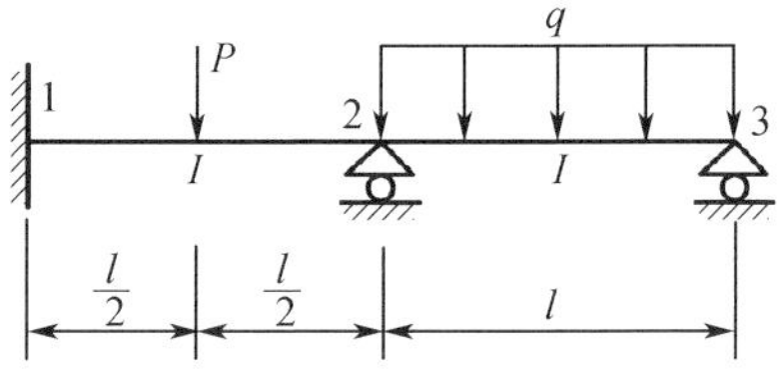

习图 2－3

3. 用力法解习图 2－4 所示连续梁，并作弯矩图与剪力图。已知各杆的长度 l 与断面惯性矩 I 均相同，$P = ql$。

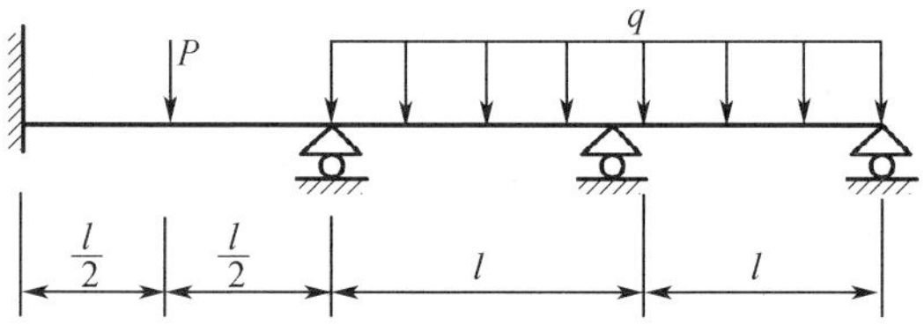

习图 2－4

4. 用力法解习图 2－5 所示两个不可动节点简单刚架，且作弯矩图。已知图 2－5(a) 中，$l_{12} = 2l_{23} = 2l$，$I_{12} = 2I_{23} = 2I$；习图 2－5(b) 中，$l_{12} = l_{23} = l_{34} = l$，$I_{12} = I_{34} = 4I$，$I_{23} = 3I$。

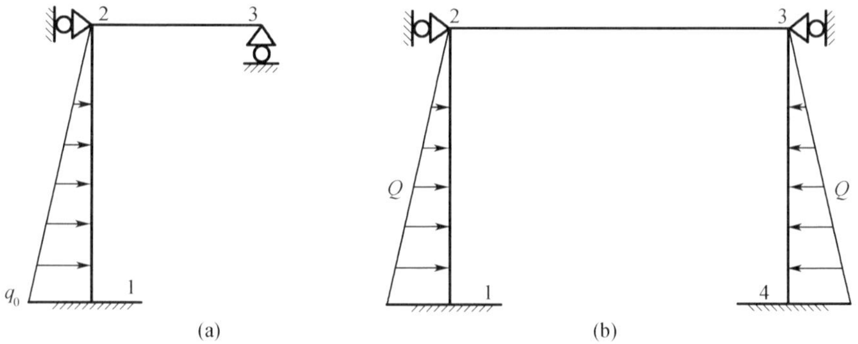

习图 2－5

任务 2.3 弹性支座与弹性固定端的实际概念

【学习任务单】

学习领域	船舶结构与强度	
项目 2	力法	学时
学习任务 3	弹性支座与弹性固定端的实际概念	
任务描述	任务导入： 在项目 1 中讨论梁的边界条件时，提出了弹性支座与弹性固定端的概念，本任务将讨论船体结构中弹性支座与弹性固定端是怎样形成的，以及它们的柔性系数 A 与 α 如何计算。 学习步骤： （1）弹性支座（图 2－22），根据 v_2 与 R_2 的关系确定柔性系数 A。 （2）弹性固定端（图 2－26）： ①刚架节点 2 处的断面切开并加上未知的断面弯矩 M_2，使之成为两个单跨梁； ②分别计算杆 1－2 与杆 2－3 在节点 2 处的断面转角； ③根据转角连续条件 $\theta_{21}=\theta_{23}$，确定柔性系数 α	
任务要求	技能要求： （1）能够根据实际情况确定弹性支座的柔性系数 A； （2）能够根据实际情况确定弹性固定端的柔性系数 α。 职业素质要求： （1）具有分析问题、解决实际问题的能力； （2）具有责任意识和敬业精神； （3）具有迎接挑战的意识	
学习资源	教材、教学课件、图片	

【典型案例】

大跨空间结构弹性支座设置方法

弹性支座常用于包含大跨空间结构的工程。这种结构跨度大,在温度作用下会产生很大的端部位移,如果约束住支座的平动自由度,大跨结构将产生巨大的次内力,因此设计人员经常采用滑动支座来释放温度产生的次内力,同时减小支撑结构的内力。设置滑动支座还能明显减小地震作用(类似于隔震),简化结构受力。

建模过程中应将空间结构与下部结构脱开,两者之间设置一定距离(一般 300 mm 以上),这样可以保证空间结构杆件与下部结构构件分别承担各自的荷载。这样布置还可以明确支座位置,同时便于设置、修改支座。图 2-21 为错误与正确的建模方式

(a) 错误的建模方式

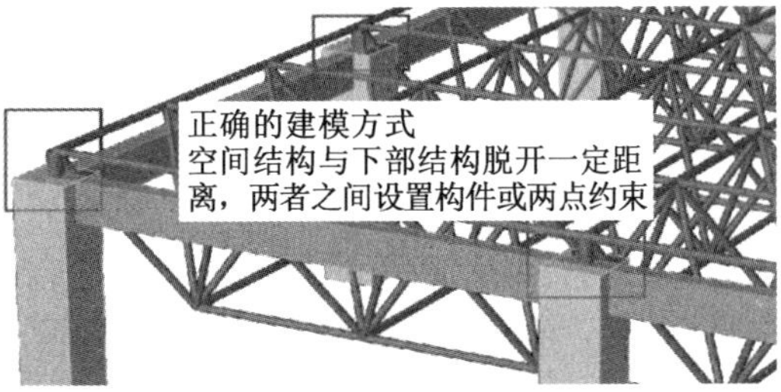

(b) 正确的建模方式

图 2-21　错误与正确的建模方式

空间结构的支座主要有铰接和滑动两种。

空间结构的支座用斜杆模拟时,如果不设置弹性连接,斜杆的刚度就相当于支座刚度。当斜杆抗弯刚度很小时,斜杆相当于一个铰接支座,与对支座设置弹性连接下的铰接差别不大。但是,当相连斜杆刚度较大时,应该使用设置弹性连接的方式来模拟支座,设置弹性连接不但可以模拟铰接支座,还可以模拟滑动支座。

【知识要点学习】

2.3.1　弹性支座

在船体结构中弹性支座的形成常常在交叉梁系的计算中看到。下面以图 2-22(a)所示的简单板架为例说明弹性支座的形成与其柔性系数 A 的计算。

这个板架由杆 1-3 与杆 4-5 交叉连接而组成,其中杆件 1-3 不受任何外载荷的作用,称为无载杆或无载梁,而杆 4-5 则受到外载荷(均布载荷 q)的作用,称为有载杆。从支持的角度来看,无载杆 1-3 可以作为有载杆 4-5 的支持。现在的问题是这种支持相当于哪种支座。为此,将两杆在相交节点处分开,并加上相互作用的节点力 R_2(图 2-22(b)和(c))。

对于图 2-22(b)中的有载杆 4-5,若节点 2 处挠度 v_2 与节点力 R_2 成正比,则根据弹性支座的概念,在杆 4-5 节点 2 处可用一个弹性支座来替换节点力 R_2(图 2-23),而弹性支座的柔性系数 A 应为 v_2/R_2。为了得到 v_2 与 R_2 的关系,进一步研究图 2-22(c)中的杆 1-3。由于杆 1-3 上除了与杆 4-5 相互作用的节点力 R_2 以外,没有任何外载荷的作用,

所以杆件 1－3 在节点 2 处的挠度 ν_2 仅与节点力 R_2 有关，且成正比：

$$\nu_2=\frac{R_2l_1^3}{48EI_1}$$

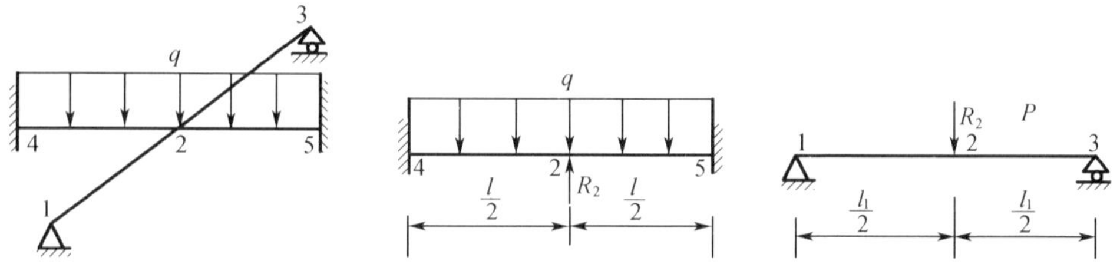

(a)　(b)　(c)

图 2－22　交叉梁系

根据变形连续性，杆 4－5 的 ν_2 等于杆 1－3 的 ν_2，因此杆 4－5 的节点 2 处挠度 ν_2 与节点力 R_2 也成正比。由此可见，杆 1－3 对杆 4－5 所起的作用相当于一个弹性支座，于是杆 1－3 就可以当作杆 4－5 的弹性支座（图 2－23）。

对于弹性支座的柔性系数 A 的计算并不困难，根据上式，有

$$A=\frac{\nu_2}{R_2}=\frac{l_1^3}{48EI_1}$$

显然柔性系数 A 仅与无载杆 1－3 的几何尺寸、材料性质以及支持情况有关。

如果用力法来解图 2－22 与图 2－23 中的两个结构，那么结果将是一致的。对于图 2－22 所示的结构，变形连续方程为

$$\frac{ql^4}{384EI}-\frac{R_2l^3}{192EI}=\frac{R_2l_1^3}{48EI_1}$$

对于图 2－23 中的结构，可以建立与上式完全相同的变形连续方程。可见，将杆 1－3 化为杆 4－5 的弹性支座是完全可以的。

例 2－6　将图 2－24 所示的杆系简化为具有弹性支座的单跨梁，并计算弹性支座的柔性系数 A。已知各杆的断面惯性矩均为 I，支持与几何尺寸均如图 2－24 所示。

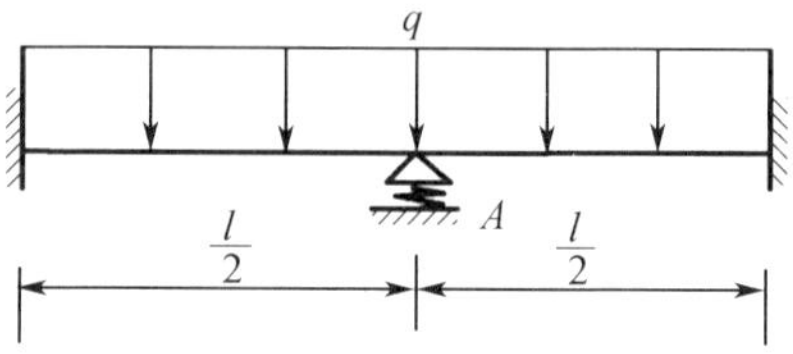

图 2－23　转化得到的静定基本结构

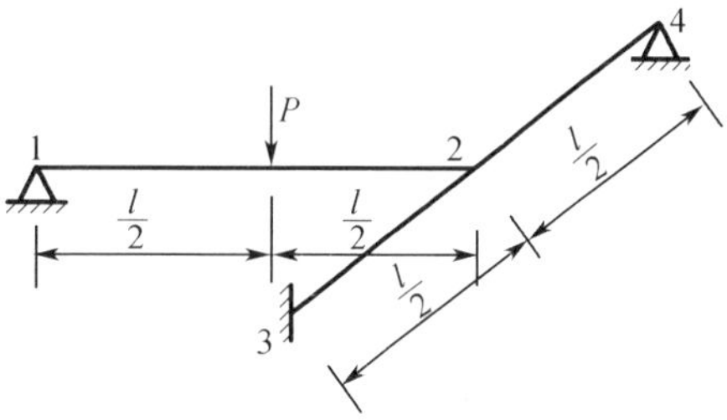

图 2－24　杆系

解　由于杆 3－4 不受外载荷的作用，所以可把杆 3－4 简化为杆 1－2 的弹性支座，如图 2－25(a)所示。

为了求得弹性支座的柔性系数 A，从杆系中取出杆 3－4，并在节点 2 处加上力 R_2（图 2－25(b)），查单跨梁的弯曲要素表，可得节点 2 处的挠度为

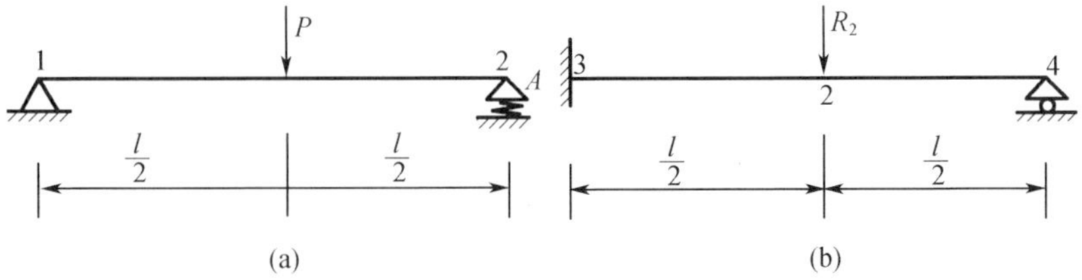

图 2-25　转化得到的静定基本结构

$$\nu_2 = \frac{7R_2 l^3}{768EI}$$

故

$$A = \frac{\nu_2}{R_2} = \frac{7l^3}{768EI}$$

2.3.2　弹性固定端

图 2-26(a)所示的刚架结构,其中杆 2-3 有外载荷,杆 1-2 没有外载荷。这个结构可以看作由双甲板船的上甲板横梁与甲板间肋骨所组成,甲板间肋骨的下端假定为自由支持端。

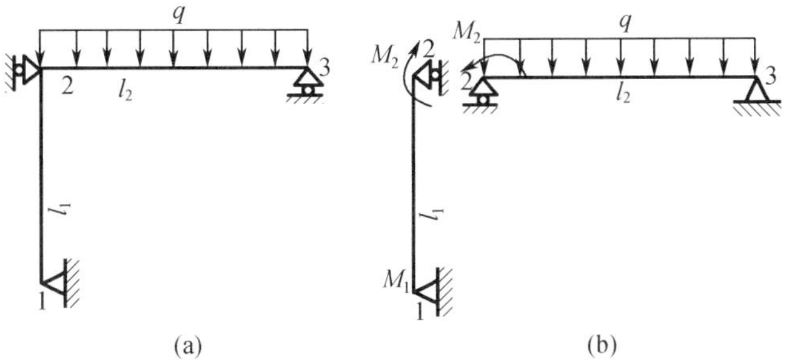

图 2-26　刚架

用力法来解这个刚架是不困难的,将节点 2 处的断面切开并加上未知的断面弯矩 M_2,使之成为两个单跨梁(图 2-26(b))。分别计算杆 1-2 与杆 2-3 在节点 2 处的断面转角:

$$\theta_{21} = \frac{M_2 l_1}{3EI_1} \tag{2-3}$$

$$\theta_{23} = -\frac{M_2 l_2}{3EI_2} + \frac{q l_2^3}{24EI_2} \tag{2-4}$$

由式(2-3)可以看出,θ_{21} 与 M_2 成正比关系,因此式(2-3)可改写成

$$\theta_{21} = \alpha M_2$$

式中

$$\alpha = \frac{l_1}{3EI_1}$$

由此可见,杆件 1-2 在节点 2 处的断面转角与断面弯矩呈正比关系。根据转角连续条件,$\theta_{21} = \theta_{23}$,因此有

$$-\frac{M_2 l_2}{3EI_2}+\frac{q l_2^3}{24EI_2}=\frac{M_2 l_1}{3EI_1}$$

或

$$\theta_{23}=\frac{M_2 l_1}{3EI_1}=\alpha M_2$$

上式表明杆 2－3 左端的断面转角与断面弯矩成正比，而这正好符合弹性固定端的定义，因此杆 2－3 的左端支座可视为弹性固定端（图 2－27）。可见，无载杆 1－2 对有载杆 2－3 所起的作用相当于一个弹性固定端。显然，弹性固定端的柔性系数为 $\alpha=l_1/(3EI_1)$，它仅与无载杆 1－2 的几何尺寸、材料性质以及结构形式有关。

例 2－7　将图 2－28 所示杆系中的无载杆 1－2 转化为有载杆 2－3 的弹性固定端，并计算该弹性固定端的柔性系数 α。已知杆 1－2 的断面惯性矩为 I，长为 l。

解　显然无载杆 1－2 可以作为有载杆 2－3 的弹性固定端，图 2－29(a) 所示的图形就是杆 2－3 的具有弹性固定端的新计算图形。

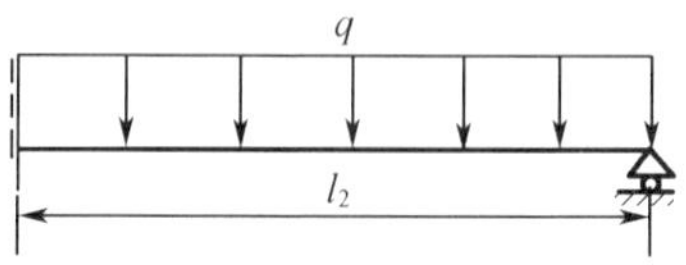

图 2－27　转化得到的静定基本结构

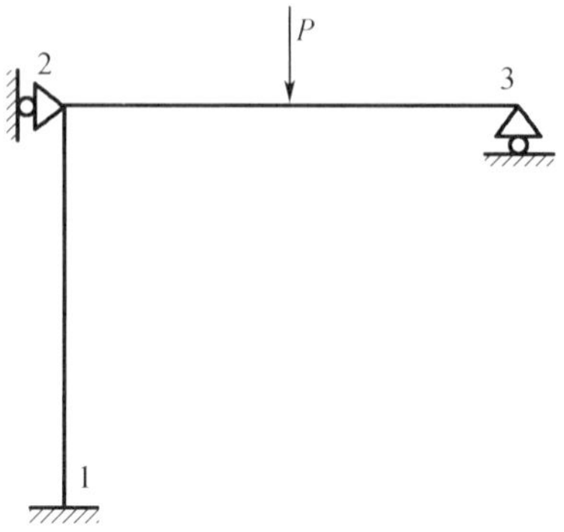

图 2－28　杆系

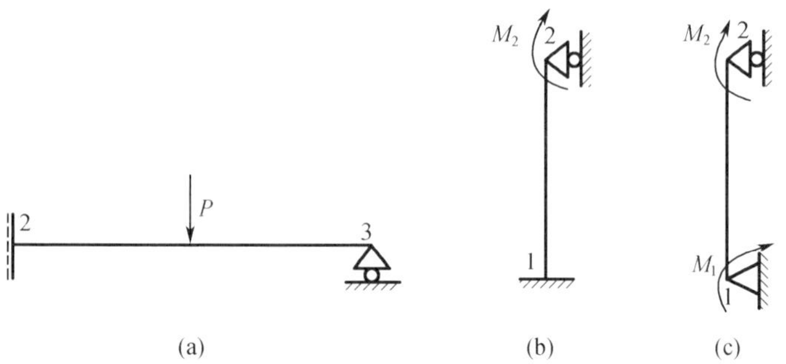

图 2－29　转化得到的静定基本结构

为了计算弹性固定端的柔性系数 α，在原杆系中取出杆 1－2，并在 2 端加上弯矩 M_2（图 2－29(b)）。由于 1 端为刚性固定端，将其转化为刚性支座并加上相应的弯矩 M_1（图 2－29(c)）。根据变形连续条件 $\theta_{12}=0$，查弯曲要素表可得方程：

$$\frac{M_1 l}{3EI}-\frac{M_2 l}{6EI}=0$$

解方程得 $M_1=\frac{M_2}{2}$,M_1 的转向同 M_2。利用叠加原理,可算得杆 1-2 在 2 处的转角为

$$\theta_2=\theta_2(M_1)+\theta_2(M_2)=-\frac{M_1l}{6EI}+\frac{M_2l}{3EI}=\frac{M_2l}{4EI}$$

故

$$\alpha=\frac{\theta_2}{M_2}=\frac{l}{4EI}$$

【任务测试】

1. 什么是弹性支座?
2. 试举例说明船上哪些结构构成弹性固定端。

项目3　位　移　法

【项目描述】

所谓"位移法"就是以杆系节点处的位移为基本未知量的求解杆系的方法。当节点处汇交杆件数大于2时,位移法的未知位移数目一般少于力法的未知力数目,因此在解复杂杆系时采用位移法会给计算带来一定的方便。

【项目目标】

1. 知识目标

(1)掌握位移法的原理;

(2)掌握位移法的应用;

(3)掌握弯矩分配法。

2. 能力目标

(1)能够正确运用位移法的一般原理进行解题;

(2)能够将位移法原理正确地运用到不可动节点复杂刚架和刚性支座上的连续梁的计算中;

(3)能够正确运用弯矩分配法求出节点转动引起的杆端弯矩,进而得到杆端总弯矩。

3. 素质目标

(1)具有严谨细致、认真负责的工作态度;

(2)具有正确的思维方式;

(3)具有分析问题、解决实际问题的能力。

【学习任务】

1. 掌握位移法的原理;
2. 掌握位移法的符号规定与基本方程;
3. 解不可动节点复杂刚架;
4. 解刚性支座上的连续梁;
5. 掌握弯矩分配法的原理;
6. 掌握分配弯矩与传导弯矩的计算公式。

【相关知识】

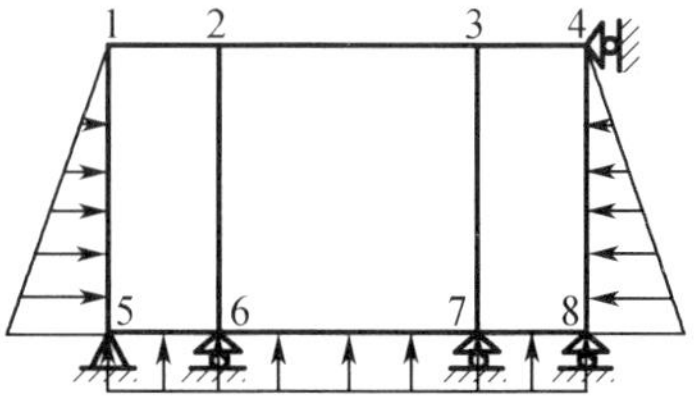

图3-1　刚架

图3-1所示的刚架是具有两道纵舱壁的油船的肋骨刚架,有10根杆,8个节点,是一个复杂刚架。如果用力法来解这个刚架,那么在它的节点处被切开(或加铰)后将得到10个单跨梁,并出现16个未知弯矩——节点1,4,5,8断面处各有1对相同的弯矩,节点2,3,

6,7 断面处各有 3 个不同的弯矩,因此需要列 16 个方程才能求解。虽然由于事实上刚架是左右对称的,未知弯矩的数量可以减少一半,但仍很多。方程多了不但求解困难,还容易带来误差。当用位移法解此结构时,在考虑对称的情况下,未知位移只有 4 个——4 个节点的角位移,此时只需建立 4 个方程即可解出所有未知角位移,再将角位移代入杆端的弯矩表达式,便可求出各杆的杆端弯矩。

【任务实施】

任务 3.1 位移法的原理

学习任务单

学习领域	船舶结构与强度	
项目 3	位移法	学时
学习任务 1	位移法的原理	
任务描述	任务导入:虽然力法原则上可以解一切杆系问题,但某些杆系用力法来解并不方便,而位移法则是解这类杆系的一种较好方法。 学习步骤: (1)通过弯曲要素表查得固端弯矩; (2)通过推导,得到强迫弯矩的计算公式; (3)将固端弯矩与杆端弯矩相加,得到杆端总弯矩; (4)求得节点弯矩平衡方程	
任务要求	技能要求: (1)能够通过弯曲要素表查得固端弯矩; (2)能够根据变形连续条件推导出两端刚性固定的单跨梁固定端转动引起的杆端弯矩。 职业素质要求: (1)具有分析问题、解决实际问题的能力; (2)具有责任意识和敬业精神; (3)具有迎接挑战的意识	
学习资源	教材、教学课件、图片	

【典型案例】

力法和位移法

力法和位移法两种方法都是用来解超静定结构的,但是位移法也可用来解静定结构。力法以多余未知力为基本未知量,通过选取基本体系把超静定结构变成静定结构,力法方程是变形协调方程,无法编制统一的计算机程序,对多次超静定结构求解不容易实现。

位移法以位移(角位移、线位移)为基本未知量,其解法有两种:一是直接杆端弯矩平衡法，二是基本体系法。此处的基本体系是通过附加刚臂和附加支杆限制角位移和线位移的，是更高次的超静定结构。两种方法建立的位移法方程是一样的，位移法方程是平衡方程。位移法的派生方法有力矩分配法、无剪力分配法、矩阵位移法等。矩阵位移法应用计算机解超静定问题，可用来解大型结构。

某些结构在进行内力分析时，单纯使用力法或是位移法，分析过程都比较复杂，这时可考虑将两种方法混合使用，即在节点位移多而多余约束少的结构局部撤去多余约束，在节点位移少而多余约束多的结构局部给节点附加约束。这样，基本未知量中既有多余约束力，又有节点位移，力和位移分区混合。

【知识要点学习】

3.1.1 位移法基本原理和解题过程

下面以图 3－2 所示的双跨梁为例来说明位移法的基本原理和解题过程。

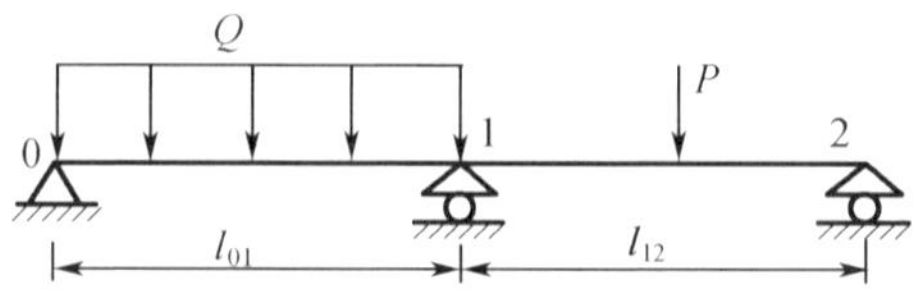

图 3－2 双跨梁

在位移法中，杆系中各杆化为两端刚性固定的单跨梁。对于图 3－2 所示的双跨梁，首先把它在支座 0，1 和 2 处加固，即加上抗转约束，使其成为两根两端刚性固定的单跨梁，如图 3－3(a)所示。这种两端刚性固定的单跨梁就是位移法中的基本结构。

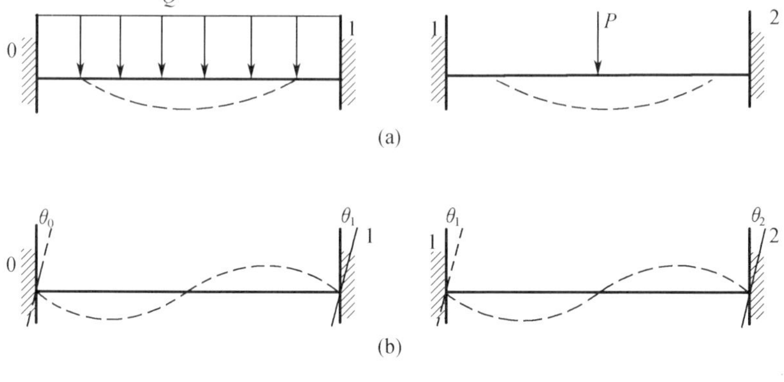

图 3－3 加固后的基本结构

显然此基本结构和原来的双跨梁相比，在支座处的变形与约束反力都有差别。图 3－3(a)所示的梁在支座 0，1 和 2 处被刚性固定了，因而在该处转角为零。而图 3－2 所示的梁是连续的，支座 0 与支座 2 是自由支持的，所以它在支座 0，1 和 2 处的断面都将发生转角，这是两者在支座处的变形上的差别。如图 3－3(a)所示，梁被分成两个两端刚性固定的单跨梁，在外力作用下，梁 0－1 在支座 1 处断面的弯矩和梁 1－2 在支座 1 处断面的弯矩显然不等，并且在支座 0 和 2 处断面的弯矩也不等于零。而图 3－2 所示梁的中间支座处左端断面和右端断面的弯矩大小相等、方向相反，且支座 0 和 2 是自由支持的，弯矩为零，这是两者在支座处的约束反力方面的差别。

为了使图 3－3(a)所示的梁的受力和变形情况与图 3－2 所示的梁一致，现在使图 3－3(a)中梁 0－1 的 0 端转动角度 θ_0，1 端转动角度 θ_1，梁 1－2 的 1 端转动角度 θ_1，梁 1－2 的 2 端转动角度 θ_2，如图 3－3(b)所示。再设 $\overline{M}$ 为两端刚性固定的单跨梁在外力作用下的固定断面的弯矩（称为“固端弯矩”），M' 为两端刚性固定的单跨梁仅因固定端发生转角而引起的固定断面的弯矩（称为“强迫弯矩”）。显然，如果使这两种弯矩在每一节点处的叠加等于原双跨梁上同一节点处的弯矩，则强迫转动的每个节点处的转角应等于原双跨梁上相应节点处的转角，使梁端的总弯矩满足如下条件：

对于支座 0，由于该支座是自由支持的，所以有

$$\overline{M}_{01} + M'_{01} = 0 \tag{3-1}$$

对于支座 1，应满足弯矩平衡条件，即

$$\overline{M}_{10} + M'_{10} = \overline{M}_{12} + M'_{12} \tag{3-2}$$

对于支座 2，其和支座 0 一样弯矩为零，即

$$\overline{M}_{21} + M'_{21} = 0 \tag{3-3}$$

由前述内容可知，$\overline{M}$ 为固端弯矩，与外力有关，可通过查找单跨梁的弯曲要素表得到，M' 为固定端发生转角引起的弯矩，可以用节点转角表示。于是，可以由这三个方程解出未知转角 θ_0、θ_1 和 θ_2 来。求出这三个转角后，再将它们代入梁端总弯矩的表达式中，便可求得梁端总弯矩。梁端总弯矩的表达式为

$$M = \overline{M} + M' \tag{3-4}$$

以上所述即为位移法的基本原理和解题过程。位移法与力法的不同在于，力法以力为未知量，根据变形连续条件建立方程，最后求解出力（或力矩）；而位移法以节点转角为基本未知量，根据杆件节点断面弯矩平衡条件建立方程，最后求解出位移。

3.1.2 位移法的符号规定与基本方程

现在把位移法的公式具体化。

在推导公式之前，先来规定一下弯曲要素的正负号。位移法中，直角坐标系 xOy 位于杆系平面中，令 x 方向为杆件的轴线方向，y 方向垂直于轴线。杆件任意一点的挠度、剪力与 y 轴方向一致时为正；杆件上任意一点的转角、弯矩顺时针时为正。

下面就按照这个新的符号规定推导公式。

1. 固端弯矩

位移法中的固端弯矩就是两端刚性固定的单跨梁在外载荷作用下固定端中发生的弯矩，它可以通过直接查单跨梁的弯曲要素表得到，但应注意的是位移法中弯曲要素正负号有了新的规定，因此由弯曲要素表查得的左端弯矩要加上一个负号。图 3－3(a)所示两个梁的固端弯矩可通过弯曲要素表查得：

$$\overline{M}_{01} = -\frac{1}{12}Ql_{01}$$

$$\overline{M}_{10}=\frac{1}{12}Ql_{01}$$

$$\overline{M}_{12}=-\frac{1}{8}Pl_{12}$$

$$\overline{M}_{21}=\frac{1}{8}Pl_{12}$$

2. 强迫弯矩

为满足变形连续条件，两端刚性固定的单跨梁因固定端发生转角而引起的杆端弯矩（即强迫弯矩）的计算公式推导如下。

设任一根杆件 $i-j$，杆长为 l_{ij}，断面惯性矩为 I_{ij}，现假定强迫杆件的两个固定端分别顺时针转动角度 θ_i 与 θ_j，于是杆端断面将有与 θ_i 和 θ_j 同方向的弯矩 M'_{ij} 与 M'_{ji}，如图 3－4 所示。

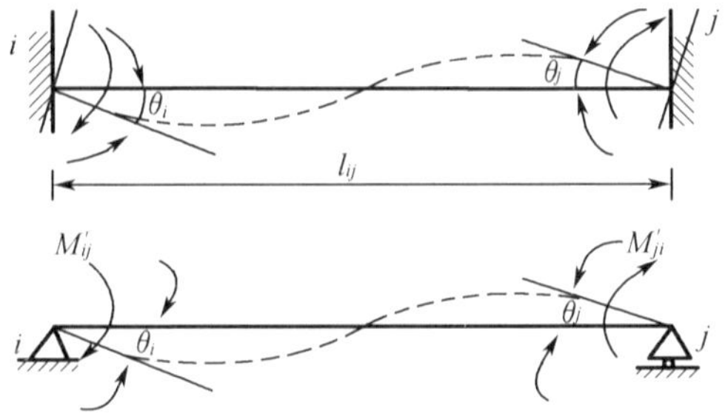

图 3－4 求强迫弯矩示意图

显然由图 3－4 可写出转角与弯矩之间的关系为

$$\begin{cases}\theta_i=\dfrac{M'_{ij}l_{ij}}{3EI_{ij}}-\dfrac{M'_{ji}l_{ij}}{6EI_{ij}}\\[2ex]\theta_j=\dfrac{M'_{ji}l_{ij}}{3EI_{ij}}-\dfrac{M'_{ij}l_{ij}}{6EI_{ij}}\end{cases}$$

由此可解得

$$\begin{cases}M'_{ij}=\dfrac{4EI_{ij}}{l_{ij}}\theta_i+\dfrac{2EI_{ij}}{l_{ij}}\theta_j\\[2ex]M'_{ji}=\dfrac{2EI_{ij}}{l_{ij}}\theta_i+\dfrac{4EI_{ij}}{l_{ij}}\theta_j\end{cases}\tag{3－5}$$

这就是强迫弯矩的计算公式。将此公式应用到图 3－3 中的情形，可得到

$$M'_{01}=\frac{4EI_{01}}{l_{01}}\theta_0+\frac{2EI_{01}}{l_{01}}\theta_1$$

$$M'_{10}=\frac{2EI_{01}}{l_{01}}\theta_0+\frac{4EI_{01}}{l_{01}}\theta_1$$

$$M'_{12}=\frac{4EI_{12}}{l_{12}}\theta_1+\frac{2EI_{12}}{l_{12}}\theta_2$$

$$M'_{21}=\frac{2EI_{12}}{l_{12}}\theta_1+\frac{4EI_{12}}{l_{12}}\theta_2$$

这里不难写出因杆端发生转角而产生的杆端剪力。设 N'_{ij} 与 N'_{ji} 分别为杆 $i-j$ 在 i 端与 j 端的剪力,它的方向向下,则杆端剪力与杆端弯矩之间的关系式为

$$N'_{ij}=\frac{M'_{ij}+M'_{ji}}{l_{ij}}$$

$$N'_{ji}=-\frac{M'_{ij}+M'_{ji}}{l_{ij}}$$

将式(3-5)中的 M'_{ij} 及 M'_{ji} 代入后得

$$\begin{cases}N'_{ij}=\dfrac{6EI_{ij}}{l_{ij}^2}\theta_i+\dfrac{6EI_{ij}}{l_{ij}^2}\theta_j\\[2ex]N'_{ji}=-\dfrac{6EI_{ij}}{l_{ij}^2}\theta_i-\dfrac{6EI_{ij}}{l_{ij}^2}\theta_j\end{cases}\tag{3-6}$$

3. 杆端总弯矩

在位移法中每一杆件的杆端总弯矩为固端弯矩与强迫弯矩之和。对任一根杆 $i-j$ 有

$$\begin{cases}M_{ij}=\overline{M}_{ij}+M'_{ij}=\overline{M}_{ij}+\dfrac{4EI_{ij}}{l_{ij}}\theta_i+\dfrac{2EI_{ij}}{l_{ij}}\theta_j\\[2ex]M_{ji}=\overline{M}_{ji}+M'_{ji}=\overline{M}_{ji}+\dfrac{2EI_{ij}}{l_{ij}}\theta_i+\dfrac{4EI_{ij}}{l_{ij}}\theta_j\end{cases}\tag{3-7}$$

对于图3-2所示的梁,由式(3-7)可得

$$M_{01}=-\frac{Ql_{01}}{12}+\frac{4EI_{01}}{l_{01}}\theta_0+\frac{2EI_{01}}{l_{01}}\theta_1$$

$$M_{10}=\frac{Ql_{01}}{12}+\frac{2EI_{01}}{l_{01}}\theta_0+\frac{4EI_{01}}{l_{01}}\theta_1$$

$$M_{12}=-\frac{Pl_{12}}{8}+\frac{4EI_{12}}{l_{12}}\theta_1+\frac{2EI_{12}}{l_{12}}\theta_2$$

$$M_{21}=\frac{Pl_{12}}{8}+\frac{2EI_{12}}{l_{12}}\theta_1+\frac{4EI_{12}}{l_{12}}\theta_2$$

4. 节点弯矩平衡方程

节点弯矩平衡方程即为节点上作用的弯矩应满足的平衡条件。由静力学知识可知,这个平衡条件为作用于节点上的所有弯矩之和为零。若节点上只有汇交于该节点的诸杆件作用于节点上的弯矩,而无其他弯矩,显然有汇交于同一节点的各杆杆端弯矩之和为零。如图3-2所示的双跨梁,对节点0,2来说,分别只有杆0-1和2-1作用,所以相应的杆端弯矩 M_{01} 和 M_{21} 应满足为零的条件。同样,对于中间节点1来说,在新的符号规定下,杆端弯矩应满足以下条件:

$$M_{10}+M_{12}=0$$

在一般情况下,设刚架中第 i 个节点汇交着 s 根杆件(图3-5),则此节点的弯矩平衡方程为

$$M_{i1}+M_{i2}+M_{i3}+\cdots+M_{is}=0$$

将式(3-7)代入上式后,可得

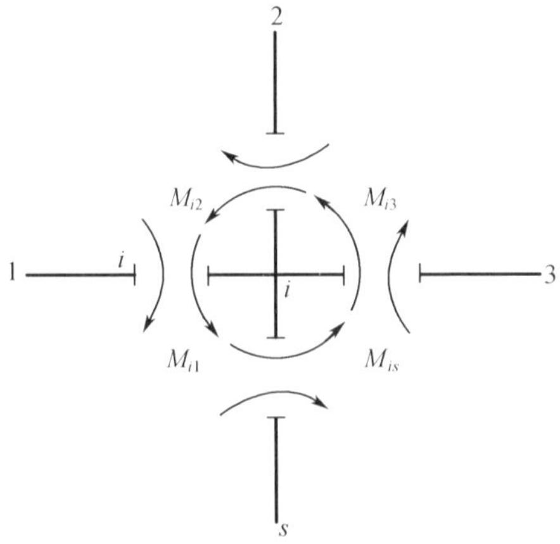

图 3-5 节点弯矩示意图

$$\frac{2EI_{i1}}{l_{i1}}\theta_1+\frac{2EI_{i2}}{l_{i2}}\theta_2+\cdots+\frac{2EI_{is}}{l_{is}}\theta_s+4E\left(\frac{I_{i1}}{l_{i1}}+\frac{I_{i2}}{l_{i2}}+\cdots+\frac{I_{is}}{l_{is}}\right)\theta_i=0 \tag{3-8}$$

若令

$$\begin{cases}k_{ii}=4E\left(\frac{I_{i1}}{l_{i1}}+\frac{I_{i2}}{l_{i2}}+\cdots+\frac{I_{is}}{l_{is}}\right)+(\overline{M}_{i1}+\overline{M}_{i2}+\cdots+\overline{M}_{is})=0\\ k_{i1}=\frac{2EI_{i1}}{l_{i1}},k_{i2}=\frac{2EI_{i2}}{l_{i2}},\cdots,k_{ij}=\frac{2EI_{ij}}{l_{ij}}\\ \overline{M}_i=-(\overline{M}_{i1}+\overline{M}_{i2}+\cdots+\overline{M}_{is})\end{cases} \tag{3-9}$$

则可将式(3-8)改写成

$$k_{i1}\theta_1+k_{i2}\theta_2+k_{i3}\theta_3+\cdots+k_{ii}\theta_i+\cdots+k_{is}\theta_s=\overline{M}_i \tag{3-10}$$

对于整个结构，如果有 n 个节点发生转动，则将有如下节点弯矩平衡方程组：

$$\begin{cases}k_{11}\theta_1+k_{12}\theta_2+k_{13}\theta_3+\cdots+k_{1n}\theta_n=\overline{M}_1\\ k_{21}\theta_1+k_{22}\theta_2+k_{23}\theta_3+\cdots+k_{2n}\theta_n=\overline{M}_2\\ \vdots\\ k_{n1}\theta_1+k_{n2}\theta_2+k_{n3}\theta_3+\cdots+k_{nn}\theta_n=\overline{M}_n\end{cases} \tag{3-11}$$

此方程又叫作“位移法方程”。由式(3-9)可知 $k_{ij}=k_{ji}$，故此方程为正则方程。式(3-5)、式(3-7)及式(3-10)为位移法的基本方程。

【任务测试】

1. 试解释位移法的原理是什么。

2. 位移法的符号有哪些规定？

3. 用位移法解习图 3-1 所示的简单刚架，已知：$I_{12}=3I_{23}=3I_0$，$l_{12}=2l_{23}=2l_0$。

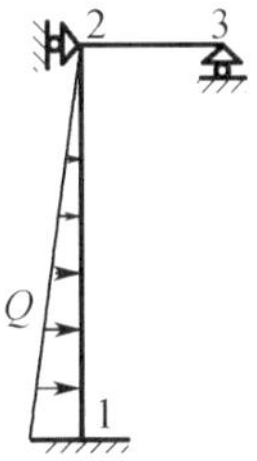

习图 3-1

任务3.2　位移法的应用

学习任务单

学习领域	船舶结构与强度	
项目3	位移法	学时
学习任务2	位移法的应用	
任务描述	任务导入： 图3－6为双跨梁，图3－7为简单刚架，通过对位移法的学习，计算各杆杆端的弯矩。 学习步骤： (1)分析结构的节点，看一下有几个节点可以发生转角，从而确定未知量的个数； (2)在可以发生转角的节点处加上抗转约束，然后查弯曲要素表得杆件的固端弯矩； (3)根据变形连续条件，将加固的节点强迫转动，使之发生转角，写出各杆因转角而发生的杆端强迫弯矩，写出各杆的杆端总弯矩； (4)对加固的各节点建立节点弯矩平衡方程； (5)解弯矩平衡方程组，得各转动节点的转角，计算各杆的杆端总弯矩，从而求出各杆的弯曲要素	
任务要求	技能要求： (1)能够通过分析结构的节点确定未知数的个数； (2)能够查弯曲要素表得杆件的固端弯矩； (3)能够根据变形连续条件写出各杆的杆端总弯矩； (4)能够利用位移法解决实际工程中遇到的问题。 职业素质要求： (1)具有分析问题、解决实际问题的能力； (2)具有责任意识和敬业精神； (3)具有迎接挑战的意识	
学习资源	教材、教学课件、图片	

【典型案例】

转角位移法

转角位移法是超静定结构分析(见杆系结构的静力分析)的基本方法之一，也称变位法或刚度法，通常以节点位移作为基本未知量。位移法有两种计算方式，一种是应用基本结构列出典型方程进行计算，另一种是直接应用转角位移方程建立原结构上某节点或截面的静力平衡方程进行计算，后者常称为转角位移法。

采用转角位移法时不必对基本结构分别作各剪力与弯矩图，也不需要单独计算各系数和自由项，而是直接应用转角位移方程将各杆端弯矩或剪力表示为未知节点位移的函数，然后依次截取各含有待求角位移的节点为隔离体，根据所有汇交于这一节点的各杆近端作用于该节点的弯矩及节点力矩载荷的代数和应等于零建立节点平衡方程，再依次作截面，截取各含有待求线位移的节点为隔离体，在该线位移方向上列出力的投影的平衡方程，即得截面平衡方程，这样建立起来的平衡方程与典型方程完全相同。

【知识要点学习】

根据位移法的计算原理，现将用位移法计算不可动节点复杂刚架和在刚性支座上连续梁的一般步骤归纳如下。

(1)分析结构的节点，看一下有几个节点可以发生转角，从而确定未知量的个数。一般来说，在结构中除了本身就是刚性固定的节点以外，其余的节点都可能发生转动。

(2)在可以发生转角的节点处加上抗转约束，然后查弯曲要素表得杆件的固端弯矩。

(3)根据变形连续条件，将加固的节点强迫转动，使之发生转角，按式(3－5)写出各杆因转角而发生的杆端强迫弯矩，按式(3－7)写出各杆的杆端总弯矩。

(4)对加固的各节点建立节点弯矩平衡方程。

(5)解弯矩平衡方程组，得各转动节点的转角，然后按式(3－7)计算各杆的杆端总弯矩，从而求出各杆的弯曲要素。

例3－1　用位移法计算图3－6所示的双跨梁。

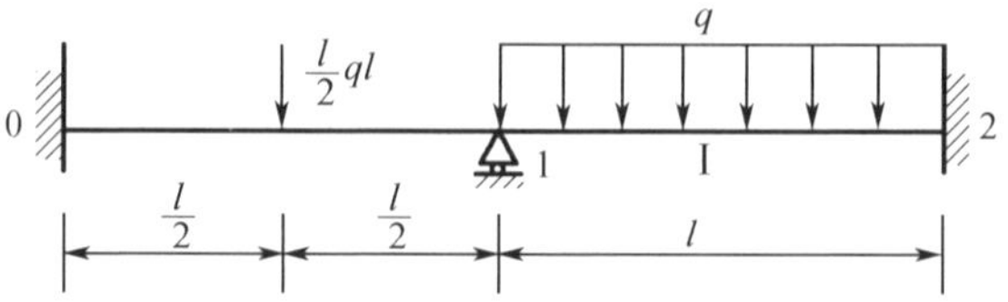

图3－6　双跨梁

解　按以下步骤进行计算。

(1)确定未知转角的数目。这个双跨梁有三个节点，由于支座0与2为刚性固定，转角为零，所以只需求出支座1处的转角即可。

(2)加固可动节点1，使原来的双跨梁变成两个两端刚性固定的单跨梁。查弯曲要素表得固端弯矩为

$$\overline{M}_{01}=-\frac{ql^2}{16}$$

$$\overline{M}_{10}=\frac{ql^2}{16}$$

$$\overline{M}_{12}=-\frac{ql^2}{12}$$

$$\overline{M}_{21}=\frac{ql^2}{12}$$

(3)计算因转角而发生的杆端强迫弯矩。由式(3－5)得

$$M'_{01}=\frac{2EI}{l}\theta_1$$

$$M'_{10}=\frac{4EI}{l}\theta_1$$

$$M'_{12}=\frac{4EI}{l}\theta_1$$

$$M'_{21}=\frac{2EI}{l}\theta_1$$

(4)对节点1列节点弯矩平衡方程,有

$$\overline{M}_{10}+M'_{10}+\overline{M}_{12}+M'_{12}=0$$

将求得的固端弯矩和因转角而发生的杆端强迫弯矩代入上式,得

$$\frac{ql^2}{16}+\frac{4EI}{l}\theta_1-\frac{ql^2}{12}+\frac{4EI}{l}\theta_1=0$$

解之即得

$$\theta_1=\frac{1}{384}\frac{ql^3}{EI}$$

(5)计算各杆杆端弯矩。由式(3-7)可知,各杆杆端弯矩如下:

$$M_{01}=\overline{M}_{01}+M'_{01}=-\frac{ql^2}{16}+\frac{2EI}{l}\theta_1=-0.057\ 3\ ql^2$$

$$M_{10}=\overline{M}_{10}+M'_{10}=\frac{ql^2}{16}+\frac{4EI}{l}\theta_1=-0.072\ 9\ ql^2$$

$$M_{12}=\overline{M}_{12}+M'_{12}=-\frac{ql^2}{12}+\frac{4EI}{l}\theta_1=-0.072\ 9\ ql^2$$

$$M_{21}=\overline{M}_{21}+M'_{21}=\frac{ql^2}{12}+\frac{2EI}{l}\theta_1=-0.088\ 5\ ql^2$$

例3-2 用位移法解图3-7所示的简单刚架。已知:$l_{12}=l_{34}=l_0$,$l_{14}=l_{23}=1.2l_0$,$I_{14}=I_0$,$I_{12}=I_{34}=2I_0$,$I_{23}=4I_0$,简单刚架所受载荷如图3-7所示。

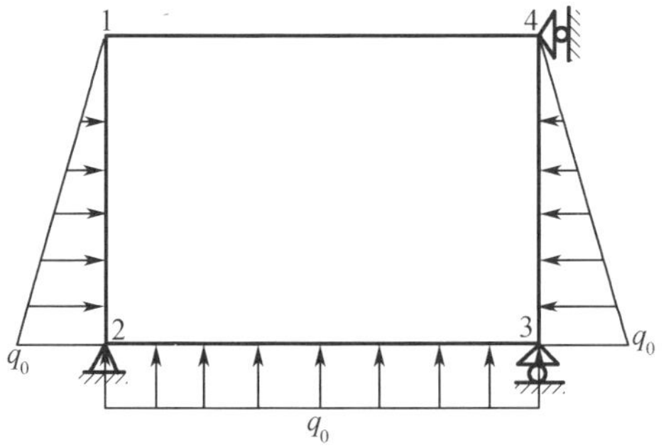

图3-7 简单刚架

解 按以下步骤进行计算。

(1)确定未知转角的数目。本例为对称刚架,故有:$\theta_1=-\theta_4$,$\theta_2=-\theta_3$;$M_{14}=-M_{41}$,$M_{23}=-M_{32}$。所以,只需求出节点1和2的转角即可。

(2)加固可动节点,使原来的结构变成两端刚性固定的单跨梁。查弯曲要素表得固端弯矩为

$$\overline{M}_{12}=\frac{q_0l_{12}^2}{30}=0.033q_0l_0^2$$

$$\overline{M}_{14}=0$$

$$\overline{M}_{21}=-\frac{q_0l_{12}^2}{20}=-0.05q_0l_0^2$$

$$\overline{M}_{23}=\frac{q_0l_{23}^2}{12}=0.12q_0l_0^2$$

(3)计算因转角而发生的杆端强迫弯矩。由式(3-5)得

$$M'_{12}=\frac{4EI_{12}}{l_{12}}\theta_1+\frac{2EI_{12}}{l_{12}}\theta_2$$

$$M'_{14}=\frac{4EI_{14}}{l_{14}}\theta_1+\frac{2EI_{14}}{l_{14}}\theta_4$$

$$M'_{21}=\frac{2EI_{12}}{l_{12}}\theta_1+\frac{4EI_{12}}{l_{12}}\theta_2$$

$$M'_{23}=\frac{4EI_{23}}{l_{23}}\theta_2+\frac{2EI_{23}}{l_{23}}\theta_3$$

(4)对节点1,2列节点弯矩平衡方程,有

$$\overline{M}_{14}+M'_{14}+\overline{M}_{12}+M'_{12}=0$$

$$\overline{M}_{21}+M'_{21}+\overline{M}_{23}+M'_{23}=0$$

将求得的固端弯矩和因转角而发生的杆端强迫弯矩代入上式,得

$$\frac{4EI_{14}}{l_{14}}\theta_1+\frac{2EI_{14}}{l_{14}}\theta_4+\frac{4EI_{12}}{l_{12}}\theta_1+\frac{2EI_{12}}{l_{12}}\theta_2+0.033q_0l_0^2=0$$

$$\frac{4EI_{12}}{l_{12}}\theta_2+\frac{2EI_{12}}{l_{12}}\theta_1-0.05q_0l_0^2+\frac{4EI_{23}}{l_{23}}\theta_2+\frac{2EI_{23}}{l_{23}}\theta_3+0.12q_0l_0^2=0$$

将 $\theta_1=-\theta_4,\theta_2=-\theta_3$ 及已知条件代入上式并整理,可得

$$29\theta_1+12\theta_2=-0.099\frac{q_0l_0^3}{EI_0}$$

$$12\theta_1+44\theta_2=-0.21\frac{q_0l_0^3}{EI_0}$$

解此方程组可得

$$\theta_1=-0.001\ 62\frac{q_0l_0^3}{EI_0}$$

$$\theta_2=-0.004\ 33\frac{q_0l_0^3}{EI_0}$$

(5)计算各杆杆端弯矩。由式(3-7),各杆杆端弯矩如下:

$$M_{14}=\overline{M}_{14}+M'_{14}=\frac{4EI_{14}}{l_{14}}\theta_1-\frac{2EI_{14}}{l_{14}}\theta_1=-0.002\ 7q_0l_0^2$$

$$M_{12}=\overline{M}_{12}+M'_{12}=0.033q_0l_0^2+\frac{4EI_{12}}{l_{12}}\theta_1+\frac{2EI_{12}}{l_{12}}\theta_2=0.002\ 7q_0l_0^2$$

$$M_{21}=\overline{M}_{21}+M'_{21}=-0.05q_0l_0^2+\frac{4EI_{21}}{l_{21}}\theta_2+\frac{2EI_{21}}{l_{21}}\theta_1=-0.091q_0l_0^2$$

$$M_{23}=\overline{M}_{23}+M'_{23}=0.12q_0l_0^2+\frac{4EI_{23}}{l_{23}}\theta_2-\frac{2EI_{23}}{l_{23}}\theta_2=0.091q_0l_0^2$$

【任务测试】

1. 用位移法解习图 3-2 所示的肋骨刚架，画出弯矩图。已知：$l_{12}=l_0$，$l_{23}=2l_0$，$l_{24}=3l_0$，$I_{12}=2I_0$，$I_{23}=3I_0$，$I_{24}=8I_0$，$q_4=4q_2$。

2. 用位移法解习图 3-3 所示的肋骨刚架，画出弯矩图。已知：$l_{01}=l_{23}=2.2l_0$，$l_{12}=l_0$，$l_{24}=2.7l_0$，$I_{01}=6.8I_0$，$I_{12}=I_0$，$I_{23}=1.29I_0$，$I_{24}=3.8I_0$，$q_1=2q_0$，$q_2=q_0$，$q_4=3.7q_0$。

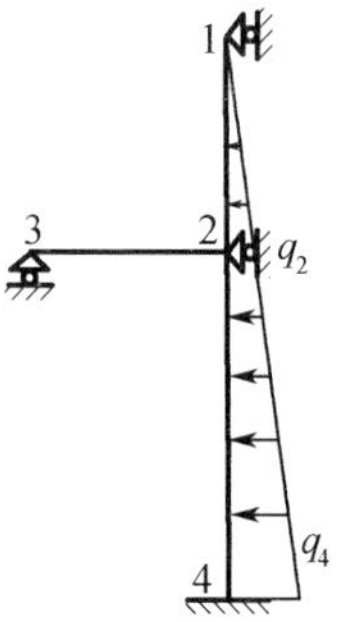

习图 3-2

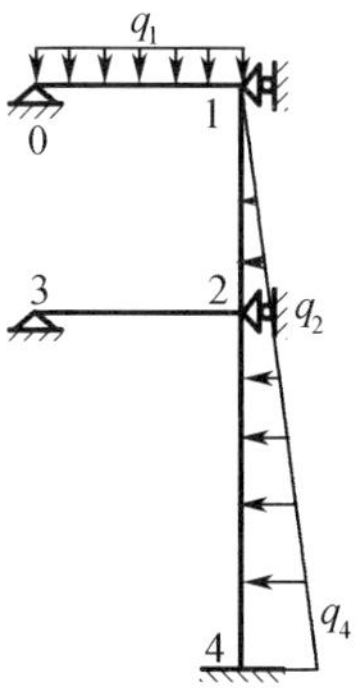

习图 3-3

任务 3.3　弯矩分配法

学习任务单

学习领域	船舶结构与强度	
项目 3	位移法	学时
学习任务 3	弯矩分配法	
任务描述	任务导入： 应用位移法解杆系结构时，必须首先求出结构中诸节点的位移，然后才能求得杆件的内力。对于比较复杂的结构，计算节点位移需要解大量的线性方程，这不仅计算工作量大，而且容易产生误差。 对于在刚性支座上的连续梁和不可动节点刚架，事实上能够设法直接求出因节点转动而发生的杆端强迫弯矩，即可绕过求节点转角这一步，而使问题简化很多。本任务所述的“弯矩分配法”或称“节点逐步平衡法”就是用逐步近似的方法直接求出因节点转动而发生的杆端强迫弯矩，然后把它与杆件的固端弯矩叠加起来，得到最终杆端总弯矩。这种方法的优点是在计算时无须解联立方程，因此被广泛应用。 学习步骤： (1)明确弯矩分配法基本原理； (2)掌握分配弯矩与传导弯矩计算公式； (3)掌握用弯矩分配法解题的过程	

任务要求	技能要求： (1)能够根据弯曲要素表求出杆件在外载荷作用下的固端弯矩； (2)能够计算出各杆的分配系数； (3)能够求取杆端的最终弯矩。 职业素质要求： (1)具有分析问题、解决实际问题的能力； (2)具有责任意识和敬业精神； (3)具有迎接挑战的意识
学习资源	教材、教学课件、图片

【典型案例】

力矩分配法

力矩分配法是以位移法为基础的一种数值渐近方法，也叫作弯矩分配法。

力矩分配法用于无侧移刚架和多跨连续梁的受力分析，并且主要用于杆系刚结结构(如连续梁和刚架)的受力分析，但当侧移已知时，只要求出相应的固端弯矩，也可钢以用力矩分配法。

【知识要点学习】

3.3.1　基本原理

下面以图3-8(a)所示的不可动节点连续梁来说明弯矩分配法的基本原理。

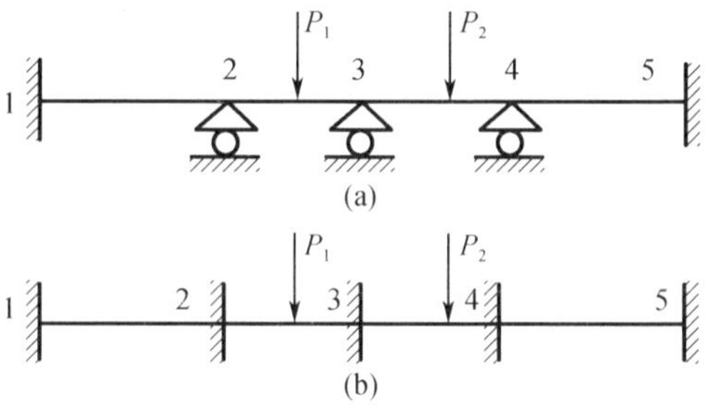

图3-8　连续梁

和位移法的处理相同，先假想对此连续梁的节点2,3,4加上抗转约束，得到如图3-8(b)所示的基本结构。

在基本结构中，连接于节点的各杆杆端的固端弯矩一般来说并不相互平衡，即作用于节点上的固端弯矩之和一般不等于零。例如，在图3-8(b)中，即使 $l_{23}=l_{34}$，如果 $P_1>P_2$，则 $|\overline{M}_{32}|>|\overline{M}_{34}|$，$\overline{M}_{32}+\overline{M}_{34}\neq 0$，这表示在节点3处存在着弯矩($\overline{M}_{32}+\overline{M}_{34}$)，这个弯矩叫作节点3的“不平衡弯矩”，只是目前节点3被刚性固定了，所以节点3在此不平衡弯矩作用下不会转动。图3-9表示了各节点的不平衡弯矩。

下一步就是把加在节点上的抗转约束去掉，目的是使节点发生转动，从而求出有关的杆件因节点转动而发生的弯矩。

假定先去掉节点 3 上的抗转约束，于是节点 3 在不平衡弯矩作用下发生转动（图 3 - 10），节点转动方向与节点上不平衡弯矩方向相同。这一过程称为节点的放松。

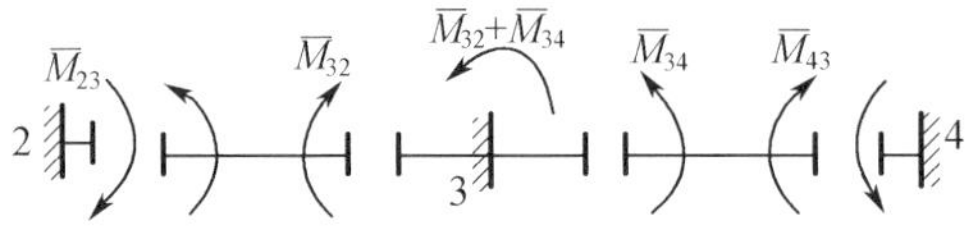

图 3 - 9　节点与杆端弯矩示意图

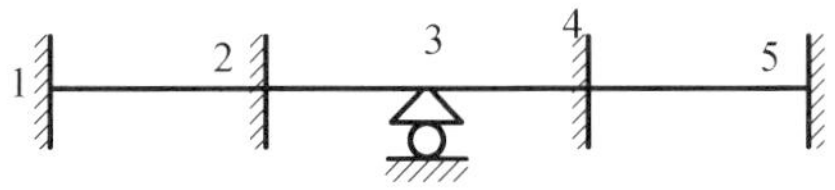

图 3 - 10　节点放松示意图

在节点放松转动的过程中，与其相连的杆件便发生弯曲。图 3 - 10 中，当节点 3 转动时，带动杆 2 - 3 与 3 - 4 弯曲。一方面，它们在节点 3 处断面内发生反抗弯矩，记为 m_{32} 和 m_{34}，称为"分配弯矩"；另一方面，杆的另一端也发生弯矩，记为 m'_{23} 和 m'_{43}，称为"传导弯矩"，它的大小和方向与分配弯矩有关。

节点 3 经过上述平衡过程之后处于平衡状态，再加上抗转约束，然后依次地将其他加固节点放松。例如可以把节点 2 放松，由于节点 2 原来已有不平衡弯矩 $\overline{M}_{23}+\overline{M}_{21}$，但在节点 3 放松过程中它又获得了传导弯矩 m'_{23}，因此节点 2 放松时它将在 $\overline{M}_{23}+\overline{M}_{21}+m'_{23}$ 的作用下发生转动，并带动杆 1 - 2 及杆 2 - 3 弯曲。当杆 1 - 2 和杆 2 - 3 上的分配弯矩 m_{21} 和 m_{23} 与 $\overline{M}_{23}+m'_{23}$ 平衡时，节点 2 停止转动，此时在杆 1 - 2 和杆 2 - 3 的另一端又发生传导弯矩 m'_{12} 和 m'_{32}。依此类推，可以同样对其他节点进行放松平衡处理。

由于在节点 2 放松平衡时，节点 3 又发生了传导弯矩 m'_{32}，因此原先已经平衡的节点 3 又有了不平衡弯矩，又需要进行第二次平衡处理。和第一次类似，第二次平衡处理又带给别的节点第二次传导弯矩，因此就要求循环地对各个节点进行放松平衡。由于传导弯矩总是一次比一次小，所以这个计算过程是收敛的，最终可使结构达到真正的平衡状态。

3.3.2　分配弯矩与传导弯矩计算公式

1. 分配弯矩计算公式

这里首先需对"节点弯矩"和"杆端弯矩"的概念作一说明，以便更好地理解分配弯矩计算公式的推导。节点弯矩是指作用于节点上的弯矩，而杆端弯矩是指作用于杆件端部上的弯矩。由于研究问题的需要，常将杆系结构的杆在节点处切断，这样就会在切开后的两个断面上分别得到作用于节点的节点弯矩和作用于杆端的杆端弯矩，它们大小相等、方向相反。由于它们大小相等，因此在公式推导中用同一符号表示，但在图上标出它们的方向，以便对作用于节点或杆端的用同一符号表示的弯矩代入不同的正负号。

现考虑刚架中任意一个节点 i(图 3－11)，设此节点在固定时有不平衡弯矩 M_i，它等于各杆在 i 点的固端弯矩之和。按位移法的符号规定，令杆端弯矩均为正，即为顺时针，这样节点上不平衡弯矩为逆时针，节点在放松时发生逆时针转动。应注意这两者在符号上的差别。

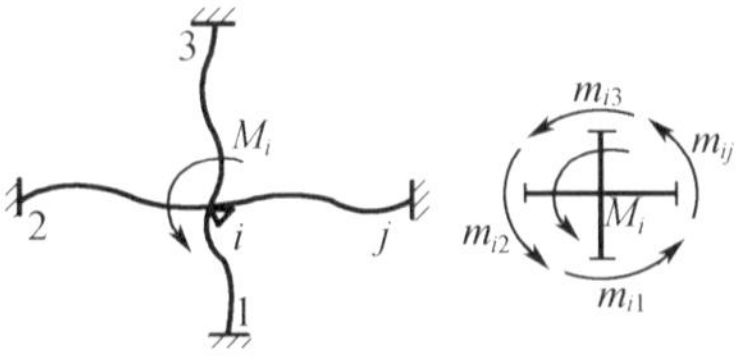

图 3－11　节点弯矩示意图

在推导分配弯矩计算公式时，因其大小和方向未知，故假定各杆杆端分配弯矩为正，这样在节点断面上就有如图 3－11 所示的与杆端分配弯矩方向相反的逆时针弯矩 m_{i1}，m_{i2}，…，m_{ij}(杆端分配弯矩也用同一符号表示)。写出节点的弯矩平衡方程，有

$$M_i + m_{i1} + m_{i2} + \cdots + m_{ij} = 0 \tag{3-12}$$

对于杆 $i-j$，已知节点 i 发生逆时针转角，杆端分配弯矩为顺时针(图 3－12)，可得转角 θ_i 与分配弯矩 m_{ij}间的关系为

$$\theta_i = -\frac{m_{ij} l_{ij}}{4EI_{ij}} = -\frac{m_{ij}}{K_{ij}} \tag{3-13}$$

式中，

$$K_{ij} = \frac{4EI_{ij}}{l_{ij}} \tag{3-14}$$

K_{ij}称为杆 $i-j$ 的刚度。

图 3－12　分配弯矩示意图

如果杆的另一端不是刚性固定端，而是铰支座，则杆的刚度有所变化。例如杆 $i-3$，如果支座 3 为铰支座，有

$$\theta_i = -\frac{m_{i3} l_{i3}}{3EI_{i3}} = -\frac{m_{i3}}{K_{i3}} \tag{3-15}$$

式中，

$$K_{i3} = \frac{3EI_{i3}}{l_{i3}} \tag{3-16}$$

对于图 3－11 中的 i 节点，节点弯矩与杆端弯矩为作用弯矩与反作用弯矩，所以用杆端弯矩代入节点弯矩平衡方程同样成立。

将式(3－13)与式(3－15)代入式(3－12)，得

$$m_{ij} = -\frac{K_{ij}}{\sum_j K_{ij}} M_i = -\lambda_{ij} M_i \tag{3-17}$$

式中，

$$\lambda_{ij} = \frac{K_{ij}}{\sum_j K_{ij}} \tag{3-18}$$

λ_{ij}称为杆 $i-j$ 在 i 端的“分配系数”。在实际计算中，通常将杆的刚度 K_{ij}表示为

$$K_{ij} = \frac{4EI_{ij}}{l_{ij}}\delta_{ij} = \frac{4EI_0}{l_0}k_{ij}\delta_{ij} \tag{3-19}$$

式中，

$$k_{ij} = \frac{I_{ij}}{l_{ij}} \frac{l_0}{I_0} \tag{3-20}$$

$$\delta_{ij} = \begin{cases} 1, & \text{当 } j \text{ 端为刚性固定端时} \\ 3/4, & \text{当 } j \text{ 端为自由支持端时} \end{cases} \tag{3-21}$$

于是分配系数一般可写作

$$\lambda_{ij} = \frac{k_{ij}\delta_{ij}}{\sum k_{ij}\delta_{ij}} \tag{3-22}$$

由以上推导可知，杆件分配弯矩等于分配系数乘以不平衡弯矩，其方向与不平衡弯矩的方向相反。

2. 传导弯矩计算公式

对于杆端一端为刚性固定端，一端为简支端的单跨梁，当简支端作用有值为 m_{ij}'的弯矩时，在固定端引起的弯矩为

$$m_{ji}' = \frac{1}{2}m_{ij} \tag{3-23}$$

可见 j 端的传导弯矩等于 i 端分配弯矩的一半，方向与分配弯矩方向相同。式(3-23)中的1/2 叫作“传导系数”。

3.3.3 解题过程

综合上述内容可得弯矩分配法的解题过程如下。

(1)将杆端弯矩不为零的可动节点加固，查弯曲要素表求出杆在外载荷作用下的固端弯矩。

(2)按式(3-22)计算各杆的分配系数，并注意汇交于同一节点各杆端的分配系数之和等于1。

(3)将各节点逐次放松平衡(可以从不平衡弯矩最大的节点开始)。除只对一个节点进行弯矩分配的结构以外，一般来说，对2个以上节点进行弯矩分配的结构均需进行多次分配与传导，当传导弯矩相当小时(视要求的精度而定)计算即可结束。

(4)将各杆杆端的分配弯矩、传导弯矩和固端弯矩相加，即得到杆端的最终弯矩。

例3-3 计算图3-13所示的双跨梁。

解 本例为双跨梁，在计算时仅需对中间支座1加固再放松，支座2保持原状。因本例中$k_{01}=k_{12}=1$，故由式(3-22)可得分配系数为

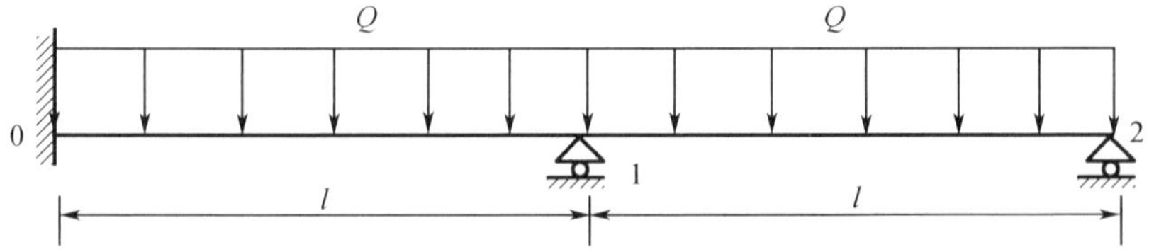

图 3－13 双跨梁

$$\lambda_{10}=\frac{\delta_{10}}{\delta_{10}+\delta_{12}}=\frac{1}{1+\frac{3}{4}}=\frac{4}{7}$$

$$\lambda_{12}=\frac{\delta_{12}}{\delta_{10}+\delta_{12}}=\frac{\frac{3}{4}}{1+\frac{3}{4}}=\frac{3}{7}$$

传导系数为 $n_{10}=1/2, n_{12}=0$。

固端弯矩为

$$\overline{M}_{01}=-\frac{Ql}{12}$$

$$\overline{M}_{10}=\frac{Ql}{12}$$

$$\overline{M}_{12}=-\frac{Ql}{8}$$

计算在表 3－1 中进行。

表 3－1 弯矩计算表

杆件号	0	1	1	2
分配系数		$\frac{4}{7}$	$\frac{3}{7}$	
固端弯矩	$-\frac{Ql}{12}$	$\frac{Ql}{12}$	$-\frac{Ql}{8}$	0
分配弯矩		$\frac{Ql}{42}$	$\frac{Ql}{56}$	
传导弯矩	$\frac{Ql}{84}$	←		
杆端最终弯矩	$-\frac{Ql}{14}$	$\frac{3Ql}{28}$	$-\frac{3Ql}{28}$	0

例 3－4 计算图 3－14 所示的三跨梁，梁的断面惯性矩为 I，$l=8$ m，$P=40$ kN，$q=10$ kN/m。

解 本例为多跨梁，其特点是要进行多次分配与传导。本例中 $k_{01}=k_{12}=k_{23}=1$，故分配系数为

$$\lambda_{10}=\lambda_{12}=\frac{1}{1+1}=0.5$$

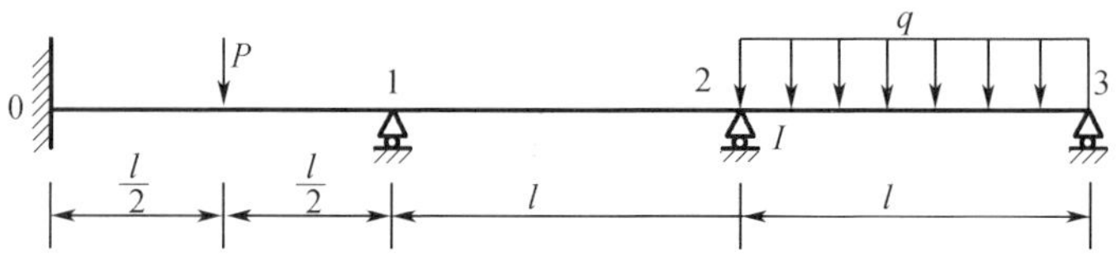

图 3－14　三跨梁

$$\lambda_{21}=\frac{1}{1+0.75}=0.572$$

$$\lambda_{23}=\frac{0.75}{1+0.75}=0.428$$

固端弯矩为

$$\overline{M}_{23}=-\frac{ql^2}{8}=-80.0\ \text{kN}\cdot\text{m}$$

计算在表 3－2 中进行。

$$\overline{M}_{01}=-\overline{M}_{10}=-\frac{Pl}{8}=-40.0\ \text{kN}\cdot\text{m}$$

表 3－2　弯矩计算表

杆件号	0	1	1	2	2	3
分配系数		0.5	0.5	0.572	0.428	
固端弯矩/(kN·m)	−40.0	40.0	0	0	−80.0	
分配弯矩传导弯矩/(kN·m)			22.88 ←	45.76		34.24
	−15.72 ←	−31.44	−31.44 →	−15.72		
			4.50 ←	8.99	6.73	
	−1.13 ←	−2.25	−2.25 →	−1.13		
			0.325 ←	0.65	0.48	
	−0.081 ←	−0.163	−0.163 →	−0.081		
			0.023 ←	0.046	0.036	
杆端最终弯矩/(kN·m)	−56.93	6.15	−6.13	38.5	−38.51	

表 3－2 中加下画线的数字表示分配弯矩，箭头指向的数字表示传导弯矩。由表 3－2 可见节点放松由不平衡弯矩最大的节点 2 开始，经过 7 次放松与平衡后，即得相当精确的结果。

【任务测试】

1. 用弯矩分配法解习图 3－4 所示的简单刚架。

2. 用弯矩分配法解习图 3－5 和习图 3－6 所示的双跨梁。

3. 用弯矩分配法解习图 3－7 所示的肋骨刚架。

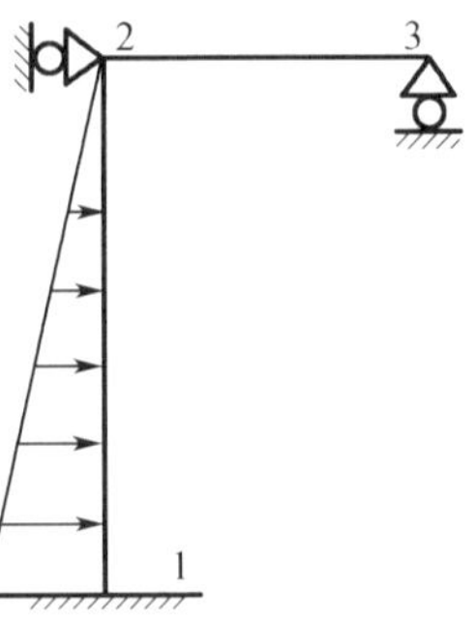

习图 3－4

【项目拓展】

习图 3－8 所示的货舱肋骨刚架，已知：

上甲板横梁：$l_{01}=2.2l_0$，$I_{01}=6.8I_0$

甲板间肋骨：$l_{12}=l_0$，$I_{12}=I_0$

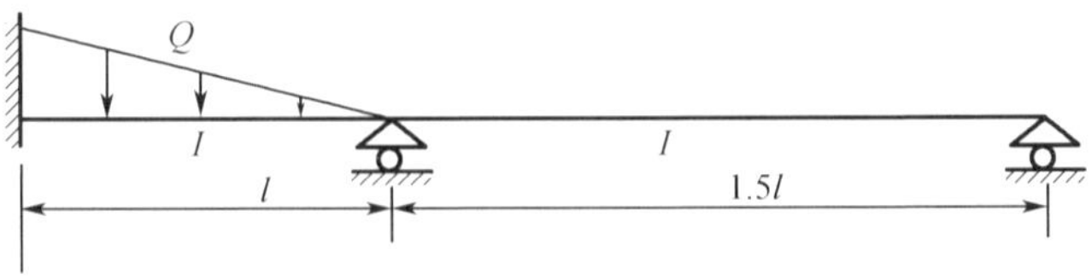

习图 3－5

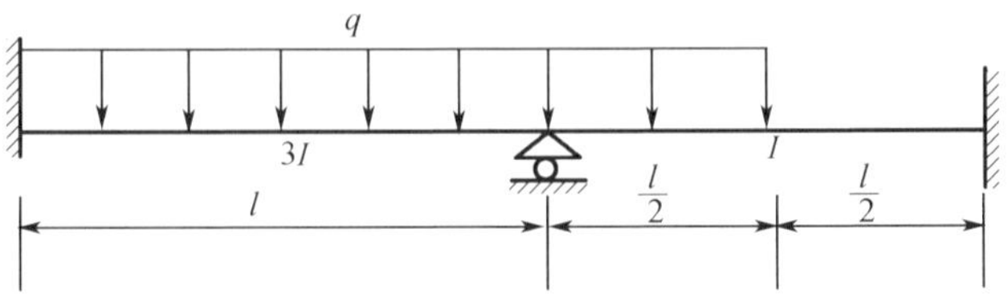

习图 3－6

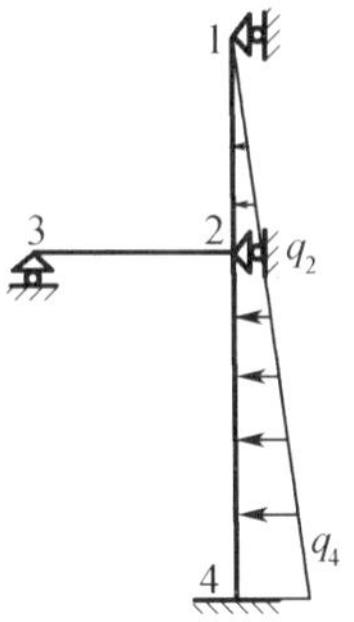

习图 3－7

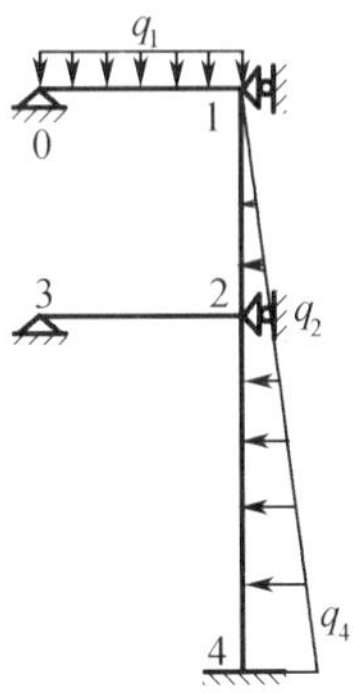

习图 3－8

下甲板横梁：$l_{23}=2.2l_0$，$I_{23}=1.29I_0$

货舱内肋骨：$l_{24}=2.7l_0$，$I_{24}=3.8I_0$

载荷：$q_1=2q_0$，$q_2=q_0$，$q_4=3.7q_0$

分析：用位移法解复杂刚架，刚架节点只发生角位移而没有线位移，如习图 3－9 所示。

(1)确定可转动节点个数;
(2)加固每根杆,计算固端弯矩;
(3)写出各杆转角引起的弯矩;
(4)写出节点弯矩平衡方程;
(5)解节点弯矩平衡方程式,求未知转角;
(6)将转角回代得到杆端弯矩。

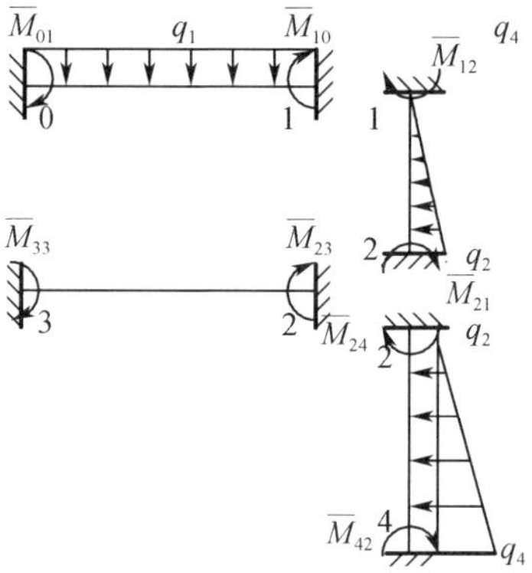

习图 3-9

项目4　能　量　法

【项目描述】

前面介绍了两种对杆件及杆系结构进行求解的方法。本项目介绍另一种方法，即能量法。由于能量法在解决一些比较复杂的问题（例如变断面杆件及杆系结构）时较为方便，同时还是计算力学的基础之一，因此能量法在变形固体力学中占有很重要的地位。

【项目目标】

1. 知识目标

(1) 掌握杆件在各种基本变形下的变形能及其普遍表达式；

(2) 掌握杆件结构变形位移的计算方法；

(3) 了解功的互等定理的含义。

2. 能力目标

(1) 能够正确理解杆件变形能的计算原理与普遍表达式；

(2) 能够熟练运用莫尔定理和卡氏定理进行杆件结构变形计算。

3. 素质目标

(1) 具有及时发现问题、解决问题的能力；

(2) 具有勇于探索的精神；

(3) 具有爱岗敬业、实事求是、团结协作的优秀品质。

【学习任务】

1. 计算杆件的变形能；
2. 推导功的互等定理；
3. 运用莫尔定理对杆件结构变形进行计算；
4. 运用卡氏定理对杆件结构变形进行计算。

【相关知识】

所谓能量是指物体所具有的做功本领。能量有各种形式，例如举高后的重物具有重力位能，射出的枪弹因有速度而具有动能，拉长的弹簧因变形而储存了变形位能，等等。我们把物体因变形而具有的能量叫作变形能，当外力去除后物体便将恢复原状，在恢复原状的过程中就能对外做功。

如果加在结构上的外力是由零逐渐增加到一定的数值的（这种加力方式叫作静力加载），则在加力过程中，一方面由于外力作用点产生了位移而使外力做了功，另一方面结构随时处于平衡状态且得到了能量。若不计动能等能量的损失（事实上这些损失都很小），那么外力在施加过程中所做的功 W 将全部以变形能 U 的形式储存在结构内，即

$$U = W \tag{4-1}$$

利用外力做功等于弹性体的变形能以及由此得到的定理与公式来求解结构力学问题

的方法,叫作“能量法”。运用能量法能够解结构的位移问题,也能解静不定问题。本项目所论及的能量原理与一些定理均是在线弹性范围内(材料符合胡克定律,变形为小变形)得到的。

【任务实施】

任务4.1 杆件的变形能

学习任务单

学习领域	船舶结构与强度	
项目4	能量法	学时
学习任务1	杆件的变形能	
任务描述	任务导入: 图4-2(a)所示的杆件处于轴向拉伸或压缩状态,图4-3(a)所示的等断面圆轴仅在两端受扭矩作用,图4-5所示的梁受横向力作用后发生弯曲变形,通过对杆件变形能的学习,计算这三个杆件的变形能。 学习步骤: (1)分析杆件在三种不同状态下的受力情况; (2)写出外力做功公式; (3)绘制变形能计算图,依据外力做功公式直接算出杆件变形能。 在计算杆件变形能时,可以先计算微段杆件所受外力做的功,再通过积分算出整个杆件的变形能	
任务要求	技能要求: (1)能够分析杆件的受力情况,绘制变形能计算图; (2)能够根据外力做功公式,给出杆件在基本变形下的变形能计算公式; (3)能够根据掌握的变形能计算公式,解决实际工程中遇到的问题。 职业素质要求: (1)具有分析问题、解决实际问题的能力; (2)具有责任意识和敬业精神; (3)具有迎接挑战的意识	
学习资源	教材、教学课件、图片	

【典型案例】

桥梁支座

桥梁支座(图4-1)是连接桥梁上部结构和下部结构的重要结构部件。它能将桥梁上部结构的反力和变形(位移和转角)可靠地传递给桥梁下部结构,从而使结构的实际受力情况与计算的理论图形相符合。请思考一下,当车辆通过桥面时,桥梁支座和桥面发生了怎样的位移变化?

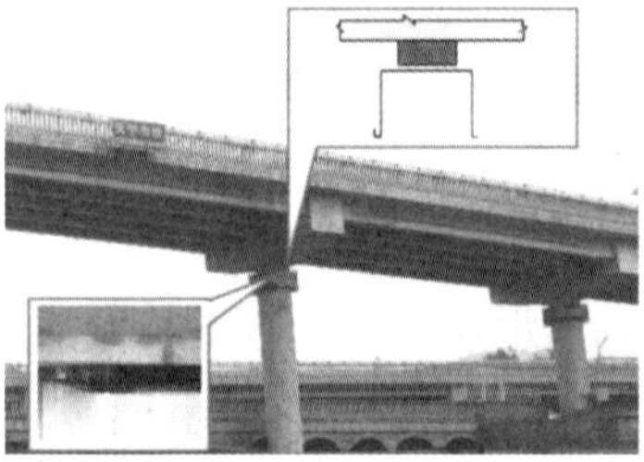

图 4-1 桥梁支座

【知识要点学习】

在线弹性范围内杆件的变形能计算比较简单(本书内容限于线弹性范围),下面先论述杆件在各种基本变形下的变形能计算,然后讨论杆件在组合变形下的变形能计算及杆系的变形能计算。

4.1.1 杆件在各种基本变形下的变形能

1. 轴向拉伸或压缩

由材料力学知识可知,在线弹性范围内,等断面的杆件所受的拉力 P 从零开始逐渐增加到最终值时,杆件的伸长 Δl 与拉力 P 呈正比关系(图 4-2)。设某一时刻拉力为 P_1,杆件的伸长为 Δl_1,当拉力增加 dP_1 时,杆件的伸长相应地增加 $d(\Delta l_1)$,则在这一过程中拉力所做的元功可近似地写作

$$dW = P_1 d(\Delta l_1)$$

上式中 $P_1 d(\Delta l_1)$之值实际上等于杆件的拉伸图(图 4-2(b))中高为 P_1、宽为$d(\Delta l_1)$的微矩形的面积。当拉力达到最终值 P 时,拉力所做的总功为

$$W = \int_0^{\Delta l} dW = \int_0^{\Delta l} P_1 d(\Delta l_1)$$

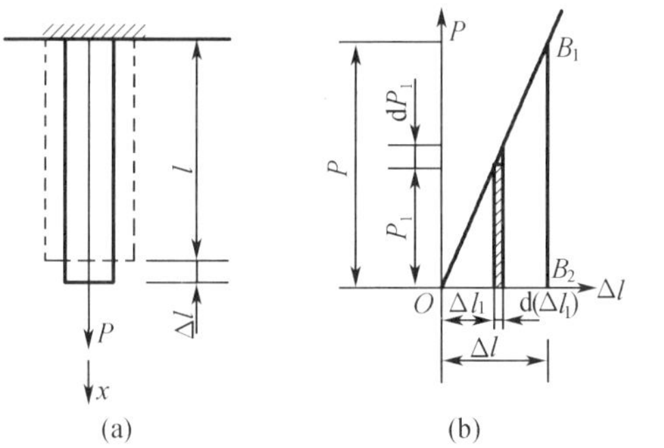

图 4-2 轴向拉伸或压缩变形能计算图

由于 $P_1 = K\Delta l_1$(其中,K 为比例常数),故对上式进行积分后,得

$$W = \int_0^{\Delta l} K\Delta l_1 d(\Delta l_1) = \frac{1}{2}K(\Delta l)^2 = \frac{1}{2}P\Delta l$$

即拉力 P 所做的功 W 等于 P 与杆件的伸长 Δl 之乘积的一半,从杆件的拉伸图中也可以看

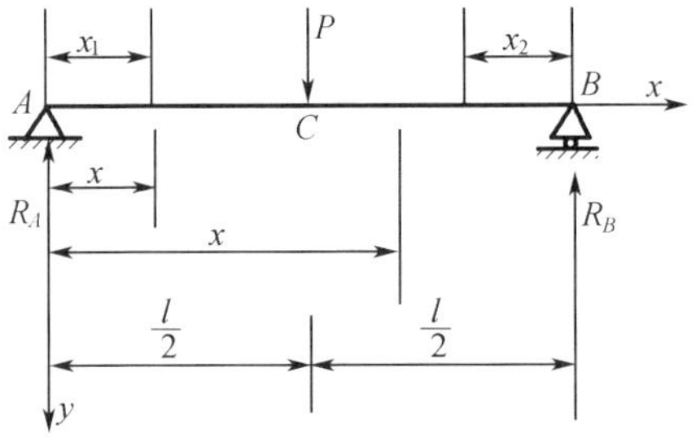

图 4－6　单跨梁

$$R_A = R_B = \frac{P}{2}$$

由于本例中梁 AC 段与 CB 段的弯矩函数不同，因此梁的变形能要分段计算，然后求其和。按图 4－6 所示的坐标系，AC 段与 CB 段的弯矩方程分别为

$$M_1(x) = R_A x = \frac{Px}{2} \quad \left(0 \leqslant x \leqslant \frac{l}{2}\right)$$

$$M_2(x) = R_A x - P\left(x - \frac{l}{2}\right) = \frac{P}{2}(l - x) \quad \left(\frac{l}{2} \leqslant x \leqslant 0\right)$$

根据式(4－8)，梁的变形能为

$$\begin{aligned} U &= \int_0^{l/2} \frac{M_1^2(x)}{2EI}\mathrm{d}x + \int_{l/2}^{l} \frac{M_2^2(x)}{2EI}\mathrm{d}x \\ &= \frac{1}{2EI}\int_0^{l/2}\left(\frac{Px}{2}\right)^2\mathrm{d}x + \frac{1}{2EI}\int_{l/2}^{l}\left[\frac{P}{2}(l - x)^2\right]^2\mathrm{d}x \\ &= \frac{P^2 l^3}{96EI} \end{aligned}$$

事实上，一个弹性体的变形能不会因坐标系选取的不同而有所变化，因此，将梁 CB 段的 x 轴的方向改为由 B 向 C，那么梁 AC 段与 CB 段的弯矩方程分别为

$$M(x_1) = \frac{Px_1}{2} \quad \left(0 \leqslant x_1 \leqslant \frac{l}{2}\right)$$

$$M(x_2) = \frac{Px_2}{2} \quad \left(0 \leqslant x_2 \leqslant \frac{l}{2}\right)$$

可以看到这两段梁的弯矩方程实质上是一样的，只不过 AC 段的坐标用 x_1 表示，BC 段的坐标用 x_2 表示。因此，在计算本例中梁的变形能时，可以先计算 AC 段的变形能，然后取其两倍便得整个梁的变形能，即

$$U = 2U_{AC} = 2\int_0^{l/2} \frac{M^2(x_1)}{2EI}\mathrm{d}x_1 = \frac{P^2 l^3}{96EI}$$

从另一个角度来看，由于梁的变形是左右对称的，因此必然会导致梁左右两段的变形能相等。这样，对于变形对称的梁，在计算其变形能时，可以先计算梁的一半变形能，然后取其两倍。该计算方法对于其他变形形式的杆件或杆系均适用。

综合式(4－2)、式(4－5)及式(4－10)，可把变形能统一写成

$$U = W = \frac{1}{2}P\delta \tag{4-11}$$

式中，P 称为广义力，在杆件拉压时代表轴向拉力或压力，扭转时代表扭矩，纯弯曲时代表弯矩；δ 是与 P 相对应的位移，称为广义位移，当杆件拉压时 $\delta = \Delta l$，扭转时 $\delta = \varphi$，纯弯曲时 $\delta = \theta$。值得指出的是，广义位移应理解为杆件在变形中广义力作用点处沿力作用方向的位移；在线弹性范围内，广义力与广义位移呈线性关系。

4.1.2 变形能的普遍计算原理与表达式

下面将不加证明地给出弹性体变形能的计算原理与普遍表达式。

设在线弹性范围内，一个弹性体受有一组广义力 P_1，P_2，…，P_n 的作用，弹性体的约束条件使它除由变形所引起的位移外，没有任何刚体位移（图 4-7）。以 δ_1，δ_2，…，δ_n 分别表示 P_1，P_2，…，P_n 的作用点沿对应力作用线方向的广义位移，则由于各个力的作用互不影响，这组力所做的功为

$$W = \frac{P_1\delta_1}{2} + \frac{P_2\delta_2}{2} + \cdots + \frac{P_n\delta_n}{2} = \frac{1}{2}\sum_{i=1}^{n} P_i\delta_i$$

又因弹性体的变形能等于外力功，故有

$$U = W = \frac{1}{2}\sum_{i=1}^{n} P_i\delta_i \tag{4-12}$$

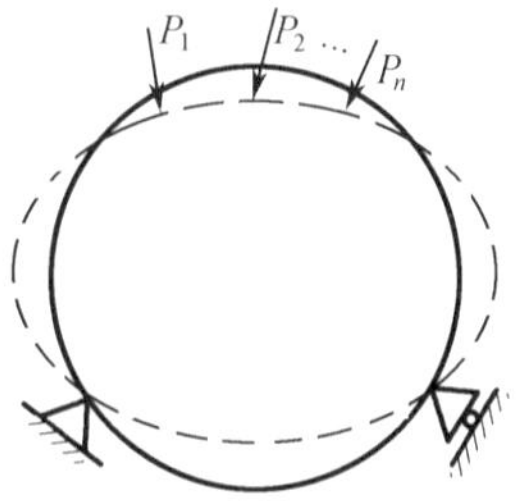

图 4-7　多载荷作用下的弹性体

上式表明，线弹性体的变形能等于各外力与其相应位移乘积的 1/2 的总和。这一结论称为克拉贝依隆原理。这一原理还告诉我们，线弹性体的变形能仅与载荷及位移的最终值有关，而与载荷的作用次序无关。由于在线弹性范围内位移与载荷呈线性关系，因此也可以说，变形能仅取决于弹性体的最终变形或载荷的最终值。

设一杆件同时受到拉伸（或压缩）、扭转和弯曲力的作用，则运用上述原理可知，杆件的变形能等于各种变形能之和，即

$$U = \int_l \frac{T^2\,\mathrm{d}x}{2EA} + \int_l \frac{M_t^2\,\mathrm{d}x}{2GJ} + \int_l \frac{M^2\,\mathrm{d}x}{2EI} \tag{4-13}$$

上式就是杆件在组合变形下的变形能计算公式。

对于杆系结构，将组成杆系的各个杆件的变形能相加即得到整个结构的变形能。如果杆件以弯曲变形为主，则拉压及扭转变形能与之相比较很小而可忽略不计。例如，平面刚架的杆件通常发生拉弯组合变形，但由于它以弯曲变形为主，因此在计算它的变形能时常忽略拉压变形能，仅计算弯曲变形能。

【任务测试】

1. 什么是杆件的变形能？

2. 试求习图 4-1 所示四分之一圆曲杆的变形能，并利用功能原理求 B 截面的垂直位移。已知 EI 为常量。

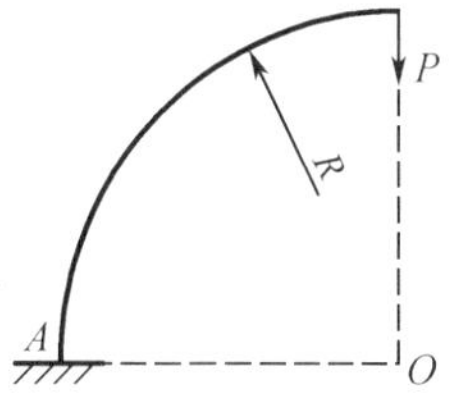

习图 4-1

任务 4.2　功的互等定理

学习任务单

学习领域	船舶结构与强度	
项目 4	能量法	学时
学习任务 2	功的互等定理	
任务描述	任务导入： 在线弹性范围内，根据弹性体的变形能与外力作用次序无关这一特点，能够推导出功的互等定理、位移互等定理与力互等定理。图 4-7 是单跨梁受力及变形示意图，本任务以此梁为例来论证这些定理。 学习步骤： (1)先在梁的点 1 处加上力 P_1，然后在点 2 处加上力 P_2，分析两个力所做的总功或梁的变形能； (2)先在梁的点 2 处加上力 P_2，然后在点 1 处加上力 P_1，分析两个力所做的总功或梁的变形能； (3)根据弹性体的变形能与外力作用次序无关这一特点推导出结论	
任务要求	技能要求： (1)能够根据杆件的变形能算出梁的变形能； (2)能够根据功的互等定理、位移互等定理与力互等定理解决实际工程问题。 职业素质要求： (1)具有分析问题、解决实际问题的能力； (2)具有责任意识和敬业精神； (3)具有迎接挑战的意识	
学习资源	教材、教学课件、图片	

【典型案例】

位移互等定理和麦克斯韦

位移互等定理是弹性力学中的一个定理，又称互等位移定理，是英国的 J. C. 麦克斯韦于 1864 年提出的，又称麦克斯韦位移互等定理。位移互等定理适用于线弹性体小变形问题，在分析梁、杆系结构、薄壁结构以及薄板、薄壳等弹性物体的内力和变形时，常用到这一定理。

【知识要点学习】

如图 4-8 所示，设 1，2 为梁上的任意两点，当力 P_1 单独作用于梁上点 1 处时，引起点 1 处的位移为 ν_{11}，点 2 处的位移为 ν_{21}（图 4-8(a)）；而当力 P_2 单独作用于梁上点 2 处时，引起点 1 处的位移为 ν_{12}，点 2 处的位移为 ν_{22}（图 4-8(b)）。这里，位移 ν_{ij} 指作用于 j 点的载

荷对 i 点产生的位移。

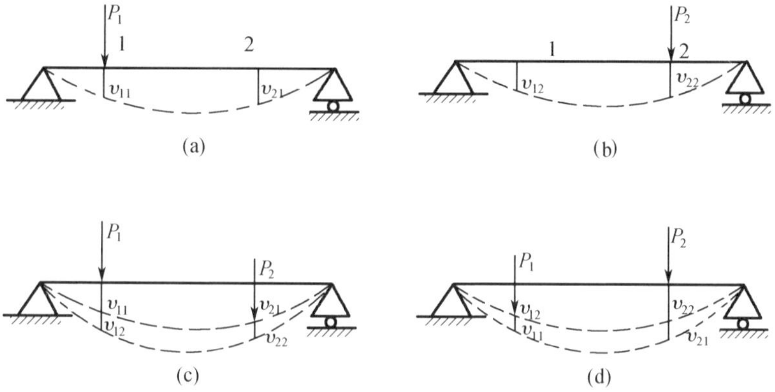

图 4-8 单跨梁受力及变形示意图

现考虑以下两种加载次序。

(1)先在梁的点 1 处加上力 P_1,然后在点 2 处加上力 P_2(图 4-8(c))。当力 P_1 作用后,点 1 与点 2 处的位移分别为 ν_{11} 与 ν_{21},P_1 所做的功为 $P_1\nu_{11}/2$。当力 P_2 作用后,点 1 与 2 处的位移分别增加 ν_{12} 和 ν_{22},这时 P_2 所做的功为 $P_2\nu_{22}/2$;另外,由于 P_1 已经作用在 1 点处并达到最终值,因此 P_1 在这个过程中对位移 ν_{12} 所做的功为 $P_1\nu_{12}$。这样,两个力所做的总功或梁的变形能为

$$U_1 = W_1 = \frac{1}{2}P_1\nu_{11} + \frac{1}{2}P_2\nu_{22} + P_1\nu_{12}$$

(2)先在梁的点 2 处加上力 P_2,然后在点 1 处加上力 P_1(图 4-8(d))。用与得到第一种加载次序中的变形能一样的方法:当 P_2 作用于点 2 处时,P_2 所做的功为 $P_2\nu_{22}/2$;当 P_1 作用于点 1 处时,P_1 所做的功为 $P_1\nu_{11}/2$,此时 P_2 在这个过程中又将做功 $P_2\nu_{21}$。于是,梁的变形能为

$$U_2 = W_2 = \frac{1}{2}P_2\nu_{22} + \frac{1}{2}P_1\nu_{11} + P_2\nu_{21}$$

根据弹性体的变形能与外力作用次序无关这一特点,上述两种加载次序所得到的变形能应该相等,即 $U_1 = U_2$,由此可得

$$\frac{1}{2}P_1\nu_{11} + \frac{1}{2}P_2\nu_{22} + P_1\nu_{12} = \frac{1}{2}P_2\nu_{22} + \frac{1}{2}P_1\nu_{11} + P_2\nu_{21}$$

于是,有

$$P_1\nu_{12} = P_2\nu_{21} \tag{4-14}$$

式(4-14)表示,力 P_1 对于由力 P_2 引起的位移 ν_{12} 所做的功,等于力 P_2 对于由力 P_1 引起的位移 ν_{21} 所做的功。这就是功的互等定理。

若在式(4-14)中令 $P_1 = P_2$,就得到

$$\nu_{12} = \nu_{21} \tag{4-15}$$

此式表明,点 1 由于载荷作用于点 2 而引起的位移 ν_{12},等于点 2 因同一载荷作用于点 1 而引起的位移 ν_{21}。这就是位移互等定理。项目 2 力法中的正则方程就是这一原理的反映。

同样,若在式(4-14)中令 $v_{12}=v_{21}$,则得到

$$P_1=P_2 \tag{4-16}$$

这便是力的互等定理。它表示若第一个力在第二个力的作用处和方向上产生的位移等于第二个力在第一个力的作用处和方向上产生的位移,则第一个力等于第二个力。项目3位移法中的正则方程是这一原理的反映。

以上这些定理虽然是通过梁的弯曲特例而导得的,但是在推导过程中没有利用梁弯曲变形的特点,所以对于材料服从胡克定律、变形很小的一切结构都是适用的。此外,这些定理中的力与位移均应理解为广义力与广义位移。

为了加深对位移互等定理的理解,下面举一例。

图4-9所示的两根梁的弯曲刚度 EI、长度 l 及作用的载荷 P 均相等,但图4-9(a)中力 P 作用在梁右端 A 处,而图4-9(b)中力 P 作用在梁的中点 B 处。现研究图4-9(a)中 B 点的挠度是否等于图4-9(b)中 A 点的挠度。

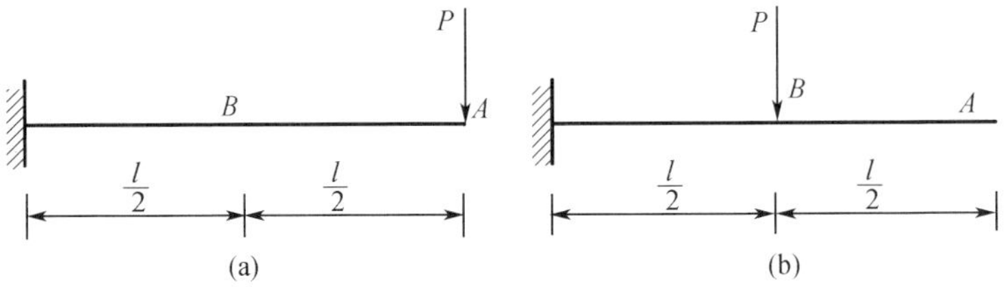

图4-9　悬臂梁

先计算图4-9(a)中 B 点的挠度。查梁的弯曲要素表可得此梁的挠曲线方程为

$$\nu=\frac{Pl^3}{3EI}\left[\frac{x^2}{l^2}\left(\frac{3}{2}-\frac{x}{2l}\right)\right]$$

将 $x=l/2$ 代入上式,得到

$$\nu_B=\frac{5Pl^3}{48EI}$$

对于图4-9(b)所示的梁,查梁的弯曲要素表,得此梁在 $l/2\leqslant x\leqslant l$ 段的挠曲线方程为

$$\nu=\frac{Pa^2}{6EI}(3x-a)$$

将 $a=l/2$ 及 $x=l$ 代入上式,得

$$\nu_A=\frac{P}{6EI}\left(\frac{l}{2}\right)^2\left(3l-\frac{l}{2}\right)=\frac{5Pl^3}{48EI}$$

可见,图4-9(a)中 B 点的挠度等于图4-9(b)中 A 点的挠度。这正是位移互等定理的反映。

查看梁的弯曲要素表可以发现,有不少位移公式中的系数是相等的。如悬臂梁自由端集中力引起的此端的转角公式 ,其系数(1/2)等于此端集中弯矩引起的挠度公式的系数(1/2);又如简支梁中点集中力引起的梁左端的转角公式,其系数(1/16)等于左端集公式中弯矩引起的中点挠度公式中的系数(1/16)。这些都是位移互等定理的反映。

【任务测试】

利用功的互等定理和位移互等定理来计算习图 4 –2 所示结构的位移和变形。

已知习图 4 –2 所示为同一弹性体的两种受力状态。试求：(1)物体在静水压力 q 作用下的线应变；(2)物体在一对等值反向的压力 F 作用下的体积变化(已知 $AB=L$、E、μ)。

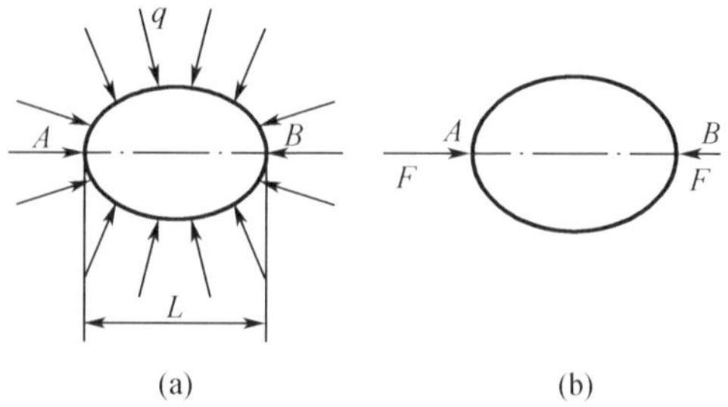

习图 4 –2

任务4.3 莫尔定理

学习任务单

学习领域	船舶结构与强度	
项目 4	能量法	学时
学习任务 3	莫尔定理	
任务描述	任务导入： 莫尔定理是研究计算线弹性结构变形的一个有力工具，学习了这一定理之后便可很方便地计算出结构某处的位移。由于这个定理可以根据虚功原理导出，所以有时被称为虚功法，也被称为虚载荷法或单位载荷法(因为在虚功法中要利用虚载荷，亦即单位虚载荷)。图 4 –11 为弹性体受力及变形，下面仅通过梁的例子来论证这个定理。 学习步骤： (1)根据之前学习的知识点，进行梁的受力分析； (2)计算梁的变形能，推导出莫尔定理	
任务要求	技能要求： (1)能够掌握梁的变形能计算方法； (2)能够利用莫尔定理解决实际工程问题。 职业素质要求： (1)具有分析问题、解决实际问题的能力； (2)具有责任意识和敬业精神； (3)具有迎接挑战的意识	
学习资源	教材、教学课件、图片	

【典型案例】

魔术表演——四连环与莫尔定理

“四连环”可由演员表演各种图案，图 4 - 10(a)所示四连环叠合在一起如图 4 - 10(b)所示，要让观众看不到缺口，演员利用快速操作技巧演示出各种图案，如图 4 - 10(c)所示。

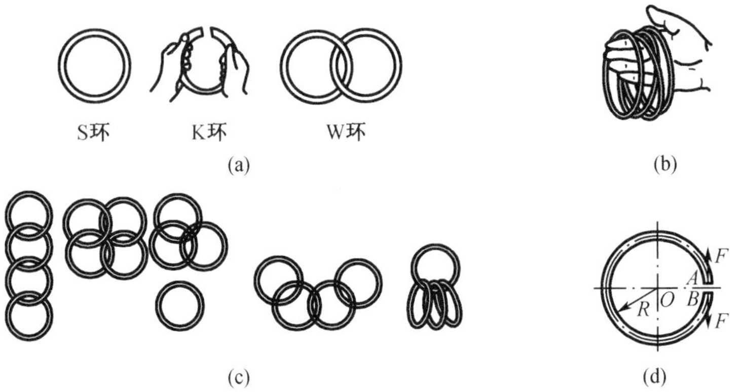

图 4 - 10　四连环

用于魔术表演的有缺口的钢环，可以看作小曲率平面曲杆，图 4 - 10(d)是有缺口的钢环表演时的受力示意图，仿照直梁的莫尔积分，可以求出缺口。在魔术表演时，根据钢环的半径 R，可求出张开量 l，选择配套的表演钢环，方便快速地进入或拿出。

【知识要点学习】

设有一直梁在载荷 $P_1, P_2, \cdots, P_n$ 的作用下发生了弯曲变形(图 4 - 11(a))。为了求得梁上任一处的位移 δ(例如，A 点的挠度)，假想在 $P_1, P_2, \cdots, P_n$ 等力作用之前，在 A 点处沿 δ 方向先虚加一个单位力 P^0($P^0 = 1$，称为虚载荷)，如图 4 - 11(b)所示。这时梁断面上由单位力 P^0 引起的弯矩记为 $M^0(x)$，梁内储存的变形能为

$$U_0 = \int_l \frac{[M^0(x)]^2 \mathrm{d}x}{2EI}$$

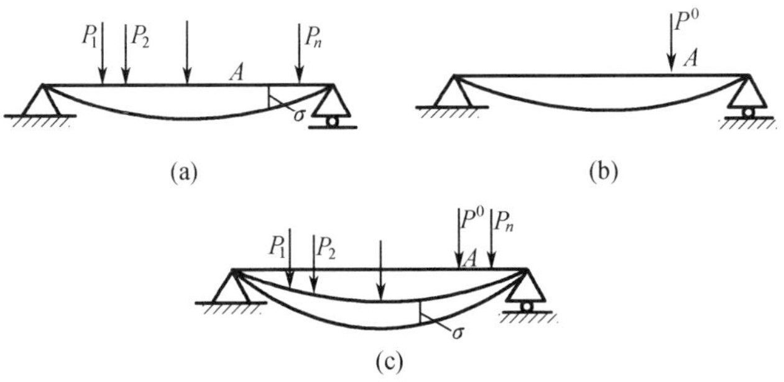

图 4 - 11　弹性体受力及变形

然后在梁上作用外载荷 $P_1, P_2, \cdots, P_n$，将这些力所引起的梁断面上的弯矩记为 $M(x)$。若材料服从胡克定律，且变形很小，则各外力引起的变形是各自独立的，叠加原理可以应用。这样，$P_1, P_2, \cdots, P_n$ 所做的功不因预先作用的单位力 P^0 而改变，因此梁因这组力的作用而储存的变形能 U 为

$$U = \int_l \frac{M^2(x)\mathrm{d}x}{2EI}$$

但在这组外力作用之前，梁上 A 点已经作用有单位力 P^0，且 P^0 的方向与 δ 一致，因此在 $P_1, P_2, \cdots, P_n$ 的作用过程中，P^0 又做了 $P^0 = 1 \times \delta$ 的功。故按先作用 P^0，再作用 P_1，$P_2, \cdots, P_n$ 的次序加载，梁的变形能为

$$U_1 = U_0 + U + 1 \times \delta$$

从另一个角度来看，若梁在 P^0 与 $P_1, P_2, \cdots, P_n$ 的共同作用下，则梁的弯矩为 $M(x) + M^0(x)$，从而梁的变形能又可以表示为

$$U_2 = \int_l \frac{[M(x) + M^0(x)]^2\mathrm{d}x}{2EI}$$

根据结构的变形能与外载荷作用次序无关这一性质，可知 $U_1 = U_2$，于是有

$$U_0 + U + 1 \times \delta = \int_l \frac{[M(x) + M^0(x)]^2\mathrm{d}x}{2EI}$$

再利用 $U_0 = \int_l \frac{[M^0(x)]^2}{2EI}$ 和 $U = \int_l \frac{M^2(x)\mathrm{d}x}{2EI}$ 两式，可以得到

$$\delta = \int_l \frac{M(x)M^0(x)\mathrm{d}x}{EI} \tag{4-17}$$

这就是用于计算结构任一处位移的莫尔定理，也称为莫尔积分。若需要计算梁上某断面的转角，那么在需要计算转角的断面处加上一个单位弯矩，然后采用与上面相同的步骤，就能得到计算断面转角的莫尔积分：

$$\theta = \int_l \frac{M(x)M^0(x)\mathrm{d}x}{EI} \tag{4-18}$$

式中　$M^0(x)$——在单位弯矩作用下梁的断面弯矩；

$M(x)$——在外载荷作用下梁的断面弯矩。

对于其他类型变形的杆件，也能得到类似于式(4-18)的计算位移的莫尔积分。

综上所述，杆件各种变形的莫尔积分在形式上是一致的。因此由力独立作用原理，不难计算出组合变形杆件的位移，即在需要计算的位移处虚加一个沿位移方向的单位力，然后按各种变形分别用莫尔积分进行计算，最后相加便得所求位移。

对于杆系，若要计算某处的位移，同样也需先加上一个单位力，然后对每一根杆件进行莫尔积分，再取其和就得到所求的位移。

例 4-2　用莫尔定理计算图 4-12 所示两端自由支持的梁的中点挠度与左端的转角。已知：梁上受有均布载荷 q，断面惯性矩为 I，长为 l。

解　梁的坐标如图 4-12 所示。由均布载荷 q 引起的梁弯矩 $M(x)$ 为

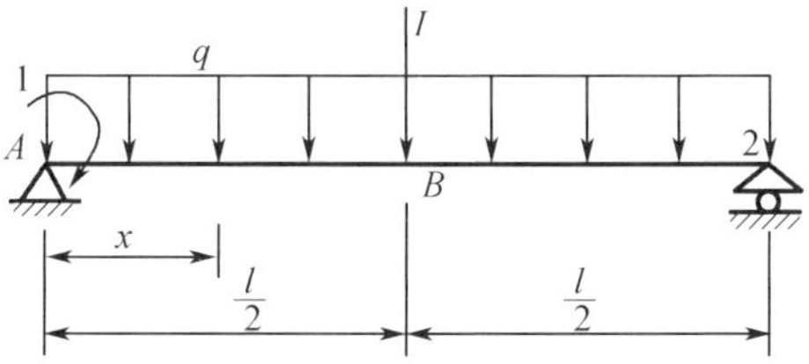

图 4－12　自由支持的单跨梁

$$M(x)=R_Ax-\frac{qx^2}{2}=\frac{qlx}{2}-\frac{qx^2}{2}$$

为计算梁中点的挠度，在梁的中点虚加一个单位力。由于梁上的均布载荷 q 及单位力对跨度中点均为对称，因此只要对梁 AB 段进行莫尔积分，然后取其两倍就可得梁中点的挠度。由单位力引起的梁 AB 段的弯矩 $M^0(x)$ 为

$$M^0(x)=\frac{x}{2}$$

将 $M(x)$ 与 $M^0(x)$ 代入莫尔积分式，得

$$\nu_B=2\int_0^{l/2}\frac{M(x)M^0(x)\,\mathrm{d}x}{EI}=\frac{2}{EI}\int_0^{l/2}\left(\frac{qlx}{2}-\frac{qx^2}{2}\right)\frac{x}{2}\mathrm{d}x=\frac{5ql^4}{384EI}$$

ν_B 为正值，表示其与单位力的方向相同，即中点的挠度向下。

下面计算梁左端 A 处的转角，为此在 A 端处虚加一个单位力偶矩。梁在单位力偶矩作用下的弯矩为

$$M^0(x)=1-\frac{x}{l}$$

于是 A 处的转角为

$$\theta_A=\int_0^{l}\frac{M(x)M^0(x)\,\mathrm{d}x}{EI}=\frac{1}{EI}\int_0^{l}\left(\frac{qlx}{2}-\frac{qx^2}{2}\right)\left(1-\frac{x}{l}\right)\mathrm{d}x=\frac{ql^3}{24EI}$$

θ_A 也为正值，表示 θ_A 与单位力偶矩的方向相同，即断面 A 处的转角为顺时针方向。值得指出的是，若计算出来的位移是负值，则表明位移的真实方向与单位力的方向相反。

例 4－3　求图 4－13 所示刚架节点 1 的垂直位移 δ_{1y} 与节点 2 的断面转角 θ_2。已知：各杆的弯曲刚度 EI 均相同，$l_{12}=l_0$，$l_{23}=1.5l_0$，杆 1－2 受有均布载荷 q 的作用。

解　(1) 求节点 1 的垂直位移 δ_{1y}，为此在节点 1 处虚加一个垂直向下的单位力(图 4－13)。外力与单位力引起的各杆的弯矩分别为

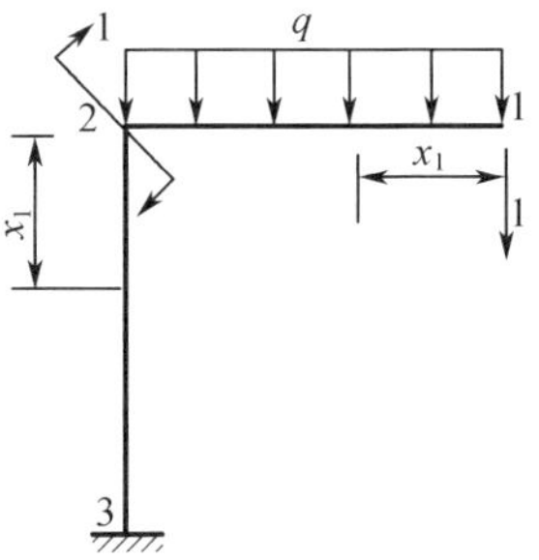

图 4－13　刚架

$$M_{1-2}=\frac{1}{2}qx_1^2$$

$$M_{1-2}^0=1\times x_1$$

$$M_{2-3}=\frac{1}{2}ql_0^2$$

$$M_{2-3}^0 = 1 \times l_0$$

可见，M_{1-2}与M_{1-2}^0的正向及采用的坐标系是一致的，M_{2-3}与M_{2-3}^0也是如此。

接下来便可以进行莫尔积分：

$$\begin{aligned}\delta_{1y} &= \frac{1}{EI}\int_0^{l_0} M_{1-2}M_{1-2}^0 \mathrm{d}x_1 + \frac{1}{EI}\int_0^{1.5l_0} M_{2-3}M_{2-3}^0 \mathrm{d}x_2 \\ &= \frac{1}{EI}\int_0^{l_0} \frac{1}{2}qx_1^2x_1 \mathrm{d}x_1 + \frac{1}{EI}\int_0^{1.5l_0} \frac{1}{2}ql_0^2l_0 \mathrm{d}x_2 \\ &= \frac{ql_0^4}{8EI} + \frac{1.5ql_0^4}{2EI} = \frac{7ql_0^4}{8EI}\end{aligned}$$

(2)为计算θ_2，在节点2处加上一个单位力偶矩(图4－13)。各杆由外力引起的弯矩不必重新计算，而单位力偶矩引起的弯矩，对杆1－2是$M_{1-2}^0=0$，对杆2－3是$M_{2-3}^0=1$，因此利用莫尔积分计算θ_2，有

$$\begin{aligned}\theta_2 &= \frac{1}{EI}\int_0^{l_0} M_{1-2}M_{1-2}^0 \mathrm{d}x_1 + \frac{1}{EI}\int_0^{1.5l_0} M_{2-3}M_{2-3}^0 \mathrm{d}x_2 \\ &= \frac{1}{EI}\int_0^{1.5l_0} \frac{1}{2}ql_0^2 \times 1 \times \mathrm{d}x_2 = \frac{3}{4}\frac{ql_0^3}{EI}\end{aligned}$$

例4－4　解图4－14(a)所示的静不定刚架。已知各杆的断面惯性矩均为I，$l_{12}=l$，$l_{23}=1.5l$，杆1－2受有载荷q的作用。

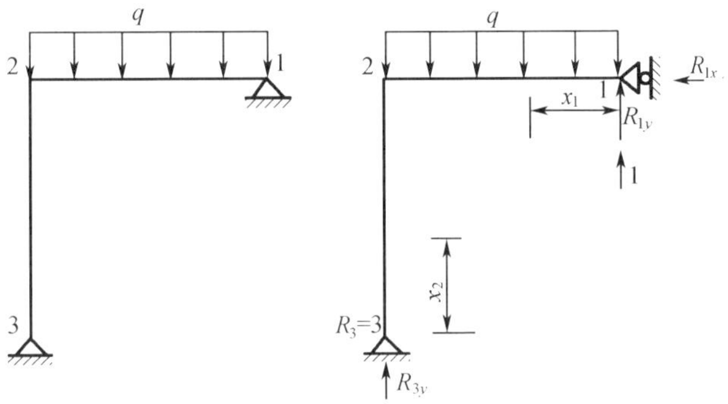

(a)　　　　(b)

图4－14　静不定刚架

解　由于此刚架在节点1与3处为固定铰支座，因此共有四个约束。如果能解决一个约束，那么此结构就成为静定基。为此，去掉节点1处的垂直约束，并加上多余约束力R_{1y}，这样原结构就成为图4－14(b)所示的静定基。根据节点1处的垂直位移条件，有$\delta_{1y}=0$。为了计算δ_{1y}，在节点1处加上一个垂直向上的单位力(图4－14(b))。根据力平衡条件，由外载荷(包括R_{1y})与单位力引起的支座反力分别为

$$R_{1x} = R_{3x} = \frac{ql}{3} - \frac{2R_{1y}}{3}$$

$$R_{1x}^0 = R_{3x}^0 = -\frac{2}{3}$$

各杆由外载

将以上各杆

δ_1

把这一结果

由此解得

【任务测试】

1. 求习图 4 -

2. 对于习图

3. 试用莫尔

曲刚度均为 EI。

任务 4.4 卡氏定理

学习任务单

学习领域	船舶结构与强度	
项目 4	能量法	学时
学习任务 4	卡氏定理	
任务描述	任务导入： 莫尔定理是计算弹性体的经典定理，但在解静不定结构问题时，有全新的定理——卡氏定理。图 4 - 16 为多载荷作用下的弹性体，本任务结合前面所学知识，推导出卡氏定理。 学习步骤： (1)给出变形能与外力之间的函数关系； (2)导出卡氏定理应用于杆件与杆系时的计算公式	
任务要求	技能要求： (1)能够根据前面所学内容推导出卡氏定理； (2)能够运用卡氏定理解决实际工程问题。 职业素质要求： (1)具有分析问题、解决实际问题的能力； (2)具有责任意识和敬业精神； (3)具有迎接挑战的意识	
学习资源	教材、教学课件、图片	

【典型案例】

用卡氏定理控制零件加工中的变形

零件在加工过程中，在各种力的作用下，整个工艺系统要产生相应的变形，因而破坏了成形运动的原有精度，并造成零件在尺寸、形状和位置等方面的加工误差。其中，夹紧力的影响尤为突出。如图 4 - 15 所示，在车床上用三爪卡盘定位夹紧加工轴套时，工件由于夹紧力而产生弹性变形，工件加工后在车床上测量是合格的，但取下后因弹性恢复而超差。

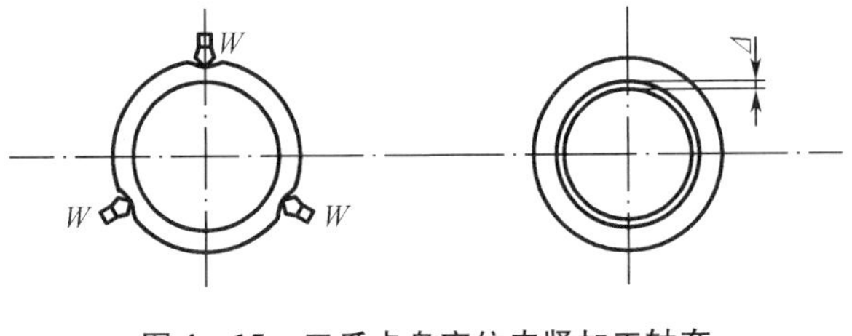

图 4 - 15　三爪卡盘定位夹紧加工轴套

分析其变形原因可认为，物体受力而发生变形时，外力的作用点要发生位移。因此，在变形过程中，外力要做功，而物体在变形后就储存了一定的能量，称为变形能。如果外力是从零逐渐缓慢地增加的，而且物体的变形是弹性的，则可认为物体在外力作用下始终处于平衡状态而没有动能，于是外力所做的功 A 全部转化为弹性变形能 U 而储存于弹性体内，即 $U=A$。

若将作用在弹性体上的每一个载荷看作独立变量，则弹性体的变形能 U 对某一载荷 P 的偏导数，就等于该弹性体在所有载荷共同作用下在 P 的作用点(或作用面)沿 P 作用方向的位移。这里的载荷 P 可以是力或力偶矩，相应的位移则为线位移或角位移。这一普遍规律通常称为卡氏定理。

应用上述理论分析图 4－15 所示零件受力后在卡爪处的变形量。求力 $P(P=W/2)$ 作用处相对固定端的位移。可设计弹性弧形夹头，将位移的量预留出来，分散夹紧力来解决零件的变形问题。

【知识要点学习】

设弹性体在支座约束的情况下无任何刚体位移(图 4－16)，$P_1, P_2, \cdots, P_n$ 为作用于弹性体上的外力，与这些外力相对应的位移分别为 $\delta_1, \delta_2, \cdots, \delta_n$。由于弹性体在变形过程中，外力所做的功等于弹性体的变形能，因此变形能 U 应是外力的函数。

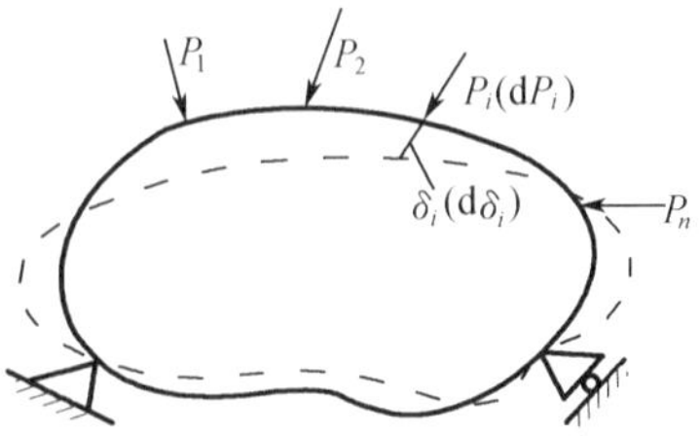

图 4－16　多载荷作用下的弹性体

值得注意的是，这里弹性体的变形能 U 与前两个例子不同的是，U 不是仅仅为一个外力的函数，而是多个外力的函数。这种函数称为多元函数(或多变量函数)。因此，假设上述外力中任意一个 P_i 有一增量 $\mathrm{d}P_i$，那么变形能 U 的相应增量 $\mathrm{d}U$ 为

$$\mathrm{d}U=\frac{\partial U}{\partial P_i}\mathrm{d}P_i$$

于是弹性体的变形能变为

$$U+\frac{\partial U}{\partial P_i}\mathrm{d}P_i \tag{4-19}$$

由于在线弹性范围内弹性体的变形能与外力作用的次序无关，并且各力作用所产生的效应是互不影响的，因此可以把外力的作用次序改变为先作用 $\mathrm{d}P_i$，然后再作用 $P_1, P_2, \cdots, P_n$。当先作用 $\mathrm{d}P_i$ 时，其作用点沿 $\mathrm{d}P_i$ 作用方向的位移为 $\mathrm{d}\delta_i$，此时弹性体的变形能为 $\mathrm{d}P_i\mathrm{d}\delta_i/2$。当再作用 $P_1, P_2, \cdots, P_n$ 时，由力独立作用原理可知，尽管弹性体已有 $\mathrm{d}P_i$ 的作用，但它不影响 $P_1, P_2, \cdots, P_n$ 作用时弹性体所得到的变形能，即这些力所做的功仍等于 U。然而，在 $P_1, P_2, \cdots, P_n$ 的作用过程中，$\mathrm{d}P_i$ 又做了相应的功，由于此时 $\mathrm{d}P_i$ 已为常量，在 P_i 作用方向(即 $\mathrm{d}P_i$ 作用方向)的位移为 δ_i，故 $\mathrm{d}P_i$ 在此过程中做的功应是 $\delta_i\mathrm{d}P_i$。这样，按第二种次序加载，弹性体的变形能是

$$\frac{1}{2}\mathrm{d}P_i\mathrm{d}\delta_i+U+\delta_i\mathrm{d}P_i \tag{4-20}$$

因弹性体的变形能与加载次序无关，故式(4－20)等于式(4－19)，即

$$\frac{1}{2}\mathrm{d}P_i\mathrm{d}\delta_i+U+\delta_i\mathrm{d}P_i=U+\frac{\partial U}{\partial P_i}\mathrm{d}P_i$$

略去二阶无穷小$\frac{1}{2}\mathrm{d}P_i\mathrm{d}\delta_i$，可以得到

$$\delta_i=\frac{\partial U}{\partial P_i} \tag{4-21}$$

上式表明，弹性体的变形能对于任一外力的偏导数，等于 P_i 作用点沿 P_i 作用方向的位移。这就是卡氏定理。

在上述证明过程中，实际上没有牵涉 P_i 是哪一种性质的力，因此式(4-21)中的 P_i 和 δ_i 应看作广义力与广义位移。当 P_i 是力偶矩时，δ_i 便是相应的角位移。值得指出的是，卡氏定理仅适用于线弹性结构。

下面推导卡氏定理应用于杆件与杆系时的计算公式。

对于细长梁，在横向力作用下梁的变形能计算公式为

$$U=\int_l\frac{M^2(x)\mathrm{d}x}{2EI}$$

将其代入式(4-21)，得

$$\delta_i=\frac{\partial U}{\partial P_i}=\frac{\partial}{\partial P_i}\left(\int_l\frac{M^2(x)\mathrm{d}x}{2EI}\right)$$

上式中，积分是对 x 的，微分是对 P_i 的，所以可将积分符号里的函数先微分，然后再积分，故有

$$\delta_i=\int_l\frac{M(x)}{EI}\frac{\partial M(x)}{\partial P_i}\mathrm{d}x \tag{4-22}$$

其他以弯曲变形为主的结构(如刚架)，均可利用上式来计算其变形，计算方法与过程同莫尔定理。

例 4-5 计算图 4-17(a)所示刚架节点 1 处的垂直位移与水平位移。已知：节点 1 处受有垂直向下的集中力 P，各杆的弯曲刚度均为 EI，$l_{12}=l$，$l_{23}=2l$。

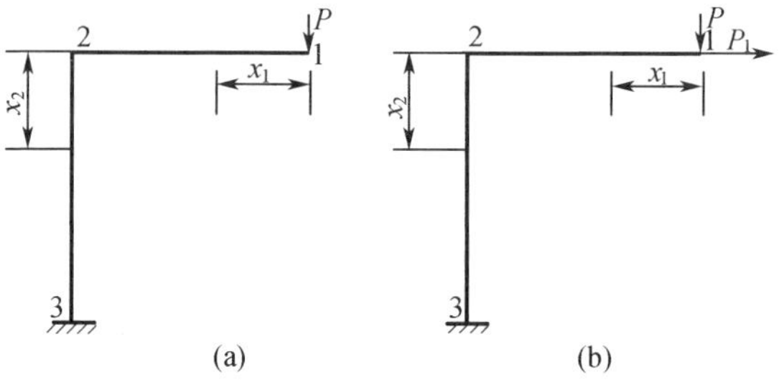

图 4-17 刚架

解 先求刚架节点 1 处的垂直位移 δ_{1y}。在集中力 P 的作用下刚架各杆的弯矩方程为

$$M_{1-2}=Px_1$$
$$M_{2-3}=Pl$$

由于 P 的方向与 δ_{1y}的方向是一致的，因此变形能对 P 的偏导数就是 δ_{1y}。在具体计算过程中，与莫尔积分法一样，也要分段进行计算，因此

$$\delta_{1y}=\frac{\partial U}{\partial P}=\int_0^l\frac{M_{1-2}}{EI}\frac{\partial M_{1-2}}{\partial P}\mathrm{d}x_1+\int_0^{2l}\frac{M_{2-3}}{EI}\frac{\partial M_{2-3}}{\partial P}\mathrm{d}x_2$$

将 M_{1-2}、M_{2-3}函数代入上式，便得

$$\delta_{1y}\int_0^l \frac{Px_1}{EI}\frac{\partial(Px_1)}{\partial P}\mathrm{d}x_1 + \int_0^{2l}\frac{Pl}{EI}\frac{\partial(Pl)}{\partial P}\mathrm{d}x_2 = \frac{7Pl^3}{3EI}$$

下面求 δ_{1x}。由于节点 1 处无水平方向的力，所以在利用卡氏定理求位移 δ_{1x} 时是无法求偏导数的。为此，在节点 1 处虚加一个水平方向的力 P_1（图 4－17(b)），在计算变形能对 P_1 偏导数后再令 $P_1=0$，这样便可得到节点 1 处的水平位移 δ_{1x}。

在力 P 与 P_1 作用下，刚架各杆件的弯矩方程为

$$M_{1-2}=Px_1$$

$$M_{2-3}=Pl+P_1x_2$$

以及

$$\frac{\partial M_{1-2}}{\partial P_1}=0$$

$$\frac{\partial M_{2-3}}{\partial P_1}=x_2$$

将以上各值代入卡氏定理的积分式，得

$$\delta_{1x} = \frac{1}{EI}\int_0^{2l}(Pl+P_1x_2)x_2\mathrm{d}x_2 = \frac{2Pl^3}{EI}+\frac{8P_1l^3}{3EI}$$

令 $P_1=0$，得

$$\delta_{1x}=\frac{2Pl^3}{EI}$$

从以上计算过程中可以看到，事实上对含有 P_1（虚加的力）的项可以不必进行积分，这是因为，一方面积分是对 x_2 的，另一方面积分后的结果因 P_1 等于零而使这项的值总是等于零。因此，在积分之前先令 $P_1=0$，将使计算工作大大简化。故对上述积分，令 $P_1=0$，则有

$$\delta_{1x} = \frac{1}{EI}\int_0^{2l}(Pl+P_1x_2)x_2\mathrm{d}x_2 = \frac{1}{EI}\int_0^{2l}Plx_2\mathrm{d}x_2 = \frac{2Pl^3}{EI}$$

例 4－6　求解图 4－18(a)所示的静不定刚架。已知：集中力 P 作用于杆 1－3 的中点，$l_{13}=l_{34}=l$，各杆的弯曲刚度均为 EI。

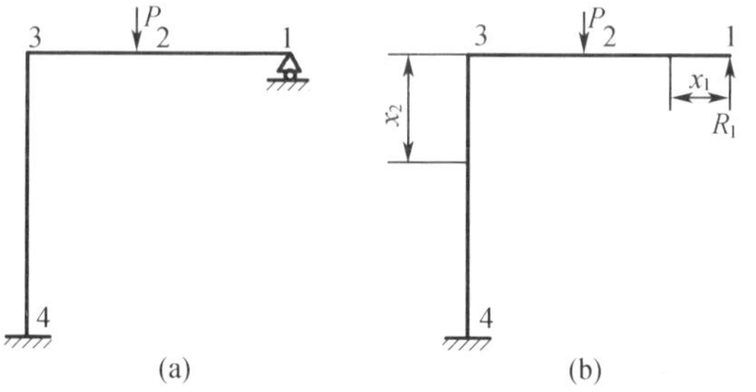

图 4－18　静不定刚架

解　将图 4－18(a)所示的刚架的支座 1 去掉，并加上多余的约束力 R_1，得到图 4－18(b)所示的静定基。各杆的弯矩方程为

$$M_{1-2}=R_1x_1$$

$$\frac{\partial M_{1-2}}{\partial R_1}=x_1$$

$$M_{2-3}=\frac{R_1 l}{2}+R_1 x_2-Px_2$$

$$\frac{\partial M_{2-3}}{\partial R_1}=\frac{l}{2}+x_2$$

$$M_{3-4}=R_1 l-\frac{Pl}{2}$$

$$\frac{\partial M_{3-4}}{\partial R_1}=l$$

运用卡氏定理,可得

$$\delta_{1y}=\frac{1}{EI}\int_0^{l/2}R_1x_1^2\mathrm{d}x_1+\frac{1}{EI}\int_0^{l/2}\left(\frac{R_1 l}{2}+R_1x_2-Px_2\right)\left(\frac{l}{2}+x_2\right)\mathrm{d}x_2+\frac{1}{EI}\int_0^{l}\left(R_1 l-\frac{Pl}{2}\right)l\mathrm{d}x_3$$

$$=\frac{4R_1l^3}{3EI}-\frac{29Pl^3}{48EI}$$

刚架节点 1 处的变形条件为

$$\delta_{1y}=0$$

将位移 δ_{1y}的表达式代入上式,得

$$\frac{4R_1l^3}{3EI}-\frac{29Pl^3}{48EI}=0$$

由此可得

$$R_1=\frac{29}{64}P$$

从以上用卡氏定理求解静不定结构的过程中可以看到,由于结构在刚性支座处的位移等于零,所以必然导致结构变形能对支座反力的偏导数等于零,即

$$\frac{\partial U}{\partial R_i}=0 \tag{4-23}$$

这就是最小变形能定理,又称最小功原理。以后若要用能量法求解静不定结构,则可直接利用式(4-23)。

【任务测试】

1. 悬臂梁受力情况如习图 4-9 所示,抗弯刚度为 EI,求自由端的挠度。

2. 求解习图 4-10 所示静不定刚架。已知各杆的 EI 均相同。

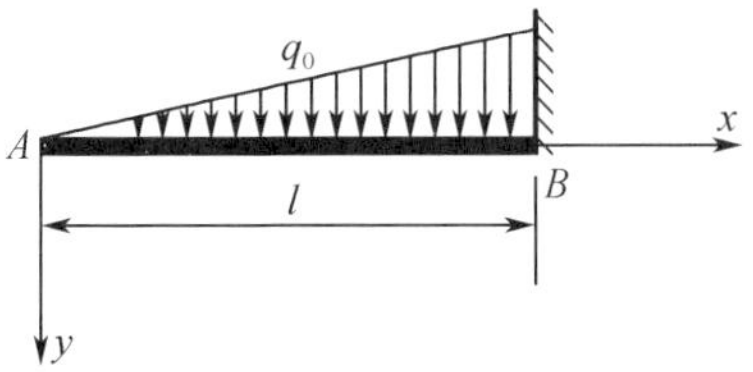

习图 4-9

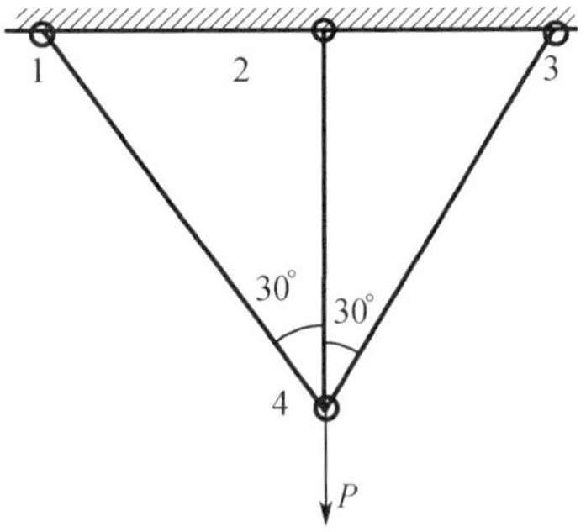

习图 4-10

3. 试用卡氏定理求习图 4－11 中各刚架在节点 A 处的线位移。

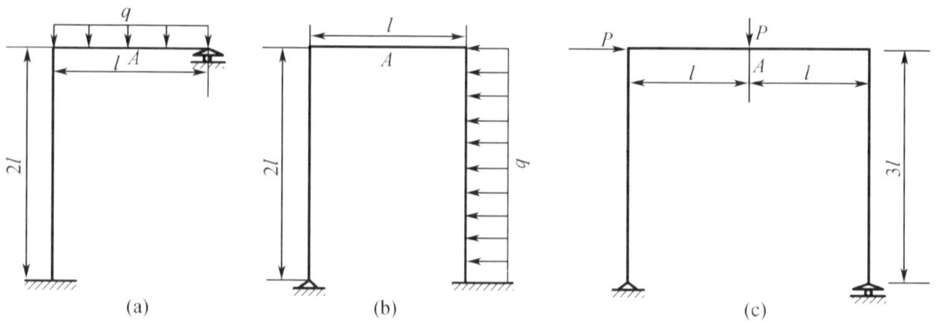

习图 4－11

【项目拓展】

算例 1　解图 4－19 所示刚架。

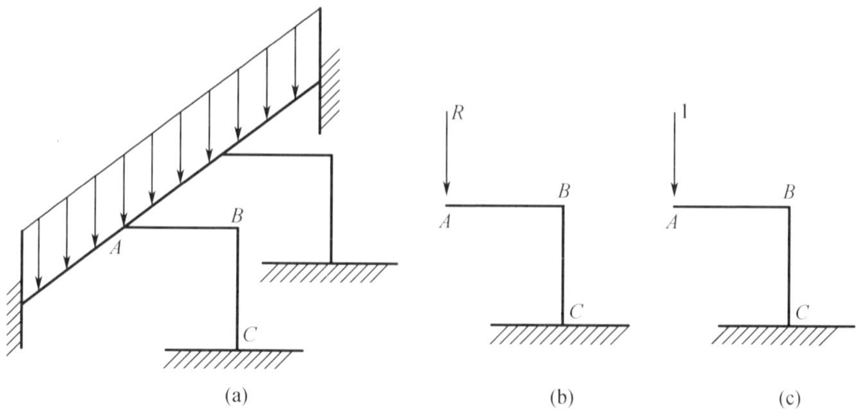

图 4－19　刚架

解　这是一个空间刚架，直接求解比较复杂，但可以将两个中间支承刚架化为其上端承受外载荷的弹性支座，使承受外载荷的梁化为有弹性支座的连续梁。以支承刚架 ABC 为例，它受到其支承的受外载荷作用的梁传来的压力 R，它向上支承的力也是 R。它的受力情况如图 4－19(b) 所示。求出了 $R=1$ 时 A 点的挠度，即求出了弹性支座的柔性系数。

设水平杆 AB 和垂直杆 BC 的抗弯刚度均为 EI，长度均为 l。水平杆在 R 的作用下断面弯矩为 $M=Rx$。竖直杆在 R 的作用下断面弯矩为 $M=Rl$，如图 4－19(c) 所示，水平杆在单位载荷作用下断面弯矩为 $M^0=x$，竖直杆在单位载荷作用下断面弯矩为 $M^0=l$。

将 M 和 M^0 代入公式，$\Delta_i = \int \frac{M}{EI} M^0 \mathrm{d}x$，可得到 A 点的挠度为

$$\Delta = \int \frac{M}{EI} M^0 \mathrm{d}x = \int_0^l \frac{Rx}{EI} x \mathrm{d}x + \int_0^l \frac{Rl}{EI} l \mathrm{d}x$$

$$= \frac{R x^3}{3EI}\bigg|_0^l + \frac{R l^2 x}{3EI}\bigg|_0^l = \frac{4}{3}\frac{R l^3}{EI}$$

故柔性系数为 $A = \frac{4}{3}\frac{l^3}{EI}$。

算例2 解图4-20所示的轴隧扶柱，扶柱的下端设为自由支持，并在中心线处受集中力作用。

解 这是一个一次超静定曲杆刚架，它有一个多余的约束力，为此先用最小功原理来求出次多余约束力。

由于此轴遂扶柱的变形将是对称于中心线的，故扶柱的两个支座的反力都相同。设 R 为支座的垂直支座反力，H 为支座的水平支座反力，由静力平衡条件可得 $R=P/2$，剩下的 H 就是多余支座反力。根据最小功原理，H 可由下式求得：

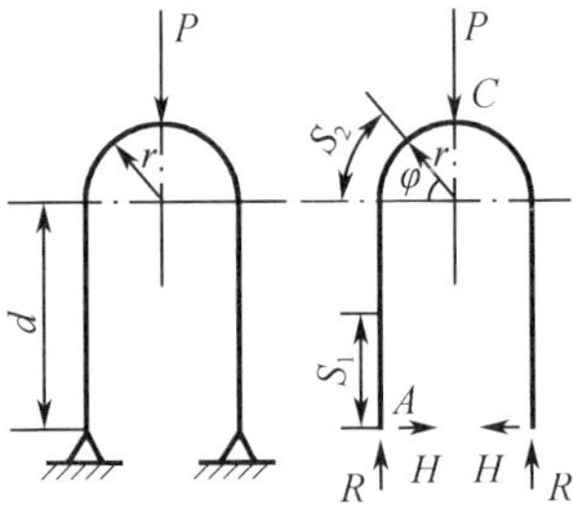

图4-20 轴遂扶柱

$$\frac{\partial V}{\partial H}=\int\frac{M}{EI}\frac{\partial M}{\partial H}\mathrm{d}s=0$$

式中，M 为杆件断面的弯矩。

考虑左半面的结构，设在 AB 段，取坐标 S_1，由 A 向上算起，则

$$M(S_1)=HS_1,\frac{\partial M(S_1)}{\partial H}=S_1$$

在 BC 段，取坐标 S_2，由 B 向上算起，则

$$M(S_2)=H(d+r\sin\varphi)-Rr(1-\cos\varphi)=H(d+r\sin\varphi)-\frac{P}{2}r(1-\cos\varphi)$$

$$\frac{\partial M(S_2)}{\partial H}=d+r\sin\varphi$$

于是

$$\frac{\partial V}{\partial H}=\frac{1}{EI}\int_0^d HS_1\cdot S_1\mathrm{d}S_1+\frac{1}{EI}\int_0^{\frac{\pi}{2}}\left[H(d+r\sin\varphi)-\frac{P}{2}r(1-\cos\varphi)\right](d+r\sin\varphi)r\mathrm{d}\varphi=0$$

由此可解得 H。如果 $d=2r$，则

$$H=\frac{6\pi-9}{80+27\pi}P=0.059\,8P$$

求得了 H 后，即可求得扶柱各断面的弯矩，最大弯矩发生在集中力作用 P 的点，即 $\varphi=\frac{\pi}{2}$ 处，此时

$$M_{\max}=H(d+r)-\frac{P}{2}r=3Hr-\frac{P}{2}r=3\times0.059\,8Pr-0.5Pr=-0.321Pr$$

项目5　稳　定　性

【项目描述】

材料力学中稳定性是指杆件在受外力作用之后，仍能保持其原来的平衡状态。本项目主要研究压杆的稳定性、杆系的稳定性以及板的稳定性问题。通过学习这些简化的杆系模型，运用所学知识计算它们被破坏时所能承受的最大作用力，可以将计算结果转化到船舶结构中去，解决船舶在航行中遇到的强度问题。

【项目目标】

1. 知识目标

(1)掌握杆系和板的临界应力计算方法；

(2)了解船舶结构失稳时的受力情况。

2. 能力目标

(1)能够正确理解杆件的失稳现象；

(2)能够熟练地对船舶某结构失稳情况进行分析和计算，给出临界力。

3. 素质目标

(1)具有及时发现问题、解决问题的能力；

(2)具有勇于探索的精神；

(3)具有爱岗敬业、实事求是、团结协作的优秀品质。

【学习任务】

1. 压杆的稳定性；

2. 杆系的稳定性；

3. 板的稳定性。

【相关知识】

由材料力学知识可知，对于受压的直杆往往存在这样的情况：当压力增大到某一值时，稍有外界干扰，此杆就在其刚性最小的平面内发生弯曲，如图5－1(a)所示，这时即使外界干扰消失，杆的弯曲仍将存在，这种现象称为杆件丧失了稳定性，简称失稳。事实上，这样的杆件处于中性平衡状态。杆件失稳时的压应力称为临界应力。杆件失稳后，若压力继续增大，则杆的弯曲变形将迅速增大以致杆件破坏。这时，杆件实际上处于不稳定平衡状态。在工程上，有些杆件的破坏往往不是由于其压应力超过材料的屈服极限，而是由于压应力达到或者超过其临界应力，使杆件失稳。在工程上，相当多的杆件的临界应力是小于其材料的屈服极限的，所以必须十分重视杆件的失稳破坏。

显然，当压应力小于临界应力时，杆件处于稳定平衡状态。在船体结构中，有不少受压的杆件，例如船底纵骨、甲板纵骨等，在船舶发生总纵弯曲时，它们就可能成为一个受压杆件，如压力达到一定程度，可能出现失稳现象。船体结构中的支柱也是典型的压杆。

事实上,失稳现象不仅限于受压的直杆。一般说来,一个结构中只要有受压的构件存在,就可能有失稳的现象出现。图 5-1(b)所示的是刚架的失稳,图中的刚架因竖杆受压失稳并导致整个刚架变形,叫作刚架失去了稳定性。图 5-1(c)所示的是板架的失稳,板架因其中的一根杆受压失稳而导致整个板架变形,叫作板架失去了稳定性。图 5-1(d)所示的是梁的失稳,受横载荷的梁,由于弯曲时下翼板受压,当载荷大到一定程度时,下翼板将失稳而发生侧向弯曲并导致整个梁扭曲,叫作梁失去了侧向稳定性。图 5-1(e)和(f)所示的是平板的失稳,承受中面压力或剪力的平板,当压力或剪力大到一定程度时不能保持原来的平面平衡状态而发生弯曲,叫作板失去稳定性,又称平板皱折。

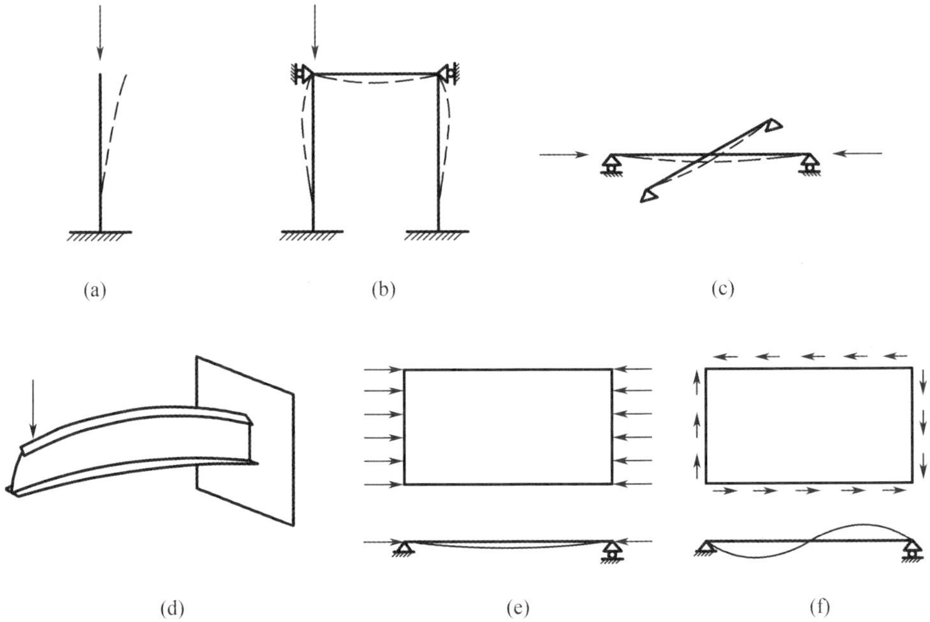

图 5-1　船体结构的失稳

【任务实施】

任务 5.1　压杆的稳定性

学习任务单

学习领域	船舶结构与强度	
项目 5	稳定性	学时
学习任务 1	压杆的稳定性	
任务描述	任务导入: 在压杆稳定性问题上,关键是要知道杆件的临界应力。假如能找出杆件临界应力的计算方法,则在进行构件设计时就有可能使杆件工作在稳定平衡状态(即不失稳的状态)下,保证工程结构的安全。为此,有必要研究压杆的中性平衡状态	

	学习步骤： (1)分析两端约束条件不同的压杆受力情况； (2)通过计算分析，求出压杆的临界应力； (3)分析压杆的非弹性稳定问题
任务要求	技能要求： (1)能够根据前面所学知识求出压杆的临界应力； (2)能够解决航行船舶结构的强度问题。 职业素质要求： (1)具有分析问题、解决问题的能力； (2)具有不怕困难、勇于吃苦的学习精神； (3)具有敬业精神
学习资源	教材、教学课件、图片

【典型案例】

“压杆稳定”问题的生活实例

1. 施工临时脚手架

当今城镇的基础设施建设方兴未艾，施工临时脚手架是工业与民用建筑工程中常见的一种设施，它是用连接扣件把空心钢管连接在一起形成的一种临时结构，可以供施工人员进行施工作业，也可放置临时工具设备。脚手架失稳是施工现场容易发生的安全事故，由于事发前无任何预兆，常常导致施工现场人员不能及时疏散逃生，往往造成数名甚至数十名施工人员伤亡，同时带来极大的经济损失，故采取措施防止这类事故发生是极其必要的。根据欧拉公式，我们可以增加竖杆间横向联系并控制横向杆件的垂直距离，以及在竖杆底部增加扫地杆，以控制竖杆的长度，即相当于减小压杆的计算长度 l，以达到防止压杆失稳的目的。

2. 竹子的结构

竹子是生活中一种常见的绿色植物，在城市里种植起到了美化环境、净化空气的作用，也是非常体现力学美感的一种植物。竹子的结构非常符合压杆稳定方面的知识。在不改变横截面积的前提下，空心圆截面的惯性矩远大于实心圆截面的惯性矩，因此空心的竹子质量轻，临界压力大；竹子每隔一段就生出一个硬节来，这相当于增加了多个中间约束，硬节的出现大大增强了竹子的稳定性。这就是竹子能生长至很高的高度，并且可以在风雪中挺拔不折的重要原因。

3. 抗倒伏水稻、小麦

所谓“抗倒伏”就是指直立生长的农作物在生长过程中，遇到风、雨、涝等恶劣环境时能够保持直立生长的能力。农作物如果成片发生歪斜，甚至全株匍匐在地，产量和质量会大幅度降低，灌浆后可造成减产 10% ~40%，还会给收割带来困难。运用压杆失稳原理进行分析，麦穗或稻穗可以看作加在细长杆上的竖向荷载，在作物成熟期质量会接近茎秆的临界压力，在很小的水平力作用下，植物的茎秆就有可能发生过度弯曲而折断。因此，优良的水稻、小麦抗倒伏品种应该具有防失稳的力学特征。植株矮化、粗壮、基部节间短、根须发达，这都是抗倒伏作物具有的性状，这些性状可以减小压杆总长、增大横截面惯性矩、减小每节杆计算长度、加强植株与土壤的联系，故现在市场上的许多“矮抗”品种，都是具备了这些性状的优良品种。

【知识要点学习】

5.1.1 单跨压杆的稳定性

前面已导出了梁弯曲微分方程：

$$EIv^{\mathrm{IV}}=q$$

压杆属于梁的复杂弯曲。同样，也可以得出梁的复杂弯曲（受轴向压力时）微分方程：

$$EIv^{\mathrm{IV}}+Tv''=q$$

显然，当梁上无横载荷，即 $q=0$ 时，就相当于单跨压杆的情况，就能直接写出单跨压杆的中性平衡微分方程：

$$EIv^{\mathrm{IV}}+Tv''=0 \tag{5-1}$$

这里直接给出齐次微分方程（5－1）的解：

$$v=c_0+c_1kx+c_2\cos kx+c_3\sin kx \tag{5-2}$$

式中 c_0,c_1,c_2,c_3——积分常数。

$$k=\sqrt{\frac{T}{EI}} \tag{5-3}$$

将边界条件代入式（5－2）即可求出杆件的临界力。现在考虑图 5－2 所示两端自由支持的单跨压杆，在图示的坐标系统下，有边界条件为

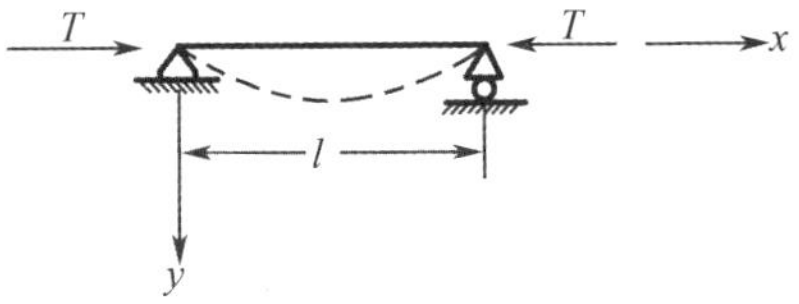

图 5－2 两端自由支持的单跨压杆

$$当\ x=0\ 及\ x=l\ 时，v=0，v''=0 \tag{5-4}$$

将该边界条件代入式（5－2），得 $c_0=0,c_2=0$ 及

$$\begin{cases}c_1kl+c_3\sin kl=0\\c_3k^2\sin kl=0\end{cases} \tag{5-5}$$

容易看出，$c_1=c_3=0$ 是式（5－5）的一组解，这时由于同时有 $c_0=c_2=0$，由式（5－2）知，压杆的挠度 $v=0$，这相当于杆在直线状态下的平衡情况，因此这不是需要的解。需要的解是杆件稍微偏离原来直线位置时的平衡状态即中性平衡状态的解，因此 c_1 和 c_3 不能同时为 0，所以由 c_1 和 c_3 的系数组成的行列式必须为零，即

$$\begin{vmatrix}kl & \sin kl\\0 & k^2\sin kl\end{vmatrix}=0$$

解此行列式，得

$$k^3l\sin kl=0$$

即

$$\sin kl=0$$

也就是

$$kl=n\pi \tag{5-6}$$

式中，n 为正整数，即 $n=1,2,3,\cdots$。

将 $kl=n\pi$ 代入式（5－3），得

$$T = k^2 EI = \frac{(n\pi)^2 EI}{l^2}$$

这就是处于中性平衡状态的杆的压力，但由上式可得出无穷多个解，而实际上可能存在的必然是其中最小的一个，因此取 $n = l$，由此得出杆件处于中性平衡状态时的压力，即两端自由支持的等断面压杆的临界力：

$$T_E = \frac{\pi^2 EI}{l^2} \tag{5-7}$$

式中，T_E 称为欧拉力。

式(5－7)也称为欧拉公式。

将式(5－6)代入式(5－5)中的第一式，有

$$c_1 kl + c_3 \sin n\pi = 0$$

由此解得 $c_1 = 0$。将 $c_1 = 0$，$c_2 = 0$，$c_0 = 0$ 及式(5－6)代入式(5－2)，则得到压杆挠曲线的最终表达式：

$$\nu = c_3 \sin \frac{\pi x}{l} \tag{5-8}$$

该式表示了当杆件所受的轴向压力达到欧拉力，即杆件处于中性平衡状态时，它稍微偏离原来直线位置后所可能产生的挠曲线方程。式(5－8)中，c_3 为未定的系数。由该式可以看出，杆件处于偏离直线位置的中性平衡状态时，其形状是一正弦曲线。由于 c_3 是未定值，因此从理论上讲，其挠度可以是任意大小的。但是，由于建立微分方程是在小变形假设的基础上进行的，因此此结论仅限于小挠度情况。也就是说，杆件在中性平衡状态下可能有任意小的挠度。进一步的理论研究指出，处于中性平衡状态下的杆件，只有当其形状为半个正弦波形状时情况才是稳定的，其余都是不稳定的。所以，当轴向压力达到欧拉力时，压杆离开直线位置后一般呈半个正弦波的形状。

对于其他支持情况的等断面单跨压杆，可用和上面同样的方法求出其欧拉力。其实，对于各种不同支承条件的杆的欧拉公式可用下面的通式来表示：

$$T_E = \frac{\pi^2 EI}{(\mu l)^2} \tag{5-9}$$

式中，μl 称为压杆的相当长度或折算长度。显然，对于两端均自由支持在刚性支座上的压杆，其相当长度就是其实际跨度，即 $\mu = 1$，而这种杆两端弯矩为零，因此，又可以把相当长度看成压杆弯曲时杆上弯矩为零的点之间的长度。进一步的计算证明这种说法对于其他支承情况的压杆也是完全适用的，这时相当长度就是失稳时杆变形曲线中反曲点之间的长度。

下面直接给出几种常见支承情况的单跨杆的欧拉力计算公式。

一端刚性固定，另一端为自由端的杆(图5－3)，$\mu = 2$，其欧拉力计算公式为

$$T_E = \frac{\pi^2 EI}{4l^2} \tag{5-10}$$

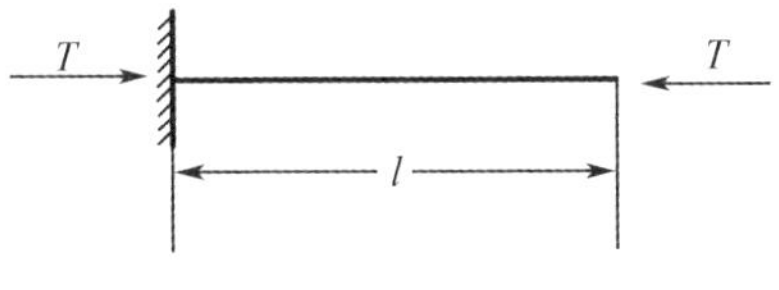

图5－3 一端刚性固定，另一端为自由端的杆

一端刚性固定，另一端自由支持在刚性支座上的杆(图5－4)，$\mu \approx 0.7$，其欧拉力计算公式为

$$T_E = \frac{20.16 EI}{l^2} \tag{5-11}$$

两端均为刚性固定端的杆(图 5－5),$\mu=0.5$,其欧拉力计算公式为

$$T_E=\frac{4\pi^2 EI}{l^2} \tag{5-12}$$

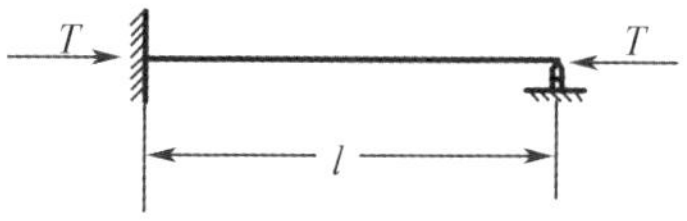

图 5－4　一端刚性固定,另一端自由支持在刚性支座上的杆

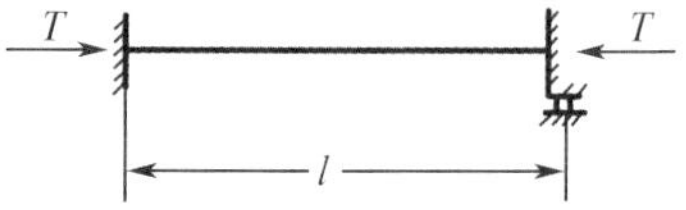

图 5－5　两端均为刚性固定端的杆

从上面的四个欧拉力计算公式可以看出,欧拉力正比于杆的材料的弹性模量 E 以及断面惯性矩 I,反比于跨度的平方。由此可见,相同的情况下,细长杆的欧拉力较短粗杆小,也就是易失稳。必须指出,若杆的横断面对于两个主对称轴的惯性矩不同,则杆在失稳时总是在刚度最小的平面中弯曲,因此欧拉力计算公式中的 I 是指杆的横断面的最小惯性矩。

欧拉力与杆的材料的屈服应力无关。对于高强度钢与普通钢,虽然具有不同的屈服极限,但具有相同的弹性模量,因此用这两种材料做成的杆件,只要其断面形状相同、跨度相同、固定情况相同,则它们的欧拉力也相同。这一点,在进行压杆设计时值得引起注意。

5.1.2　压杆的非弹性稳定

上面导出了压杆欧拉力的计算公式。由实践可知,对于细长杆,这些公式是正确的,但对于某些情况下的短粗压杆,其失稳时的压力远较用欧拉公式算出的值小,这时欧拉公式不再正确。

这到底是什么原因呢?本书在研究单跨梁的弯曲时做出假设:材料服从胡克定律。之后关于梁的弯曲理论的一系列推导都是在此假设下进行的。同样,本书在研究压杆的中性平衡微分方程时也是遵循了这一假设的,所以只有当杆件失稳时其材料仍在弹性范围之内欧拉公式才能成立。对于短粗杆件,当其失稳时压应力往往早已超过材料的弹性极限,因此欧拉公式不再适用。

现在来分析一下什么样的杆件失稳时材料将超过弹性范围。这里,以两端自由支持在刚性支座上的压杆为例,将欧拉力的计算公式改写为欧拉应力计算公式:

$$\sigma_E=\frac{\pi^2 EI}{l^2 A} \tag{5-13}$$

式中　σ_E——欧拉应力;

A——压杆的横断面积。

为衡量杆件细长或短粗的程度,引入柔度概念。令

$$\sqrt{\frac{I}{A}}=r \tag{5-14}$$

r 称为杆件的惯性半径。令

$$\frac{l}{r}=\lambda$$

λ 称为杆件的柔度。显然,柔度越大,杆件越细长;柔度越小,杆件越短粗。式(5－13)可写成

$$\sigma_E = \frac{\pi^2 E}{\lambda^2}$$

由此可见,欧拉应力与柔度的平方成反比。

对于一般船用低碳钢,弹性极限 $\sigma_p = 196.2\ N/mm^2$,弹性模量 $E = 1.962 \times 10^5\ N/mm^2$。根据上式,其欧拉应力为

$$\sigma_E = \frac{\pi^2 E}{\lambda^2}$$

假如杆件失稳时材料不超过弹性范围,则要 $\sigma_E < \sigma_p$,即

$$\sigma_E = \frac{10 \times 1.962 \times 10^5}{\lambda^2}\ N/mm^2 < 196.2\ N/mm^2$$

为满足上式,必须有 $\lambda > 100$。也就是说,如果用普通船用低碳钢做成压杆,那么当柔度小于 100 时,则杆件失稳时材料已超过弹性范围,欧拉公式不再适用。

超过材料弹性范围的压杆稳定问题称为压杆的非弹性稳定问题。在造船界中,通常把杆件在弹性范围外失稳的力叫作临界力,以区别弹性范围内失稳的欧拉力。那么,如何求得压杆在非弹性范围内的临界应力呢?在实际中都是用实验来解决的。通过实验,并经分析、归纳,得出实用的经验公式。在实际的造船工程中,当压应力大于 $\frac{1}{2}\sigma_s$(σ_s 是材料的屈服极限)时,就认为已属于非弹性范围了,一般可按下面的公式来计算杆件的临界应力:

$$\sigma_{cr} = \sigma_s \left(1 - \frac{\sigma_s}{4\sigma_E}\right) \tag{5-15}$$

式中 σ_{cr}——压杆的临界应力;

σ_s——材料的屈服极限;

σ_E——欧拉应力。

该公式也适用于一般的高强度钢。

在解压杆的非弹性稳定问题时,还常用压杆的临界应力曲线(即 $\sigma_{cr} - \lambda$ 曲线)。图 5-6 给出了屈服极限为 $\sigma_s = 235.4\ N/mm^2$ 和 $\sigma_s = 392.4\ N/mm^2$ 的两种钢材的临界应力曲线。只要求出杆件的柔度,便能在曲线上查到相应的临界应力。

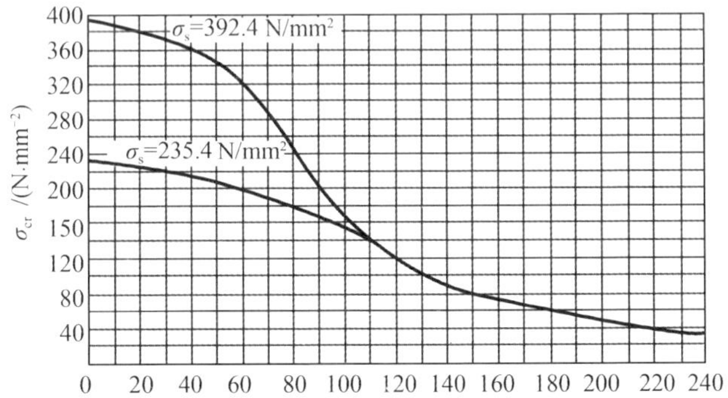

图 5-6 压杆的临界应力曲线

例 5-1 求某船甲板纵骨的临界应力。已知纵骨的附连翼板宽 30 cm，甲板强横梁间距 150 cm，甲板厚 0.6 cm，纵骨材料为 8 号球扁钢，材料的屈服极限是 $\sigma_s = 392.4\ \text{N/mm}^2$。

解 先求出计及附连翼板的纵骨惯性矩 I 和剖面积 A。下面以表格形式来求(表 5-1)，将剖面的参考轴设在翼板厚度的中线上。

表 5-1 构件剖面要素计算表

构件号	剖面图	构件尺寸/mm	剖面积 A/cm^2	构件重心至参考轴距离 Z/cm	剖面积对参考轴的静矩 AZ/cm^3	对参考轴的惯性矩 AZ^2/cm^4	自身惯性矩 i/cm^4
1	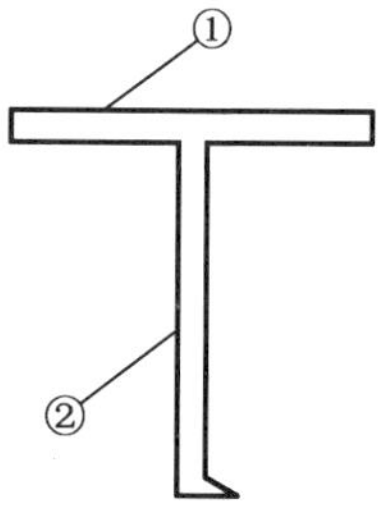	300×6	18.0	0	0	0	—
2		┏8	5.8	5.07	29.4	149.1	36
	总 和	$\sum$	23.8		29.4	185.4	

求出剖面中和轴距参考轴的距离：

$$\Delta Z = \frac{\sum (AZ)}{\sum A} = \frac{29.4}{23.8} \approx 1.24\ \text{cm}$$

计算剖面惯性矩：

$$I = \sum (AZ^2 + i) - \sum (AZ)\Delta Z = 185.1 - 29.4 \times 1.24 \approx 148.6\ \text{N/mm}^2$$

甲板纵骨可看成自由支持在强横梁上的单跨梁，因此，强横梁的间距就是纵骨的跨距。纵骨的欧拉应力为

$$\sigma_E = \frac{\pi^2 EI}{l^2 A} = \frac{3.14^2 \times 1.962 \times 10^5 \times 148.6 \times 10^4}{1\ 500^2 \times 23.8 \times 10^2} \approx 536.8\ \text{N/mm}^2$$

此结果表示 $\sigma_E > \frac{1}{2}\sigma_s$，因此应按非弹性稳定问题来求纵骨的临界应力：

$$\sigma_{cr} = \sigma_s\left(1 - \frac{\sigma_s}{4\sigma_E}\right) = 392.4 \times \left(1 - \frac{392.4}{4 \times 537.4}\right) \approx 320.8\ \text{N/mm}^2$$

如利用 $\sigma_{cr} - \lambda$ 曲线求临界应力，则须先求出纵骨的柔度：

$$\lambda = \frac{l}{\sqrt{\frac{I}{A}}} = \frac{150}{\sqrt{\frac{148.6}{23.8}}} \approx 60$$

在曲线上查得 $\sigma_{cr} = 320.8\ \text{N/mm}^2$。

【任务测试】

1. 课堂小实验：横截面为 26 mm×1 mm 的钢尺，求其能承受的 F_{max}。

2. 习图5－1所示托架中的杆 CD 为圆截面杆，材料为Q235钢，直径 $d=80$ mm，$F=40$ kN。若规定的稳定安全系数 $n_{st}=6$，试校核托架的稳定性。

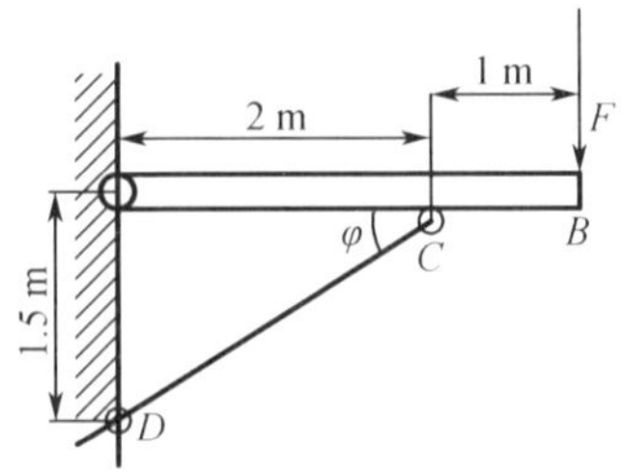

习图5－1

任务5.2 杆系的稳定性

学习任务单

<table>
<tr><td>学习领域</td><td colspan="2">船舶结构与强度</td></tr>
<tr><td>项目5</td><td>稳定性</td><td>学时</td></tr>
<tr><td>学习任务2</td><td>杆系的稳定性</td><td></td></tr>
<tr><td>任务描述</td><td colspan="2">任务导入：
先讨论支座等间距时的情况，如船体中甲板纵骨由强横梁支持，因强横梁的刚度远较甲板纵骨大，所以甲板纵骨的稳定性问题可视为自由支持在刚性支座上的连续压杆的稳定性问题。由于一般情况下甲板纵骨是等剖面的，强横梁是等间距布置的，故甲板纵骨失稳时会交替出现相反方向波形的变形形状。因为相邻两跨反对称于中间支座，故中间支座处压杆是反曲点，弯矩为零。所以，甲板纵骨在中间支座处切开成单跨梁时，断面上无弯矩作用，于是可化为两端自由支持的单跨压杆来计算。对不等间距刚性支座上连续压杆的稳定性问题，这里以最简单的双跨压杆为例来做讨论。
学习步骤：
(1)计算刚性支座上连续压杆的稳定性；
(2)计算弹性支座上连续压杆的稳定性；
(3)计算甲板板架的稳定性</td></tr>
<tr><td>任务要求</td><td colspan="2">技能要求：
(1)能够根据前面所学知识求出连续压杆和甲板板架的稳定性；
(2)能够解决航行船舶结构的强度问题。
职业素质要求：
(1)具有分析问题、解决问题的能力；
(2)具有不怕困难、勇于吃苦的学习精神；
(3)具有敬业精神</td></tr>
<tr><td>学习资源</td><td colspan="2">教材、教学课件、图片</td></tr>
</table>

【典型案例】

提高压杆稳定性的措施

1. 合理选择材料

细长杆的临界应力与材料的弹性模量 E 有关。因此,选择弹性模量较高的材料显然可以提高细长杆的稳定性。然而,就钢而言,由于各种钢的弹性模量值相差不大,若仅从稳定性考虑,选用高强度钢制作细长杆是不经济的。

中柔度杆的临界应力与材料的比例极限、压缩极限应力等有关,因而强度高的材料,临界应力相应也高。所以,选用高强度材料制作中柔度杆显然有利于稳定性的提高。

2. 减小压杆的柔度

减小压杆的柔度,是提高压杆临界应力的主要措施。它包括以下几个方面:

(1)选择合理的截面形状

在条件许可的情况下,应增大截面的惯性矩。例如,截面面积相同时,空心圆截面比实心圆截面更为合理。但是薄壁空心圆截面杆受压时,如果壁厚过小,会产生局部失稳。在截面积不变的情况下,增大惯性矩的办法是尽可能地把材料放在离形心较远的地方。

(2)减小压杆支承间的长度

条件允许时,可在压杆的中部增加横向支承。

(3)改善杆端的约束情况

杆端的约束刚性越强,压杆的柔度值就越小,从而可以在相当程度上改善整个杆件的抗失稳能力。

【知识要点学习】

5.2.1 刚性支座上连续压杆的稳定性

图 5-7 所示的等剖面双跨压杆,设其在轴向压力作用下处于中性平衡状态。根据力法原理,设想将压杆在中间支座处切开,并加上弯矩。利用变形连续性条件,这里即转角连续性方程来建立此双跨压杆中性弯曲平衡时的方程。

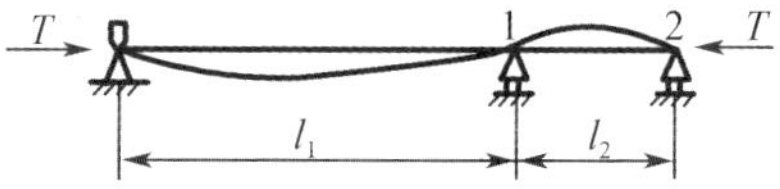

图 5-7 自由支持在刚性支座上的连续压杆

对于中间支座的剖面转角连续性方程为

$$\frac{Ml_1}{3EI}3x(u_1) = -\frac{Ml_2}{3EI}3x(u_2) \tag{5-16}$$

式中,$x(u)$ 是复杂弯曲时的辅助函数,其定义为

$$x(u) = \frac{1}{u^2} - \frac{1}{u\tan u}$$

$$u_1 = l_1\sqrt{\frac{T}{EI}}$$

$$u_2 = l_2\sqrt{\frac{T}{EI}}u_1 = \frac{l_1}{l_2}u_2$$

因为 $M \neq 0$,故由式(5-16)可得

$$l_1x(u_1) = -l_2x(u_2) \tag{5-17}$$

式中,u 为作用在双跨压杆上的压力。

解此方程就可得到 u 的根,其中最小的根就对应此双跨压杆的欧拉力。

式(5-17)是超越方程,一般难以求解,但可以采用图解法或试算法求其根。可以将式(5-17)中的 u_1 用 u_2 表示,有

$$x\left(\frac{l_1}{l_2}u_2\right) + \frac{l_2}{l_1}x(u_2) = 0 \tag{5-18}$$

为讨论方便起见,设 $l_1 = 2l_2$,则上式又可写为

$$x(2u_2) + 0.5x(u_2) = 0 \tag{5-19}$$

现以试算法求式(5-19)的最小根。从该式可见,满足该式的 u_2 值,必须使 $x(u_2)$ 与 $x(2u_2)$ 反号。由 $x(u)$ 的数值表(表5-2)可见,当 u 在0~3.1范围内变化时,$x(u)$ 为正值;当 u 在3.2~4.4范围内变化时,$x(u)$ 为负值。所以能使 $x(u)>0$ 和 $x(2u)<0$ 的 u 值,应在1.6~2.2范围内。这里令

$$R = x(2u) + 0.5x(u) \tag{5-20}$$

表5-2 辅助函数表

u	$x(u)$	u	$x(u)$
0	0.333 3	3.1	7.855 3
0.2	0.333 6	3.2	-5.246 6
0.3	0.334 2	3.3	-1.905 1
0.4	0.335 4	3.4	-1.026 2
0.5	0.336 9	3.5	-0.681 1
0.6	0.339 0	3.6	-0.485 8
0.7	0.341 6	3.7	-0.359 6
0.8	0.344 8	3.8	-0.270 9
0.9	0.348 5	3.9	-0.204 9
1.0	0.352 8	4.0	-0.153 4
1.1	0.357 9	4.1	-0.111 8
1.2	0.370 5	4.3	-0.047 7
1.3	0.378 2	4.4	-0.021 7
1.4	0.387 0	4.5	0.001 5
1.5	0.397 2	4.6	0.022 7
1.6	0.408 9	4.7	0.042 3
1.7	0.422 4	4.8	0.061 7
1.8	0.438 3	4.9	0.080 1
1.9	0.456 8	5.0	0.080 1

表 5-2(续)

u	$x(u)$	u	$x(u)$
2.0	0.478 8	5.1	0.113 5
2.1	0.505 3	5.2	0.129 0
2.2	0.537 5	5.3	0.161 3
2.3	0.577 5	5.4	0.186 4
2.4	0.628 5	5.5	0.215 7
2.5	0.695 5	5.6	0.251 3
2.6	0.787 3	5.7	0.296 7
2.7	0.920 7	5.8	0.358 3
2.8	1.132 1	5.9	0.449 2
2.9	1.518 3	6.0	0.600 5
3.0	2.449 5		

取1.6~2.2范围内的一些值试算后，最后可算得当取 $u=1.93$ 时，$R\approx 0$。故式(5-19)的根为 u_2。另外也可将 $x(u)$ 的表达式代入式(5-19)，得

$$\frac{3}{2u}-\frac{1}{\tan 2u}-\frac{1}{\tan u}=0 \tag{5-21}$$

用试算法对式(5-21)试算后，也可求得 $u=1.93$。

根据这里 u_2 的定义，可得双跨压杆的欧拉力为

$$T_E=\frac{u_2^2EI}{l_2^2}=\frac{1.93^2EI}{l_2^2}=\frac{3.72EI}{l_2^2} \tag{5-22}$$

将上式中的 l_2 用 l_1 表示时，有

$$T_E=\frac{3.72EI}{\left(\frac{1}{2}l_1\right)^2}=\frac{14.90EI}{l_1^2} \tag{5-23}$$

由式(5-22)和式(5-23)可以看出，不等跨度双跨压杆的欧拉力的值，在以这两跨分别作为单跨压杆时的欧拉力之间，即小于小跨度单跨压杆的欧拉力，但大于大跨度单跨压杆的欧拉力。故可把双跨压杆的欧拉力的范围写为

$$\frac{\pi^2EI}{l_1^2}<T_E<\frac{\pi^2EI}{l_2^2} \tag{5-24}$$

当 $l_1=l_2$ 时，双跨压杆的欧拉力等于一个跨度单跨压杆的欧拉力，这个结论可由下面的分析来得到。双跨压杆在失稳时的变形形状必然是反对称于中间支座的，因此该处压杆是一反曲点，没有弯矩存在，双跨压杆可以化为两根情况完全相同的两端自由支持的单跨压杆来计算，其欧拉力就为

$$T_E=\frac{\pi^2EI}{l^2}$$

此结论也可由对式(5-18)求根得到。

这个结论可以推广到任意多跨连续梁，只要其每个跨度是等距、等断面的，并且两端是

自由支持的，这时不论跨度有多少，欧拉力都等于每跨单独时的欧拉力。

5.2.2 弹性支座上连续压杆的稳定性

先讨论最简单的双跨压杆，如图5-8所示的两端自由支持，中间有一弹性支座的等剖面等跨度的双跨压杆，支座的刚性系数为 K，它在中性弯曲平衡时可能有两种弯曲形状，其中曲线1代表两个半波的弯曲形状，此时中间支座是反对称点，此处压杆既无弯矩也无位移，所以此时的中间弹性支座与刚性支座没有区别，其双跨压杆的欧拉力应与单跨压杆的欧拉力完全相同；曲线2代表一个半波的弯曲形状，此时的弹性支座对双跨压杆有作用力。下面就来讨论第二种情况时的欧拉力，而双跨压杆的欧拉力就应为这两种情况的欧拉力中的小者。

对于第二种变形情况，可用前面所述的力法原理来建立方程，也可以用建立微分方程的方法来求解，这里直接给出结果，双跨压杆的欧拉力为

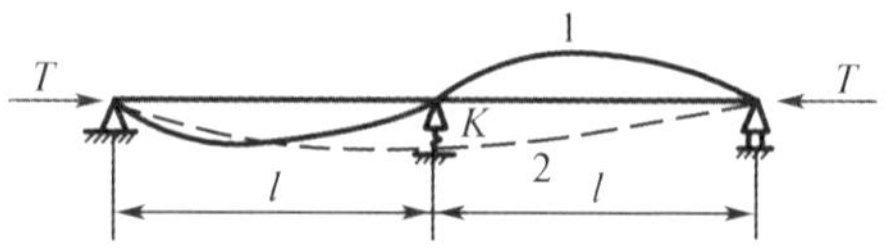

图5-8 弹性支座上的连续压杆

$$T_E = \frac{(kl)_0^2 EI}{l^2} \tag{5-25}$$

分析结果表明，T_E 随弹性支座的 K 值不同而有三种情况：

(1) 当 K 值较小时，kl 随 K 值的增加而加大，但总有 $(kl)_0 < \pi$，即 $T_E < \frac{\pi^2 EI}{l^2}$，双跨压杆的欧拉力总小于单独一跨压杆的欧拉力，此时双跨压杆的变形就是图5-8中曲线2的形式，这里定义保证连续压杆某个欧拉力的刚度为必需刚度；

(2) 当 K 值增加到某一临界值 K_{cr} 时，$(kl)_0 = \pi$，故此时 $T_E = \frac{\pi^2 EI}{l^2}$，双跨压杆的欧拉力与单独一跨压杆的欧拉力相同，这时的变形可能是图5-8中曲线1的变形形式，也可能同曲线2；

(3) 当 K 值增加到 $K > K_{cr}$ 后，$(kl)_0 > \pi$，从而 $T_E > \frac{\pi^2 EI}{l^2}$，即双跨压杆的欧拉力大于图5-8中曲线1时的欧拉力，而这个结果在实际中是没有意义的，故此时双跨压杆只会按曲线1情况失稳，欧拉力对应于单独一跨压杆的欧拉力。

所以，要通过增加中间弹性支座的 K 值来使连续压杆的欧拉力达到最大值，并不需要中间弹性支座的刚度无限大，而只要达到临界刚度 K_{cr} 就可以了。弹性支座的临界刚度 K_{cr} 可用 $(kl)_0 = \pi$ 的条件，由下式求出

$$\frac{2\pi^3 EI}{Kl^3} + \tan\pi - \pi = 0$$

有

$$K_{cr} = \frac{2\pi^2 EI}{l^3} = 0.202\,\frac{\pi^4 EI}{l^3}$$

以上的结果可以用图5-9中的曲线来表达。图5-9中以代表欧拉力的参数 λ 为横坐标，以代表中间弹性支座刚度的参数 X_j 为纵坐标，它们的定义分别如下

$$\lambda = \frac{T_E}{T_0} = \frac{T_E}{\frac{\pi^2 EI}{l^2}} \tag{5-26}$$

$$X_j = \frac{K}{\frac{\pi^4 EI}{l^3}} \tag{5-27}$$

式中,j 为变形的半波数。

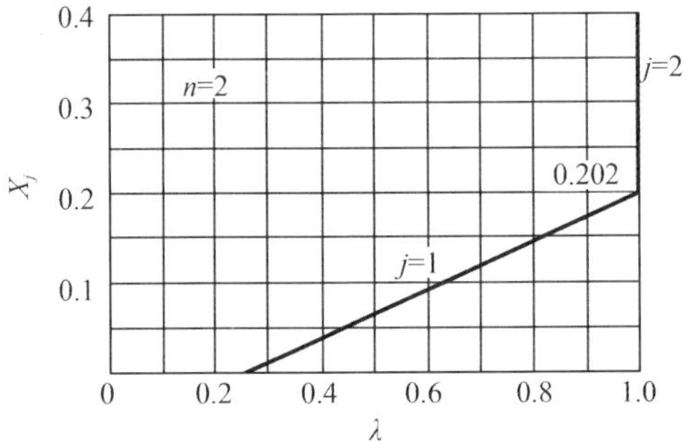

图 5-9　$\lambda - X_j$ 曲线

从图 5-9 中可以清楚地看到,随 X_j 增加 λ 也增加;当 $j=1$ 但 X_j 超过 0.202 后,λ 保持不变;总有 $\lambda=1, j=2$。

对于两个以上跨度的连续压杆,同样也可得到类似图 5-9 的曲线(图 5-10)以及结论。如三个跨度的连续压杆失稳时的情况,如图 5-11 中曲线所示,其中间弹性支座临界刚度为

$$K_{cr} = \frac{0.302\pi^4 EI}{l^3}$$

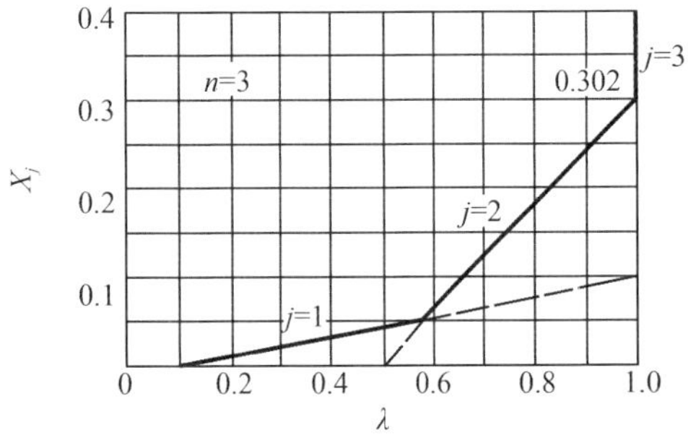

图 5-10　$\lambda - X_j$ 曲线

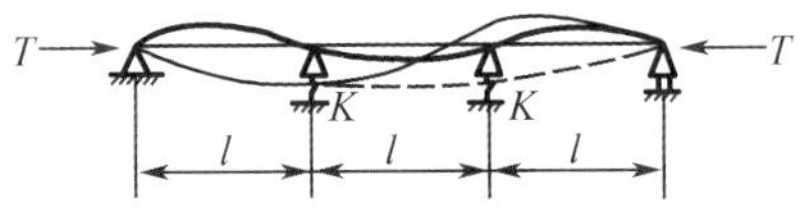

图 5-11　三跨度连续压杆的失稳

对于各种不同跨度的连续压杆的计算,可用相应的欧拉曲线计算图进行。

5.2.3　甲板板架的稳定性

甲板板架通常是指由甲板纵骨与横梁组成的纵骨架式甲板板架。这种板架在船体总纵弯曲的压应力作用下,有可能整体丧失稳定性。这种失稳是不允许的。实际船体甲板板

架的结构形式可能有许多种，现在只讨论一种最简单的情况：甲板板架的纵骨相同并且是等间距布置的，纵骨两端自由支持，板架的横梁也是相同和等间距的。在一般船舶甲板板架稳定性的初步计算中，大都可以采用这种简单板架的计算模型。

甲板板架的稳定性问题和弹性支座上连续压杆的稳定性问题有密切的联系。先以一个特殊情况——只有一根纵骨的情况来看（图 5－12），这时横梁可以直接转化为纵骨的弹性支座，板架的稳定性问题就成了弹性支座上连续杆的稳定性问题。

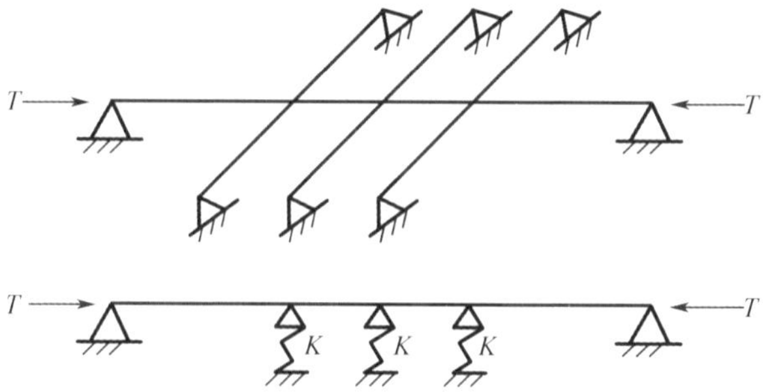

图 5－12　一根纵骨甲板板架

现在来分析纵骨不止一根的情况。如图 5－13 所示，对于有三根纵骨的甲板板架，根据物理意义来判断，可知横梁对纵骨的影响仍相当于中间弹性支座。所以，求解甲板板架的稳定性问题关键是求出横梁作为纵骨的弹性支座的刚性系数，但由于纵骨不止一根，弹性支座的刚性系数不容易直接求得。通过分析计算可知，对于每一根纵骨，其所有的弹性支座刚性系数都相同；对于不同的纵骨，其弹性支座的刚性系数也都相同。其值为

$$K = 24.3\frac{EI}{B^3} \tag{5-28}$$

式中　B——横梁的长度；

　　　I——横梁的断面惯性矩。

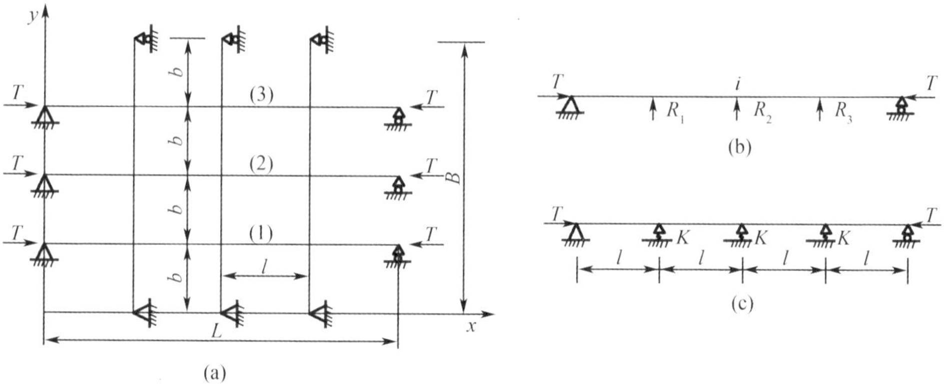

图 5－13　三根纵骨甲板板架

计及 $B = 4b$，此处 b 为纵骨的间距，可将上式改写为

$$K = 24.3\frac{EI}{B^4}\cdot 4b = 97.2\frac{EIb}{B^4} = \pi^4\frac{EIb}{B^4} \tag{5-29}$$

对于纵骨数目不是3的其他情形，同样可以求出纵骨的弹性支座的刚性系数。并可发现，不论纵骨数目有多少，只要纵骨是等间距的，并且横梁两端是自由支持的，则所得的弹性支座的刚性系数均可表示为

$$K = \pi^4 \frac{EIb}{B^4}$$

把横梁两端为自由支持的甲板板架欧拉力计算公式写成下面的形式：

$$K = \pi^4 \frac{EIb}{B^4} = f(\lambda) \tag{5-30}$$

式中，$f(\lambda)$为λ的函数，即欧拉力的函数，因为

$$\lambda = \frac{T_E}{T_0} = \frac{T_E}{\frac{\pi^2 Ei}{l^2}} = \frac{\sigma_E}{\sigma_0} \tag{5-31}$$

式中 σ_E——纵骨的欧拉应力。

$$\sigma_0 = \frac{\pi^2 Ei}{Al^2} \tag{5-32}$$

式中 i——纵骨的断面惯性矩；

A——纵骨的断面积；

l——纵骨的跨长，即横梁的间距。

利用式(5-27)将式(5-30)改写为目前计算甲板板架稳定性的形式：

$$K = \frac{\pi^4 EIb}{B^4} = \frac{\pi^4 Ei}{l^3} X_j(\lambda) \tag{5-33}$$

即

$$X_j(\lambda) = \left(\frac{l}{B}\right)^3 \frac{b}{B} \frac{I}{i} \tag{5-34}$$

显然，如果弹性支座的刚度大于临界刚度，即$K > K_{cr}$时，甲板板架的欧拉应力就等于纵骨作为单跨杆的欧拉应力，即

$$\sigma_E = \sigma_0 = \frac{\pi^2 Ei}{Al^2}$$

当$K < K_{cr}$时，则需要用式(5-34)来计算甲板板架的欧拉应力。

这个弹性支座的临界刚度(即横梁的临界刚度)，可根据式(5-33)及条件$X(\lambda) = X(1)$求到，因此有

$$I_{cr} = \left(\frac{B}{l}\right)^3 \frac{B}{b} iX(l) \tag{5-35}$$

式中 I_{cr}——横梁的临界断面惯性矩。

当横梁的两端为刚性固定时，横梁作为纵骨的弹性支座，其刚度系数为

$$K = 4.728^4 \frac{EIb}{B^4}$$

甲板板架的稳定性公式为

$$X_j(\lambda) = \frac{1}{0.195}\left(\frac{l}{B}\right)^3 \frac{b}{B} \frac{I}{i}$$

而横梁的临界断面惯性矩为

$$I_c = 0.195\left(\frac{B}{l}\right)^3 \frac{B}{b} iX(1)$$

由此可知，一般来说提高横梁的惯性矩可以提高甲板板架的稳定性，但是若横梁的惯性矩已超过其临界惯性矩 I_c，则再加大横梁尺寸对甲板板架的稳定性并无用处。在这种情况下，要提高甲板板架的稳定性只有增大甲板纵骨的尺寸。

例5-2 计算某船上甲板板架的临界应力。已知：板架长度 $L=24$ m，宽度 $B=6.75$ m，横梁间距 $l=2.25$ m，纵骨间距 $b=0.75$ m，甲板厚 $t=2.2$ cm，纵骨连带板的断面惯性矩为 $i=4\ 230\ \text{cm}^4$，纵骨的断面面积 $f=27.36\ \text{cm}^2$，横梁断面惯性矩 $I=2.5\times10^4\ \text{cm}^4$，横梁两端为自由支持。

解 根据式(5-34)得

$$X_j(\lambda)=\left(\frac{2.25}{6.75}\right)^3\left(\frac{0.75}{6.75}\right)\left(\frac{2.5\times10^4}{4\ 230}\right)=0.024\ 3$$

由图(5.11)(因为 $n=11$，可以用 $n=10$ 的曲线计算，不致有大的误差)可求出当 $X_j(\lambda)=0.024\ 3$ 时 λ 的值，$\lambda=0.3$。由此可计算出板架的临界应力

$$\sigma_{cr}=\lambda\sigma_0$$

由式(5-32)得

$$\sigma_0=\frac{\pi^2 Ei}{(f+bt)l^2}=\frac{9.86\times1.96\times10^5\times4\ 230\times10^{-8}}{(27.36+75\times2.2)\times10^{-4}\times2.25^2}=841.2\ \text{MN/m}^2$$

于是有

$$\sigma_{cr}=\lambda\sigma_0=0.3\times841.2=252.4\ \text{MN/m}^2$$

这就是该甲板板架的临界应力。

【任务测试】

1. 如图5-11所示的三跨度连续梁，若已知 $l=800$ mm，$I=26.7\times10^4\ \text{mm}^4$，材料为钢，$E=2\times10^5\ \text{N/mm}^2$。

(1) 如果中间弹性支座的刚性系数 $K=4.8EI/l^3$，压杆的欧拉力为多少？

(2) 如果给定欧拉力 $T_E=300$ kN，必需的弹性支座的刚性系数为多少？

2. 如习图5-2所示三跨压杆，中间支座为弹性支座。

(1) 若已知中间弹性支座的柔性系数为 $A=\dfrac{l^3}{384EI}$，求欧拉力 T_E；

(2) 若已知 $T_E=4.44\dfrac{EI}{l^2}$，求中间弹性支座的必需刚度 K；

(3) 若将中间弹性支座设计成临界刚度，求临界刚度 K_{cr} 以及与之相应的 T_{cr}。

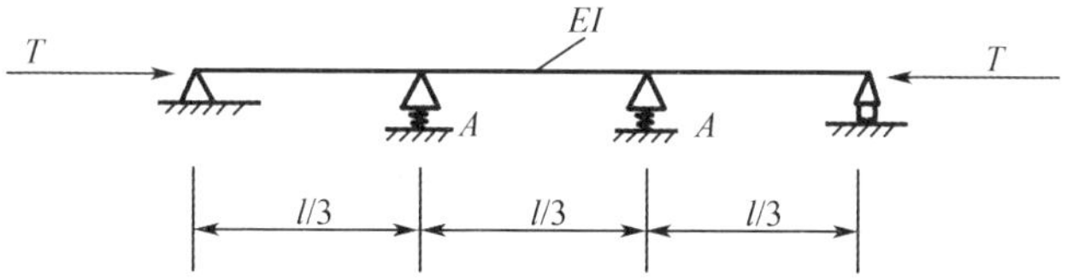

习图5-2

任务5.3 板的稳定性

学习任务单

学习领域	船舶结构与强度	
项目5	稳定性	学时
学习任务3	板的稳定性	
任务描述	任务导入： 与杆的稳定性概念一样，一个受有中面压缩力或剪力的平板，若在受到一个瞬时微小的横向干扰力之后不能保持它原来的平面平衡状态而发生弯曲，那么称此板丧失了稳定性，也可叫作平板皱折。显然，对于板来说同样也存在一个临界压缩力或临界剪应力问题，也就是说板在临界压力或临界剪力的作用下将处于中性平衡状态，当外力大于临界力时，板就失去稳定性而破坏。 在船舶结构设计与强度校核中，板的稳定性占有很重要的地位。不少的船舶海损事故表明，船体结构的破坏常常不是强度不足所造成的，而是由结构丧失稳定性所致。当整个船体发生总纵弯曲时，甲板板与船底板都将受到纵向的压力，所以它们都有丧失稳定性的可能。因此，对于受压力与受剪应力较大的板，不可忽视其稳定性问题。 学习步骤： (1)四周自由支持单向受压板临界应力计算； (2)三边自由支持，一边完全自由的板临界应力计算； (3)四边自由支持，压应力线性分布的板临界应力计算； (4)四边自由支持，受均布剪应力作用的板临界应力计算	
任务要求	技能要求： (1)能够掌握板在不同边界条件下稳定性的计算； (2)能够根据推导的临界应力公式解决实际船舶板强度问题。 职业素质要求： (1)具有分析问题、解决问题的能力； (2)具有不怕困难、勇于吃苦的学习精神； (3)具有敬业精神	
学习资源	教材、教学课件、图片	

【典型案例】

船体结构损坏事故真实案例

1.500TEU 集装箱船

在海上航行约10年后，船首部舷侧外板(位于艏楼甲板与上甲板之间)被海水长期冲击后，产生孔洞，造成海水进舱；内部多根舷侧肋骨发生扭曲；舷侧纵桁断裂；舱内支柱及其支柱下肘板明显失稳。其原因是设计时未考虑海水冲击压力和上浪压力，甲板与外板板架强度明显不足。图5－14为500TEU集装箱船支柱失稳。

图5－14　500TEU 集装箱船支柱失稳

2. 70 000 DWT(载重吨)散货船

运营5年的船发现多艘船的槽形舱壁与下壁墩、底边舱与内底板的连接处产生裂缝，造成压载水漏入货舱(图5－15)，运营5年的船发现舷侧纵骨断裂。其原因是纵骨刚度不足和焊缝疲劳。

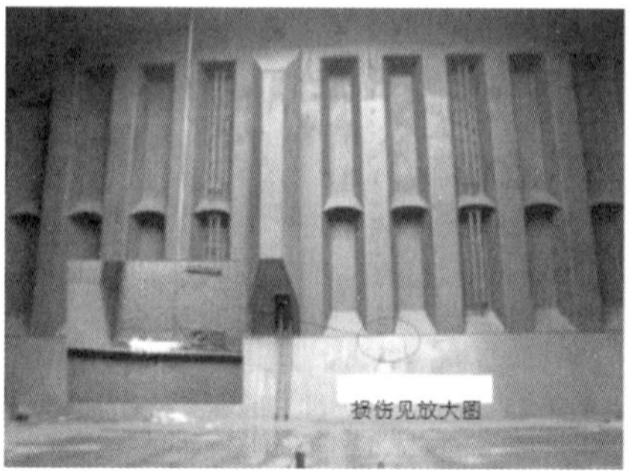

图5－15　70 000 DWT 散货船的损坏部位

【知识要点学习】

5.3.1　四周自由支持单向受压板

先来讨论板仅受到总纵弯曲时 x 方向的压力，其四周自由支持在骨架上的矩形板如图5－16(a)所示。大多数船体板的稳定性计算可认为属于这种情况，因为船体板仅受船总弯曲时沿船长方向上的压力，并且四周可以认为自由支持在骨架上。对于这种在一个方向上受压，四周自由支持在刚性周界上的矩形板，其中性平衡微分方程为

$$D\left(\frac{\partial^4 w}{\partial x^4}+2\frac{\partial^4 w}{\partial x^2\partial y^2}+\frac{\partial^4 w}{\partial y^4}\right)+\sigma_x t\frac{\partial^2 w}{\partial x^2}=0 \tag{5-36}$$

式中　$w(x,y)$——板的挠度；

D——板的弯曲刚度，由下式决定：

$$D=\frac{Et^3}{12(1-\mu^2)}$$

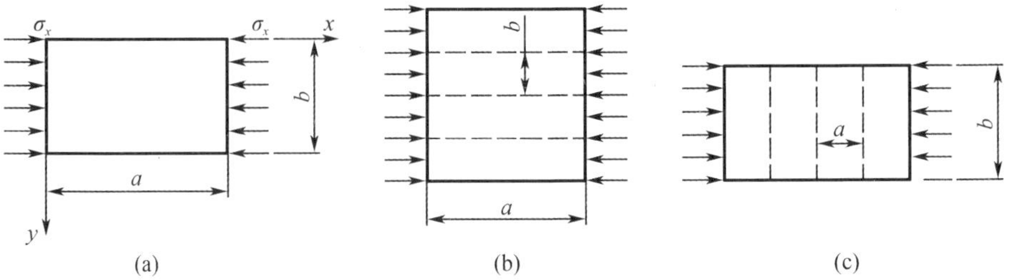

图 5-16 四边自由支持单向受压的板

直接给出最后的结果：

$$\sigma_{cr}=\frac{4\pi^2 D}{b^2 t} \tag{5-37}$$

$$\sigma_{cr}=\frac{\pi^2 D}{a^2 t} \tag{5-38}$$

这就是板沿 x 方向受压时按板条梁计算时的临界应力。

在船舶结构计算中，式(5-37)和式(5-38)可分别用来计算纵骨架式船体板和横骨架式船体板的临界应力。如果取 $E=2.1\times10^5\ \text{N/mm}^2$，$\mu=0.3$ 代入式(5-37)和式(5-38)，可得到通常的计算公式。

纵骨架式船体板(图 5-16(b))：

$$\sigma_{cr}=76\left(\frac{100t}{b}\right)^2 \quad (\text{N}\cdot\text{mm}^{-2}) \tag{5-39}$$

横骨架式船体板(图 5-16(c))：

$$\sigma_{cr}=19\left(\frac{100t}{a}\right)^2 \quad (\text{N}\cdot\text{mm}^{-2}) \tag{5-40}$$

从以上两式中可以看到板的临界应力受短边宽度与板厚之比的控制。这里要注意上两式括号中分母总为短边的宽度。

由此可见，纵骨架式船体板和横骨架式船体板相比，如果骨架的间距相同，则前者的临界应力约为后者的四倍，这就说明纵骨架式船体板在稳定性方面较横骨架式船体板有明显的优势。

5.3.2 三边自由支持，一边完全自由的板

如图 5-17 所示，矩形板在 x 方向受到均布压应力 σ_x 的作用，$x=0$，$x=a$ 及 $y=0$ 的三边为自由支持，$y=b$ 的边为完全自由。

对于此种板，临界应力的计算公式为(推导过程从略)

$$\sigma_{cr}=k\frac{\pi^2 D}{b^2 t} \tag{5-41}$$

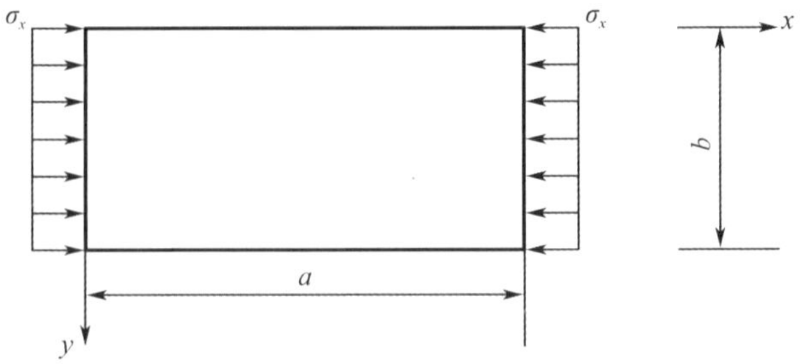

图 5-17 三边自由支持，一边完全自由的板

式中，k 随 a/b 而变化，根据不同的 a/b 值可从图 5-18 中查到 k 的值。由图 5-18 可知，当 a/b 相当大时，$k=0.426$，此时再将 $E=2.1\times10^5\ \mathrm{N/mm^2}$ 及 $\mu=0.3$ 代入式(5-41)中的 D 可得

$$\sigma_{cr}=8.2\left(\frac{100t}{b}\right)^2\quad(\mathrm{N\cdot mm^{-2}})\tag{5-42}$$

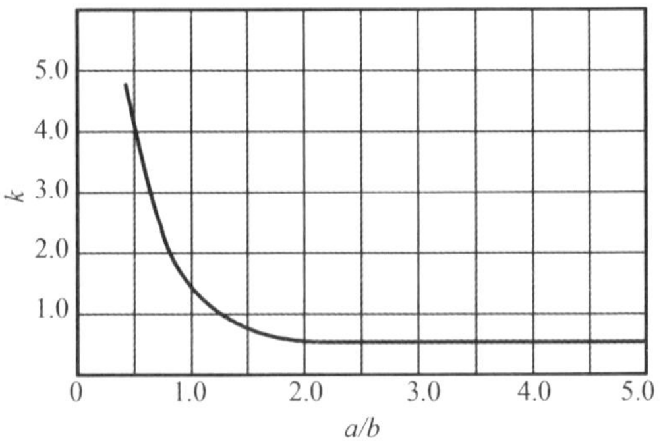

图 5-18 $k-a/b$ 曲线

此式常用来校核船体结构中组合型骨架的自由面板的局部稳定性，例如 T 字型梁的面板稳定性校核就可用式(5-42)计算。

5.3.3 四边自由支持，压应力线性分布的板

如图 5-19 所示，板四边自由支持，在 $x=0$ 与 $x=a$ 的两条边上受有线性分布的载荷。这种情况常见于船体结构中纵桁的腹板，因为纵桁在受载荷作用弯曲后其腹板上的正应力是线性分布的。由于船体结构受载比较复杂，所以线性分布的规律有多种形式(表 5-3)。

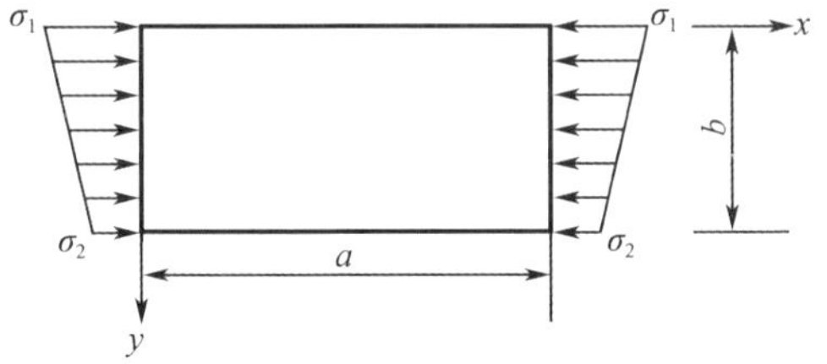

图 5-19 四边自由支持，压应力线性分布的板

表 5-3　纵桁腹板正应力线性分布情况

η	应力分布形式	$\frac{a}{b}$						
		0.4	0.6	0.8	1.0	1.5	2.0	3.0
2	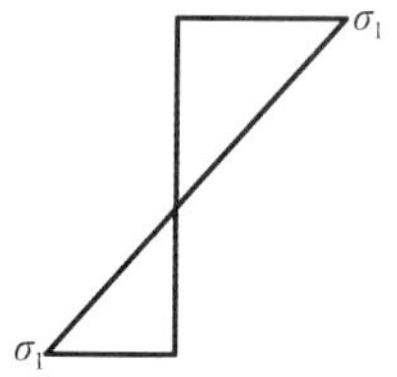	29.1	24.1	24.4	25.6	24.1	23.9	24.1
$\frac{4}{3}$	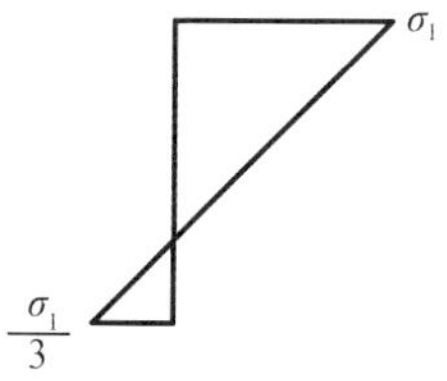	18.7	12.6	11.2	11.0	11.5	11.0	11.0
1		15.1	9.7	8.1	7.8	8.4	7.8	7.8
$\frac{4}{5}$	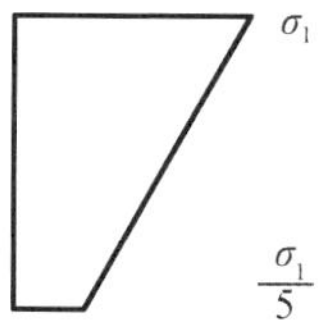	13.3	8.3	6.9	6.6	7.1	6.6	6.8
$\frac{2}{3}$	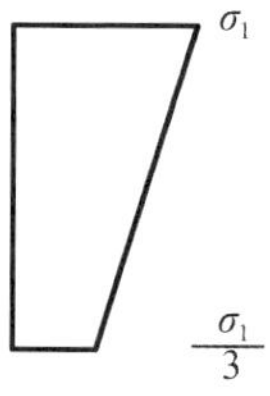	10.8	7.1	6.0	5.8	6.1	5.8	5.7

这种板的临界应力公式也可表示成如下形式：

$$\sigma_{cr} = k\frac{\pi^2 D}{b^2 t} \tag{5-43}$$

式中，系数 k 随 η 及 $\frac{a}{b}$ 而变化；η 表示压应力不均匀的程度，它由下式确定：

$$\eta = 1 - \frac{\sigma_2}{\sigma_1} \tag{5-44}$$

例如，$\sigma_2 = \sigma_1$，表示压应力均匀分布，此时由式(5-44)可知 $\eta = 0$；又如，$\sigma_2 = -\sigma_1$（σ_1，

σ_2 为拉应力),表示纯弯曲时的应力分布,此时 $\eta=2$。

表5-3列出了不同的应力分布形式与$\frac{a}{b}$值时的 η 与 k 值。例如,应力为 $\sigma_2=0$ 的三角形分布与$\frac{a}{b}=1$时,查表可得 $\eta=1, k=7.8$,这样临界应力就为 $\sigma_{cr}=7.8\pi^2D/(b^2t)$。

5.3.4 四边自由支持,受均布剪应力作用的板

如图5-20所示,在这种情况下的临界应力公式为

$$\tau_{cr}=k\frac{\pi^2D}{b^2t} \tag{5-45}$$

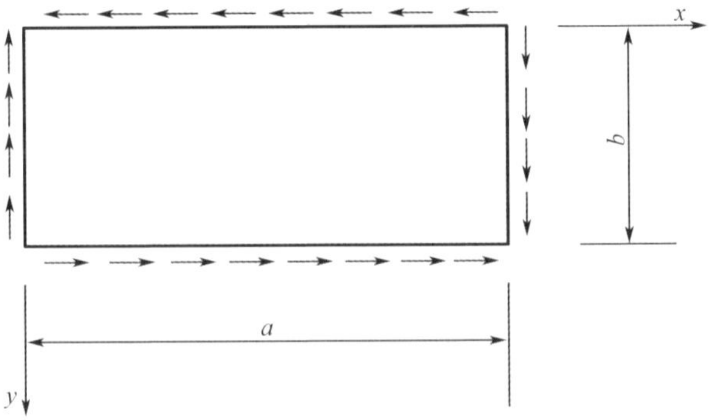

图5-20 四边自由支持,受均布剪应力作用的板

式中,系数 k 随$\frac{a}{b}$而变化,可查图5-21。由图5-21可知,当$\frac{a}{b}=1$时,$k=9.4$;当$\frac{a}{b}>3$时,$k\approx5.35$。因此,当$\frac{a}{b}$相当大时,取 $k=5.35$,此时再将 D 中的 E 与 μ 值代入式(5-45),得

$$\tau_{cr}=102\left(\frac{100t}{b}\right)^2 \quad (\mathrm{N\cdot mm^{-2}}) \tag{5-46}$$

此式常用来校核船体舷侧板及船进坞时舱壁板的剪切稳定性。

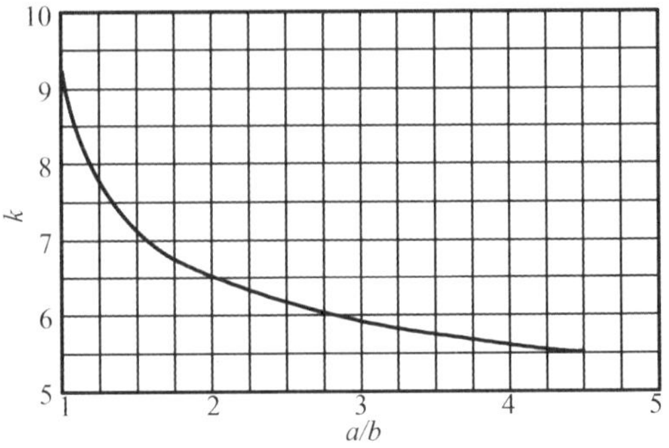

图5-21 $k-a/b$ 曲线

【任务测试】

1. 四边自由支持的矩形平板如习图5-3所示,已知 $a=80$ cm, $b=40$ cm,板厚 $t=5$ mm,板在短边受有均布压应力 $\sigma_x=90\ \mathrm{N\cdot mm^2}$,并在四周受均布剪应力 $\tau=120\ \mathrm{N\cdot mm^{-2}}$,试问:

(1)若板单独受 σ_x 的作用,是否会失稳?

(2)若板单独受 τ 的作用,是否会失稳?

(3)若板同时受 σ_x 和 τ 的作用,是否会失稳?

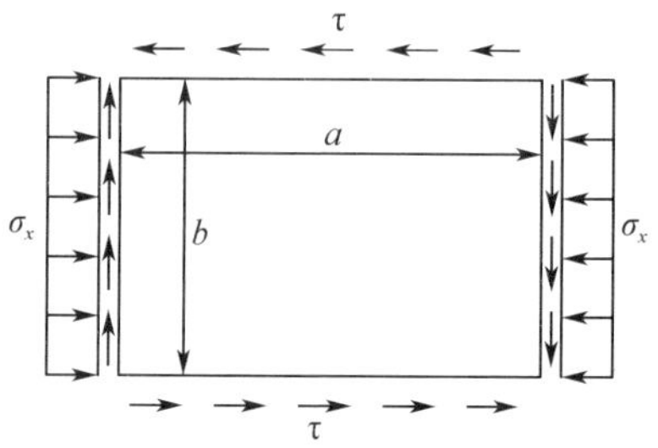

习图 5 - 3

2. 习图 5 - 4 所示交叉梁系,受轴向压力作用。已知横向梁惯性矩为 i,纵向梁惯性矩 $I = 5i$,试求纵向失间稳时的欧拉力 T_E 及失稳时的半波数。

3. 已知一矩形板,长 30 cm,宽 80cm,厚 1.5 cm,板四周刚性固定,受均布载荷 $q = 0.086\ 7\ \text{N/mm}^2$ 作用,板的长边上作用着中面内力 $\sigma_t = 4.905\ \text{N/mm}$。试求板中心处及长边中点处的应力。

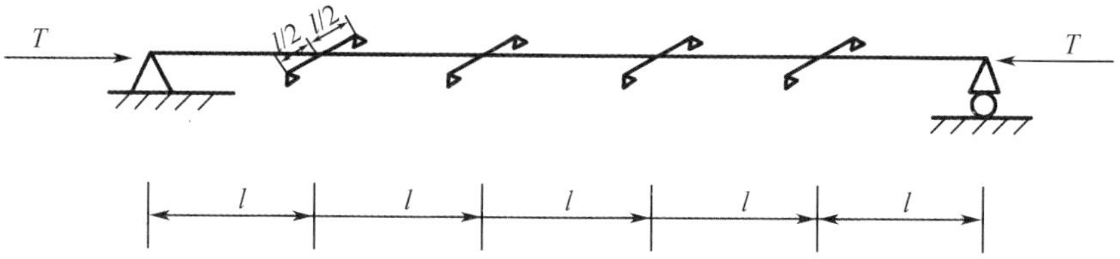

习图 5 - 4

4. 某横骨架式船底板格,长边长 2 500 mm,短边长 500 mm,板厚 6 mm。如果船底受到 49.05 N/mm^2 的压应力,试分析该船底板的工作情况。

【项目拓展】

算例 1 图 5 - 22 所示№ 20a 工字钢,在温度 20 ℃时安装,这时杆不受力,试问:当温度升高多少度时,工字钢将丧失稳定?(钢的线膨胀系数 $\alpha = 12.5 \times 10^{-6}$ 1/℃。)

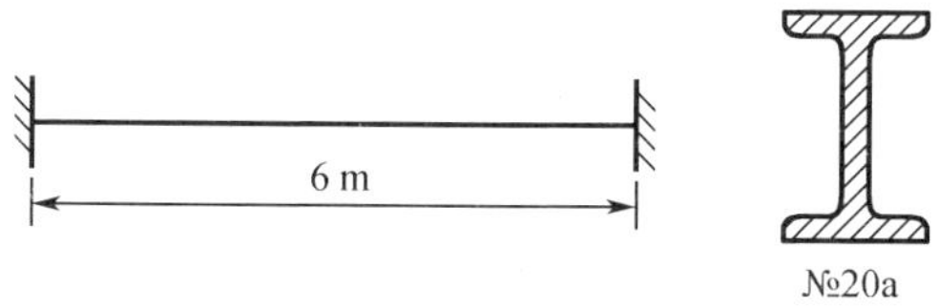

图 5 - 22 算例 1 图

解题分析 计算 λ 时,取 i 的最小值。此题是一度静不定问题,利用变形协调方程求解。

解 (1)求柔度 λ,查表知№ 20a 工字钢 $i_{\min} = 2.12$ cm。

$$\lambda = \frac{\mu l}{i} = \frac{0.5 \times 6\ \text{m}}{l_2} = 142\ \text{mm} > \lambda_p$$

(2)求失稳时的温度。

杆为细长杆,临界应力公式为

$$\sigma_{cr} = \frac{\pi^2 E}{(\lambda)^2}$$

当温度上升时,杆内的应力为

$$\sigma_T = \alpha |E| |T$$

若温度上升时杆开始失稳，则有

$$\sigma_{cr} = \sigma_T$$

或

$$\frac{\pi^2 E}{(\lambda)^2} = \alpha |E| |T$$

安装时的温度为 20 ℃，故失稳时的温度为 $T = 20$ ℃ $+ 39.2$ ℃ $= 59.2$ ℃

算例 2　图 5 - 23 所示结构中，AB 及 AC 均为圆截面杆，直径 $d = 80$ mm，材料为 Q235 钢，求此结构的临界载荷 F_{cr}。

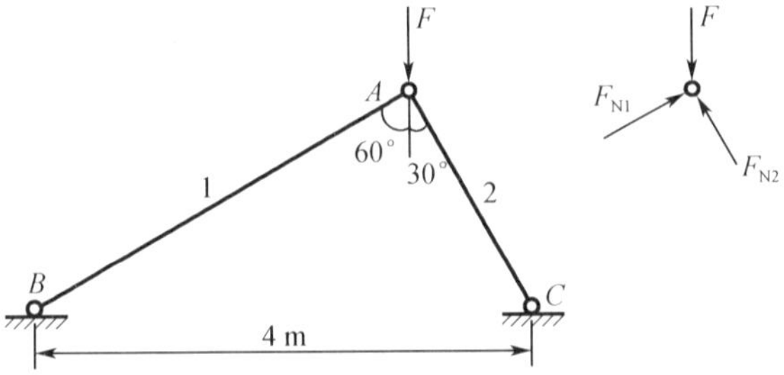

图 5 - 23　算例 2 图

解题分析　分别计算各杆可承担的临界载荷，取小值。

解　(1)计算在力 F 作用下各杆的轴力：

$$F_{N1} = F\cos 60° = \frac{1}{2}F$$

$$F = 2F_{N1}$$

$$F_{N2} = F\sin 60° = \frac{\sqrt{3}}{2}F$$

$$F = \frac{2}{\sqrt{3}}F_{N2} = 1.15F_{N2}$$

(2)计算各杆的柔度：

$$\lambda_1 = \frac{\mu l_1}{i_1} = \frac{1 \times 4\,000\ \text{mm} \times \cos 30°}{\frac{80\ \text{mm}}{4}} = 173$$

$$\lambda_2 = \frac{\mu l_2}{i_2} = \frac{1 \times 4\,000\ \text{mm} \times \sin 30°}{\frac{80\ \text{mm}}{4}} = 100$$

两杆均为大柔度杆。

(3)分别计算各杆的临界轴力，确定结构的临界载荷：

$$F_{cr1} = 2F_{N1} = 661.4\ \text{kN}$$

$$F_{cr2} = 1.15\ F_{N2} = 1\,139\ \text{kN}$$

该结构的临界载荷取两者中较小者，即

$$F_{cr1} = 661.4\ \text{kN}$$

项目 6　有限元法基础

【项目描述】

有限元法是求解工程问题的一种有效的数值计算方法,在许多领域中已成为进行科学研究和工程分析的重要方法和手段,例如土木工程、海洋结构工程、航空航天等领域。有限元的出现使得许多科学理论在技术上得以实现、得到应用,极大地推动了人类技术能力的发展,是广大工程技术人员需要掌握的必要知识。有限元法的实质是将复杂的连续体划分为有限多个简单的单元体,化无限自由度问题为有限自由度问题,将连续场函数的(偏)微分方程的求解问题转化成有限个参数的代数方程组的求解问题。

【项目目标】

1. 知识目标

(1)掌握有限元法的基本思想;

(2)掌握有限元法分析问题的基本步骤;

(3)了解 ANSYS 软件的操作方法。

2. 能力目标

(1)能够正确理解有限元法;

(2)熟悉 ANSYS 软件的操作界面。

3. 素质目标

(1)具有及时发现问题、解决问题的能力;

(2)具有勇于探索的精神;

(3)具有爱岗敬业、实事求是、团结协作的优秀品质。

【学习任务】

1. 有限元法基本原理;

2. 有限元法的应用。

【相关知识】

有限元法基本思想的提出,可以追溯到 Courant 在 1943 年的工作,当时开始涉及有限元的概念。1956 年 M. J. Turner 等人在分析飞机机翼主梁结构时,提出了平面三角形单元的概念和计算方法,并导出了其单元刚度矩阵,发展成矩阵位移法。1960 年 R. W. Clough 把这种方法的应用领域由航空结构工程扩展到土木工程,并正式命名为有限元法,这标志着有限元法的正式诞生。20 世纪 60 年代,有限元法在工程应用和数学理论方面都开始了奠基性工作,得到了基于变分原理求近似解的 Ritz 法的分片插值形式,有限元方法的数学原理、收敛性准则相继得到证明。

20 世纪 70 年代到 80 年代中期,有限元法的深度和广度得到了发展,有限元分析方法从最早的结构化矩阵分析,逐步推广到板、壳各实体等连续固体力学分析。近年来有限元法已经发展到流体力学、温度场、电传导、磁场、渗流和声场等问题的求解计算，最近又发展到求解一些交叉学科的问题。

从20世纪80年代后半期到现在，一方面，在理论上，随着科学技术的发展，线性理论已经远远不能满足设计的要求，例如建筑行业的高层建筑和大跨度旋索桥的出现，就要求考虑结构的大位移和大应变等几何非线性问题；航天和动力工程的高温部件存在热变形和热应力，也要考虑材料的非线性问题；塑料、橡胶和复合材料等各种新型材料的出现，使得仅靠线性计算理论已经不足以解决遇到的问题，只有采用非线性有限元法才能解决。在有限元法的传统领域固体力学中，非线性有限元法逐渐成熟，同时在其他领域，比如压电分析、电磁场分析方面也取得了长足的进展。另一方面，随着计算机技术的发展和软件工程的兴起，大型商用有限元软件在更好的人机界面、更强的分析功能、更直观结果的显示方面取得了长足的进步，并日益和计算机辅助设计（CAD）软件集成在一起，形成了一个新的领域CAE，给工程设计带来了巨大的变革。为了提高有限元法解决实际工程问题的效率，前置建模及网格划分和后置数据处理已经越来越受到重视。工程师在分析计算一个工程问题时有80%以上的精力会花在数据准备和结果分析上。在强调可视化的今天，有无前后处理，已经成为有限元程序评价的重要标准。

多年来，有限元法经历了诞生、发展和完善的3个历史时期，已经拥有了十分丰富的方法形态。就有限元法形态而言，除了最早诞生的基于最小势能原理的位移有限元模式外，还发展了基于余能原理的应力平衡模式，基于广义势能原理的位移杂交模式，以及各种各样的特殊的有限元法，例如边界有限元法、有限条法、无限元法、半解析有限元法等。

【任务实施】

任务6.1　有限元法的基本原理

学习任务单

<table>
<tr><td>学习领域</td><td colspan="2">船舶结构与强度</td></tr>
<tr><td>项目6</td><td>有限元法基础</td><td>学时</td></tr>
<tr><td>学习任务1</td><td>有限元法的基本原理</td><td></td></tr>
<tr><td>任务描述</td><td colspan="2">任务导入：
有限元分析是对物理现象（几何及载荷工况）的模拟，是对真实情况的数值近似，通过对分析对象划分网格，求解时用有限个数值来近似模拟真实环境的无限个未知量。
学习步骤：
（1）了解有限元法的基本思想；
（2）了解用有限元法分析问题的基本步骤；
（3）了解有限元法的优点</td></tr>
<tr><td>任务要求</td><td colspan="2">技能要求：
（1）能够通过学习有限元法的基本内容，理解有限元法解决工程问题的原理；
（2）能够对船舶杆件、板架等结构尝试用有限元法求解。</td></tr>
</table>

	职业素质要求： (1)具有分析问题、解决实际问题的能力； (2)具有责任意识和敬业精神； (3)具有迎接挑战的意识
学习资源	教材、教学课件、图片

【典型案例】

有限元法的应用

有限元法最初应用在求解结构的平面问题上，发展至今，应用对象已由二维问题扩展到三维问题、板壳问题，由静力学问题扩展到动力学问题、稳定性问题，由结构力学扩展到流体力学、电磁学、传热学等学科，由线性问题扩展到非线性问题，由弹性材料扩展到弹塑性、塑性、黏弹性、黏塑性和复合材料，从航空技术领域扩展到航天、土木建筑、机械制造、水利工程、造船、电子技术及原子能等领域，由单一物理场的求解扩展到多物理场的耦合，其应用的深度和广度都得到了极大的拓展。

【知识要点学习】

6.1.1 有限元法的基本思想

有限元法是随着计算机的发展而发展起来的一种现代计算方法。有限元法分为位移法、力法和混合法。以位移为基本未知量的求解方法称为位移法；以应力为基本未知量的求解方法称为力法；一部分以位移为基本未知量，另一部分以应力为基本未知量的求解方法称为混合法。位移法由于通用性较强，计算机程序处理简单、方便，因此得到了广泛应用。

位移法的基本作法：首先，对求解的弹性区域进行离散化，即把具有无限多个自由度的连续体化为有限多个自由度的结构物。其次，选择一个表示单元内任意点位移随位置变化的函数式，按照插值理论，将单元内任意一点的位移通过一定的函数关系用节点位移来表示。这种假设的试函数称为位移函数，在一般情况下，它应满足单元间位移的连续性。然后，从分析单个的单元入手，用变分原理来建立单元方程。接着，把所有单元集合起来，并与节点上的外载相联系，得到一组以节点位移为未知量的多元线性代数方程，引入位移边界条件以后即可进行求解。解出节点位移后，再根据弹性力学几何方程和物理方程算出各单元的应变和应力。

6.1.2 用有限元法分析问题的基本步骤

用有限元法分析问题时，不管采用什么样的具体方法、分析什么样的具体问题，其步骤总是大体相同的，现以位移法为例将这些步骤叙述如下。

1. 离散化

将求解区域用点、线或面，剖分为有限数目的单元。单元形状原则上是任意的。例如，在平面问题中通常采用三角形单元，有时也采用矩形或任意四边形单元。在空间问题中，可以采用四面体、长方体或任意六面体单元。

可见,不管采用什么样的单元形状,在一般情况下,单元的边界总不可能与求解的区域完全吻合,这就带来了有限元法的一个基本近似性——几何近似。

在一个具体结构中,确定单元的类型和数目以及哪些部位的单元可以取大一些,哪些部位的单元可以取小一些,是一个需要由经验来做出判断的过程。

2. 选择位移模式(又称位移函数)

位移函数是表示单元内任一点随位置变化的函数式,因往往用节点位移来表示它们,所以又叫作位移插值函数。由于所采用的函数是一种近似的试函数,一般不能精确地反映单元中真实的位移分布,这就带来了有限元法的另一个近似性——物理近似。

3. 建立单元刚度方程

选定单元的类型和位移模式后,就可以按最小势能原理建立单元刚度方程,它实际上是单元各个节点的平衡方程,其系数矩阵称为单元刚度矩阵,即

$$[\boldsymbol{K}]^e\{\boldsymbol{\delta}\}^e=\{\boldsymbol{F}\}^e$$

式中 e——单元编号;

$\{\boldsymbol{\delta}\}^e$——单元的节点位移;

$\{\boldsymbol{F}\}^e$——单元的节点力向量;

$[\boldsymbol{K}]^e$——单元的刚度矩阵,它的每一个元素都反映了一定的刚度特性,即产生单位位移所需施加的力。

单元刚度矩阵仅取决于单元形态和材料性质。在一个单元范围内,材料性质必须相同,而不同的单元可以各有不同的材料性质,因此能方便地处理非均质材料问题,这是有限元法的一个突出的优点。

4. 集合单元刚度方程,形成有限元法的基本方程

有限元法的分析过程是先分后合,即先进行单元分析,在建立了单元刚度方程以后,再进行整体分析,把这些方程集合起来,形成整个求解区域的刚度方程,称为有限元法基本方程。集合所遵循的原则是相邻各单元在共同节点处具有相同的位移。

有限元法基本方程在形式上与单元刚度方程相同,但规模大得多,因为它含有所有的节点,即

$$[\boldsymbol{K}]\{\boldsymbol{\delta}\}=\{\boldsymbol{R}\}$$

式中 $[\boldsymbol{K}]$——总刚度矩阵,$[\boldsymbol{K}]=\sum^{e}[\boldsymbol{K}]^e$;

$\{\boldsymbol{\delta}\}$——总节点位移向量;

$\{\boldsymbol{R}\}$——总节点载荷向量。

5. 解基本方程,得到节点位移

有了有限元法基本方程还不能立刻求解,因为还没有考虑结构的几何边界条件。很明显,如果结构的边界均无位移约束,则在外载作用下,它可能产生刚体运动。反映在基本方程上,其系数矩阵$[\boldsymbol{K}]$将是一个奇异阵(对应的行列式的值为零),逆矩阵不存在,方程将具有不定解。因此,必须根据结构实际的边界位移约束条件,对基本方程进行处理,方能求解。

6. 由节点位移计算各单元的应变与应力

解出节点位移后,根据需要,可由弹性力学的几何方程和物理方程来计算各单元的应变与应力。

6.1.3 有限元法的优点

1. 基本理论清晰明了

有限元法的基础理论简明,物理概念清晰,且可以在不同的水平上建立起对该法的理解。既可以通过直观的物理途径来学习和运用这一方法,也可以为该法建立严格的数学基础。

2. 应用范围广泛

有限元法具有极强的灵活性和适用性,应用范围极为广泛。它不仅能成功地处理如应力分析中的非均匀材料、各向异性材料,非线性应力应变关系以及复杂的边界条件等难题,且随着其理论基础和方法的逐步完善,还能成功地用来求解如热传导、流体力学及电磁场领域的许多问题。

3. 便于计算机编程

该法在具体的推导和运算中,广泛采用了矩阵方法。矩阵代数能把烦冗的分析和运算用矩阵符号表示成非常紧凑简明的数学形式,因而最适合电子计算机存贮,便于实现程序设计的自动化。

总之,有限元法已被公认为应力分析的有效工具而受到普遍的重视并得到广泛的应用。

【任务测试】

1. 说明有限元法的基本思想。
2. 说明有限元法的应用情况。
3. 说明有限元法的优点。

任务 6.2 有限元法的应用

学习任务单

学习领域	船舶结构与强度	
项目 6	有限元法基础	学时
学习任务 2	有限元法的应用	
任务描述	任务导入: 有限元分析软件为有限元法的应用带来了方便,ANSYS 等大型软件的开发应用使得有限元法在实际工程中起到至关重要的作用。学习这些软件可以更好地认识有限元法,降低了对有限元法算法的理解难度。 学习步骤: (1)了解 ANSYS 软件的功能; (2)了解应用 ANSYS 软件进行有限元分析的步骤	

任务要求	技能要求： (1)能够理解有限元法的基本思想和解决问题的步骤； (2)尝试用 ANSYS 软件建立船舶结构模型，并进行有限元分析。 职业素质要求： (1)具有分析问题、解决实际问题的能力； (2)具有责任意识和敬业精神； (3)具有迎接挑战的意识
学习资源	教材、教学课件、图片

【典型案例】

有限元分析软件

有限元分析(FEA)是对于结构力学分析迅速发展起来的一种现代计算方法。它是20世纪50年代首先在连续体力学领域——飞机结构静、动态特性分析中应用的一种有效的数值分析方法，随后很快广泛地应用于求解热传导、电磁场、流体力学等问题，有限元方法已经应用于水工、土建、桥梁、机械、电机、冶金、造船、飞机、导弹、宇航、核能、地震、物探、气象、渗流、水声、力学、物理学等几乎所有的科学研究和工程技术领域。基于有限元分析(FEA)算法编制的软件即有限元分析软件。

常见有限元分析软件有以下几种。

1. nastran 软件

nastran 软件是1966年美国国家航空航天局(NASA)为了满足当时航空航天工业对结构分析的迫切需求主持开发的大型应用有限元程序。MSC. NASTRAN 的计算结果与其他质量规范相比已成为最高质量标准，得到了有限元界的一致公认。通过无数考题和大量工程实践的比较，众多重视产品质量的大公司和工业行业都用 MSC. NASTRAN 的计算结果作为标准代替其他质量规范。

2. ANSYS 软件

ANSYS 软件是融结构、流体、电场、磁场、声场分析于一体的大型通用有限元分析软件。由世界上最大的有限元分析软件公司之一的美国 ANSYS 开发。它能与多数 CAD 软件接口，实现数据的共享和交换，如 Pro/Engineer、NASTRAN、Alogor、I – DEAS、AutoCAD 等，是现代产品设计中的高级 CAE 工具之一。

3. ABQUS 软件

ABAQUS 软件是一套功能强大的工程模拟有限元软件，其能解决的问题的范围从相对简单的线性分析到许多复杂的非线性问题。ABAQUS 软件包括一个丰富的、可模拟任意几何形状的单元库，并拥有各种类型的材料模型库，可以模拟典型工程材料的性能，包括金属、橡胶、高分子材料、复合材料、钢筋混凝土、可压缩超弹性泡沫材料以及土壤和岩石等地质材料。作为通用的模拟工具，ABAQUS 软件除了能解决大量结构(应力/位移)问题，还可以模拟其他工程领域的许多问题，例如热传导分析、质量扩散分析、热电耦合分析、声学分析、岩土力学分析(流体渗透/应力耦合分析)及压电介质分析。

4. MARC 软件

Marc 软件是 MSC 软件公司于 1999 年收购的 Marc 公司的产品。Marc 公司始创于 1967 年,是全球首家非线性有限元软件公司。经过四十多年的不懈努力,Marc 软件得到了学术界和工业界的大力推崇和广泛应用,确立了它在全球非线性有限元软件行业的领导者地位。随着 Marc 软件功能的不断扩展,其应用领域也从开发初期的核电行业迅速扩展到航空、航天、汽车、造船、铁道、石油化工、能源、电子元件、机械制造、材料工程、土木建筑、医疗器材、冶金工艺和家用电器等,成为许多知名公司和研究机构研发新产品和新技术的必备工具。

【知识要点学习】

有限元法起源于 20 世纪 50 年代中期航空工程中对飞机结构的分析,研究的是平面应力问题,后来这个方法迅速发展,也应用于求解杆系、板、壳等的弯曲问题及稳定性问题。而且随着计算机的发展和自身理论的不断完善,有限元法的应用范围越来越广泛,从二维问题到空间问题,从结构静力学分析到结构动力学分析,从结构分析到热分析、电磁分析、流体分析(CFD)、耦合场分析即多物理场分析等。可以说,有限元法已成为解决各类工程技术问题的有力工具。

过去,工程技术人员和科研人员一般都是自己编程来解决各种问题,这对解决个别具体问题可能有利,但通用性不强。近年来,出现了许多大型通用有限元分析软件,如 NASTRAN、ANSYS、ABQUS、MARC 等,为有限元法的应用带来很多方便。这些软件一经出现,就受到了大家的青睐。现在人们更倾向于使用这些通用软件来解决工程技术问题。

图 6－1 是大型通用有限元分析软件 ANSYS 的主界面。

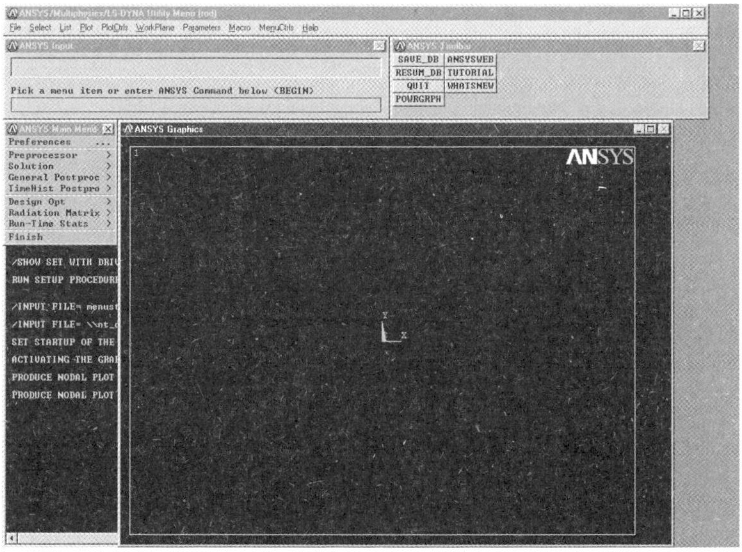

图 6－1　大型通用有限元分析软件 ANSYS 的主界面

通用有限元分析软件的分析过程一般包含以下三个主要步骤。

1. 创建有限元模型

(1)创建或读入几何模型;

(2)定义材料属性;

(3)划分网格(节点及单元)。

图6-2是用ANSYS软件创建的某油轮艉部舱段的有限元模型。

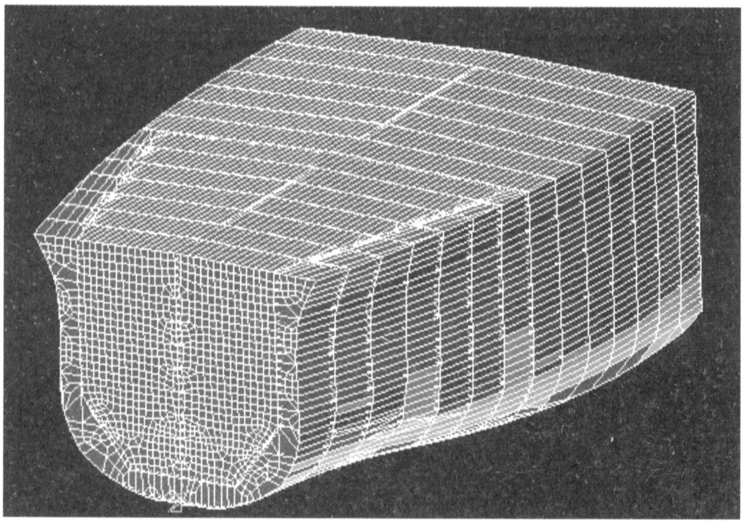

图6-2 用ANSYS软件创建的某油轮艉部舱段的有限元模型

2. 施加载荷并求解

(1)施加载荷及载荷选项、设定约束条件;

(2)求解。

图6-3是用ANSYS软件施加了载荷和约束条件的某油轮艉部舱段的有限元模型。

图6-3 用ANSYS软件施加了载荷和约束条件的某油轮艉部舱段的有限元模型

3. 查看结果

(1)查看分析结果;

(2)检验结果(分析是否正确)。

图 6-4 是用 ANSYS 软件求解并经后处理查看结果后的某油轮艉部舱段的应力云图。

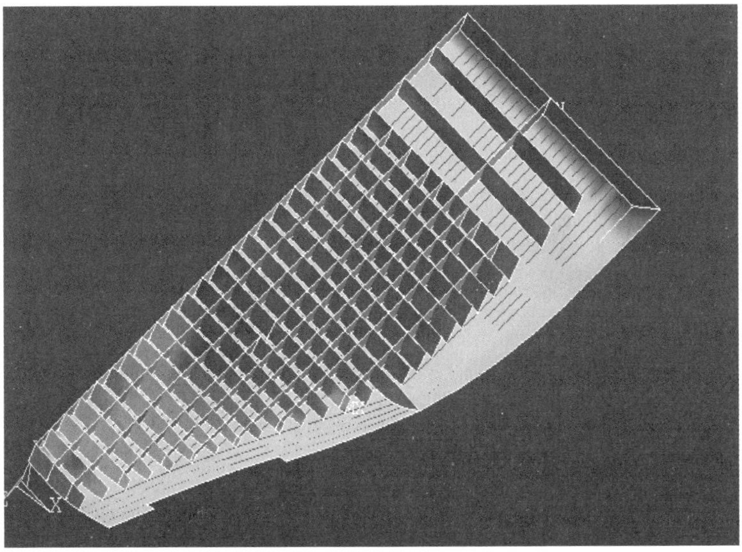

图 6-4　用 ANSYS 软件求解并经后处理查看结果后的某油轮艉部舱段的应力云图

使用通用有限元分析软件来分析船舶结构问题,首先需要使用者对船舶结构做出准确的分析抽象,建立有限元几何模型。然后录入材料实常数(如密度、弹性模量等),根据具体问题划分网格,得到有限元分析模型,再根据结构的受力情况正确地施加载荷与边界条件,最后经求解和后处理得到分析结果。

【任务测试】

1. 说明用有限元法分析问题的基本步骤。

2. 说明用通用有限元软件分析问题的基本步骤。

【项目拓展】

ANSYS 软件有限元分析实例

一个厚度为 20 mm 的带孔矩形板受平面内张力,如图 6-5 所示,左边固定,右边受载荷 $p = 20$ N/mm 作用,求其变形情况。

一个典型的 ANSYS 分析过程可分为以下 6 个步骤:①定义参数;②创建几何模型;③划分网格;④加载数据;⑤求解;⑥结果分析。

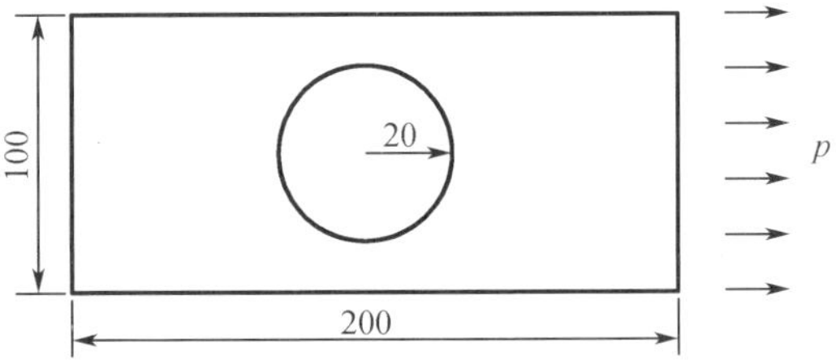

图 6-5　带孔矩形板

1. 定义参数

(1)指定工程名和分析标题

①启动 ANSYS 软件,选择"File"→"Change Jobname"命令,弹出如图 6-6 所示的"Change Job name"对话框。

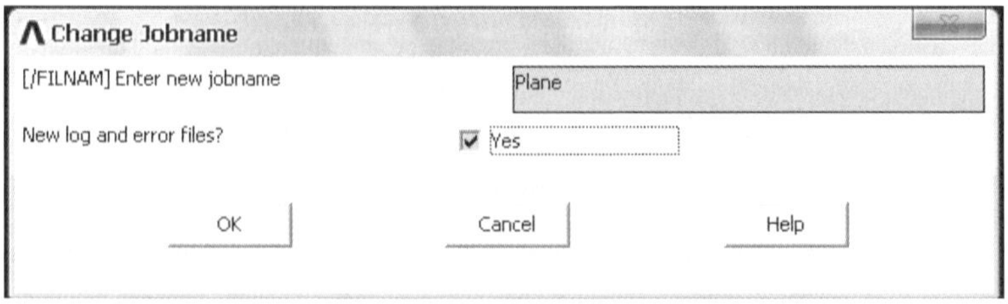

图 6-6 "Change Job name"对话框

②在"Enter new jobname"文本框中输入"Plane",同时把"New log and error files?"后的复选框选为"Yes",单击"OK"按钮。

③选择"File"→"Change Title"命令,弹出如图 6-7 所示的"Change Title"对话框。

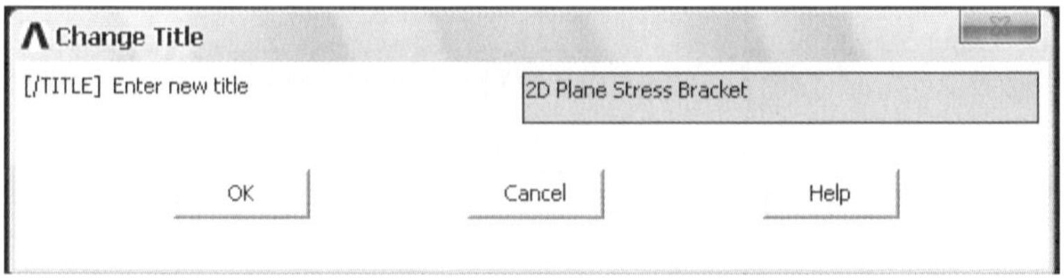

图 6-7 "Change Title"对话框

④在"Enter new title"文本框中输入"2D Plane Stress Bracket",单击"OK"按钮。

(2)定义单位

在 ANSYS 软件主界面的输入窗口中输入"/UNIT,SI"。

(3)定义单元类型

①选择"Main Menu"→"Preprocessor"→"Element Type"→"Add/Edit/Delete"命令(图 6-8),弹出如图 6-9 所示的"Element Types"对话框。

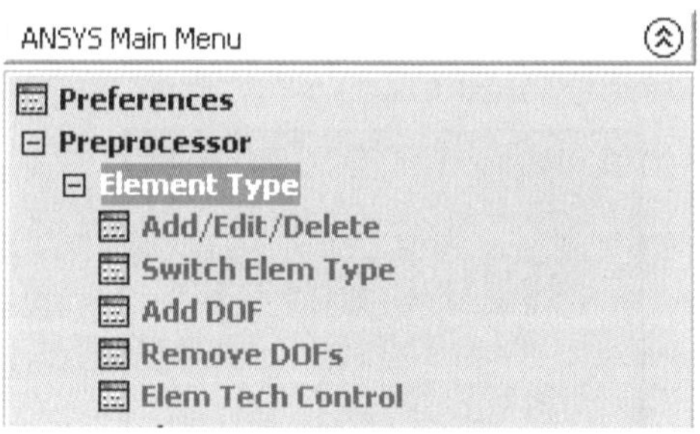

图 6-8 选择命令

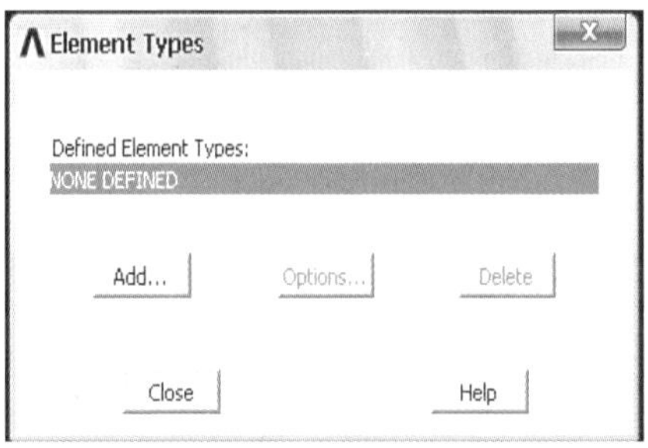

图 6-9 "Element Types"对话框

②单击"Element Types"对话框中的"Add"按钮,弹出如图 6-10 所示的"Library of Element Types"对话框。

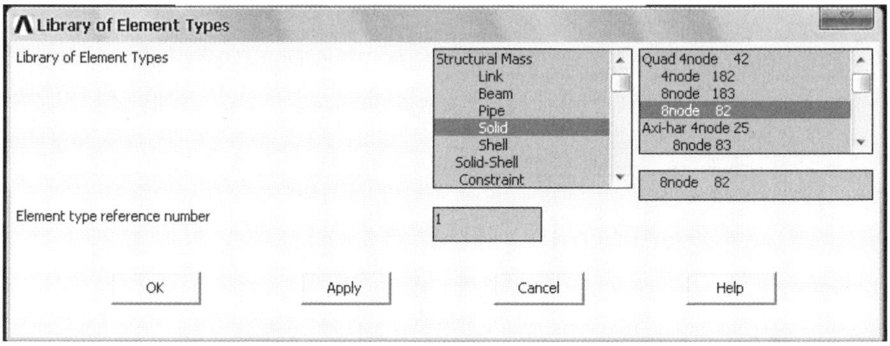

图 6 – 10 "Library of Element Types"对话框

③选择左边文本框中的"Solid"选项，右边文本框中的"8node 82"选项，单击"OK"按钮。

④返回"Element Types"对话框，如图 6 – 11 所示。

⑤单击"Options..."按钮，弹出如图 6 – 12 所示的"PLANE82 element type options"对话框。

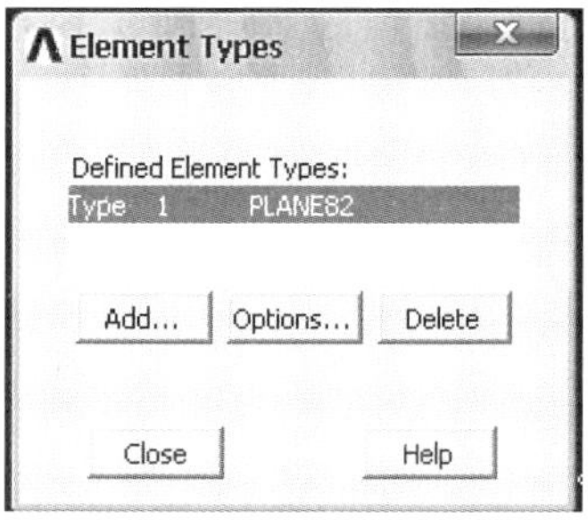

图 6 – 11 "Element Types"对话

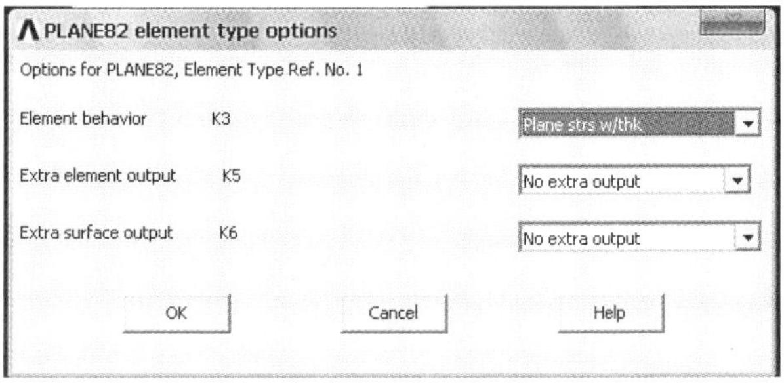

图 6 – 12 "PLANE82 element type options"对话框

⑥在"Element behavior"下拉列表中选择"Plane strs w/thk"选项，单击"OK"按钮。

⑦再次回到"Element Types"对话框，单击"Close"按钮，单元定义完毕。

(4) 定义单元常数

①在 ANSYS 软件主界面中选择"Main Menu"→"Preprocessor"→"Real Constants"→"Add/Edit/Delete"命令(图 6 – 13)，弹出如图 6 – 14 所示的"Real Constants"对话框。

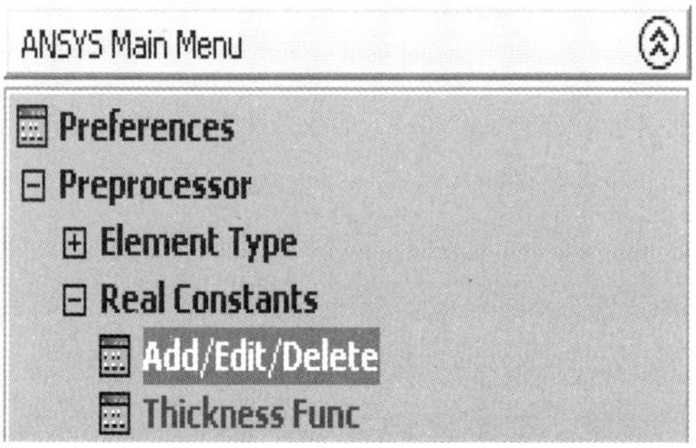

图 6 – 13 选择命令

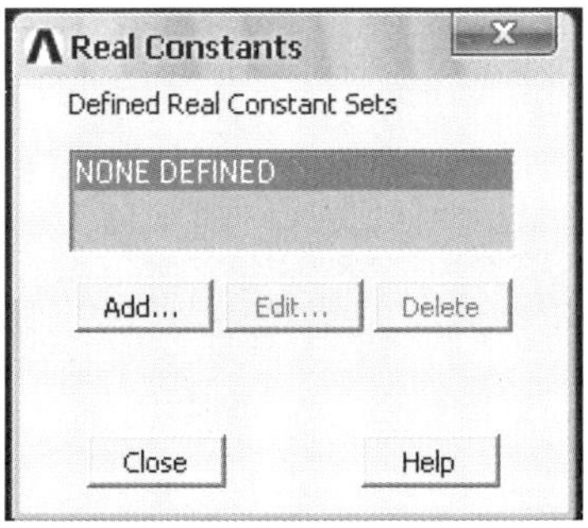

图 6 – 14 "Real Constants"对话框

②单击“Add”按钮，在“Choose Element Type”中选择“Plane82”单元(图 6－15)，单击“OK”按钮，弹出如图 6－16 所示“Red Constant Set Number 1，for PLANE82”对话框。

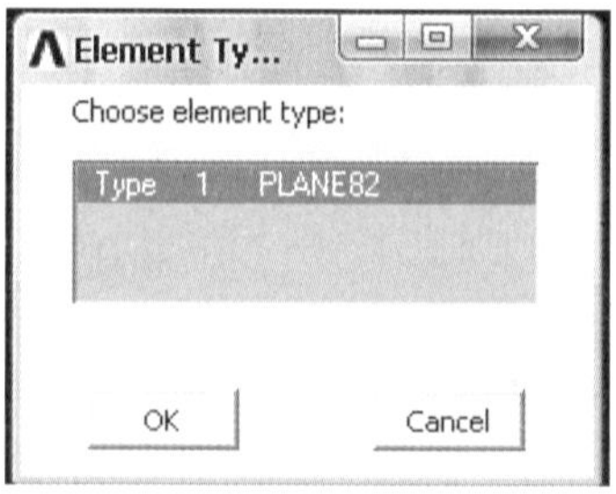

图 6－15　选择“Plane 82”背单元

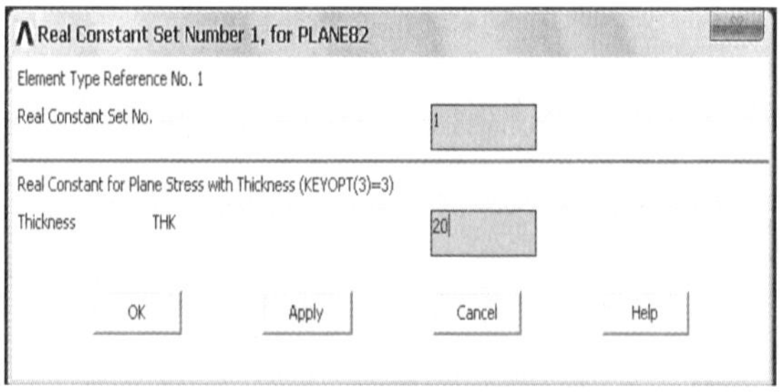

图 6－16　“Red Constant Set Number 1，for PLANE82”对话框

③在“THK”文本框中输入“20”，定义厚度为 20 mm，单击“OK”按钮。

④回到“Real Constants”对话框，单击“Close”按钮。

(5)定义材料参数

①在 ANSYS 软件主界面中选择“Main Menu”→“Preprocessor”→“Material Props”→“Material Models”命令，弹出如图 6－17 所示的“Define Material Model Behavior”对话框。

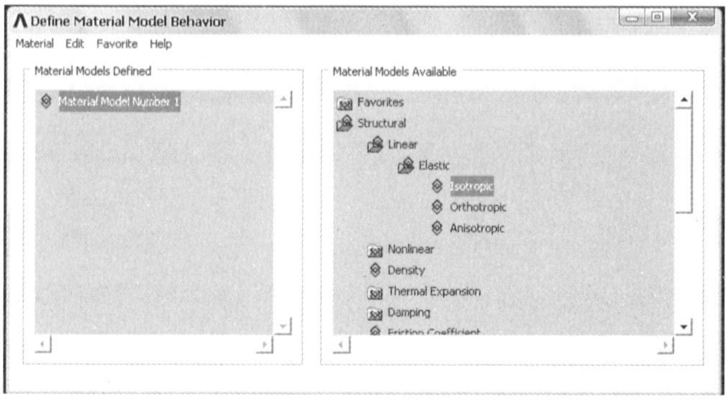

图 6－17　“Define Material Model Behavior”对话框

②选择该对话框右侧“Structural”→“Linear”→“Elastic”→“Isotropic”命令，并单击“Isotropic”选项，弹出如图 6－18 所示的“Linear Isotropic Properties for Material Number 1”对话框。

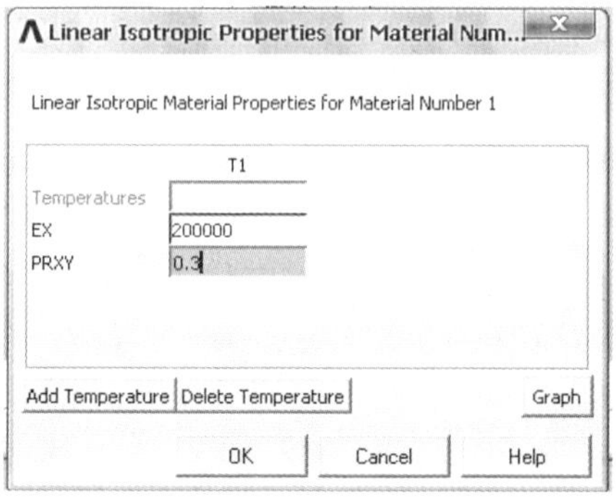

图 6－18　“Linear Isotropic Properties for Material Number 1”对话框

③在“EX”文本框中输入弹性模量“200000”，在“PRXY”文本框中输入泊松比“0.3”，单击“OK”按钮。

④回到“Define Material Model Behavior”对话框，直接关闭对话框，至此材料参数设置完毕。

2. 创建几何模型

(1)在 ANSYS 软件主界面中选择“Main Menu”→“Preprocessor”→“Modeling”→“Create”→“Areas”→“Rectangle”→“By 2Corners”命令，弹出如图 6-19 所示的对话框。

(2)按图 6-19 所示填写相应数据，单击“OK”按钮，得到一个矩形。

(3)选择“Main Menu”→“Preprocessor”→“Modeling”→“Create”→“Areas”→“Circle”→“Solid Circle”命令，弹出如图 6-20 所示的对话框。

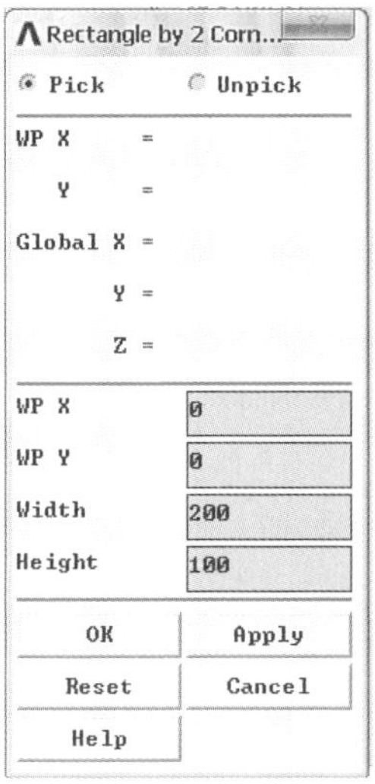

图 6-19　弹出的对话框(1)

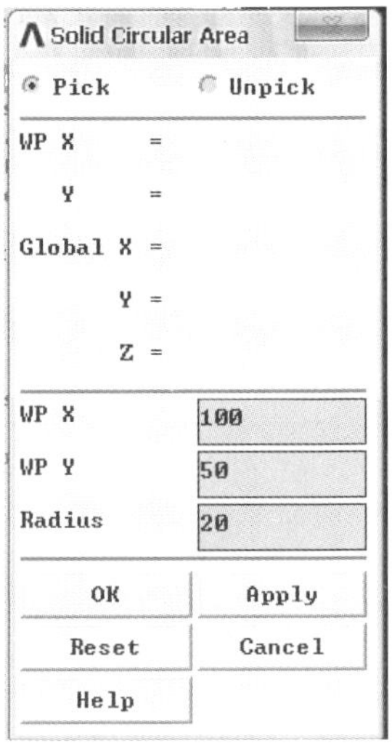

图 6-20　弹出的对话框(2)

(4)按图 6-20 所示填写数据，单击“OK”按钮，得到如图 6-21 所示图形。

图 6-21　图形

(5)选择“Main Menu”→“Preprocessor”→“Modeling”→“Operate”→“Booleans”→“Subtract”→“Areas Circle”命令，弹出如图6－22所示的“Subtract Areas”对话框。

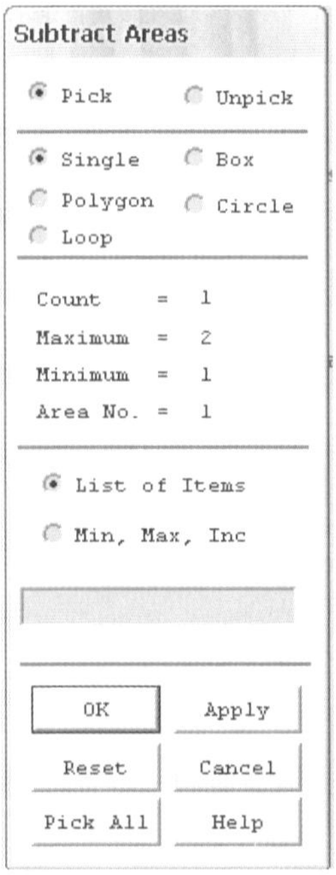

图6－22　“Subtract Areas”对话框

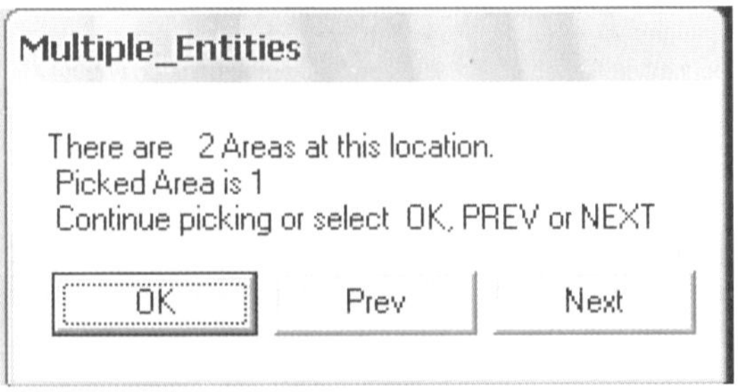

图6－23　“Multiple_Entities”对话框

(6)用鼠标在矩形上单击，弹出如图6－23所示的“Multiple_Entities”对话框，单击“OK”按钮，选中矩形。

(7)再次出现图6－22所示对话框，再用鼠标在图形上单击，同样弹出图6－23所示对话框，此时单击“Next”按钮，选中圆形，并单击“OK”按钮。

(8)接着单击图6－22中“OK”按钮，进行布尔操作，得到如图6－24所示几何模型。

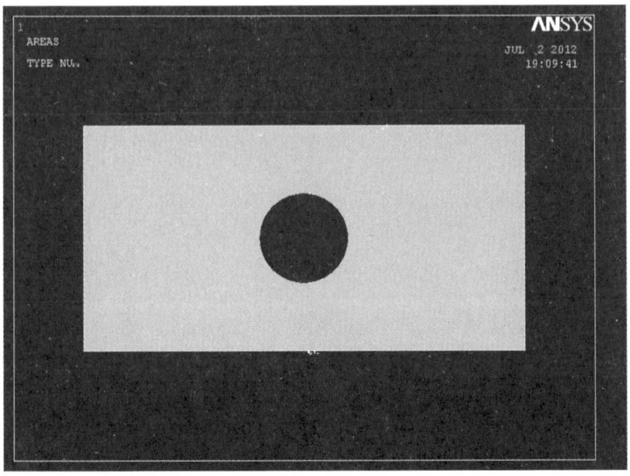

图6－24　几何模型

3. 划分网格

(1)选择“Main Menu”→“Preprocessor”→“Meshing”→“Size Controls”→“Manual Size”→“Layers”→“Picked Lines”命令，弹出实体选择对话框，用鼠标选择矩形4条边线，单击“OK”按钮。

(2)弹出如图6－25所示“Area Layer-Mesh Controls on Picked Lines”对话框，在“Element edge length”文本框中输入“25”，其他设置空，单击“OK”按钮。

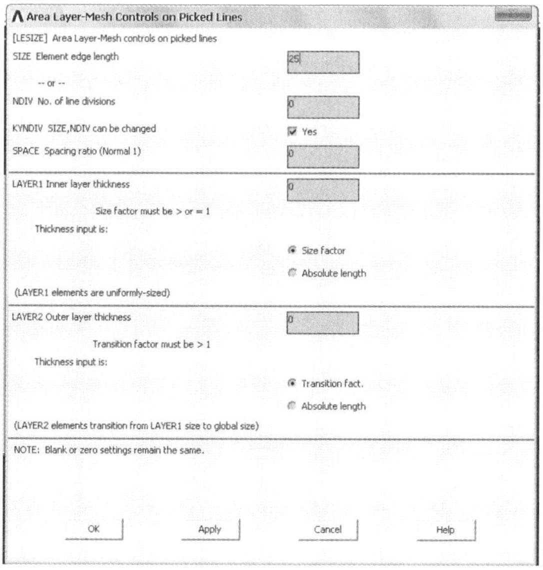

图6－25 “Area Layer-Mesh Controls on Picked Lines”对话框

(3)再次选择“Main Menu”→“Preprocessor”→“Meshing”→“Size Controls”→“Manual Size”→“Layers”→“Picked Lines”命令，弹出实体选择对话框，用鼠标选择圆形4条边线，单击“OK”按钮。

(4)在“Element Sizes on Picked Lines”对话框中，将“No. Of element divisions”文本框设为“2”，其他留空，单击“OK”按钮。

(5)选择“Main Menu”→“Preprocessor”→“Meshing”→“Mesh”→“Areas”→“Free”命令，弹出实体选择对话框，单击“Pick All”按钮，得到如图6－24所示网格。

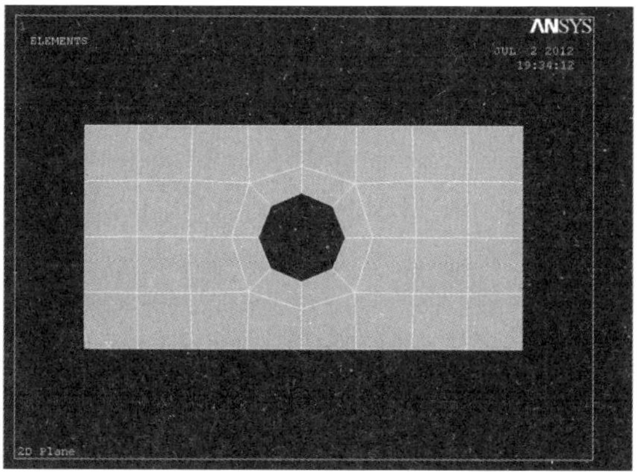

图6－26 网络

4. 加载数据

(1) 选择“Main Menu”→“Preprocessor”→“Loads”→“Define Loads”→“Apply”→“Structural”→“Displacement”→“On Lines”命令，弹出实体选择对话框，选中矩形左边线，单击“OK”按钮。

(2) 出现如图 6-27 所示对话框，选择约束“ALL DOF”选项，并设置“Displacement value”为“0”，单击“OK”按钮。

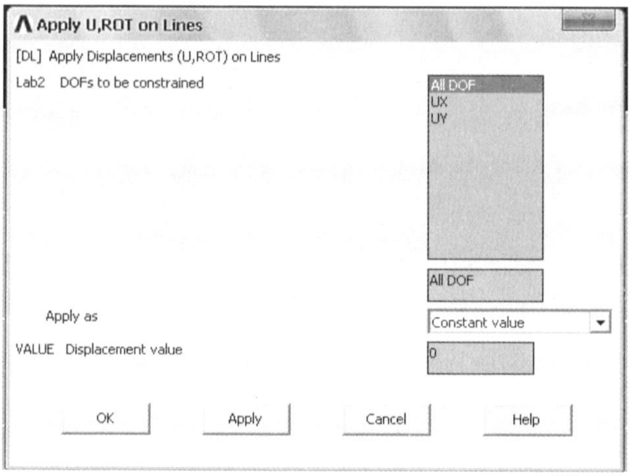

图 6-27　“Apply U,ROT on Lines”对话框

(3) 选择“Main Menu”→“Preprocessor”→“Loads”→“Define Loads”→“Apply”→“Structural”→“Pressure”→“On Lines”命令，弹出实体选择对话框，选中矩形左边线，单击“OK”按钮。

(4) 接着出现如图 6-28 所示对话框，设置“Load PRES value”为“-1”，单击“OK”按钮。

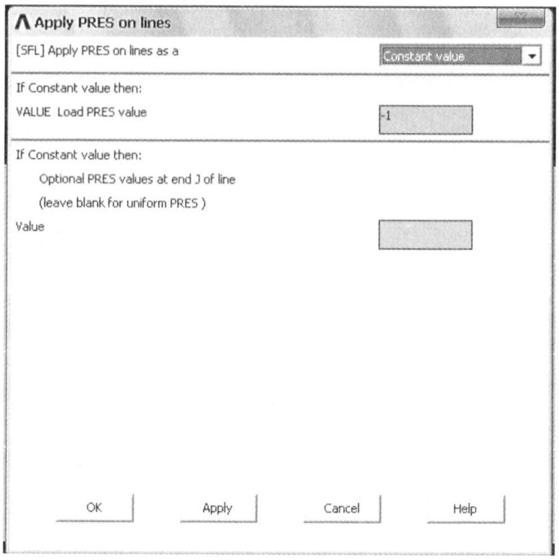

图 6-28　“Apple PRES on lines”对话框

(5)至此,视图窗口出现模型的约束信息,如图 6-29 所示。

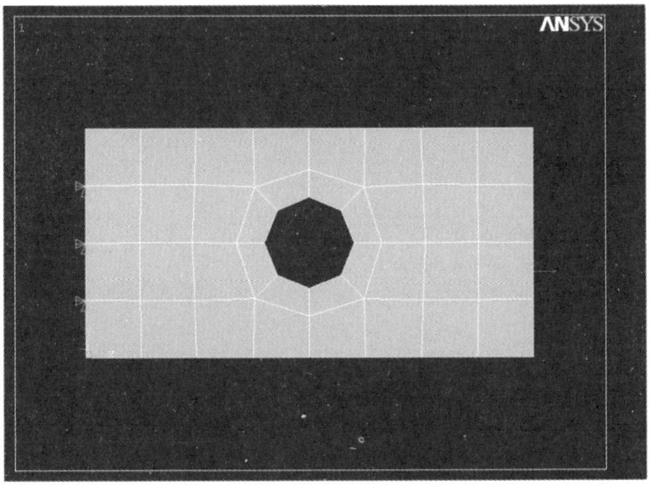

图 6-29　视图窗口出现模型的约束信息

5. 求解

(1)选择"Main Menu"→"Solution"→"Solve"→"Current LS"命令,弹出如图 6-30 所示窗口,其中"/STATUS Command"窗口里面包括了所要计算模型的求解信息和载荷步信息。

(2)单击"OK"按钮,程序进行计算。

(3)计算完毕后,出现如图 6-31 所示对话框。

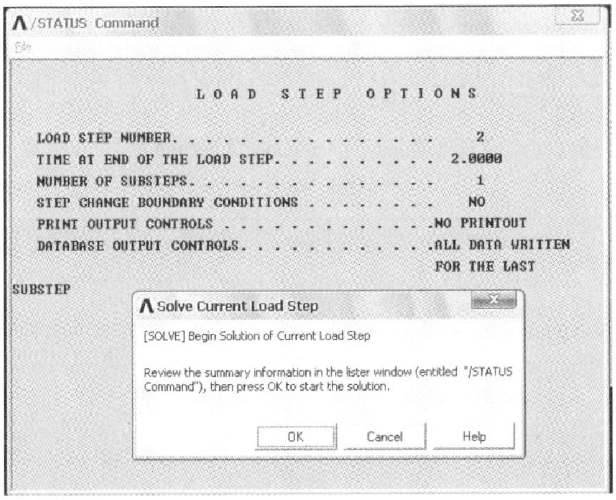

图 6-30　窗口

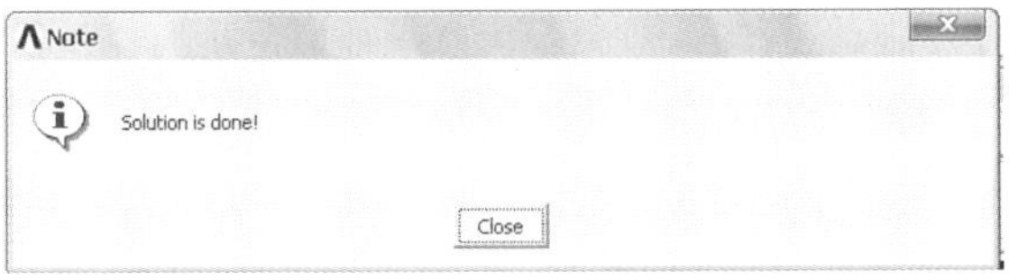

图 6-31　计算完毕后出现的对话框

6. 结果分析

(1)显示变形图

①选择"Main Menu"→"General Post Proc"→"Read Results"→"First Set"命令,读入最初结果文件。

②选择"Main Menu"→"General Post Proc"→"Plot Results"→"Deformed Shape"命令,弹出"Plot Deformed Shape"对话框,如图6-32所示。

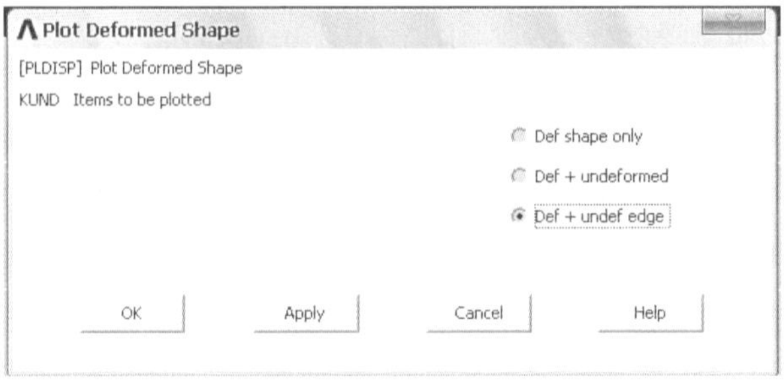

图6-32　"Plot Deformed Shape"对话框

③选择"Def + undef edge"选项,并单击"OK"按钮,出现如图6-33所示最终变形图。

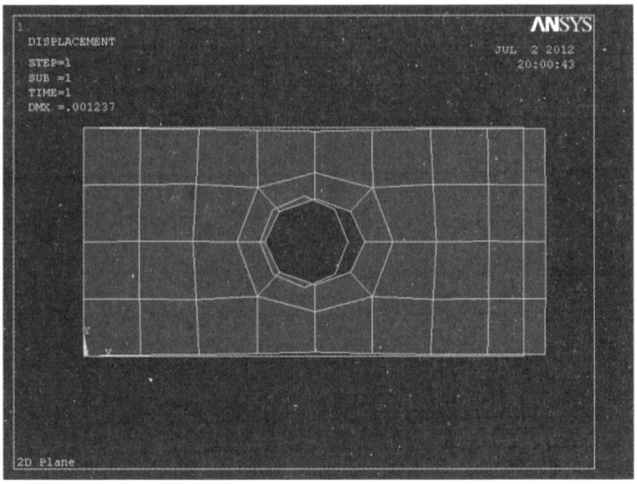

图6-33　最终变形图

(2)显示Von Mises等效应力

①选择"Main Menu"→"General Post Proc"→"Plot Results"→"Contour Plot"→"Nodal Solution"命令,弹出如图6-34所示对话框。

②选择"Favorites"→"Nodal Solution"→"Von Mises stress"命令,并展开"Additional Options"折叠菜单,设置"Interpolation Nodes"为"All applicable",单击"OK"按钮,出现如图6-35所示等效应力图。

$$M = M_s + M_w \quad (7-1)$$

式中 M—— 船舶静置在波浪上的总纵弯矩；

M_s——船舶在静水中的弯矩，在船型既定时，只与重力及其沿船长的分布有关；

M_w——船舶静置在波浪上的波浪附加弯矩，值的大小与波浪范围内的船体外形和波浪要素有关。

显然，总纵弯矩的大小与波浪要素和装载状态密切相关。由于选取的波浪要素和装载状态的不同，弯矩值可能在很大的幅度内变化。因此，必须确定一个标准的波浪要素和装载状态，这样才能有一个统一的比较基础。

"静置法"规定，在进行船舶总纵弯曲计算时，必须把船体静置在标准波浪(或计算波浪)上，标准波浪的波形取坦谷波，计算波长等于船长，波高则随船长而变化。计算弯矩时按两种极端情况进行：一种情况为波峰在船中部，波谷在船首尾处，此时船中部浮力较大，船首尾处浮力较小，船舶处于中拱状态；另一种情况为波谷在船中部，波峰在船首尾处，船中部浮力较小，船首尾处浮力较大，船舶处于中垂状态，如图 7-1 所示。可以认为这是船舶在波浪上的一种瞬间危险状态，也是一种"动态静化"的处理方法。这样做可以使工作大大简化。对于中、低速船舶而言，是一种较好的实用方法，目前在造船界仍在广泛使用。

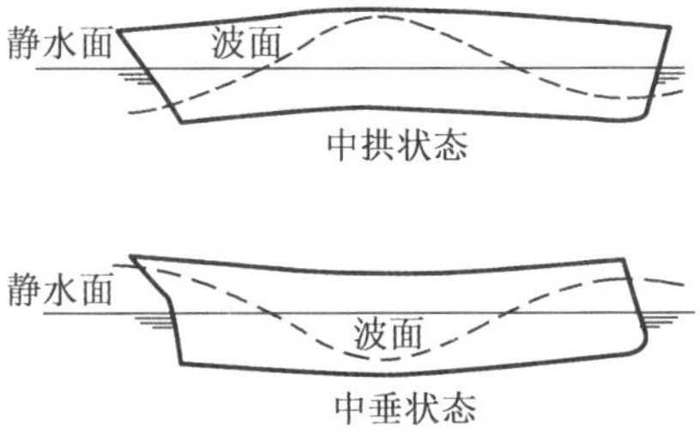

图 7-1　中拱和中垂

装载状态对于静水弯矩的影响是主要的。计算状态原则上应选取最不利的装载情况，同时也要考虑实际的可能性。一般应考虑下述的装载情况。

满载：出港、到港。

压载：出港、到港。

军船主要对正常排水量进行计算，但当按满载排水量或标准排水量计算时，最大弯矩超过前者计算值的 10% 时，则应以后者作为校核总纵强度的计算弯矩。

由梁的弯曲理论可知，当船体发生总纵弯曲变形时，船体横断面上的总纵弯曲正应力可按下式计算：

$$\sigma = \frac{M}{I}Z \quad (7-2)$$

式中 M——计算断面上的弯矩；

I——计算横断面绕水平中和轴的惯性矩；

Z——计算应力点至中和轴的距离。

为了保证船体具有足够的强度，船体断面上的最大正应力 σ_{max} 不应超过许用应力 $[\sigma]$ 值，即

$$\sigma_{max} \leqslant [\sigma] \quad (7-3)$$

如果船舶满足上述要求，则认为该船的总纵强度是足够的。

从式(7－1)中可以看出,船舶静置在波浪上的总纵弯矩由静水弯矩和波浪附加弯矩构成,同样,船体梁断面的剪力也由静水剪力和波浪附加剪力构成。下面,就分别介绍静水剪力和静水弯矩、波浪附加剪力和波浪附加弯矩的计算方法。

【任务实施】

任务7.1　静水剪力与弯矩的计算

学习任务单

<table>
<tr><td>学习领域</td><td colspan="2">船舶结构与强度</td></tr>
<tr><td>项目7</td><td>船舶静置在波浪上的剪力与弯矩计算</td><td>学时</td></tr>
<tr><td>学习任务1</td><td>静水剪力与弯矩的计算</td><td></td></tr>
<tr><td>任务描述</td><td colspan="2">任务导入:
船舶在静水当中受到重力和浮力的作用,由于重力和浮力分布不均匀,船体梁会产生剪力与弯矩的作用。通过学习本任务,掌握船舶静水剪力与弯矩的计算方法。
计算步骤:
(1)重力曲线的计算;
(2)浮力曲线的计算;
(3)载荷曲线的计算;
(4)剪力曲线、弯矩曲线的计算。
重力曲线的计算,浮力曲线的计算,载荷曲线的计算,剪力曲线、弯矩曲线的计算可以采用列表计算的方法进行计算,可以提高计算准确度和速度,便于掌握计算逻辑。计算完成后对计算进行修正,达到满意效果</td></tr>
<tr><td>任务要求</td><td colspan="2">技能要求:
(1)掌握重力曲线的计算方法;
(2)掌握浮力曲线的计算方法;
(3)掌握载荷曲线的计算方法;
(4)掌握剪力曲线、弯矩曲线的计算方法;
(5)掌握剪力曲线、弯矩曲线的计算后的修正方法。
职业素质要求:
(1)具有分析问题、解决实际问题的能力;
(2)具有责任意识和敬业精神;
(3)具有迎接挑战的意识</td></tr>
<tr><td>学习资源</td><td colspan="2">教材,教学课件,图片,船舶静水弯矩、剪力计算书等</td></tr>
</table>

【典型案例】

在工程力学中我们对梁的弯曲进行过学习,外力的作用会对梁产生弯矩和剪力的作用,船体也是一根梁,在重力和浮力的作用下船体梁同样会产生弯矩和剪力的作用。

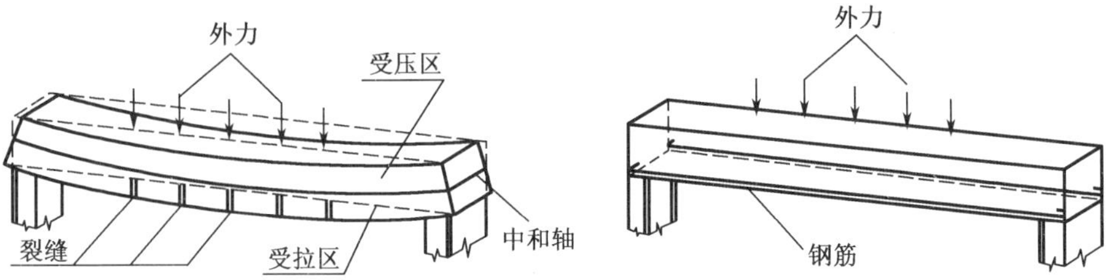

图 7-2

【知识要点学习】

船在静水中处于平衡位置时，必须满足下述两个条件：作用在船体上的浮力等于船体的重力；重心和浮心在同一条铅垂线上。取坐标原点在艉垂线处，x 轴沿船长方向，竖轴向上（图 7-3），并假定船的单位长度重力（又称重力集度）为 $w(x)$，船的重力为 W，船长为 L，则

$$W = \int_0^L w(x)\,\mathrm{d}x \tag{7-4}$$

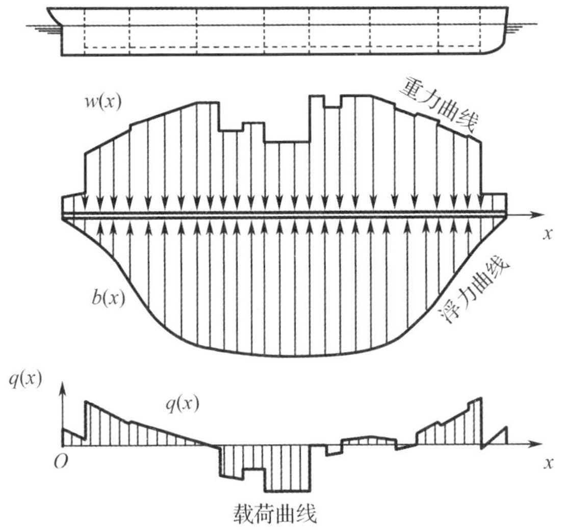

图 7-3　重力曲线、浮力曲线、载荷曲线

船舶重心的纵向坐标：

$$x_g = \frac{1}{W}\int_0^L x \cdot w(x)\,\mathrm{d}x \tag{7-5}$$

同样，若作用在船单位长度上的浮力（又称浮力集度）为 $b_s(x)$，总浮力为 B，则

$$B = \int_0^L b_s(x)\,\mathrm{d}x \tag{7-6}$$

船舶浮心的纵向坐标：

$$x_b = \frac{1}{B}\int_0^L x \cdot b_s(x)\,\mathrm{d}x \tag{7-7}$$

根据平衡条件得

$$\int_0^L w(x)\mathrm{d}x = \int_0^L b_s(x)\mathrm{d}x \tag{7-8}$$

$$\int_0^L x \cdot w(x)\mathrm{d}x = \int_0^L x \cdot b_s(x)\mathrm{d}x \tag{7-9}$$

能够满足式(7－8)和式(7－9)的 $w(x)$ 和 $b_s(x)$ 可能有很多种组合。一般情况下 $w(x)$ 和 $b_s(x)$ 是不同的，其差值 $q_s(x)$ 即为作用在船体梁上的单位长度的载荷(又称载荷强度)：

$$q_s(x) = w(x) - b_s(x) \tag{7-10}$$

作用在船体梁断面上的剪力与弯矩分别是

$$N_s(x) = \int_0^x q_s(x)\mathrm{d}x \tag{7-11}$$

$$M_s(x) = \int_0^x N_s(x)\mathrm{d}x = \int_0^x \int_0^x q_s(x) d_{xx}\mathrm{d}x \tag{7-12}$$

由此可见，为了计算静水剪力 $N_s(x)$ 和静水弯矩 $M_s(x)$，必须先计算出 $w(x)$ 和 $b_s(x)$，从而求得 $q_s(x)$，然后运用近似积分(即数值积分)法再进行积分计算。

7.1.1　重力曲线的计算

船的单位长度重力即重力集度 $w(x)$ 实际上不是用解析式来表示的，而是用船舶在某一装载状态下，全船总重力沿船长的分布曲线即重力曲线来表示的。

重力曲线的计算通常有以下两种计算方法。

1. 矩形法

用矩形法绘制船舶重力曲线时，必须有表示重力及重心位置的重力表(表7－1)和确定重力分布范围的船体纵剖面图。

表7－1　船舶重力表

重力项目	重力 G_i /N	重力的重心离基线的距离 z_{gi}/m	重力对基线的静矩/(N·m)	重力的重心离船中剖面的距离 x_{gi}/m	重力对船中剖面的静矩/(N·m)
Ⅰ	Ⅱ	Ⅲ	Ⅳ＝Ⅱ×Ⅲ	Ⅴ	Ⅵ＝Ⅱ×Ⅴ
…					
和	$\sum G_i$		$\sum G_i z_{gi}$		$\sum G_i x_{gi}$

通常将船舶重力按20个理论站距分布(民船的理论站号从船尾至船首编排，军船的理论站号则从船首至船尾编排)，用每一理论站距上的重力作阶梯形曲线，并以此来代替重力曲线，如图7－4所示。由于每一理论站距上的重力按矩形分布，故称之为矩形法。

在作阶梯形重力曲线时，应使每一项重力的重心在船长方向的坐标不变，其重力的分布范围与实际占据的范围需大致对应，而每一理论站距上的重力则当作是均匀的。最终，曲线下所包含的面积应等于船体的重力,该面积的形心纵向坐标与船体重心的纵向坐标相同。

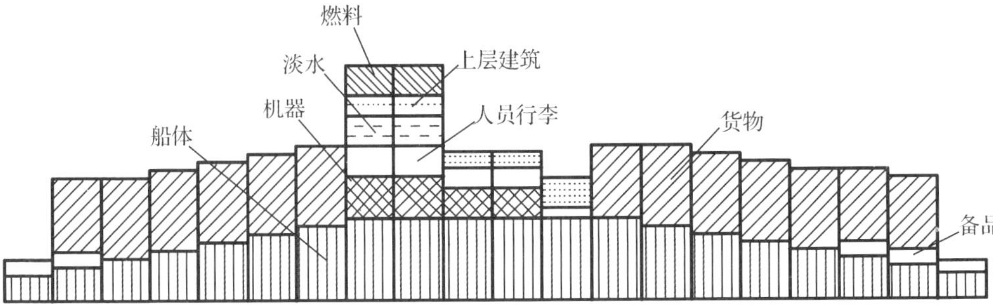

图 7－4 阶梯形船舶重力曲线

为了使船体总重力沿船长按阶梯形分布,并且使每一项重力的重心在船长方向坐标不变,从而保证与实际分配效果一致,则需要介绍单项重力按矩形分布的方法。

所谓单项重力按矩形分布即把集中载荷或一定长度上的分布载荷转化为等价的每一理论站距上的矩形分布载荷。转化时应遵循"静力相当"的原则,即转化前后重力相等、重心位置不变。

下面分以下 5 种情况介绍。

(1)集中载荷 P 位于某一站号处

可将 P 均匀地分配到相邻的两个理论站距上,如图 7－5 所示。

(2)集中载荷 P 位于某一理论站距的中点

将 P 均匀地分配到这个理论站距上即可,如图 7－6 所示。

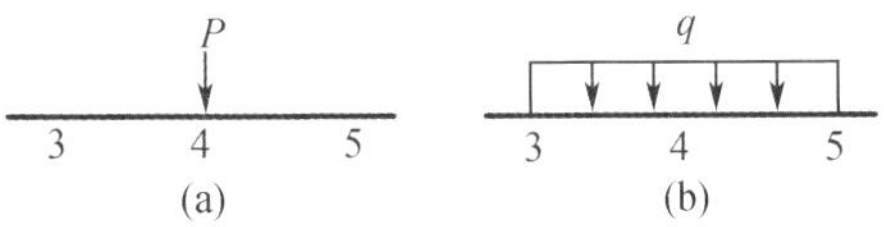

图 7－5 集中载荷位于站号处

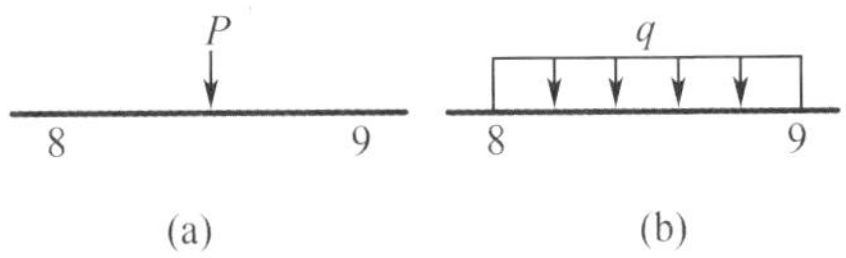

图 7－6 集中载荷位于理论站距的中点

(3)集中载荷 P 位于某一理论站距的某一点

设集中载荷 P 位于 $i \sim i+1$ 站距内(图 7－7(a)),其重心位置为 $a(a \leqslant \Delta L/2)$,转化后相邻两个理论站距上的两个矩形分布载荷分别为 P_1 和 P_2,如图 7－7(b)所示。

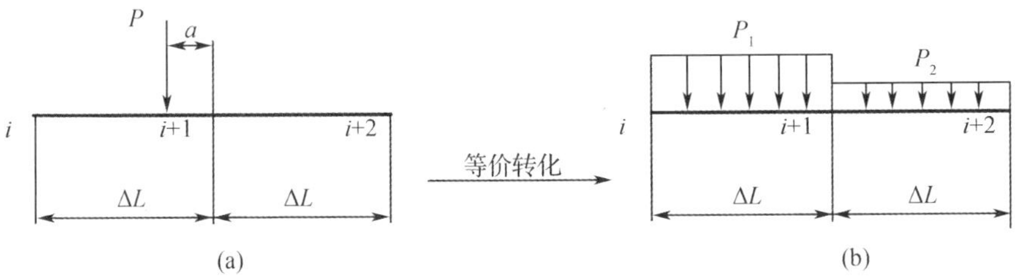

图 7－7 集中载荷转化为矩形分布载荷

根据转化前后重力相等、重心位置不变的条件,可得如下方程组:

$$\begin{cases}(P_1+P_2)\Delta L=P\\ P_1\Delta L\dfrac{\Delta L}{2}-P_2\Delta L\dfrac{\Delta L}{2}=Pa\end{cases}\tag{7-13}$$

解之即得

$$\begin{cases}P_1=\dfrac{P}{\Delta L}\left(0.5+\dfrac{a}{\Delta L}\right)\\ P_2=\dfrac{P}{\Delta L}\left(0.5-\dfrac{a}{\Delta L}\right)\end{cases}\tag{7-14}$$

例 7-1　某船的第一货舱载重为 $P=650$ kN,分布在 7~9 两个理论站间。重心在7~8 理论站间,且距第 8 站的距离为 $a=2$ m。理论站间距为 $\Delta L=7$ m。试求等价转化为每一理论站间距上矩形分布载荷 p_1 和 p_2。

解　运用式(7-14)可得

$$p_1=\frac{P}{\Delta L}\left(0.5+\frac{a}{\Delta L}\right)=\frac{650}{7}\left(0.5+\frac{2}{7}\right)=72.96\ \text{km/m}$$

$$p_1=\frac{P}{\Delta L}\left(0.5-\frac{a}{\Delta L}\right)=\frac{650}{7}\left(0.5-\frac{2}{7}\right)=19.90\ \text{km/m}$$

例 7-2　设均布在 $i\sim i+2$ 两个站距之间部分长度(图 7-8(a)所示的 $3\Delta L/2$)上的均布载荷为 q,如图 7-8(a)所示,试求等价转化后每一站距上的矩形分布载荷。

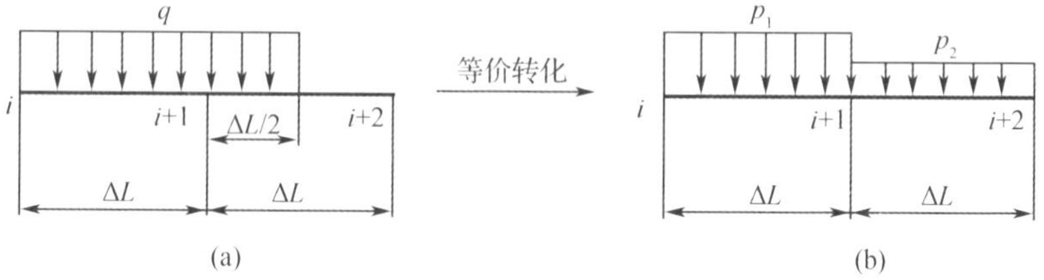

图 7-8　两个站距之间部分长度上的均布载荷转化为每一站距上的矩形分布载荷

解　设转化后相邻两个理论站距上的两个矩形分布载荷分别为 p_1 和 p_2,如图 7-8(b)所示。

根据转化前后重力相等、重心位置不变的条件,只需把 $i+1\sim i+2$ 站距间的均布载荷 q 当作集中载荷 $P=q\dfrac{\Delta L}{2}$,并等价转化为两个站距上的矩形分布载荷,再与 $i\sim i+1$ 站距间的均布载荷 q 叠加即可。

设 P 转化后每一站距上的矩形分布分布载荷为 p_1' 和 p_2',则由式(7-14)得

$$p_1'=\frac{q\dfrac{\Delta L}{2}}{\Delta L}\left(0.5-\frac{a}{\Delta L}\right)$$

$$p_2'=\frac{q\dfrac{\Delta L}{2}}{\Delta L}\left(0.5+\frac{a}{\Delta L}\right)$$

式中，$a=\dfrac{\Delta L}{4}$，故

$$p_1'=\frac{1}{8}q$$

$$p_2'=\frac{3}{8}q$$

于是所求矩形分布为

$$p_1=q+\frac{1}{8}q=\frac{9}{8}q$$

$$p_2=\frac{3}{8}q$$

(4)分布在三个站距上的载荷

因为只有两个平衡条件，所以一般是根据具体情况，按图 7－9 的假定分布规律进行分布。其中，对于图 7－9(a)和(b)的情况，可以比较简单地利用静力等效原则直接列出两个方程，从而求得不同理论站距内的分布载荷(图 7－9 中虚线部分)。对于图 7－9(c)情况，可以分步进行：第一步，以 1.5ΔL 代替 ΔL，用式(7－14)求 p_1 和 p_2；第二步，再利用式(7－14)将 p_1 和 p_2 分别向其相邻的两个理论站距内分布。这样，中间理论站距的分配值为 p_{12} 和 p_{21} 的叠加，其他两个理论站距的分配值分别为 p_{11} 和 p_{22}。

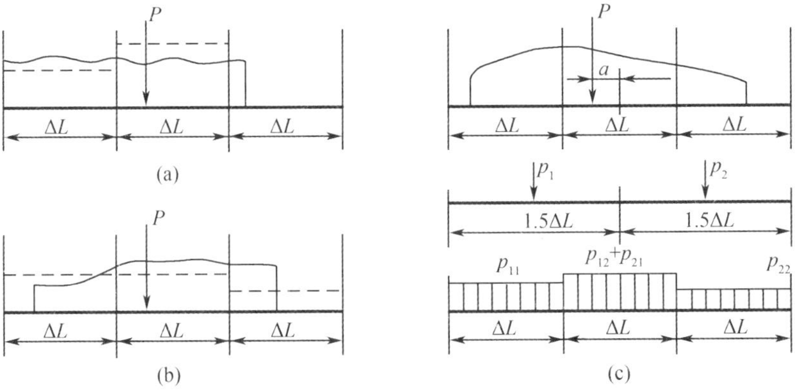

图 7－9　分布在三个站距上的载荷转化为矩形分布载荷

对于在更长范围内分布的重力，均可按上述方法处理，计算时只需将理论站距 ΔL 用分布范围内的等分长度代替即可。

(5)船舶艏艉垂线外的延长部分

有些船舶在艏艉垂线之外，有相当长的延长部分，且这部分的重力可能超过空船重力的 1%。对于这一类重力应按图 7－10 的办法进行分布。把艏艉垂线之外的重力移到相邻的两个理论站距内，但不改变船舶重心坐标，故不致引起船中部弯矩的变化。根据平衡条件

$$P=p_1-p_2$$

$$Pa=\left(\frac{3}{2}p_2-\frac{1}{2}p_1\right)\Delta L$$

可得

$$\begin{cases} p_1 = P\left(\dfrac{3}{2} + \dfrac{a}{\Delta L}\right) \\ p_2 = P\left(\dfrac{1}{2} + \dfrac{a}{\Delta L}\right) \end{cases} \tag{7-15}$$

式中,a 为突出部分重心距端点站的距离。

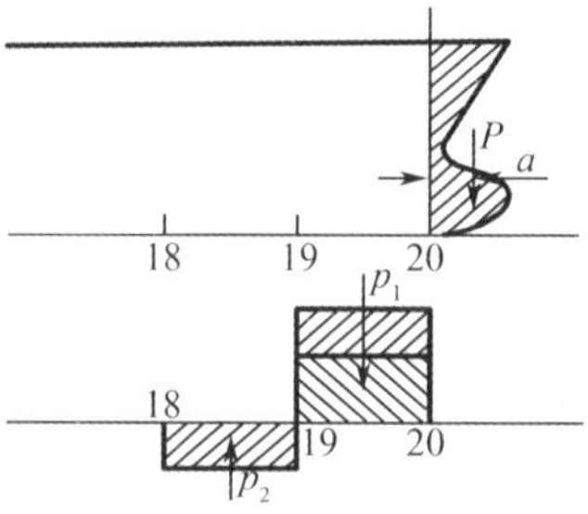

图 7-10 船舶艏艉垂线外的延长部分转化为矩形分布载荷

将各项重力按上述方法分配好之后,就可以把各个理论站距内的重力叠加,绘制出如图 7-4 所示的阶梯形重力曲线。同时由表 7-1 还可以算得船舶的重力:

$$G = \sum G_i$$

和船舶的重心:

$$z_g = \frac{\sum G_i z_{gi}}{\sum G_i}$$

$$x_g = \frac{\sum G_i x_{gi}}{\sum G_i}$$

2. 梯形法

近年来,船舶设计院(所)及船厂普遍采用电算方法来求剪力与弯矩。在电算方法中,一般都采取将每项重力在其分布区域内按梯形分布的方法,现将这种方法介绍如下。

计算前,必须给出两组重力表,一组是船舶固定重力,一组是装载重力。其中每个重力单元由四个参数组成,即单元重力,重心纵向距舯值,分布范围前后端所在肋位号(如果落在肋位间,则取在最邻近的肋位上)。

设有如图 7-11 所示的分项重力 P,其重心位置为 x_g,分布范围起始点和终止点的位置分别为 x_1 和 x_2。

下面介绍将 P 在 $x_1 \sim x_2$ 范围内等价转化为梯形分布的方法。

设在梯形的两端点处的重力集度分别为 Q_1 和 Q_2,则根据梯形分布的重力应该与 P 相等,且重心位置相同的要求,可得

$$\begin{cases} \dfrac{(Q_1 + Q_2)(x_2 - x_1)}{2} = P \\ Q_1(x_2 - x_1)\dfrac{x_2 - x_1}{2} + (Q_2 - Q_1)\dfrac{x_2 - x_1}{2}\,\dfrac{2(x_2 - x_1)}{3} = P(x_g - x_1) \end{cases} \tag{7-16}$$

解式(7-16),并令

$$x_g - x_1 = a$$

$$x_2 - x_1 = l$$

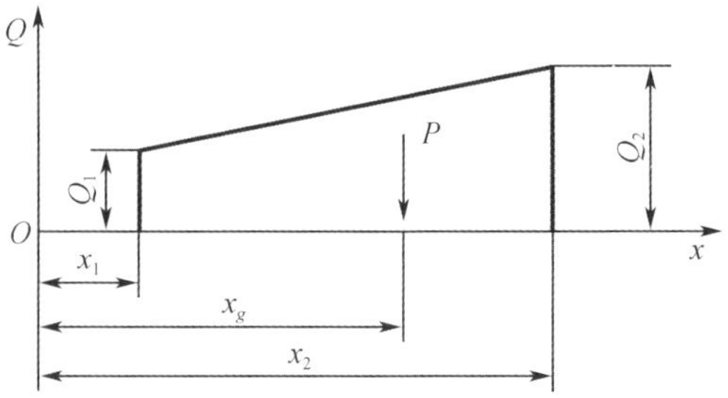

图 7－11　分项重力转化为梯形分布

即可求得

$$Q_1 = \frac{2P}{L}\left(2 - \frac{3a}{l}\right) \tag{7－17}$$

$$Q_2 = \frac{2P}{l}\left(\frac{3a}{l} - 1\right) \tag{7－18}$$

如此，P 即转化为以重力集度 Q_1、Q_2 为上下底的梯形分布。

改为梯形分布后，根据所采用的电算方法，再决定是否要将此分布改为在每一肋距上为矩形的分布。若要改，则可取每挡肋距中点处的 $\omega_{中}$ 值改为等积矩形，而忽略对重心位置的影响（影响极小，可以忽略）。各项重力都改为矩形分布之后，再叠加即可得到在各挡肋距上为矩形的重力分布曲线。当然也可直接由梯形分布求各站距上的 N_{ip} 及 M_{ip} 而不再作全船的重力分布曲线。

关于空船重力的分布可分为两种情况。

第一种情况，当空船重力有详细资料时，则这部分重力也可看成由若干项重力单元组成，并按式（7－17）和式（7－18）计算出每项重力单元的梯形分布。

第二种情况，当空船重力中船体结构主体钢材重力详细分布尚未确定而只有估算的重力、重心时，可将该重力作为三段分布，前后段为梯形，中段为矩形（图 7－12）。

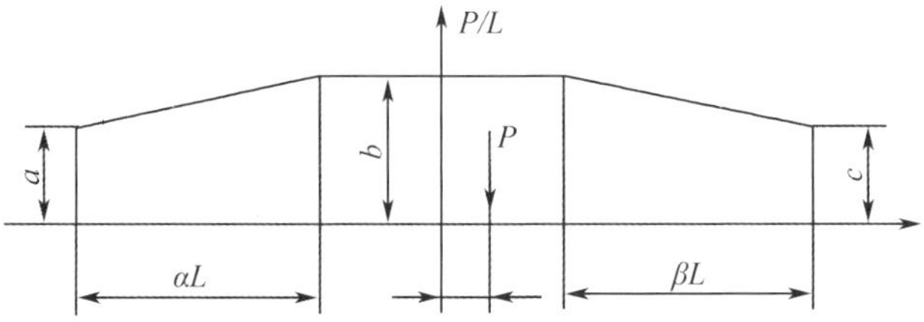

图 7－12　空船重力的三段分布

图 7－12 中，系数 α、β、a、b、c 之值可根据重力统计资料确定，或采用下列公式计算：

$$\begin{cases} \alpha = \beta = \dfrac{1}{3} \\ b = 1.17 \sim 1.20 \\ a = 3 - 2b - \dfrac{54}{7}\dfrac{x_g}{L} \\ c = 3 - 2b + \dfrac{54}{7}\dfrac{x_g}{L} \end{cases} \tag{7－19}$$

式中　L——船长，这里取垂线间长；

x_g——主体钢料重力的重心距船中的距离；

b——根据方形系数 C_b 确定，当 $C_b>0.75$ 时取 $b=1.17$，当 $C_b<0.70$ 时取 $b=1.20$，当 $0.70<C_b<0.75$ 时 b 由插值法求得。

图 7－12 所示的主体钢料重力分布规律，并不一定对每条船都适合，但在没有其他重力统计资料时，也可作为参考。

将船舶各项重力的分布值叠加，就得到了如图 7－3 所示的阶梯形重力分布曲线。

例 7－3　某 35 000 t 散货船，在满载装煤出港的装载情况下，第一货舱重力单元的重力为 55 110 kN，重心距船中 120 号肋位 69.7 m，分布范围的起始肋位是 193 号，终止肋位是 227 号。该范围内的肋距 $s=700$ mm。

试在该范围内用梯形重力分布代替实际重力分布。

解　作梯形分布的计算模型示意图（图 7－13）。

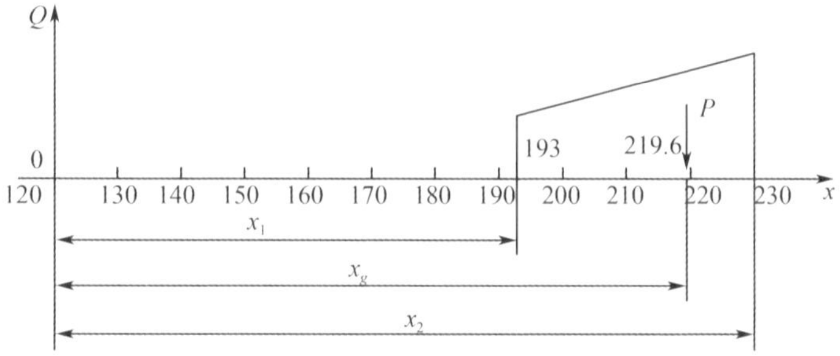

图 7－13　计算图形

图 7－13 中，

$$x_1=(193-120)\times 0.7=51.1\ \text{m}$$

$$x_g=69.7\ \text{m}$$

$$x_2=(227-120)\times 0.7=74.9\ \text{m}$$

$$P=55\ 110\ \text{kN}$$

则

$$a=x_g-x_1=69.7-51.1=18.6\ \text{m}$$

$$l=x_2-x_1=74.9-51.1=23.8\ \text{m}$$

于是，由式（7－17）及式（7－18）得

$$Q_1=\frac{2P}{l}\left(2-\frac{3a}{l}\right)=\frac{2\times 55\ 110}{23.8}\left(2-\frac{3\times 18.6}{23.8}\right)=-1\ 598\ \text{kN/m}$$

（负号表示其方向与图示方向相反）

$$Q_2=\frac{2P}{l}\left(\frac{3a}{l}-1\right)=\frac{2\times 55\ 110}{23.8}\left(\frac{3\times 18.6}{23.8}-1\right)=6\ 229\ \text{kN/m}$$

检验：

因为

$$\frac{(Q_1+Q_2)(x_2-x_1)}{2}=\frac{(6\ 229-1\ 598)(74.9-51.1)}{2}=55\ 110\ \text{kN}=P$$

所以 Q_1 和 Q_2 是所求梯形分布两端点的重力集度。

7.1.2 浮力曲线的计算

作用在船的单位长度上的浮力即浮力集度 $b_s(x)$ 与重力集度 $w(x)$ 一样,实际上不是用解析式来表示的,而是用船舶在某一装载状态下,浮力沿着船长的分布曲线即浮力曲线来表示的。浮力曲线下的面积等于作用在船体上的浮力,面积的形心纵向坐标即为浮心纵向位置。

图 7-14 所示的是根据邦戎曲线求浮力曲线的方法。船舶的邦戎曲线由若干个(一般为 11 个或 21 个)横剖面的面积曲线 $\omega=f(d)$ 所组成。若已知船舶的吃水为 d 时的水线为 WL(图 7-14(a)),则通过 WL 与 x 处垂线的交点 c,作水平线交曲线于 e,量其水平距离 $\overline{ce}$ 即得 x 处的横剖面浸水面积 $\omega(x)$。

当 $\rho g=9.81\ \mathrm{kN/m^2}$(舷外水为淡水)时,$b_s(x)=9.81\omega(x)$,当 $\rho g=10.06\ \mathrm{kN/m^2}$(舷外水为海水)时,$b_s(x)=10.06\omega(x)$。图 7-14(b)所示实线和虚线,就是船舶在水线 WL 下的浮力曲线。

同样道理,不论水线 WL 是倾斜的,还是波形的,都可以利用邦戎曲线作出对应的浮力曲线。

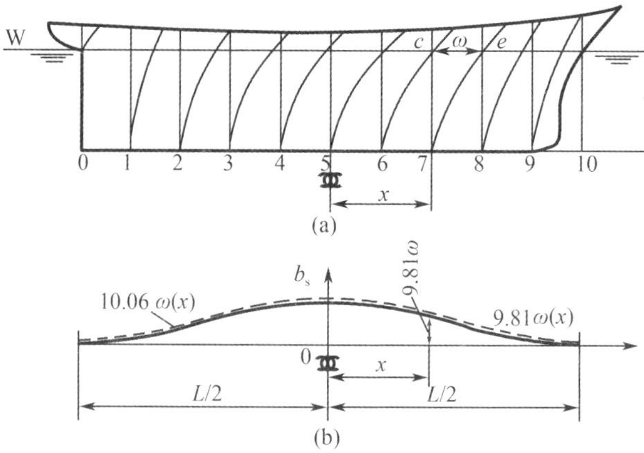

图 7-14　浮力曲线的作法

从上述内容可知,为了求得船舶在某一装载状态下的浮力曲线,必须事先确定船舶在静水中的平衡位置,即船舶在静水中的吃水线 WL 的位置。那么,该如何确定呢?一般可分两种情况进行讨论。

第一种情况,船舶在静水中处于正浮状态,即船舶既无纵倾又无横倾的状态。这时只要根据已知船舶在某一装载状态下的总重力 W(即排水量 Δ_0),在该船舶的静水力曲线图上,就可求得在相应排水量 Δ_0 下的平均吃水 d_m,因为正浮状态艏艉没有吃水差,所以就可在邦戎曲线上作出吃水为 d_m 的水线 WL,进而就能求得对应的浮力曲线。

第二种情况,即一般状态下,船舶在静水中实际并非处于正浮状态。这时可采用近似方法,逐步求得艏吃水 d_f 和艉吃水 d_a,从而得到船舶的实际水线 W′L′的位置,进而也可以求得对应的浮力曲线。这种逐步近似计算的过程如下。

由已知的某一计算工况(即某一装载状态)下的总重力 W($W=\rho g V_0$,V_0 为相应于 W 的排水体积)和重心纵向坐标 x_g,在该船舶的静水力曲线图上,求得相应的平均吃水 d_m,再求

得浮心纵向坐标 x_b 和该水线面面积 A、漂心纵向坐标 x_f，以及纵稳心半径 R（$R = Z_{ml} - Z_b$ 或 $R = \frac{I_{yt}}{V}$，Z_{ml}是纵稳心 M_L 的垂向坐标，Z_b 是浮心 B 的垂向坐标，I_{yt}是正浮水线面面积对通过漂心的纵倾轴 Oy 的面积惯性矩，V 是正浮水线 WL 下的排水体积）。

如图 7－15 所示，此时，一般将有 $x_b \neq x_g$。相对于正浮状态，船舶将发生纵倾，以使船舶在静水中达到平衡状态，并得到船舶的艏吃水 d_{f1} 和艉吃水 d_{a1} 以及实际水线 W_1L_1 的位置。记纵倾角为 φ，且令艏倾为正，那么，纵倾后的艏吃水 d_{f1} 和艉吃水 d_{a1}，可用式（7－20）求得第一次近似计算时的艏、艉吃水：

$$\begin{cases} d_{f1} = d_m + \left(\frac{L}{2} - x_f\right)\tan\varphi \\ d_{a1} = d_m - \left(\frac{L}{2} + x_f\right)\tan\varphi \end{cases} \tag{7-20}$$

式中　$\tan\varphi = \frac{x_g - x_b}{R}$；

R——纵稳心半径，m。

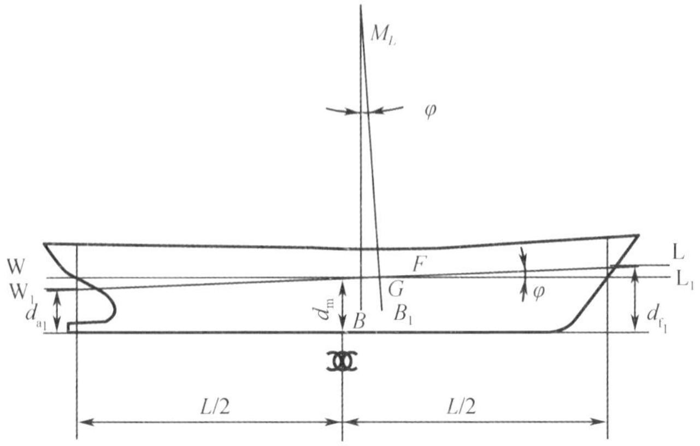

图 7－15　船舶非正浮的情况

将 d_{f1} 和 d_{a1} 之值，在邦戎曲线上作出对应的第一近似水线 W_1L_1，从而得到各站吃水 d_i 及所对应的浸水面积 ω_i。利用数值积分，可计算出排水体积 V_1 和浮心纵向坐标 x_{b1} 的第一近似值：

$$\begin{cases} V_1 = \int_0^L \omega(x)\,dx \\ x_{b1} = \frac{\int_0^L x \cdot \omega(x)\,dx}{V_1} \end{cases} \tag{7-21}$$

若求得的这两个数值 V_1、x_{b1} 与给定的排水体积 V_0 及重心纵向坐标 x_g 相差较大，则必须进行第二次近似计算。此时，可按式（7－22）确定新的艏、艉吃水：

$$\begin{cases} d_{f2} = d_{f1} + \frac{V_0 - V_1}{A} + \left(\frac{L}{2} - x_f\right)\frac{x_g - x_{b1}}{R} \\ d_{a2} = d_{a1} + \frac{V_0 - V_1}{A} - \left(\frac{L}{2} + x_f\right)\frac{x_g - x_{b1}}{R} \end{cases} \tag{7-22}$$

式中 d_{f1}、d_{a1}——第一次近似计算时的艏、艉吃水；

d_{f2}、d_{a2}——第二次近似计算时的艏、艉吃水；

$\frac{V_0 - V_1}{A}$——船舶将上浮或下沉的某个值；

A——水线面积。

上式的意义相当于对第一次近似计算得到的船舶位置做进一步的修正。由于排水体积不等，故第二次调整时，船舶将上浮或下沉$\frac{V_0 - V_1}{A}$之值；其次，由于浮心与重心纵向坐标不一致，船舶也将产生某种程度的纵倾。

一般说来，若浮心与重心纵向坐标之差不超过船长 L 的 0.1%，排水量与给定的船舶重力之差不超过排水量 Δ 的 0.5%，则认为调整好了。由此而产生的弯矩最大误差大致不超过5%的 M_{max}。接着就应根据最后第 K 次确定的艏、艉吃水及对应的吃水线 $W_K L_K$ 求出浮力分布曲线。

上述逐步近似求平衡水线 $W_K L_K$ 的过程，称为在静水中调整纵倾，计算通常用表格进行，见表7－2。

表7－2　船舶平衡位置计算表

1	2	3	4	5	6
理论站号	力臂系数 k	第一次近似计算		第二次近似计算	
		横剖面浸水面积 ω/m^2	力矩函数 $k \cdot \omega = (2) \times (3)$	横剖面浸水面积 ω/m^2	力矩函数 $k \cdot \omega = (2) \times (3)$
0	－10	$\omega_0/2$			
1	－9	ω_1			
⋮	⋮	⋮			
19	9	ω_{19}			
20	10	$\omega_{20}/2$			
$\sum$		$\sum 3$	$\sum 4$	$\sum 5$	$\sum 6$
$V_1 = \Delta L \sum 3, x_{b1} = \Delta L \frac{\sum 4}{\sum 3}, V_2 = \Delta L \sum 5, x_{b2} = \Delta L \frac{\sum 6}{\sum 5}$					

根据最后第 K 次近似计算得到的水线 $W_K L_K$，利用邦戎曲线图求得各理论站处浸水面积 ω_i 后，即可作出浮力曲线。这里需注意的是，对应矩形法作出的阶梯形重力曲线，还应化为在每个站距间为矩形的浮力曲线，如图7－16所示，以便在每一个站距上与阶梯形重力曲线叠加成载荷曲线。

由图7－16可得出每一站距上分布浮力为

$$B_{ij} = \frac{\omega_i + \omega_j}{2} \Delta L \rho g \tag{7-23}$$

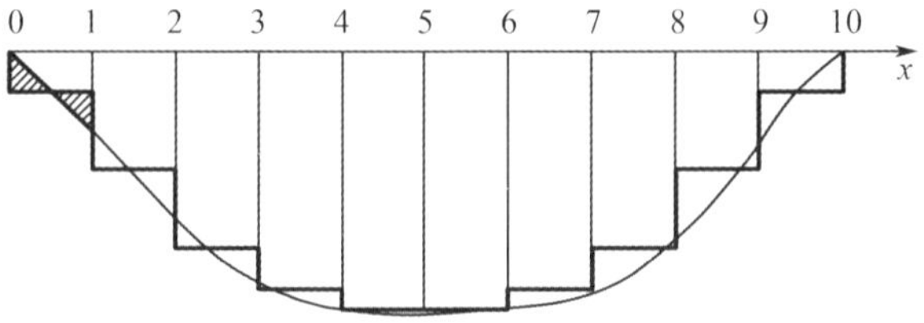

图 7－16　阶梯形浮力曲线

式中　B_{ij}——i 与 j 站距间的浮力，kN；

ω_i、ω_j——分别为 i 与 j 站上横剖面浸水面积，m^2；

ΔL——i 与 j 站间的距离，m；

ρg——舷外水的重度，kN/m^3。

7.1.3　载荷曲线的计算

重力曲线 $w(x)$ 和浮力曲线 $b_s(x)$ 之差值 $q_s(x)$ 称为载荷曲线（图 7－3）。

图 7－17 所示是对应于矩形法的第 i 理论站与第 $i+1$、第 $i+2$ 理论站间的重力曲线 $w(x)$ 与浮力曲线 $b_s(x)$ 合成而得到的载荷曲线 $q_s(x)$，i 取 $0,1,2,\cdots,n$。

显然，当 $w(x)>b_s(x)$ 时，$q_s(x)$ 的方向与 $w(x)$ 一致，则作在 x 轴的上方，反之作在 x 轴的下方。

载荷曲线有两点性质：

（1）沿着船长分布的整个载荷曲线与轴线之间所包含的面积之和为零，即

$$\int_0^L q_s(x)\,dx = 0 \tag{7-24}$$

（2）上述面积对轴上任一点 x_0 的静力矩之和为零，即

$$\int_0^L (x-x_0)q_s(x)\,dx = 0 \tag{7-25}$$

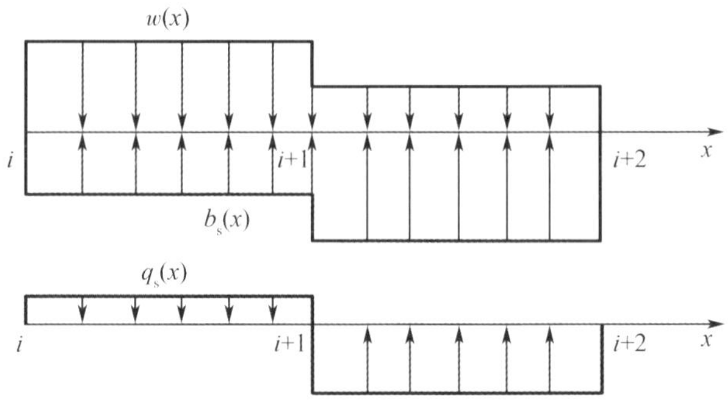

图 7－17　载荷曲线的作法

载荷曲线的上述性质表明作用在船体上的外力是平衡的。

在进行剪力与弯矩计算的过程中，需要时，可以对载荷曲线的这两点性质进行检验，以便判定船舶是否处于所要求的平衡状态。

实际上，载荷曲线的计算是通过表 7－3 进行的。

表 7－3　船舶载荷、剪力、弯矩计算表

1	2	3	4	5	6	7	8	9	10	11	12	13	14	15
理论站号 i	横剖面浸水面积	载荷及其积分							剪力		弯矩			理论站号 i
		第(2)栏成对和	站距内的浮力 $(3)\times\frac{\Delta L}{2}\gamma$	站距内的重力	站距内的载荷 (5)－(4)	修正前剪力值第(6)栏自上至下和	第(7)栏成对和	第(8)栏自上至下和	剪力修正值 $-(7)_{20}\times\frac{i}{20}$	剪力值 $N=(7)+(10)$	修正前弯矩值 $(9)\cdot\frac{\Delta L}{2}$	弯矩修正值 $-(12)_{20}\times\frac{i}{20}$	弯矩值 $M=(12)+(13)$	
—	m^2	m^2	kN	kN	kN	kN	kN	kN	kN	kN	kN·m	kN·m	kN·m	—
0														0
1														1
⋮														⋮
19														19
20														20

7.1.4 剪力曲线 $N_s(x)$、弯矩曲线 $M_s(x)$ 的计算

1. 数值积分法

作用在船体梁任意剖面(可取每一理论站)上的静水剪力 $N_s(x)$ 和静水弯矩 $M_s(x)$ 可用以下积分式求得:

$$N_s(x) = \int_0^x q_s(x)\mathrm{d}x$$

$$M_s(x) = \int_0^x N_s(x)\mathrm{d}x$$

可见,载荷曲线的一次积分曲线就是剪力曲线,载荷曲线的二次积分曲线即剪力曲线的一次积分曲线就是弯矩曲线。

由于阶梯形重力曲线 $w(x)$ 与浮力曲线 $b_s(x)$ 之差值是阶梯形载荷曲线 $q_s(x)$,如图 7-18所示。所以,若要求第 k 号理论站上的静水剪力 $N_s(x)$ 值,可以对第 k 号理论站以前的载荷曲线 $q_s(x)$ 与坐标轴所围的面积值进行叠加而得,即

$$N_s(k) = \sum_{i=0}^{k} q_s(i)\Delta L \tag{7-26}$$

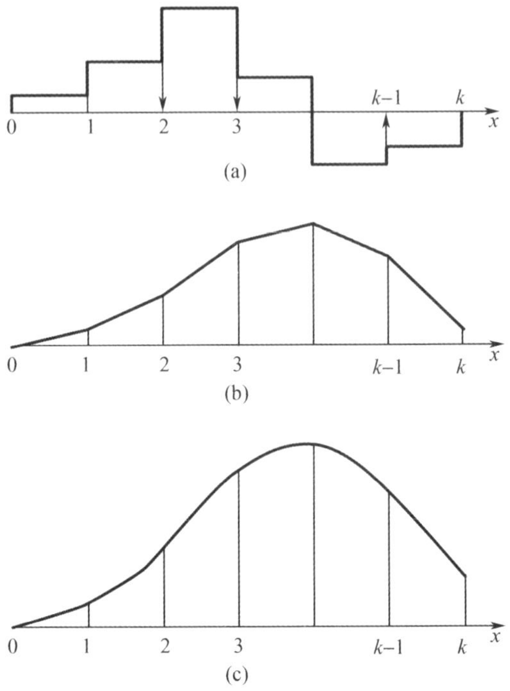

图 7-18 载荷曲线、剪力曲线和弯矩曲线之间的关系

同样,若要求第 k 号理论站上的静水弯矩 $M_s(x)$ 值,可以对第 k 号理论站以前的剪力曲线 $N_s(x)$ 与坐标轴所围的面积值进行叠加而得,即

$$M_s(k) = \frac{\Delta L}{2}\sum_{i=1}^{k}\left[N_s(i-1) + N_s(i)\right] \tag{7-27}$$

以上用数值积分法计算变上限积分式 $\int_0^x q_s(x)\mathrm{d}x$、$\int_0^x N_s(x)\mathrm{d}x$ 的过程，就是计算剪力与弯矩曲线的过程。

具体确定 $N_s(x)$、$M_s(x)$ 曲线在每一理论站号上值的公式如下。

设 $N_s(k)$ 是第 k 号理论站上的静水剪力，Q_{i-j} 是 i 至 j 站距内载荷，则

$$N_s(k) = Q_{0-1} + Q_{1-2} + \cdots + Q_{(k-1)-k}$$

或有

$$N_s(0) = 0$$

$$N_s(1) = Q_{0-1}$$

$$N_s(2) = Q_{0-1} + Q_{1-2}$$

$$\vdots$$

$$N_s(k) = Q_{0-1} + Q_{1-2} + \cdots + Q_{(k-1)-k}$$

由此可知，剪力曲线 $N_s(x)$ 在第 k 号理论站号上的坐标值 $N_s(k)$ 等于站距内载荷 Q_{i-j} 的自上而下和。

设 $M_s(k)$ 是第 k 号理论站号上的静水弯矩，则

$$M_s(k) = \frac{N_s(0) + N_s(1)}{2}\Delta L + \frac{N_s(1) + N_s(2)}{2}\Delta L + \cdots + \frac{N_s(j) + N_s(k)}{2}\Delta L$$

或有

$$M_s(0) = 0$$

$$M_s(1) = N_s(1) \cdot \frac{\Delta L}{2}$$

$$M_s(2) = [2N_s(1) + N_s(2)]\frac{\Delta L}{2}$$

$$\vdots$$

$$M_s(k) = [2N_s(1) + 2N_s(2) + \cdots + 2N_s(k-1) + N_s(k)]\frac{\Delta L}{2}$$

由此可知，弯矩曲线 $M_s(x)$ 在第 k 号理论站号上的坐标值 $M_s(k)$ 等于理论站上剪力值先成对和再自上而下和，然后乘 $\frac{\Delta L}{2}$。

实际上，剪力曲线、弯矩曲线的计算和载荷曲线一样是通过表 7－3 进行的。

通过上述方法计算的剪力曲线 $N_s(x)$ 和弯矩曲线 $M_s(x)$ 还有必要进行修正。因为船体梁两端自由，所以艏艉端点处的剪力与弯矩值应为零。那么，剪力与弯矩曲线在端点处应是封闭的。

其次，由于载荷、剪力与弯矩之间有下列微分关系：

$$\frac{\mathrm{d}N_s}{\mathrm{d}x} = q_s(x)$$

$$\frac{\mathrm{d}M_s}{\mathrm{d}x} = N_s(x)$$

所以剪力曲线与 x 轴的相交处，弯矩曲线必为极值；而在剪力曲线的两端点处，弯矩曲线应

与 x 轴相切。曲线的这些特性可以用来检查所得的剪力曲线和弯矩曲线是否正确。

在计算静水中的载荷、剪力与弯矩时,纵倾调整只是一个近似计算过程,数值积分法也会带来一定的误差,很难满足端点处的剪力与弯矩值为零的条件。如果这种误差所造成的不封闭值满足

$$\begin{cases} \left|\dfrac{N(L)}{N_{max}}\right| \leqslant 0.05 \\ \left|\dfrac{M(L)}{M_{max}}\right| \leqslant 0.05 \end{cases} \tag{7-28}$$

那么就可以认为已经达到计算精度要求了,对于军船取≤0.01 为宜。式(7-28)中的 M_{max} 是总纵弯矩的最大值,N_{max} 是剪力的最大值(绝对值)。这时,只要对不为 0 的 $M(L)$、$N(L)$ 值采用线性内插法进行修正就可以了。

线性内插法修正曲线如图 7-18 所示,线性内插法修正实际上就是按直线等比例修正。

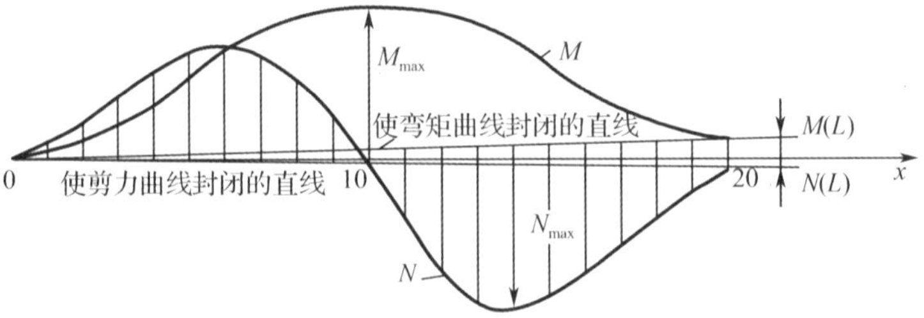

图 7-19　线性内插法修正曲线

具体方法如下。

可以依照图 7-19 所示的方法,各用一条直线把剪力曲线和弯矩曲线封闭起来,也就是用所作的直线作为 x 轴,则在右端点处分别有 $N(L)=0$、$M(L)=0$。这样,在第 20 站处剪力的修正值应为“$-(7)_{20}$”(表 7-3 中第 7 项第 20 站处的剪力值)。依此,就可对每个理论站的剪力与弯矩予以修正。

按照如图 7-19 所示的线性修正法,利用比例关系可得第 i 站剪力的修正值为

$$-(7)_{20} \cdot \frac{i}{20} \tag{7-29}$$

如果修正前第 i 站的剪力值设为 $N'(i)$,那么修正后第 i 站剪力值为

$$N'(i) - (7)_{20} \cdot \frac{i}{20} \tag{7-30}$$

同理,第 i 站弯矩的修正值为

$$-(12)_{20} \cdot \frac{i}{20} \tag{7-31}$$

如果修正前第 i 站的弯矩值设为 $M'(i)$,那么修正后第 i 站弯矩值为

$$M'(i) - (12)_{20} \cdot \frac{i}{20} \tag{7-32}$$

如果不满足式(7-28)的条件,则一定是 N、M 计算中有错误,或是纵倾调整中有较大误差。这时,必须进行复查或重新计算。

载荷、剪力与弯矩的全部计算及修正过程，通常都是用表7－3进行的。

2. 用迭代公式(即递推公式)计算剪力与弯矩

对应于梯形法的重力曲线 $w(x)$ 和浮力曲线 $b_s(x)$ 的情况，可以不计算载荷曲线，直接对 $w(x)$ 和 $b_s(x)$ 逐次积分，并对积分式合成求出静水剪力曲线和静水弯矩曲线，即

$$\begin{cases} N_s(x) = \int_0^x w(x)\mathrm{d}x - \int_0^x b_s(x)\mathrm{d}x = N_W(x) - N_B(x) \\ M_s(x) = \int_0^x \int_0^x w(x)\mathrm{d}x\mathrm{d}x - \int_0^x \int_0^x b_s(x)\mathrm{d}x\mathrm{d}x = M_W(x) - M_B(x) \end{cases} \quad (7-33)$$

或

$$M_s(x) = \int_0^x N_s(x)\mathrm{d}x = \int_0^x N_W(x)\mathrm{d}x - \int_0^x N_B(x)\mathrm{d}x = M_W(x) - M_B(x)$$

式中 N_W——重力引起的剪力，$N_W = \int_0^x \omega(x)\mathrm{d}x$；

N_B——静水浮力引起的剪力，$N_B = \int_0^x b_s(x)\mathrm{d}x$；

M_W——重力引起的弯矩，$M_W = \int_0^x N_W(x)\mathrm{d}x$；

M_B——静水浮力引起的弯矩，$M_B = \int_0^x N_B(x)\mathrm{d}x$。

在实际应用中，剪力与弯矩的计算还可采用逐段静力平衡的计算方法，如图7－20所示。

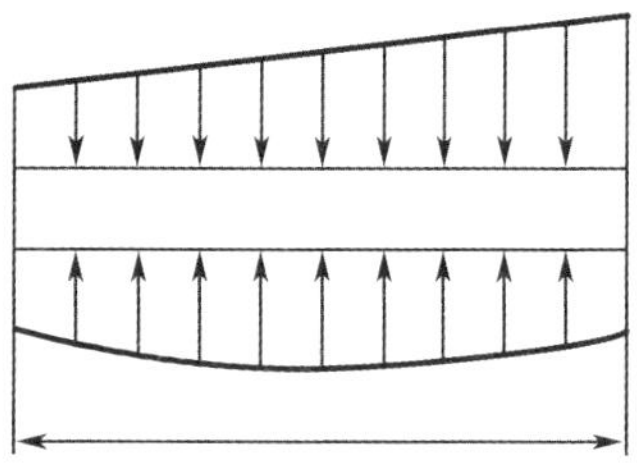

图7－20　逐段静力平衡法

设第 i 号与第 $i+1$ 号肋位间的为重力 W_i、浮力为 B_i；N_i 为第 i 号肋位上的剪力；M_i 为第 i 号肋位上的弯矩；M_i 为第 i 号肋位上的弯矩；ΔL_i 为第 i 号与第 $i+1$ 号肋位间距；i 为由艉向艏的肋位号；

则第 $i+1$ 号肋位上的剪力与弯矩为

$$\begin{cases} N_{i+1} = N_i + W_i - B_i \\ M_{i+1} = M_i + (2N_i + W_i - B_i)\dfrac{\Delta L_i}{2} \end{cases} \quad (7-34)$$

根据剪力与弯矩在艉端点等于零的边界条件，由左向右依次利用迭代公式式(7－34)，便可求得每个肋距上的剪力与弯矩。

对应于梯形法的重力曲线 $w(x)$ 和浮力曲线 $b_s(x)$ 的情况，上述第 i 号与第 $i+1$ 号肋位间的重力 W_i 和浮力 B_i 往往采用计算机计算，其纵倾调整精度较高。同样，上述迭代公式式(7－34)中的 N_{i+1} 和 M_{i+1} 也采用计算机计算，所以由数值计算带来的艏端处的剪力与弯矩的不封闭值很小，可以不必修正。

【任务测试】

1. 何为船体总强度？何为船体局部强度？各举一例说明之。

2. 把船当作一根梁，它在水中漂浮时，受到沿船长分布的重力集度 $w(x)$ 与浮力集度 $b_s(x)$ 作用而平衡。设该船总重力为 W，总浮力为 B_s，试建立：

(1) $w(x)$ 与 W 之间的关系式；

(2) $b_s(x)$ 与 B_s 之间的关系式。

并判断：

(1) W 与 B_s 是否相等？

(2) $w(x)$ 与 $b_s(x)$ 是否相等？

3. 设集中载荷 P 作用于第 2 理论站与第 5 理论站之间的 3 个站距上，站距为 ΔL。其重心位置在第 4 理论站与第 5 理论站之间，且离第 4 理论站的距离为 a。试求等价分布在这 3 个站距上的矩形分布载荷集度 q_1、q_2 与 q_3。

4. 设集中载荷 P 作用于第 2 理论站与第 6 理论站之间的 4 个站距上，站距为 ΔL。其重心位置在第 4 理论站与第 5 理论站之间，且离第 5 理论站的距离为 b。试求等价分布在这 4 个站距上的矩形分布载荷集度 q_1、q_2、q_3 与 q_4。

5. 某 35 000 t 散货船，在轻压载到港的装载情况下，后燃油混合舱重力单元的重力为 447 kN，重心距船中 120 号肋位 75.0 m，分布范围的起始肋位是 22 号，终止肋位是 28 号。该范围内的肋距 $s = 800$ mm。试在该范围内用梯形重力分布代替实际重力分布。

6. 设载荷按某一规律分布在第 3 理论站与第 6 理论站之间的 3 个相邻站距上，各站距 ΔL 相等，$\Delta L = 8$ m。现用作用在其重心处的集中力 P 表示。其重心位置在第 4 理论站与第 5 理论站之间，且离第 4 理论站的距离为 a。已知 $P = 300$ kN，$a = 2$ m。试求等价分布在这 3 个站距上的矩形分布载荷集度 q_1、q_2 与 q_3。

7. 何为浮力曲线？试证明船舶的浮力曲线 $b_s(x)$ 与沿着船长的横剖面浸水面积曲线 $\omega(x)$ 呈线性关系。

8. 在已知邦戎曲线的条件下，试说明利用邦戎曲线图作出船舶在静水中浮力曲线 $b_s(x)$ 的过程。如果船舶的实际吃水线 WL（为一倾斜直线）用波浪曲线代替，那么船舶在波浪下的浮力曲线 $b_s(x)$ 是否能作出？若能作出，试简要说明方法。

9. 设静水载荷曲线 $q(x)$ 在 0 ~ 1，1 ~ 2，2 ~ 3 站距内的载荷值分别为 $Q_{0-1} = -2\ 500$ kN、$Q_{1-2} = 320$ kN、$Q_{2-3} = 360$ kN，试求 0 号和 3 号理论站上的剪力值 $N_s(0)$、$N_s(3)$ 和弯矩值 $M_s(0)$、$M_s(3)$（站距 $\Delta L = 0.65$ m）。

任务 7.2　波浪附加剪力与弯矩的计算

学习任务单

学习领域	船舶结构与强度	
项目 7	船舶静置在波浪上的剪力与弯矩计算	学时
学习任务 2	波浪附加剪力与弯矩的计算	
任务描述	任务导入： 船舶并不是永远在静水中航行，在波浪中会引起附加的载荷进而引起附加的剪力与弯矩。在船舶强度计算中规定，计算波浪的形状用二维坦谷波曲线表示，计算波长等于船长，计算波高按有关规范和强度标准选取，并按波峰在中及波谷在中两种典型状态进行计算。 计算步骤： (1) 绘制坦谷波；	

任务描述	(2)计算波浪附加剪力与弯矩； (3)计算总纵弯矩。 坦谷波的绘制和波浪附加剪力与弯矩计算可以采用列表计算的方法进行计算，可以提高计算准确度和速度，便于掌握计算逻辑
任务要求	技能要求： (1)掌握坦谷波的绘制方法； (2)掌握波浪附加剪力与弯矩计算方法； (3)掌握总纵弯矩的计算方法。 职业素质要求： (1)具有分析问题、解决实际问题的能力； (2)具有责任意识和敬业精神； (3)具有迎接挑战的意识
学习资源	教材、教学课件、图片、船舶总纵弯矩计算书等。

【典型案例】

2013 年 6 月 17 日下午 1 点，MOL COMFORT 号搭载着 7 000 多个标准集装箱执行亚欧航线任务，在从新加坡前往沙特吉达港的途中，在距离阿曼塞莱拉港 430 海里处（北纬 12°33″、东经 59°46′附近）突发事故船舶中部出现断裂，海水进入货舱。24 小时之后，18 日，MOL COMFORT 号断为两截，逐渐分别漂离。断船事故发生 10 天之后，MOL COMFORT 号船尾部分于北纬 14°26″东经 66°26″附近的公海沉入了印度洋的海底，在海上漂流了 23 天的"船坚强"（船首部分），在 7 月 11 日于北纬 19°56′、东经 65°25′附近的公海沉入了海底。造成该事故的主要原因就是船舶中部的结构强度不足，未能抵抗剪力与弯矩的作用。

【知识要点学习】

从之前的介绍可以看出，我们是利用船舶的邦戎曲线、静水力曲线、重力重心等资料以及一系列公式，通过几次纵倾调整，从而确定了船舶在静水中的平衡位置，最后求得了船舶在静水中的载荷、剪力与弯矩。同样，当船舶静置于波浪上时，也必须通过纵倾调整，确定船舶的平衡位置，再求得船舶静置于波浪上的波浪附加剪力和波浪附加弯矩。波浪附加剪力和波浪附加弯矩仅与船型和波浪要素有关，所以，在既定船型下，就必须先确定船舶的计算波浪。在船舶强度计算中规定，计算波浪的形状用二维坦谷波曲线表示，计算波长等于船长，计算波高按有关规范和强度标准选取，并按波峰在中及波谷在中两种典型状态进行计算。

7.2.1 坦谷波的绘制方法

半径为 R 的圆盘，沿直线 AB 滚动时，圆盘面上距圆心为 r 的 P 点的轨迹，即为一坦谷波曲线。坦谷波的波峰较陡，波谷较平坦，故称坦谷波。坦谷波的绘制方法如图7－20 所示。通常把波长分为8等份，分别以$O_0, O_1, \cdots, O_8$为中心，半波高r为半径，顺次旋转45°，记下$P_0, P_1, \cdots, P_8$各点位置，用光滑曲线连接各点即得到一坦谷波曲线。

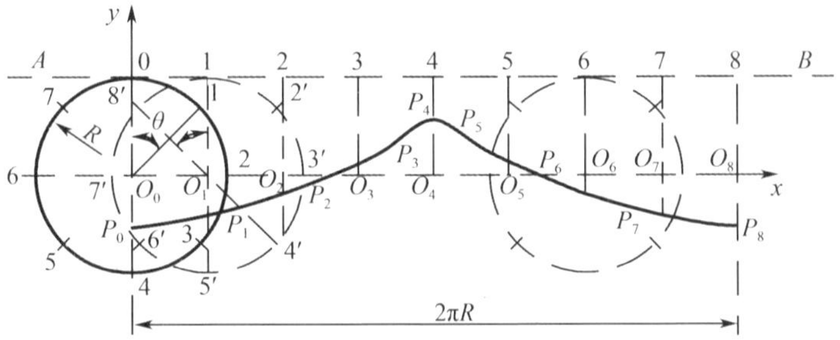

图7-21 坦谷波的绘制方法

如果波长为λ，波高为h，则R与r(半波高)应由下式决定：

$$R = \frac{\lambda}{2\pi}$$

$$r = O_0P_0 = \frac{h}{2}$$

船体强度计算中，通常是根据坦谷波的波面方程所求得的理论站号上的波高相对值来绘制坦谷波曲线。如果取图7-22所示的坐标系统，则坦谷波的波面方程是

$$\begin{cases} x = \dfrac{\lambda}{2\pi}\theta + r\sin\theta \\ y = -r\cos\theta \end{cases} \tag{7-35}$$

式中 θ——圆盘转动时的转角；

y——波面距波轴线的垂向坐标；

x——与y对应的波轴方向坐标。

表7-4是根据式(7-35)求得的$\lambda/h=20$时坦谷波面在各理论站上的垂向坐标的相对值y/r。当λ/h值改变时，表中的数字也将发生变化。实际计算中，应根据λ/h值确定对应的y/r值。

表7-4 y/r值($y/r=20$)

理论站号	10	9;11	8;12	7;13	6;14	5;15	4;16	3;17	2;18	1;19	0;20
中拱	1.0	0.932	0.742	0.470	0.158	-0.154	-0.441	-0.677	-0.854	-0.963	-1.0
中垂	-1.0	-0.963	-0.854	-0.677	-0.441	-0.154	0.158	0.470	0.742	0.932	1.0

7.2.2 波浪附加剪力与弯矩计算

船舶静置在波浪上的浮力分布曲线如图 7－22 所示，船舶在波浪中的浮力曲线 $b_w(x)$ 由静水中的浮力曲线 $b_s(x)$ 与静置于波浪上的附加浮力曲线（即为波浪中由于吃水变化引起的浮力变化量）$\Delta b(x)$ 之和构成，即

$$b_w(x) = b_s(x) + \Delta b(x) \tag{7-36}$$

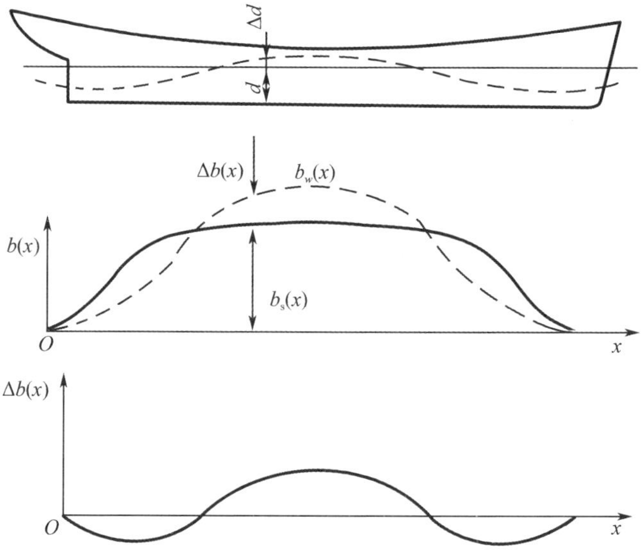

图 7－22　船舶静置在波浪上的浮力分布曲线

船舶静置于波浪上时，也应满足静力平衡条件，即重力与浮力相等，重心与浮心处于同一条铅垂线上。所以，船舶在波浪中的浮力变化量必须满足下式：

$$\begin{cases} \int_0^L \Delta b(x)\,\mathrm{d}x = 0 \\ \int_0^L x \cdot \Delta b(x)\,\mathrm{d}x = 0 \end{cases} \tag{7-37}$$

由于在波浪中船舶的重力分布曲线没有变化，因此作用在船体上的附加剪力与弯矩，仅仅是由浮力分布的改变量 $\Delta b(x)$ 引起的，即

$$\begin{cases} N_w = -\int_0^x \Delta b(x)\,\mathrm{d}x \\ M_w = \int_0^x N_w(x)\,\mathrm{d}x = -\int_0^x \int_0^x \Delta b(x)\,\mathrm{d}x\mathrm{d}x \end{cases} \tag{7-38}$$

由此可见，只要确定了船舶静置在波浪上的平衡位置，即确定了 $\Delta b(x)$，就可以求出波浪附加剪力与弯矩。下面就介绍 $\Delta b(x)$ 的确定方法。

如果以静水吃水线作为坦谷波轴线的位置，当船中在波谷时，由于坦谷波在轴线以上的面积比在轴线以下的面积小，同时由于船中较两端丰满，所以船在此位置时，浮力将比静

水中小,而不能处于平衡。为了得到平衡,船舶将下沉 ζ;反之,如果船中在波峰,船舶要上升 ζ。由于船舶首尾并不对称,还将发生纵倾变化。

假定船舶静置在波浪上时,艉垂线处下沉了 ζ_0,纵倾角变化量为 Ψ,则在距艉垂线 x 处剖面移动的距离是

$$\zeta_x = \zeta_0 + x\psi \tag{7-39}$$

式中　ζ_0——艉下沉为正;

　　ψ——艏下沉为正。

以静吃水线为波轴线,分别绘出波峰在船中和波谷在船中的波形线 $A-A$,如图 7-23(a)所示。在船舶各理论站上利用给出的邦戎曲线,量出各理论站与波形线 $A-A$ 的交点 A_i 的剖面积 ω_{A_i} 的值。设在实际平衡位置第 i 理论站与波面 $C-C$ 的交点为 C_i,则在中垂时 C_i 在 A_i 以上;中拱时 C_i 在 A_i 以下,如图 7-23(b)所示。

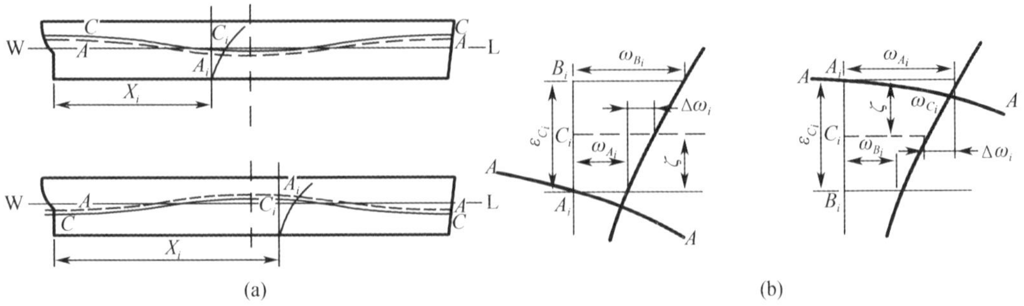

图 7-23　船舶在波浪中浸水面积的量取法

如果在该站上任取一点 B_i,在中垂时取在 A_i 以上,在中拱时取在 A_i 以下,点 B_i 与点 A_i 的距离为 ε(一般可取 1~2 m,各理论站均取同一值),并利用邦戎曲线求出 B_i 处的 ω_{Bi} 值。假设船侧为直壁,亦即邦戎曲线是直线变化趋势,于是写出下列关系式:

$$\omega_{ci} = \omega_{Ai} + \Delta\omega_i = \omega_{Ai} + \frac{\omega_{Bi} - \omega_{Ai}}{\varepsilon}\zeta_i \tag{7-40}$$

将式(7-39)代入式(7-40)后得

$$\omega_{ci} = \omega_{Ai} + \frac{\omega_{Bi} - \omega_{Ai}}{\varepsilon}(\zeta_0 + x_i\psi) \tag{7-41}$$

利用排水量和重心位置与静水中相等的条件,可得

$$\begin{cases} \int_0^L \omega_A(x)\mathrm{d}x + \int_0^L \dfrac{\omega_B(x) - \omega_A(x)}{\varepsilon}(\zeta_0 + x\psi)\mathrm{d}x = V \\ \int_0^L \omega_A(x)\dfrac{x}{L}\mathrm{d}x + \int_0^L \dfrac{\omega_B(x) - \omega_A(x)}{\varepsilon}(\zeta_0 + x\psi)\dfrac{x}{L}\mathrm{d}x = V\dfrac{x_b}{L} \end{cases} \tag{7-42}$$

式中　x_b——浮心至艉垂线的距离;

　　V——船舶在静水中的排水体积。

由式(7-42)可以看出,在决定方程组的系数时,需要计算五个积分:

$$\sum{}'2 = \int_0^L \omega_A(x)\,\mathrm{d}x$$

$$\sum{}'4 = \int_0^L \omega_A(x)\,\frac{x}{L}\mathrm{d}x$$

$$\sum{}'6 = \int_0^L [\omega_B(x) - \omega_A(x)]\,\mathrm{d}x$$

$$\sum{}'7 = \int_0^L [\omega_B(x) - \omega_A(x)]\,\frac{x}{L}\mathrm{d}x$$

$$\sum{}'8 = \int_0^L [\omega_B(x) - \omega_A(x)]\,\frac{x^2}{L^2}\mathrm{d}x$$

把上列符号代入式(7－42),可得

$$\begin{cases} \sum{}'2 + \dfrac{\zeta_0}{\varepsilon}\sum{}'6 + \psi\dfrac{L}{\varepsilon}\sum{}'7 = V \\ \sum{}'4 + \dfrac{\zeta_0}{\varepsilon}\sum{}'7 + \psi\dfrac{L}{\varepsilon}\sum{}'8 = V\dfrac{x_b}{L} \end{cases} \tag{7-43}$$

由式(7－43)可以解出ζ_0和Ψ。在实际计算时,仍然是采用表格进行计算,为了使表格计算更方便一些,可对式(7－43)继续做一些整理。令$\Delta L = L/20$, $b = L\psi$,代入式(7－43),并在第一个方程两端同时除以ΔL,在第二个方程两端同时除以$(\Delta L)^2$并乘以L,得

$$\begin{cases} \sum 2 + \dfrac{\zeta_0}{\varepsilon}\sum 6 + \dfrac{b}{\varepsilon}\dfrac{\sum 7}{20} = \dfrac{V}{\Delta L} \\ \sum 4 + \dfrac{\zeta_0}{\varepsilon}\sum 7 + \dfrac{b}{\varepsilon}\dfrac{\sum 8}{20} = \dfrac{Vx_b}{(\Delta L)^2} \end{cases} \tag{7-44}$$

式中,

$$\begin{aligned} \sum{}_2 &= \sum \omega_{Ai} \\ \sum{}_6 &= \sum(\omega_{Bi} - \omega_{Ai}) \\ \sum{}_7 &= \sum k_i(\omega_{Bi} - \omega_{Ai}) \\ \sum{}^4 &= \sum k_i\omega_{Ai} \\ \sum{}^8 &= \sum k_i^2(\omega_{Bi} - \omega_{Ai}) \end{aligned} \tag{7-45}$$

$$k_i = \frac{x_i}{\Delta L}$$

这些系数可利用表7－5进行数值积分求得。

表 7 – 5 式(7 – 45)的和值计算表

1	2	3	4	5	6	7	8
理论站号	ω_{Ai}/m^2	力臂系数 k	$k\omega_{Ai}=$ (2)×(3)	ω_{Bi}/m^2	$\omega_{Bi}-\omega_{Ai}=$ (5)−(2)	$k(\omega_{Bi}-\omega_{Ai})=$ (3)×(6)	$k^2(\omega_{Bi}-\omega_{Ai})=$ (3)×(7)
0	$\omega_{A0}/2$	0		$\omega_{B0}/2$			
1	ω_{A1}	1		ω_{B1}			
⋮	⋮	⋮		⋮			
19	ω_{A19}	19		ω_{B19}			
20	$\omega_{A20}/2$	20		$\omega_{B20}/2$			
	$\sum 2$		$\sum 4$		$\sum 6$	$\sum 7$	$\sum 8$

再次整理式(7 – 44),得

$$\begin{cases} \zeta_0 \dfrac{\sum 6}{\varepsilon} + b \dfrac{\sum 7}{20\varepsilon} = \dfrac{V}{\Delta L} - \sum 2 \\ \zeta_0 \dfrac{\sum 7}{\varepsilon} + b \dfrac{\sum 8}{20\varepsilon} = \dfrac{Vx_b}{(\Delta L)^2} - \sum 4 \end{cases} \tag{7-46}$$

用行列式解之,得

$$\zeta_0 = \frac{\begin{vmatrix} \dfrac{V}{\Delta L} & \sum 2 - \dfrac{\sum 7}{20\varepsilon} \\ \dfrac{Vx_b}{(\Delta L)^2} - \sum 4 & \dfrac{\sum 8}{20\varepsilon} \end{vmatrix}}{\ }$$

$$b = \frac{\begin{vmatrix} \dfrac{\sum 6}{\varepsilon} & \dfrac{V}{\Delta L} - \sum 2 \\ \dfrac{\sum 7}{\varepsilon} & \dfrac{Vx_b}{(\Delta L)^2} - \sum 4 \end{vmatrix}}{\begin{vmatrix} \dfrac{\sum 6}{\varepsilon} & \dfrac{\sum 7}{20\varepsilon} \\ \dfrac{\sum 7}{\varepsilon} & \dfrac{\sum 8}{20\varepsilon} \end{vmatrix}} \tag{7-47}$$

解出 ζ_0 和 Ψ 后,就可以利用表 7 – 6 求得船舶在波浪中的实际平衡位置。

表 7-6 波浪中船舶平衡位置计算

1	2	3	4	5	6	7	8	9	10	11
理论站号	乘数 k	ω_A /m²	ζ_0 /m	$\zeta' = \frac{b}{20}k$ /m	$\zeta = \zeta_0 + \zeta'$ /m	$\omega_B - \omega_A$ /m	$\frac{\omega_B - \omega_A}{\varepsilon}$ /m	$\Delta\omega = (8) \times (6)$ /m²	$\omega_c = (3) + (9)$ /m²	$\omega_c k$ /m²
0	0								$\omega_0/2$	
1	1								ω_1	
2	2								⋮	
⋮	⋮									
19	19								ω_{19}	
20	20								$\omega_{20}/2$	
									$\sum 10$	$\sum 11$

检验：排水量 $\Delta = \rho g \Delta L \sum 10$，浮心距尾垂线距离 $x_b = \frac{\sum 11}{\sum 10}\Delta L$。

根据式(7-40)，用表 7-6 计算船舶在实际吃水位置时的横剖面浸水面积 ω_c。于是波浪中的附加剪力与弯矩可以按下式求出：

$$N_w = -\rho g \int_0^x \Delta\omega(x)\,\mathrm{d}x \tag{7-48}$$

$$M_w = \int_0^x N_w(x)\,\mathrm{d}x = -\rho g \int_0^x \int_0^x x \cdot \Delta\omega(x)\,\mathrm{d}x\mathrm{d}x \tag{7-49}$$

式中 ρg——水的重度；

$\Delta\omega = \omega_c - \omega$，其中 ω 为静水中横剖面浸水面积。

船舶静置在波浪上的附加剪力与弯矩一般应按中拱和中垂两种情况，用表 7-7 计算。

表 7－7　船舶在波浪上的附加剪力和弯矩计算表

1	2	3	4	5	6	7	8	9	10	11	12	13	14	15
理论站号 i	波浪上横剖面浸水面积 ω_c	静水中横剖面浸水面积 ω	附加载荷及其积分					附加剪力			附加弯矩			理论站号 i
			$\Delta\omega=(2)-(3)$	第（4）栏成对和	第（5）栏自上至下和	第（6）栏成对和	第（7）栏自上至下和	修正前剪力值 $(6)\times\frac{\Delta L}{2}\gamma$	剪力修正值 $-(9)_{20}\times\frac{i}{20}$	剪力值 $N=(9)+(10)$	修正前弯矩 $(8)\times\frac{\Delta L}{2}\gamma$	弯矩修正值 $-(12)_{20}\times\frac{i}{20}$	弯矩值 $M=(12)+(13)$	
单位	m^2	m^2	m^2	kN	kN	kN	kN	kN	kN	kN	kN·m	kN·m	kN·m	–
0 1 ⋮ 19 20														0 1 ⋮ 19 20

7.2.3 总纵弯矩

静水弯矩 M_s 与波浪附加弯矩 M_w 之和称为总纵弯矩，即 $M = M_s + M_w$，该弯矩的最大值被用作校核船体总纵强度的计算弯矩。

前已述及，在进行船舶总纵弯曲标准计算时，按中拱和中垂两种极端情况进行。这时，中横剖面的总纵弯矩为最大值。但当波峰或波谷沿船长变化时，其他剖面就会出现比标准计算状态更大的弯矩值。因此，对于非船中的其他剖面，不能取中拱或中垂状态时的总纵弯矩作为计算弯矩。

如果有了船与波浪在各个位置时的弯矩曲线，自然可以作出这些曲线的包络线，从而可以按包络线取得计算剖面的弯矩。但这种做法的工作量太大了，应采用更加简化的计算方法。为此，在画出中拱及中垂状态弯矩曲线之后，将船中剖面曲线顶点分别向艏、艉方向移动5%船长，然后，依次将其他各理论站弯矩曲线的顶点也向两端移动5%船长，最后连接各点便得到实用的计算弯矩曲线，如图7-24所示。

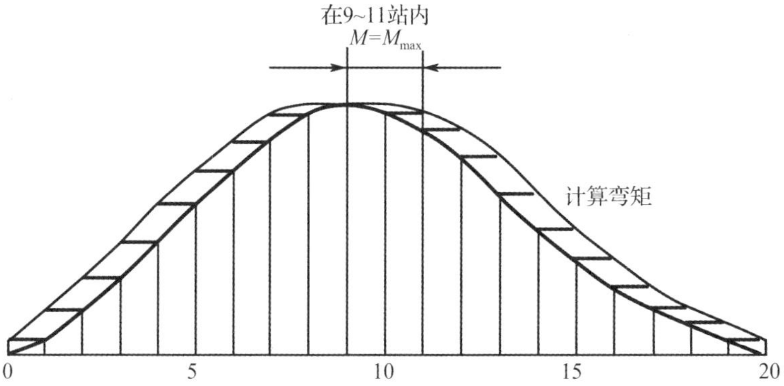

图7-24 计算弯矩曲线的获得

还应说明，在上述的计算过程中，作用在船上的浮力是按静水压力计算的，但根据坦谷波理论，波面下水的压力并不等于波浪表面下的静水压力，因此还应予以修正，具体方法这里不作介绍。

此外，各船级社的规范以及我国的《钢质海船入级与建造规范》都给出了一些弯矩和剪力的近似计算公式，读者可以参看相关资料。

【任务测试】

1. 在“静置法”规定中，标准波浪的波长、波形与波高各取什么？波浪相对于船体的位置，应取哪两种危险状态？

2. 什么叫静合成浮力集度？写出它的表达式，并说明每个字母的含义。

3. 已知船长 $L=90$ m，平均吃水 $d_m=7$ m，波高 $h=5$ m。试在纵倾调整前求参数 $\theta=0$，$\theta=\frac{\pi}{2}$，$\theta=\pi$，$\theta=\frac{3}{2}\pi$，$\theta=2\pi$ 时对应横剖面处的吃水值。

4. 试写出用叠加法求船舶静置于波浪上的剪力 $N_w(x)$、弯矩 $M_w(x)$ 的表达式。并对每一项用积分式表达，再说明每一项的含义。

5. 用直接法求船舶静置于波浪上的剪力 $N_w(x)$、弯矩 $M_w(x)$ 的过程与求船舶在静水中

的剪力 $N_s(x)$、弯矩 $M_s(x)$ 有什么不同?

【项目拓展】

在工程中波浪附加弯矩和剪力还有一种计算方法,就是规范计算法,下面介绍该计算方法。

船体梁各横剖面的中拱波浪附加弯矩 $M_W(+)$ 和中垂波浪附加弯矩 $M_W(-)$ 应按下列公式计算:

$$M_W(+) = +190MCL^2BC_b \times 10^{-3} \quad (\text{kN} \cdot \text{m})$$

$$M_W(-) = -110MCL^2B(C_b + 0.7) \times 10^{-3} \quad (\text{kN} \cdot \text{m})$$

式中　M——弯矩分布系数(图 7 - 25);

L——船长,m;

B——船宽,m;

C_b——方形系数,计算取值不应小于 0.60;

C——系数,按下列各式计算:

$C = 0.0412L + 4$　　当 $L < 90$ m 时;

$C = 10.75 - \left(\frac{300 - L}{100}\right)^{3/2}$　　当 90 m $\leqslant L \leqslant$ 300 m 时;

$C = 10.75$　　当 300 m $< L <$ 350 m 时;

$C = 10.75 - \left(\frac{L - 350}{150}\right)^{3/2}$　　当 350 m $\leqslant L \leqslant$ 500 m 时。

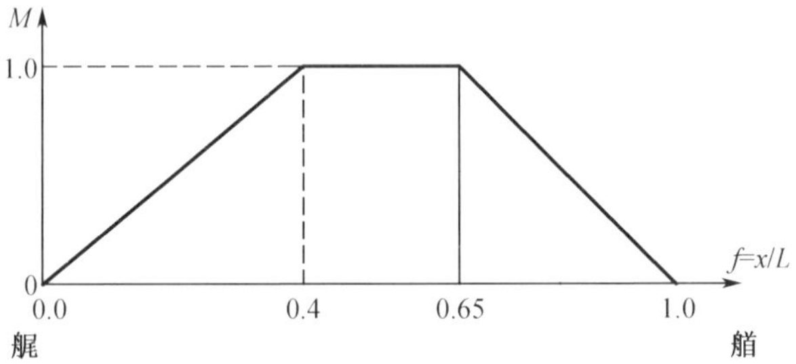

图 7 - 25　弯矩分布系数

船体梁各横剖面的中拱波浪附加剪力 $F_w(+)$ 和中垂波浪附加剪力 $F_w(-)$ 应按下列各式计算:

$$F_w(+) = +30F_1CLB(C_b + 0.7) \times 10^{-2} \quad (\text{kN})$$

$$F_w(-) = +30F_2CLB(C_b + 0.7) \times 10^{-2} \quad (\text{kN})$$

式中　F_1、F_2——剪力分布系数(图 7 - 26 和图 7 - 27);

C——系数,计算方法与波浪附加弯矩计算公式中的系数 C 相同;

C_b——方形系数,计算取值不应小于 0.60。

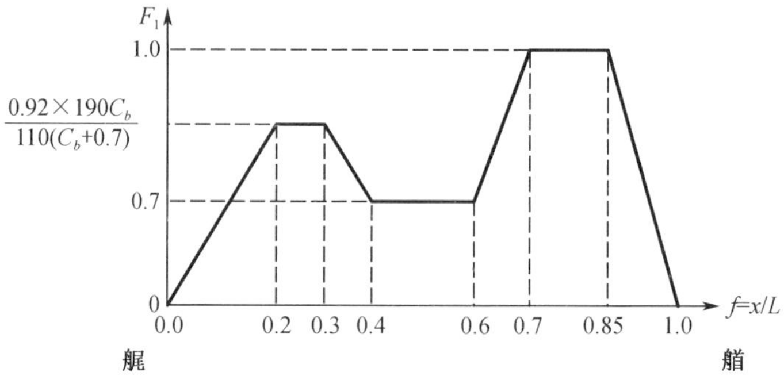

图 7－26　剪力分布系数 F_1

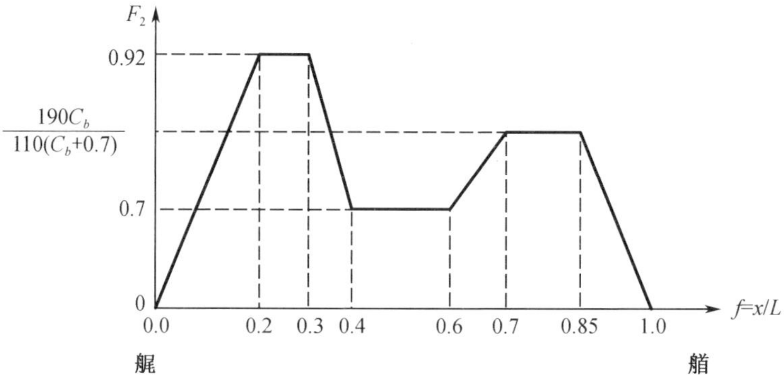

图 7－27　剪力分布系数 F_2

项目8 总纵强度计算

【项目描述】

船体是由板和骨架组成的,对于船体及其个别结构的基本要求之一是具有足够的强度和刚度。船体强度计算的任务是研究船体结构抵抗破坏的能力和变形的规律。把船体作为一个整体来研究其强度的问题称为船体总强度问题。由于船体主要是纵弯曲变形,所以研究船体总强度问题就是研究船体纵弯曲问题,或称纵强度,本项目重点研究总纵强度计算。

【项目目标】

1. 知识目标

(1)掌握船体总纵弯曲应力第一次及逐次近似计算;

(2)掌握船体总合应力计算及强度校核方法;

(3)能够计算极限弯矩。

2. 能力目标

(1)熟悉逐次近似计算的方法;

(2)能够正确计算船体总合应力。

3. 素质目标

(1)具有及时发现问题、解决问题的能力;

(2)具有勇于探索的精神;

(3)具有爱岗敬业、实事求是、团结协作的优秀品质。

【学习任务】

1. 船体总纵弯曲应力第一次近似计算;

2. 船体总纵弯曲应力的逐次近似计算;

3. 总合应力计算及强度校核;

4. 极限弯矩计算。

【相关知识】

在求得船体的总纵弯矩和剪力之后,就可以按式(7-2)计算船体总纵弯曲正应力,以便进行强度校核。但这种方法是不够完善的:首先,没有考虑构件的稳定性,稳定性问题将在下文中讨论;其次,除了考虑船体的总弯曲外,还应该考虑船体所处的复杂受力状态。为了说明这个问题,我们来进行下述分析。

船体结构是由许多部件组成的,这些部件各自承担着一定的作用。其中一些是直接承受外力的构件,另一些则承受别的构件传来的力。现以两种典型的船底板架(图8-1)为例,进行船体结构的受力和传力过程分析。

为了讨论方便,假定在船底板架上只作用着水压力。直接承受水压力的构件是外底板，外底板将水压力传给骨架（纵骨、肋板以及纵桁等），然后再传到板架的支承周界（舱壁及舷侧）上去，传力过程如图8－2所示。同样，甲板上的载荷也传给舱壁及舷侧。舱壁在这些力以及与舷侧相交处的剪力作用下取得平衡。在舷侧上作用着的这些力以及与舱壁相交处的剪力，构成舷侧板架所受的不平衡力，这个力以剪力的形式传给相邻的舷侧板架，它就是总纵弯曲时作用在船体剖面中的剪力。

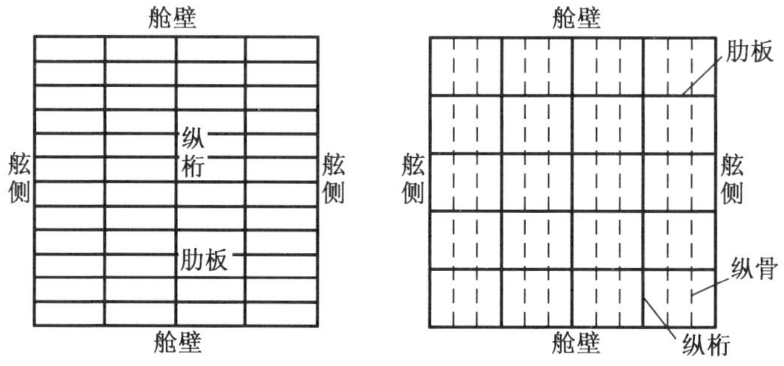

(a)横骨架式　　(b)纵骨架式

图8－1　典型的船底板架

由于构件相互连接，其作用是很复杂的。以纵骨架式船底板架为例，外板本身承受水压力将产生弯曲应力，然后将水压力传给纵骨，再由纵骨传给肋板。纵骨在传递水压力过程中将发生弯曲变形，与纵骨连接的外板部分又将随纵骨弯曲而产生弯曲应力。依此类推，外板中的弯曲应力将包含有板弯曲应力、纵骨弯曲应力、板架弯曲应力以及总纵弯曲应力等四种应力成分。这就是船体构件承受多种作用、产生多种应力的工作特点。其变形特征如图8－3所示。

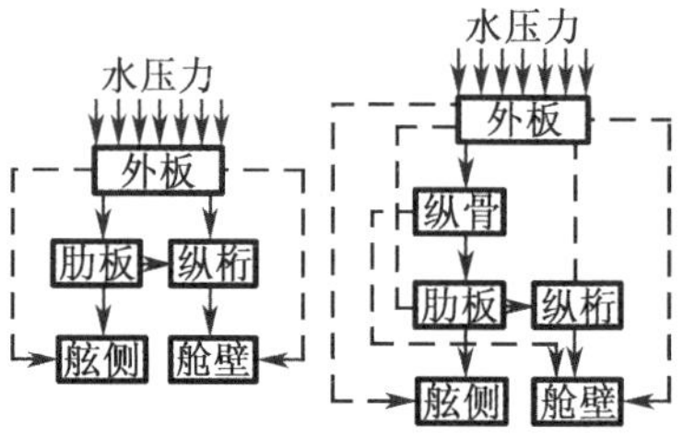

图8－2　船底板架的传力过程

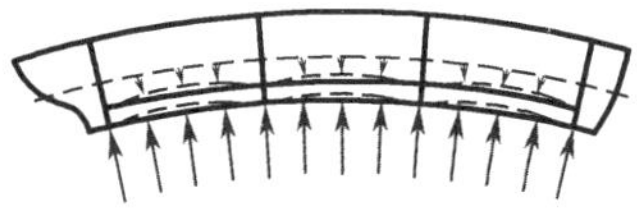

图8－3　船体构件的变形特征

根据上述分析，按照纵向构件在传递载荷过程中所产生的应力种类，把纵向强力构件分为四类：

（1）只承受总纵弯曲的纵向构件称为第一类构件，如不计甲板载荷的上甲板，其应力记为σ_1；

（2）同时承受总纵弯曲和板架弯曲的纵向构件称为第二类构件，如船底纵桁材腹板，其应力记为$\sigma_1+\sigma_2$；

（3）同时承受总纵弯曲、板架弯曲以及纵骨弯曲的纵向构件，或者同时承受总纵弯曲、板架弯曲以及板的弯曲（横骨架式）的纵向构件称为第三类构件，如纵骨架式船底板架中的纵骨或横骨架式船底板架中的船底板，其应力记为$\sigma_1+\sigma_2+\sigma_3$；

(4)同时承受总纵弯曲、板架弯曲、纵骨弯曲及板的弯曲的纵向构件称为第四类构件，如纵骨架式船底板架中的船底外板，其应力记为 $\sigma_1+\sigma_2+\sigma_3+\sigma_4$。

以上各种弯曲，除总纵弯曲外均称为局部弯曲。

由以上分析可知，船体纵向连续构件在总弯曲中所受到的正应力，可以称为总合正应力，记为 $\sigma_{总合}$。它包括总弯曲正应力 σ_1 及局部弯曲正应力 $\sigma_{局部}$。对不同的构件，其 $\sigma_{局部}$ 所包含的应力数目是不同的，所以

$$\sigma_{总合}=\sigma_1+\sigma_{局部}$$

上式表示任何构件所受到的总合正应力。

至于船体总纵强度的校核内容，它包括以下内容。

1. 按许用应力校核

(1)总合正应力校核，即按下式校核：

$$\sigma_{总合}=\sigma_1+\sigma_{局部}\leqslant[\sigma]$$

对于不同构件，其 $\sigma_{局部}$ 不同，许用应力 $[\sigma]$ 也有所不同。

(2)剪应力校核，即按下式校核：

$$\tau_{max}\leqslant[\tau]$$

2. 按剖面最大承载能力校核

按剖面最大承载能力校核，就是求出剖面边缘的极限弯矩，记作 M_j，而 M_j 与 M(总纵弯矩)之比值，应满足

$$\frac{M_j}{M}\geqslant\alpha_0(\text{允许的过载系数})$$

式中，α_0 表示船体结构承受过载能力的大小，对于不同的船舶，α_0 有不同的规定。

【任务实施】

任务8.1　船体总纵弯曲应力第一次近似计算

学习任务单

学习领域	船舶结构与强度	
项目8	总纵强度计算	学时
学习任务1	船体总纵弯曲应力第一次近似计算	2
任务描述	任务导入： 在求得船体的总纵弯曲力矩和剪力之后，就可以计算船体总纵弯曲应力和剪应力，以便进行强度校核。因此，首先要确定对哪些剖面进行应力计算。从总纵弯曲线可以看出，一般情况下船长中部的弯矩值最大，因此需对中部最弱剖面进行计算。此外，由于某些船舶的重力分布的特殊性，在某些断面上的弯矩，可能出现相当大的值；或者即使弯矩值并不太大，但是由于结构的特点，也需要对这些断面进行总纵弯曲应力计算。 学习步骤： (1)等值梁假设的内容；	

	(2)构件计入等值梁的条件; (3)船体总纵弯曲应力第一次近似计算的方法
任务要求	技能要求: (1)能够通过等值梁假设进行梁的弯曲应力计算; (2)掌握构件计入等值梁的条件; (3)能够通过船体总纵弯曲应力第一次近似计算计算船体剖面几何要素。 职业素质要求: (1)具有分析问题、解决实际问题的能力; (2)具有责任意识和敬业精神; (3)具有迎接挑战的意识
学习资源	教材、教学课件、图片、图纸

【典型案例】

等值梁法的基本原理

等值梁法是计算地下支护结构内力的经典方法。如图 8-4 所示,梁 ab 的 b 端固定,另一端 a 简支,其正负弯矩的转折点为 c,若将梁 ab 在点 c 切断并于 c 点置一自由支承,形成新的 ac 梁,此时 ac 梁上的弯矩与原 ab 梁上 ac 段上的弯矩相同,即可称 ac 梁为 ab 梁上 ac 段的等值梁。近几年来,尽管 m 法和有限元法日益受到国内外工程界的重视,但是 m 法基本上未考虑到土体的强度问题,有限元法在选定土体的计算模型、本构关系、计算参数等方面比较复杂,而等值梁法模型简单、便于计算、安全性高,所以在我国工程界有着广泛的应用。

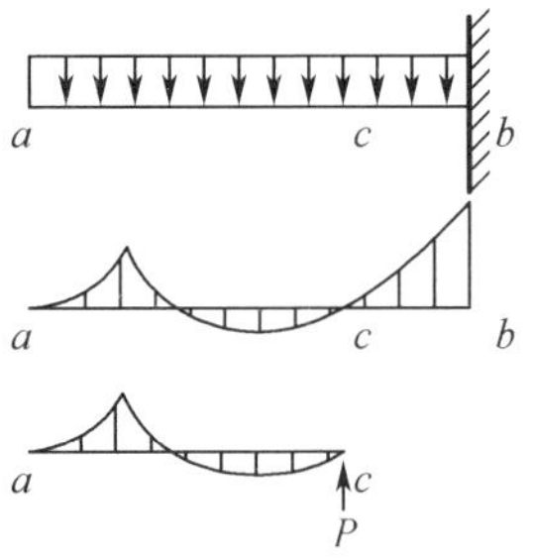

图 8-4　等值梁法原理图

【知识要点学习】

8.1.1　等值梁假设

船体是一空心薄壁梁,能否用实心梁弯曲理论对其进行强度校核呢?实验表明,在一定条件(剖面内没有构件丧失稳定性)下,用实心梁弯曲理论对船体梁进行强度计算所得的结果与实际测量结果基本相符,或极近似。

因此,为了应用梁的弯曲应力公式来计算船体总纵弯曲应力,就必须对空心薄壁的船体梁作一个假设——等值梁假设,即假设船体是一根等值梁。

所谓等值梁,是指在抵抗总纵弯曲方面与船体具有相同抵抗能力的一种梁,也就是与船体等效的一种梁。

等值梁的剖面可以把船体剖面中所有参与抵抗总纵弯曲的构件,在保持其高度和面积不变的条件下,假想地平移至船舶中纵剖面附近,并对称地构成一梁的剖面,如图 8-5 所示。这个虚拟的实心剖面的梁就是空心薄壁船体梁的等值梁。

于是,船体剖面上纵向连续构件的总纵弯曲应力,就可以按梁的弯曲应力公式计算:

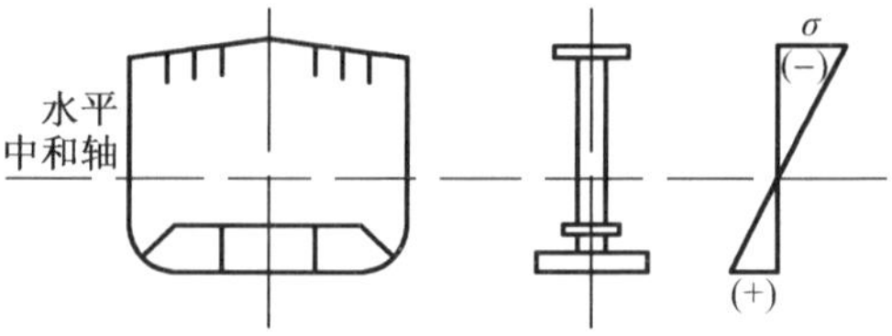

图8－5　等值梁剖面示意图

$$\sigma = \frac{M}{I}Z \tag{8-1}$$

式中　M——计算剖面的总纵弯矩；

I——计算剖面对水平中和轴的惯性矩；

Z——所求某构件的应力点至水平中和轴的距离。

由式(8－1)可知，船体剖面上的应力呈线性分布。对于一般船舶，水平中和轴距船底比较近些，因此上甲板是离水平中和轴最远的构件，其弯曲正应力最大。在船舶强度计算中通常把式(8－1)化成以下形式：

$$\sigma = \frac{M}{I}Z = \frac{M}{W} \tag{8-2}$$

式中，$W = \frac{I}{Z}$称为船体剖面模数。它是表征船体结构抵抗弯曲变形能力的一种几何特性，也是衡量船体强度的一个重要标志。显然，弯矩值一定时，最小剖面模数越大，则最大应力越小。

8.1.2　构件计入等值梁的条件

计算船体剖面模数时，首先要确定哪些构件能够有效地参加抵抗总纵弯曲变形，亦即哪些构件可以计入等值梁计算剖面。

根据一些理论分析和实验结果，可以得出如下一些构件计入等值梁的条件和规定。

(1)纵向连续并能有效地传递总纵弯曲应力的构件均应计入，船中部0.4～0.5倍船长区域内的纵向连续构件，如上甲板、外板、内底板、纵桁、纵骨以及符合上述要求的其他构件，计算船体剖面模数时均应计入，我们称这些构件为纵向强力构件。但有些纵向构件由于形状和构造的关系，不能有效地传递总纵弯曲应力，则不能计入。

(2)中部区域只占部分船长的非连续构件(称为中间构件)，例如上层建筑甲板和侧壁等，它们参加抵抗总纵弯曲的程度取决于它们本身的构造和长度。根据上层建筑强度理论，一般规定，凡长度超过船长的15%且不小于本身高度6倍的上层建筑，以及同时受到不少于3个横舱壁或类似结构支持的长甲板室，可认为其中部完全有效地参加抵抗总纵弯曲。这些构件的端部，由于抵抗总纵弯曲的程度较小，应按图8－6扣除斜线部分的构件剖面积。相邻舱口之间的甲板，同样可视为间断构件，因此若计算剖面选在图8－7所示斜线区域内，斜线部分的甲板面积应扣除。

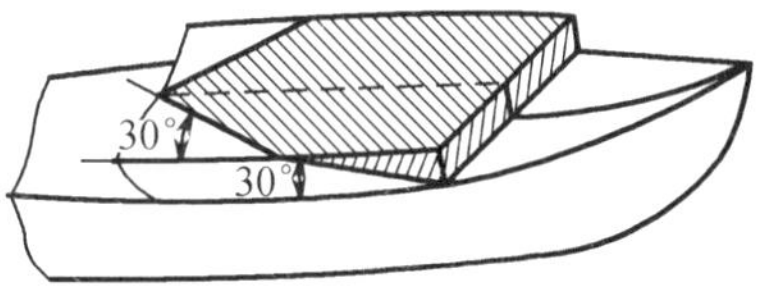

图8－6　上层建筑的扣减区域

(3)强度计算中规定，凡甲板开口宽度超过甲板宽度的20%者均应扣除。纵桁腹板上的开口，如大于腹板高度的20%，则应扣除开口部分。至于纵向连续构件上的个别开口，如人孔、舷窗等，计算船体剖面模数时不必扣除。

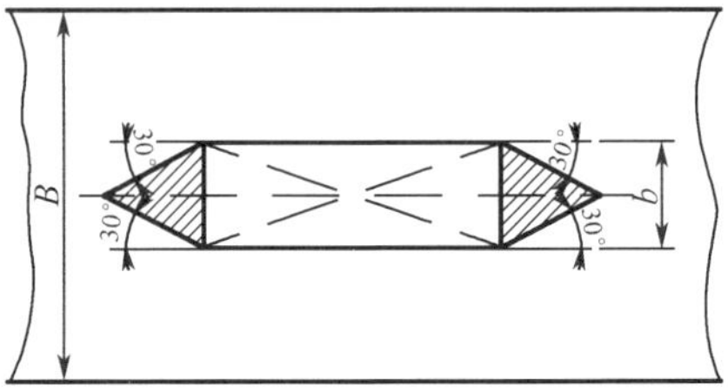

图 8-7 甲板的扣减区域

在参加抵抗总纵弯曲变形的构件中，有些构件采用不同材料时，则应先将其换算成相当于基本材料的断面积后，再进行剖面要素计算。若被换算构件的剖面积为 a_i，应力为 σ_i，弹性模量为 E_i，与其等效的基本材料（如软钢）的剖面积为 a，应力为 σ，弹性模量为 E，则根据变形相等，承受同样的力 P 可得

$$\varepsilon = \frac{\sigma_i}{E_i} = \frac{\sigma}{E}$$

或

$$\varepsilon = \frac{P}{a_i E_i} = \frac{P}{aE}$$

故

$$a = a_i \frac{E_i}{E} \sigma_i = \sigma \frac{E_i}{E}$$

因此，计算剖面积时，只要把被换算构件的剖面积乘以两种材料的弹性模量之比即可。显然，这些构件中的实际应力也应根据计算应力乘以 E_i/E。如果有垂直板时，其高度为 h_i，厚度为 t_i，其剖面积也应乘以 E_i/E，板的自身惯性矩则为

$$i_0 = \frac{\left(a_i \frac{E_i}{E}\right) h_i^2}{12}$$

8.1.3 总纵弯曲应力的第一次近似计算

当确定了船体剖面中计入等值梁剖面的各构件的位置、尺寸后，便可计算等值梁剖面几何要素——剖面积、剖面对中和轴的惯性矩和剖面模数。

剖面几何要素的计算，通常按表 8-1 进行。

表 8-1 船体剖面几何要素计算表

1	2	3	4	5	6	7	8
构件编号	构件名称	构件尺寸/mm	构件剖面积 A_i/cm^2	构件距参考轴距离 Z_i/m	静力矩 $A_iZ_i/(\mathrm{cm}^2 \cdot \mathrm{m}^2)$	对参考轴惯性矩 $A_iZ_i^2/(\mathrm{cm}^2 \cdot \mathrm{m}^2)$	自身惯性矩 $i_0/(\mathrm{cm}^2 \cdot \mathrm{m}^2)$
1 2 3 ⋮							
$\sum$			A_1		B_1	C_1	

由于船体结构的对称性，只需对半个剖面进行计算。为了简化计算，可把距中和轴距离相等、尺寸相同的构件合并为一个，在表中只占一行。

计算过程如下。

参考轴通常选取在 $e=(0.45\sim0.5)$ 型深处，且 Z 轴向上为正。分别求出各组构件的剖面积 A_i，距参考轴的距离 Z_i，静力矩 A_iZ_i 和对参考轴惯性矩 $A_iZ_i^2$，对于高度较大的垂向构件，如船侧外板、纵舱壁板、纵桁腹板等，还要计算其自身惯性矩 i_0，水平构件的自身惯性矩一律忽略不计。

通过表 8－1 计算后，记

$$A_1 = \sum A_i$$

$$B_1 = \sum A_iZ_i$$

$$C_1 = \sum A_iZ_i^2 + i_0$$

由此，剖面中和轴距参考轴的距离为

$$e_1 = \frac{B_1}{A_1} = \frac{\sum A_iZ_i}{\sum A_i} \quad (\mathrm{m}) \tag{8-3}$$

利用惯性矩的平行轴公式及叠加原理，便可求得整个船体剖面对水平中和轴的惯性矩为

$$I_1 = 2(C_1 - e_1^2A_1) = 2\left(C_1 - \frac{B_1^2}{A_1}\right) \quad (\mathrm{cm^2 \cdot m^2}) \tag{8-4}$$

最后就可求得每一构件的剖面模数 W_i，即

$$W_{1i} = \frac{I_1}{Z_{1i}} \tag{8-5}$$

式中　Z_{1i}——构件至中和轴的距离，$Z_{1i}=Z_i-e_1$。

计算出了船体等值梁剖面要素 A_1、I_1、W_1 后，便可求出船体剖面上每一构件中所受的总纵弯曲应力的第一次近似值，记为 $(\sigma_{1i})_1$，其计算公式为

$$(\sigma_{1i})_1 = \frac{M}{W_{1i}} \quad (\mathrm{N/mm^2}) \tag{8-6}$$

式中　M——校核剖面所在舱段内总纵弯矩的最大值。

若甲板和船底距中和轴最远的距离分别为 Z_j 和 Z_d，则甲板和船底的剖面模数分别为

$$W_j = \frac{I}{Z_j}$$

$$W_d = \frac{I}{Z_d}$$

通常，甲板的剖面模数比船底的剖面模数小，所以有时也称甲板剖面模数为船体剖面的最小剖面模数。在我国《钢制海船建造规范》中规定以该模数作为对船体结构总强度的要求。

【任务测试】

1. 试以纵骨架式船底板架为例，用图表示当船底外板受到水压作用时船体构件之间力的传递，并归纳力在结构中传递的特点。再以船体板格为对象，分析说明船底外板所承受

的多重作用与其 $\sigma_{总合}$ 等于 $\sigma_1+\sigma_2+\sigma_3+\sigma_4$ 的原因。

2. 举例说明船体结构中的构件哪些属于第一类，哪些属于第二类，哪些属于第三类。

3. 何为等值梁假设？等值梁假设成立的条件是什么？应用公式求 $\sigma_{1i}=\frac{M}{I_1}Z_i$ 时，为什么是近似的？

任务 8.2　船体总纵弯曲应力的逐次近似计算

学习任务单

学习领域	船舶结构与强度	
项目 8	总纵强度计算	学时
学习任务 2	船体总纵弯曲应力的逐次近似计算	2
任务描述	任务导入 简单地运用梁的弯曲理论，求出计算应力，以此来衡量船体强度是不够完善的，其存在的问题在于不能如实地反映船体构件的工作效能，因而也就不能确切地估计船体的强度。换言之，对船体结构的要求，即要保证必要的强度，又要保证必要的稳定性。所以，需要对船体总纵弯曲应力进行逐次近似计算。 学习步骤： (1)纵向构件的稳定性计算； (2)板的折减系数计算； (3)船体总纵弯曲正应力的逐次近似计算	
任务要求	技能要求： (1)能够通过公式进行板、纵骨、甲板板架、组合剖面梁的稳定性计算； (2)能够判断纵骨架式板参与总纵弯曲及板架弯曲形式来进行纵骨架式板的折减系数计算； (3)能够判断横骨架式板在不考虑初挠度及横载荷的情况下折减系数的计算； (4)计算出了构件的折减系数之后，能够进行总纵弯曲应力第二次近似计算。 职业素质要求： (1)具有分析问题、解决实际问题的能力； (2)具有责任意识和敬业精神； (3)具有迎接挑战的意识	
学习资源	教材、教学课件、图片、图纸	

【典型案例】

“Mary”号沉没事件

1874 年 10 月，内河船“Mary”号在横渡大西洋时折断沉没。1877 年，威廉·约翰对这条船进行了强度计算和分析。照通常方法计算，该船舷边角铁的最大应力是 138.4 MPa，船底板的最大应力是 101.5 MPa。然而当时的一些大船，也达到了这样的应力范围，那为什么这条船会断裂呢？于是他第一次提出了对标准总纵强度的计算方法进行修正的想法。船体强度的第一次近似计算，把空心薄壁结构的船体作为实心梁（等值梁）计算，但是船体是薄壁结构，受压板材可能会发生皱折，使得剖面强度减弱，剖面减弱又将使压应力增加，以致折减更多的面积，所以需要进行第二次及更多次的近似的强度计算。

【知识要点学习】

8.2.1　纵向构件的稳定性计算

前已述及，用实心直梁弯曲公式来求 σ_1 是有条件的，这个条件就是船体横剖面内没有构件丧失稳定性。然而在上一任务的第一次近似计算中，并没有判断等值梁剖面内是否丧失稳定性。实际上，当船体受到的外载荷增大到一定程度时，参加抵抗总纵弯曲的构件并非全部都能有效地工作，特别是有些柔性构件（主要是板材），在受到压缩力作用时会发生皱折，从而使构件中的应力分布发生变化，使得与之相连接的刚性构件（主要是骨架）中的应力大大提高，有可能超过许用应力而导致结构的损坏。所以，无条件地运用梁的弯曲理论，求出计算应力，以此来衡量船体强度是不够完善的，其存在的问题在于不能如实地反映船体构件的工作效能，因而也就不能确切地估计船体的强度。换言之，对船体结构的要求，即要保证必要的强度，又要保证必要的稳定性。认为剖面中所有纵向强力构件的剖面积都完全有效地抵抗了总纵弯曲变形的看法是不正确的，必须对剖面内的构件逐一进行稳定性计算，确定剖面折减系数。

1. 板的稳定性计算

（1）纵骨架式板

纵骨架式的甲板、外底板等，其临界应力按四边自由支持、单向受压的矩形板计算，即按下式计算：

$$\sigma_{cr} = 76\left(\frac{100t}{b}\right)^2 \quad (\text{N/mm}^2) \qquad (8-7)$$

式中　t——板厚；

b——纵骨间距。

（2）横骨架式板

横骨架式的甲板板按下式计算：

$$\sigma_{cr} = 19\left(\frac{100t}{b}\right)^2 \quad (\text{N/mm}^2) \qquad (8-8)$$

式中　t——板厚；

b——甲板横梁间距。

横骨架式的内底板、外底板按下式计算：

$$\sigma_{cr} = 19.6K\left(\frac{100t}{a}\right)^2\left(1+\frac{a^2}{b^2}\right)^2 \quad (\text{N/mm}^2) \qquad (8-9)$$

式中 t——板厚；

a——肋距；

b——船底纵桁间距；

K——考虑肋板对板边固定程度的影响系数。

每一挡肋距设一实肋板时 $K=1.5$；每两挡肋距设一实肋板时 $K=1.25$；每三挡肋距设一实肋板时 $K=1.15$；每四挡肋距设一实肋板时 $K=1.00$。

横骨架式的甲板边板和舷顶列板按下式计算：

$$\sigma_{cr}=19.6\left(\frac{100t}{a}\right)^2\left[1+0.426\left(\frac{a}{b_s}\right)^2-0.413\frac{a}{b_s\left(4+\frac{a^2}{b_s^2}\right)}\right]\quad (\mathrm{N/mm^2})\qquad (8-10)$$

式中 t——板厚；

a——横梁间距；

b_s——甲板边板或舷顶列板宽度。

横骨架式的舷侧外板按下式计算：

$$\sigma_{cr}=19\left(\frac{100t}{b}\right)^2\quad (\mathrm{N/mm^2})\qquad (8-11)$$

式中 t——板厚；

b——肋距。

(3)舷侧外板的剪切稳定性

舷侧外板还承受总纵弯曲剪力的作用，所以还应该检验其剪切稳定性。其临界应力一般按纯剪条件下的四周自由支持板计算，即按下式计算：

$$\tau_{cr}=102\left(\frac{100t}{b}\right)^2\quad (\mathrm{N/mm^2})\qquad (8-12)$$

式中 t——板厚；

b——肋距。

在船体强度计算中，按表8-2计算板的临界应力。

表8-2 板的临界应力计算

构件编号	构件名称	长边 a/cm	短边 b/cm	板厚 t/cm	a/b	$\left(\frac{100}{b}\right)^2$	σ_E/(N/mm^2)
1 2 3 ⋮							

2. 纵骨的稳定性计算

在进行纵骨的稳定性计算时，将其视为两端自由支持在横向构件（强横梁、强肋骨、肋板等）上的单跨压杆（图 8－8），其理论欧拉应力按下式计算：

$$\sigma_{\mathrm{E}}=\frac{\pi^2 Ei}{a^2(f+b_e t)}\quad(\mathrm{N/mm^2})\tag{8-13}$$

式中　i——包括带板在内的纵骨剖面惯性矩；

a——纵骨跨距即横向构件间距；

f——纵骨本身剖面积；

b_e——带板有效宽度；

t——带板厚度；

E——材料的弹性模量。

按上式求得的欧拉应力 σ_{E}，若超过材料的比例极限，材料将不再服从胡克定律，此时，由于材料的弹性模量减小，实际的临界应力将比由式（8－13）计算的结果小。为此，应对理论欧拉应力按图 8－8 中的曲线予以修正，由纵骨的 $\sigma_{\mathrm{E}}/\sigma_s$ 查图 8－9 中的曲线得 $\sigma_{\mathrm{cr}}/\sigma_s$ 值，然后乘以 σ_s 便得到 σ_{cr} 值。或者按下式计算：

$$当\ \sigma_{\mathrm{E}}\leqslant\frac{1}{2}\sigma_s\ 时，\quad \sigma_{\mathrm{cr}}=\sigma_{\mathrm{E}}$$

$$当\ \sigma_{\mathrm{E}}>\frac{1}{2}\sigma_s\ 时，\quad \sigma_{\mathrm{cr}}=\left(1-\frac{\sigma_s}{4\sigma_{\mathrm{E}}}\right)\sigma_s$$

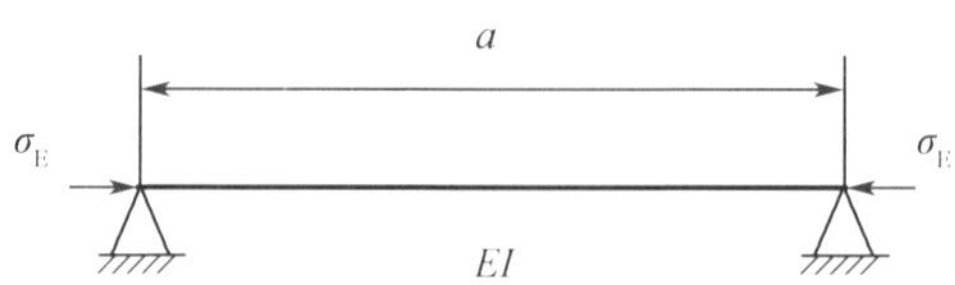

图 8－8　纵骨的稳定性计算

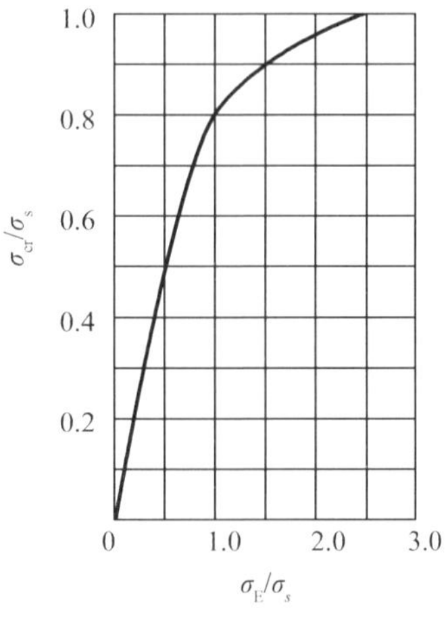

图 8－9　欧拉应力修正曲线

计算纵骨的欧拉应力时，先要确定纵骨的带板有效宽度 b_e，并以该值计算纵骨的剖面惯性矩，然后按式（8－13）计算其理论欧拉应力。全部计算过程按表 8－3 和表 8－4 进行。

表 8－3　纵骨带板宽度计算

构件号		纵骨间距 b/cm	板的欧拉应力 $\sigma_{\mathrm{E}}/(\mathrm{N\cdot mm^{-2}})$	总纵弯曲应力 $\sigma_i/(\mathrm{N\cdot mm^{-2}})$	折减系数 $\varphi=\frac{\sigma_{\mathrm{E}}}{\sigma_i}$	$1+\varphi$	$\frac{b}{2}$/cm	带板宽度 $b_e=\frac{b}{2}(1+\varphi)$/cm
纵骨	板							

表 8-4 纵骨欧拉应力计算

剖面形状	构件号	构件尺寸/mm	构件截面积 f_i/cm²	距参考轴距离 Z/cm	静力矩 f_iZ_i/(cm²·cm)	惯性矩 $f_iZ_i^2$/(cm²·cm²)	自身惯性矩 i_0	对中和轴惯性矩 $i=c-\frac{B^2}{A}$/(cm²·cm²)	$\frac{i}{A}$/cm²	纵骨跨距 a/cm	$\frac{\pi^2E}{a^2}$/(N·mm⁻²)	欧拉应力 σ_E/(N·mm⁻²)	临界应力 σ_{cr}/(N·mm⁻²)
		$\sum$	A		B	C							

3. 组合剖面梁的稳定性计算

组合剖面梁通常由腹板和面板组成,又称 T 型材。甲板纵桁、舷侧纵桁和中内龙骨等船体构件,都必须做成组合剖面梁形式而成为强项构件。组合剖面梁由腹板和面板组成,所以在计算组合剖面梁的稳定性时,应分别计算腹板和面板的稳定性。

(1)腹板

腹板可以看作四边自由支持、沿长边方向受压的矩形板,其欧拉应力按下式计算:

$$\sigma_E = 78.4\left(\frac{100t}{h}\right)^2 \quad (\mathrm{N/mm^2}) \tag{8-14}$$

式中 t——腹板厚度;

h——腹板高度。

(2)面板

面板可以看作三边自由支持,一边完全自由的矩形板。因面板对称,故可取一半计算,其欧拉应力按下式计算:

$$\sigma_E = 82.3\left(\frac{100t}{b_1/2}\right)^2 \quad (\mathrm{N/mm^2}) \tag{8-15}$$

式中 t——面板厚度;

b_1——面板宽度。

4. 甲板板架的稳定性计算

(1)纵骨架式甲板板架

纵骨架式甲板板架一般由纵骨、纵桁、横梁、强横梁及甲板板构成,为了提高板架的刚性,有时在强横梁下设置支柱。

因为纵桁和强横梁的刚性较纵骨和横梁要大得多,为了简化计算,通常把纵骨架式甲板板架的稳定性计算分解为两部分。其一是以纵桁和强横梁为支持周界的简单板架的稳定性计算,其二是受强横梁和支柱支持的纵桁的稳定性计算。

下面仅介绍以纵桁和强横梁为支持周界的简单板架的稳定性计算。

如图 8-10 所示,设横梁间距为 a,纵骨间距为 b,各横梁相同,各纵骨相同,并且都是等距的。

当材料超过弹性范围时,甲板板架的稳定性计算公式为

$$I=\left(\frac{\pi}{\mu}\right)^4\left(\frac{B}{a}\right)^3\frac{B}{b}i\varphi x_j(\lambda) \qquad (8-16)$$

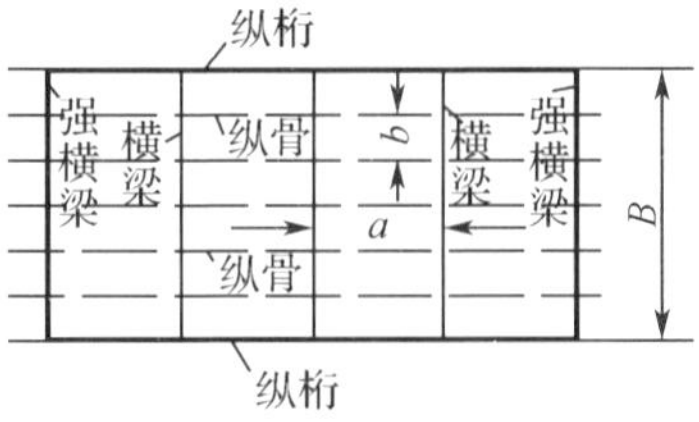

图 8－10　简单板架

式中　I——横梁剖面必需的惯性矩；

B——简单板架宽度；

i——包括带板在内的纵骨剖面惯性矩；

μ——由横梁两端固定系数 x_1 及 x_2 决定的数值系数；

$x_j(\lambda)$——影响系数，由 λ 值查稳定性曲线而得；

φ——材料不符合胡克定律时对欧拉应力的修正系数。

$$\varphi=\frac{\sigma_{cr}/\sigma_s}{\sigma_E/\sigma_s}$$

式中　σ_{cr}——临界应力；

σ_s——材料屈服极限；

σ_E——欧拉应力；

λ——数值系数。

$$\lambda=\frac{\sigma_{cr}}{\sigma_{E0}}\frac{1}{\varphi} \qquad (8-17)$$

σ_{cr}为所要求达到的临界应力，σ_{E0}相当于纵骨按两端自由支持于横向构件上的单跨压杆计算所得到的欧拉应力，计算公式为

$$\sigma_{E0}=\frac{\pi^2 Ei}{a^2(f+b_e t)}$$

式中　b_e——带板宽度；

t——带板厚度；

f——纵骨剖面积；

i——包括带板在内的纵骨剖面惯性矩。

式(8－16)的计算过程如下。

①由横梁两端固定系数 x_1 及 x_2，利用图 8－11 中的曲线查出 μ 值。

横梁在纵桁处，可取 $x=0$；在舷侧肋骨处，可取

$$x=\frac{1}{1+\frac{2}{3}\frac{I_{实}}{I_{肋}}\frac{l_{肋}}{B}} \qquad (8-18)$$

式中　$I_{实}$——横梁实际惯性矩；

B——横梁跨长；

$I_{肋}$——肋骨惯性矩；

$l_{肋}$——肋骨计算跨度。

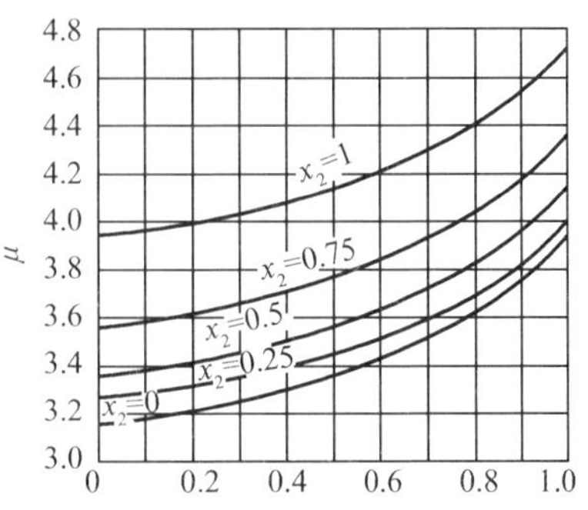

图 8－11　x_1、x_2与μ 的关系曲线

②由要求甲板板架达到的稳定程度，决定 σ_{cr}。通常要求 $\sigma_{cr}=\sigma_s$（材料的屈服极限），于是根据 σ_{cr}/σ_s 之值查图 8－8 中的修正曲线，得到对应的 σ_E/σ_s 之值，从而计算出

$$\varphi = \frac{\sigma_{cr}/\sigma_s}{\sigma_E/\sigma_s}$$

③按式(8－17)计算 λ 值。

ⅰ. 当 $\lambda<1$ 时,只要求横梁达到必需刚度 I 即可;

ⅱ. 当 $\lambda=1$ 时,应要求横梁达到临界刚度 I_{cr};

ⅲ. 当 $\lambda>1$ 时,表示纵骨剖面太小,即使横梁达到 I_{cr} 也不能达到所要求的 σ_{cr}。因此应降低稳定性要求,重新决定较小的 σ_{cr},或者重新取较大的纵骨剖面,再重复以上计算。

④在 $\lambda\leqslant 1$ 的条件下,由 λ 及跨度数 n 查图 8－12 所示的计算各种连续杆欧拉力的 $x_j-\lambda$ 图,得 $x_j(\lambda)$。

符号规定:

n——连续压杆的跨度数;

l——每跨的长度;

K——弹性支座的刚性系数;

I——压杆的截面惯性矩;

E——材料的弹性模量;

T——压杆的欧拉力;

j——压杆失稳时的半波数。

$$x_j = \frac{K}{\pi^2 EI/l^3}$$

$$\lambda = \frac{T}{T_0} = \frac{T}{\pi^2 EI/l^2}$$

当 $\lambda=1$ 时,$x_j(\lambda)=x_j(\lambda)_{max}$,或记为 $x_{j\,max}$。

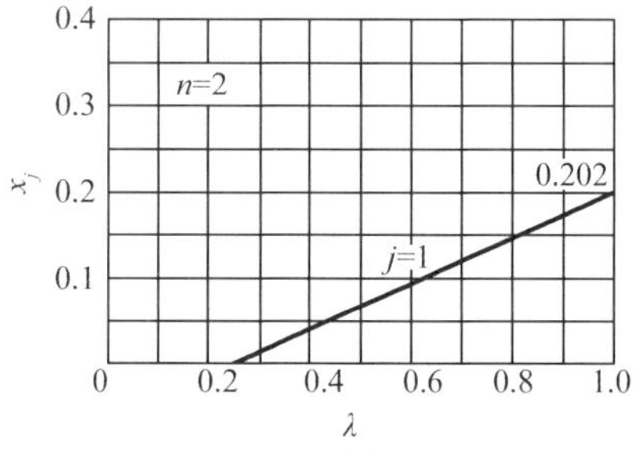

(a)

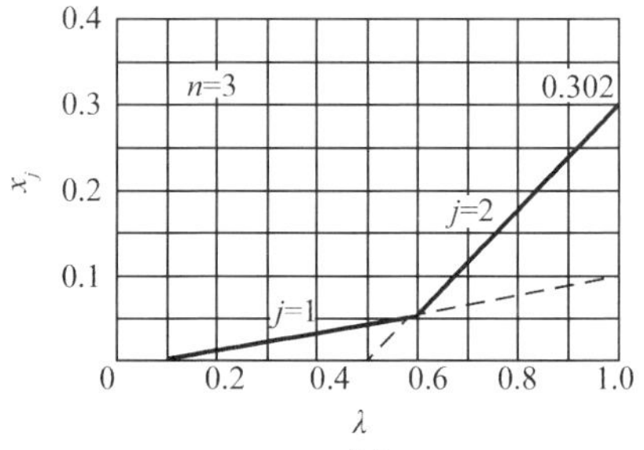

(b)

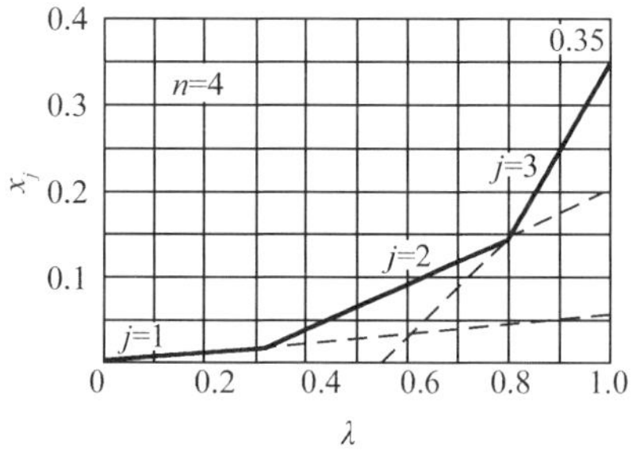

(c)

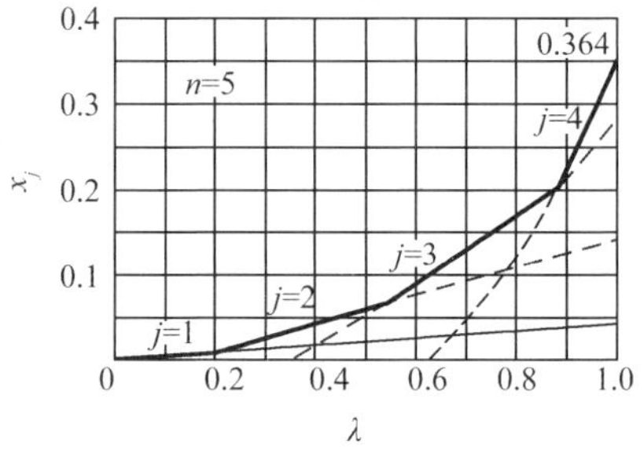

(d)

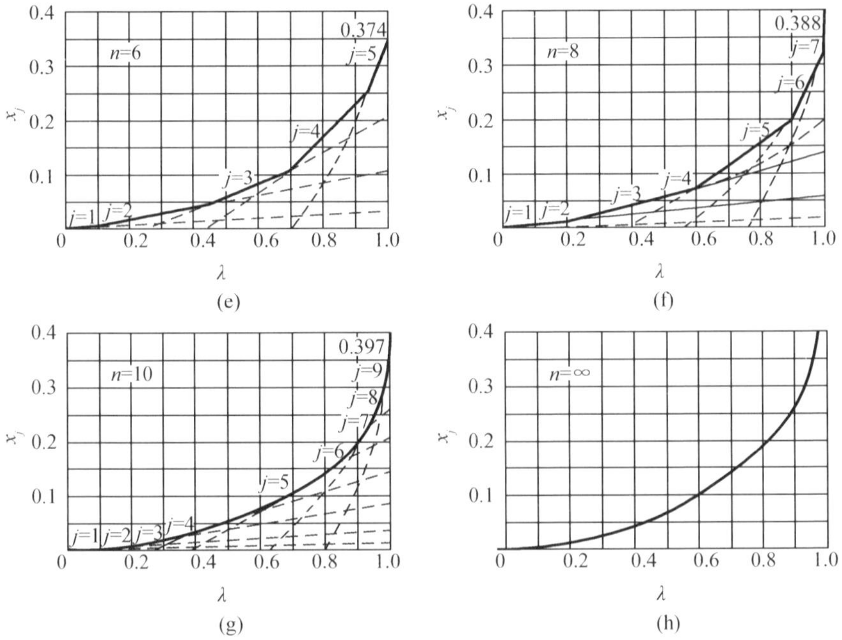

图 8-12 中间弹性支座上连续压杆的稳定性曲线

⑤按式(8-16)计算横梁剖面必需惯性矩 I($\lambda<1$ 时),如果 $\lambda=1$,则所求之 I 即 I_{cr}(横梁的临界刚度),也就是

$$I_{cr}=\left(\frac{\pi}{\mu}\right)^4\left(\frac{B}{a}\right)^3\frac{B}{b}ix_j(\lambda)$$

⑥根据横梁的实际尺寸计算横梁的实际惯性矩 $I_{实}$。

⑦若 $I_{实}\geqslant I$(或 I_{cr}),则横梁可以保证板架达到所要求的稳定性,否则应增加横梁剖面尺寸,以满足上式的要求。

(2)横骨架式甲板板架

由于横骨架式甲板板架承载能力很低,所以横骨架式甲板横梁的刚度不宜小于其作为甲板板刚性支座时临界惯性矩 I_{cr}。它可以根据下式求得:

$$I_{cr}=\left(\frac{\pi}{\mu}\right)^4\left(\frac{B}{a}\right)^3\frac{Bt^3}{10.9}x_{j\max} \tag{8-19}$$

具体的计算过程和纵骨架式甲板板架的相似。

8.2.2 板的折减系数计算

当船体总纵弯曲时,板架、纵桁及纵骨在计算载荷下丧失稳定性是不允许的,若如此必须重新设计剖面,以提高构件的稳定性。平板龙骨、舷顶列板和甲板边板等也不允许失稳,如果失稳,必须增加板厚或调整纵骨间距,以提高板的稳定性。而其余部分板如甲板板、内底板、外底板等是允许失稳的,下面介绍计算中这部分板的计算方法。

当板中的压应力达到临界应力时,板即发生失稳。失稳后的板,一般不能继续承载。

但是，与刚性构件相连的一部分板面积，由于受到刚性构件（即船体骨架）的支持和加强，不能自由变形，所以仍能继续承载。可以近似地认为与加强构件即船体骨架毗连的某一部分的板能承受与加强构件同样大小的应力，这部分为板的刚性部分，其宽度取为支持周界短边长度的0.25倍。而板的其余部分只能承受欧拉应力的压应力，这部分板称为板的柔性部分或柔性构件。

为了在等值梁计算中，能将柔性构件与周围的刚性构件一样看待，可以根据力的等效原则，将它的面积进行折减，换算成等值面积或相当面积。故应有

$$\sigma_E F_{柔} = \sigma_1 F_e \tag{8-20}$$

式中 $F_{柔}$——被折减板的柔性部分面积；

F_e——折减后的等值面积；

σ_1——被折减板的刚性部分所受到的总弯曲压应力，取绝对值。

由式（8－20）得

$$F_e = \frac{\sigma_E}{\sigma_1} F_{柔} \tag{8-21}$$

令 $\varphi = \dfrac{\sigma_E}{\sigma_1}$，则

$$F_e = \varphi F_{柔}$$

式中 φ——折减系数，显然，当 $\sigma_E > \sigma_1$ 时，φ 应取1。

折减系数 φ 的具体计算，分下述情况进行。

1. 对只参加抵抗总纵弯曲的纵骨架式板的折减系数计算

对只参加抵抗总纵弯曲的纵骨架式板（通常为不承载重的甲板板），其折减系数为

$$\varphi = \frac{\sigma_E}{\sigma_1} \tag{8-22}$$

式中 σ_E——纵骨架式板的欧拉应力；

σ_1——与计算折减系数的板在同一水平线上的刚性构件中的总纵弯曲压应力。

2. 对同时参加抵抗总纵弯曲及板架弯曲的纵骨架式板的折减系数计算

对同时参加抵抗总纵弯曲及板架弯曲的纵骨架式板（如外底板、内底板），其折减系数为

$$\varphi = \frac{\sigma_E + \sigma_2}{\sigma_1} \tag{8-23}$$

式中 σ_2——板架弯曲应力。

计算中可能出现以下两种情况。

（1）$\sigma_2 > 0$

若 $\sigma_2 > 0$，表示 σ_2 为拉应力，该板非但不会因板架弯曲应力而失稳，反而提高了抵抗总纵弯曲压应力的能力。此时使板丧失稳定性的压应力为 $\sigma_E + \sigma_2$，故在第二次近似计算时，该板的折减系数为

$$\varphi=\frac{\sigma_E+\sigma_2}{\sigma_1}$$

(2)$\sigma_2<0$

若 $\sigma_2<0$,表示 σ_2 为压应力。如果该值超过了板所能承受的最大压应力,则该板在板架弯曲压应力作用下就要进行折减,所以不再能承受总纵弯曲压应力 σ_1,故第二次近似计算时,该构件的折减系数 $\varphi=0$。如果 σ_2 虽然为压应力,但没有超过板的欧拉应力值,则板因承受板架弯曲应力而降低了它抵抗总纵弯曲压应力的能力,故第二次近似计算中取折减系数为

$$\varphi=\frac{\sigma_E-\sigma_2}{\sigma_1}$$

这样计算是认为同时承受两种应力的构件,先承受板架弯曲应力,剩余的能力再来承受总纵弯曲应力。这只是为了简化计算而采取的一种处理问题的近似方法。

对于承受经常载荷的下甲板或水面以下的舷侧板,本来也是同时受到总纵弯曲应力和局部弯曲应力的作用,但因其离中和轴较近,且不如双层底结构在保证总纵强度中的重要性大,因此,在第二次近似计算中只按承受总纵弯曲压应力看待,亦即按式(8－22)计算折减系数。

3. 不考虑初挠度及横载荷横骨架式板折减系数的计算

若计算中不考虑初挠度及横载荷的影响,横骨架式板的折减系数按下式计算:

$$\varphi=\frac{\sigma_E}{\sigma_1}$$

式中　σ_E——横骨架式板的欧拉应力;

　　σ_1——总纵弯曲压应力。

对于横骨架式的舷侧板和纵舱壁板,总纵弯曲应力是呈线性分布的,为了计算方便,可将其分成若干块,在每块板内用其相应的平均应力值作为该板的压应力值。

应当指出,在横骨架式中,由于初挠度和横载荷的存在,一般说来板的折减系数降低,因此不考虑它们的影响是较危险的。

从折减系数的计算可以看到,该值的大小与总纵弯曲应力有关,而计算总纵弯曲应力值时又假定折减系数为已知。因此,总纵弯曲应力的计算必定是个逐步近似的过程。当然,若总纵弯曲应力均未超过板的欧拉应力,则不必进行折减计算,因而第一次求得的总纵弯曲应力值,就是进行强度校核的计算应力。

8.2.3　船体总纵弯曲正应力的逐次近似计算

计算了构件的折减系数之后,可以进行总纵弯曲应力第二次近似计算。通常是用表8－5进行计算,分别按中拱及中垂状态对第一次近似计算结果进行修正。

表 8-5　第二次近似计算

1	2	3	4	5	6	7	8	9
构件编号	构件名称	剖面积 A_i/cm^2	折减系数 φ_i	φ_i-1	$(3)\times(5)=A_i(\varphi_i-1)/\text{cm}^2$	距参考轴距离 Z_i/m	静力矩 $(6)\times(7)/(\text{cm}^2\cdot\text{m})$	惯性矩 $(7)\times(8)/(\text{cm}^2\cdot\text{m}^2)$
	Ⅰ第一次近似计算结果 Ⅱ折减构件				A_1 ΔA		B_1 ΔB	C_1 ΔC
	$\sum$				A_2		B_2	C_2

设某构件需要进行折减的剖面积为 A_i，折减系数为 φ_i，则修正面积为 $\Delta A_i=A_i(\varphi_i-1)$，分别求出修正面积对第一次近似计算的参考轴的静力矩和惯性矩，即

$$\begin{cases}\sum A_i(\varphi_i-1)=\Delta A\\ \sum A_i(\varphi_i-1)Z_i=\Delta B\\ \sum A_i(\varphi_i-1)Z_i^2=\Delta C\end{cases}$$

把上面计算结果与第一次近似计算结果相加可得

$$\begin{cases}A_2=A_1+\Delta A\\ B_2=B_1+\Delta B\\ C_2=C_1+\Delta C\end{cases}$$

修正后的船体剖面中和轴至参考轴的距离 e_2 及剖面惯性矩 I_2 分别按下式计算：

$$e_2=\frac{B_2}{A_2}\quad(\text{m})$$

$$I_2=2(C_2-e_2^2A_2)=2\left(C_2-\frac{B_2^2}{A_2}\right)\quad(\text{cm}^2\cdot\text{m}^2)$$

最后就可求得每一构件的剖面模数 W_{2i}，即

$$W_{2i}=\frac{I_2}{Z_{2i}}\tag{8-24}$$

式中　Z_{2i}——构件至中和轴的距离，$Z_{2i}=Z_i-e_2$。

计算了船体等值梁剖面要素 A_2、I_2、W_2 后，便可求出船体剖面上每一构件所受的总纵弯曲应力的第二次近似值，记为 $(\sigma_{1i})_2$，其计算公式如下：

$$(\sigma_{1i})_2=\frac{M}{I_1}Z_{2i}\cdot10^3\quad(\text{kgf/cm}^2)$$

或

$$(\sigma_{1i})_2=\frac{M}{I_2}Z_{2i}\cdot10^2\quad(\text{N/mm}^2)\tag{8-25}$$

式中　M——校核剖面所在舱段内总纵弯矩的最大值。

如果刚性构件中第二次近似计算的总纵弯曲应力值与第一次近似计算值之差不超过5%，则可用第二次近似值进行总强度校核，否则应再进行一次近似计算。此时，第二次近

似计算的结果可作为第三次近似计算的基础。所以某构件的修正面积为 $\Delta A_i' = A_i(\varphi_i' - \varphi_i)$，式中 $\varphi_i' = \dfrac{\sigma_E}{\sigma_i}$，其余各项计算与第二次近似计算完全一样。如果计算结果仍不能满足要求，则说明结构设计不甚合理，应考虑新的设计方案，如设法提高柔性构件的稳定性等。

【任务测试】

作为船体结构的板，如果失稳了，为什么还有承载能力？这种失稳板的承载能力可用哪一几何量来衡量？折减后的等值面积 F_e 该如何计算？

任务 8.3　总合应力及强度校核

学习任务单

学习领域	船舶结构与强度	
项目 8	总纵强度计算	学时
学习任务 3	总合应力及强度校核	2
任务描述	任务导入： 在进行逐次计算之后，将船体构件中的总纵弯曲应力与局部弯曲应力叠加，称为应力合成，而所得的应力称为总合应力。许用应力就是船体结构在设计的各种工况下，各构件所容许的最大应力。许用应力通常小于构件材料破坏时的极限应力或结构发生危险状态时材料所对应的极限应力，以保证结构具有足够的强度储备。 学习步骤： (1)强力构件应力合成计算的方法； (2)许用应力的确定方法； (3)强度校核方法	
任务要求	技能要求： (1)能够利用公式计算总纵弯曲应力和局部弯曲正应力(船底板架弯曲应力、船底纵骨弯曲应力和船底板格弯曲应力)； (2)能够进行总和应力的计算； (3)能够进行许用应力的计算； (4)能够利用公式进行强度校核。 职业素质要求： (1)具有分析问题、解决实际问题的能力； (2)具有责任意识和敬业精神； (3)具有迎接挑战的意识	
学习资源	教材、教学课件、图片、图纸	

【典型案例】

A. H. 克雷洛夫在 1896 年发表的《船舶在波浪上的纵摇新理论及由次运动而产生的应力》及在 1898 年发表的《航行中船体所受的应力》中，第一次提出了船舶在波浪中摇荡运动和船体弯矩与剪力的动力计算方法。根据这一方法所进行的计算，得出作用于船体上的弯矩比用静置在波浪上的方法所得的弯矩小很多，这可归之于摇荡时附加质量的影响，减小了作用于船体上的附加力。

【知识要点学习】

8.3.1 局部弯曲正应力的计算

局部弯曲正应力包括船底板架弯曲应力 σ_2、船底纵骨弯曲应力 σ_3 和船底板格弯曲应力 σ_4。除了在总纵弯曲应力 σ_1 的第二次近似计算中求船底板的折减系数时需求得 σ_2 以外，局部应力的计算主要是为了计算第二、三、四类构件的总合应力，以便进行总强度校核。

1. 船底板架弯曲应力 σ_2 的计算

船底板架一般当作交叉梁系结构，其强度计算具体方法如下。

图 8－13 为一纵骨架式船底板架，板架宽度 B 取肋板组合剖面中和轴与内底边板相交点之间的距离，板架长度 l 取舱长。

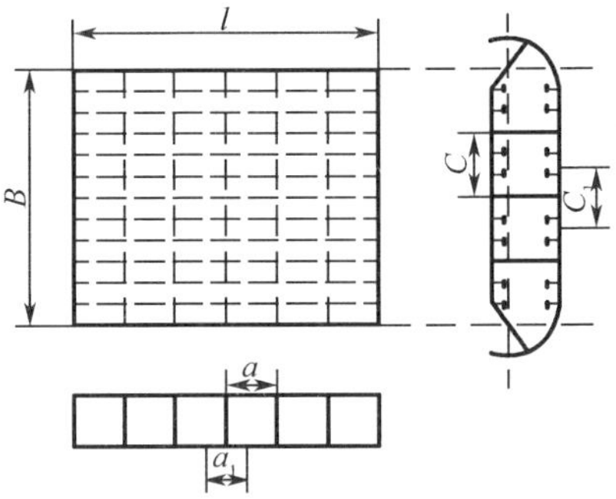

图 8－13　纵骨架式船底板架

桁材组合剖面的带板宽度 C_1，用 $\frac{l}{8}\sim\frac{l}{6}$ 或桁材间距 C，取其小者。在带板宽度内的纵骨包括在计算剖面之内。实肋板组合剖面的带板宽度 a_1，用 $B/6$ 或肋板间距 a，取其小者。

板架周界的固定条件，当舷侧为横骨架时，可作为自由支持，在横舱壁处作刚性固定。

作用在板架上的载重为船底外板上的水压力和舱内货物之差。在确定作用在船底外板上的水压力时，应注意板架弯曲应力要和总纵弯曲应力进行合成，而且应当是在同一状态下的应力合成，因而水压力的取法应与总纵弯曲应力的计算状态相对应。在校核船体中部剖面在中拱或中垂状态时的强度时，静水压力值必须按照船舶在中拱或中垂状态时，船底板架在波面下的水深来确定，在舱长范围内可认为是均匀分布的，同时应考虑在计算区域内底板上货物可能产生的最不利反压力。舱内反压力一般也认为是均布的。对于油船，波谷在中时，应考虑舱内满载；波峰在中时，考虑舱内空载。

对于舱长与板架计算宽度之比小于 0.8 的板架，可以不必按板架计算，而是将纵桁当作支持在横舱壁上的单跨梁来处理，采用单跨梁的计算公式，即

支座断面弯矩：

$$M_0=\frac{1}{12}Ql\quad(\text{N}\cdot\text{m})$$

跨长中点弯矩：

$$M_n = \frac{1}{24}Ql \quad (\mathrm{N \cdot m})$$

式中　Q——作用在桁材上的载荷，$Q = qCl$；

q——载荷集度；

C——纵桁间距；

l——纵桁跨度。

中桁材的剖面要素按表8－6进行计算。

表8－6　桁材剖面要素计算表

剖面图	构件编号	尺寸/mm	剖面积 A_i/cm^2	距参考轴距离 Z_i/cm	静力矩 $A_i Z_i/\mathrm{cm}^3$	惯性矩 $A_i Z_i^2/\mathrm{cm}^4$	自身惯性矩 i_0/cm^4
	$\sum$		A		B	C	

取带板中面为参考轴，则中和轴距参考轴距离为

$$e = B/A$$

剖面对中和轴的惯性矩为

$$I = C - Ae^2$$

外底板中面处的剖面模数为

$$W_1 = I/e$$

内底板剖面模数为

$$W_2 = I/h_2$$

式中，

$$h_2 = h + \frac{t_1}{2} + t_2 - e$$

式中　h——中桁材腹板高；

t_1——外底板厚度；

t_2——内底板厚度。

为了求纵骨的总合应力，还要计算外底纵骨自由边处的剖面模数，应为

$$W_3 = \frac{I}{h_3}$$

$$h_3 = e - \frac{t_1}{2} - h_1$$

式中　h_1——纵骨高度。

中桁材的弯曲应力 σ_2 为

$$\sigma_2 = \frac{M}{W} \cdot 10^3 \quad (\mathrm{kgf/cm^2})$$

或

$$\sigma_2 = \frac{M}{W} \cdot 10^2 \quad (\mathrm{N/mm^2})$$

中桁材的弯曲应力 σ_2 按表 8－7 进行计算。

表 8－7　桁材弯曲应力计算表

构件号	弯矩/(N·m)				剖面模数/(cm²·m)	应力/(N·mm⁻²)			
	支座		跨中			支座		跨中	
	波峰	波谷	波峰	波谷		波峰	波谷	波峰	波谷
1									
2									
3									
⋮									

2. 船底纵骨弯曲应力 σ_3 的计算

船底纵骨的载荷可由船底纵骨在波面下的水深 H 来确定，且认为是均布的。船底纵骨由肋板支持，由于船底纵骨在结构上以及所承受的载荷对称于肋板，可以把纵骨当作两端刚性固定在肋板上的单跨梁来计算(图 8－14)。

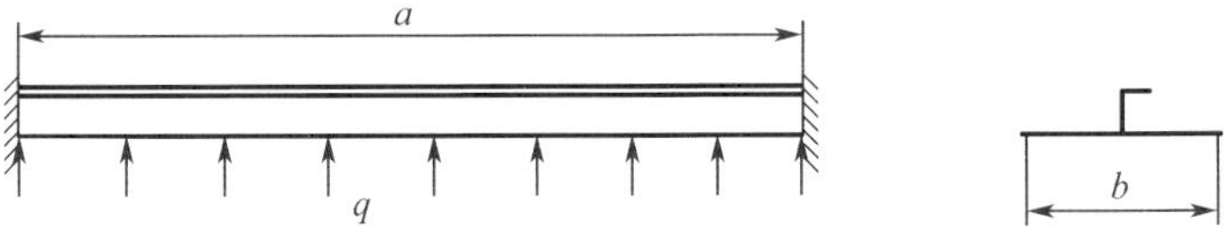

图 8－14　σ_3 的计算模型

其支座断面弯矩和跨长中点弯矩按下式计算。

支座断面弯矩：

$$M_0 = \frac{qba^2}{12} \quad (\mathrm{N \cdot m})$$

跨长中点弯矩：

$$M_n = \frac{qba^2}{24} \quad (\mathrm{N \cdot m})$$

式中　q——载荷集度，分别取中拱和中垂时的水压力；

b——纵骨间距；

a——纵骨跨距。

计算纵骨剖面要素时，带板宽度 b_1 为纵骨间距 b 或者跨长的 1/6，取其小者，并按表 8－8 计算。

表 8－8　纵骨剖面要素计算表

剖面图	构件编号	构件尺寸/mm	剖面积 A_i/cm^2	距参考轴距离 Z_i/cm	静力矩 $A_i Z_i/cm^3$	惯性矩 $A_i Z_i^2/cm^4$	自身惯性矩 i_0/cm^4
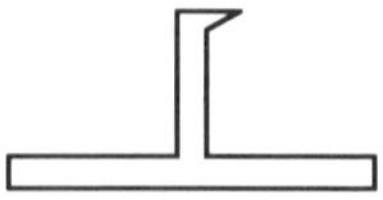	…						
	$\sum$		A		B	C	

一般可取带板中面为参考轴，剖面中和轴离参考轴的距离为

$$e = B/A$$

剖面对中和轴的惯性矩为

$$I = C - Ae^2 = C - eB$$

外底板中面剖面模数为

$$W_1 = I/h_1$$

式中　h_1——外底中面对中和轴的距离，$h_1 = e$。

纵骨自由边处的剖面模数为

$$W_2 = \frac{I}{h_2}$$

式中　h_2——纵骨自由边处至中和轴的距离。

纵骨的弯曲应力 σ_3 为

$$\sigma_3 = \frac{M}{W} \cdot 10^5 \quad (\mathrm{kgf/cm^2})$$

或

$$\sigma_3 = \frac{M}{W} \cdot 10^4 \quad (\mathrm{N/mm^2})$$

纵骨的弯曲应力 σ_3 的计算可参照中桁材的弯曲应力 σ_2 的计算表格进行。

3. 船底板格弯曲应力 σ_4 的计算

船底板的载荷可取船底板中心到波面最大高度的均布水压。船底板被船底骨架（纵骨和肋板）分成矩形板格，在船底板的外表面作用着均布水压力。由于相邻板格在结构上以及所承受的载荷均对称于支承周界，故船底板格可以当作四周刚性固定的板进行计算，如图 8－15 所示。

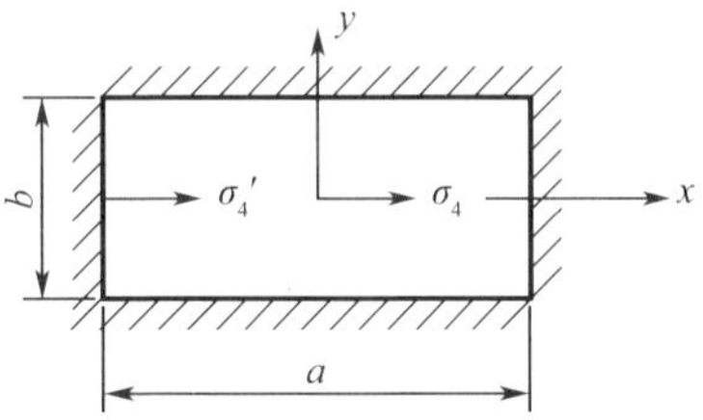

图 8－15　σ_4 的计算模型

对于纵骨架式板格，其长边沿船长方向，通常作为刚性板计算。在总纵强度计算中，只计算沿船长方向的最大应力，即板短边中心点和板中心点横剖面内的应力。

板中心点横剖面内的计算弯矩为

$$M_1 = k_2 q b^2$$

板短边中心点横剖面内的计算弯矩为

$$M_2 = k_4 q b^2$$

式中 k_2、k_4——弯矩系数，可根据边长比值 a/b 按板的弯曲要素查得，当 $a/b \geqslant 2$ 时 $k_2 \approx 0.0125$，$k_4 \approx 0.0515$；

q——船舶在中拱或中垂状态时作用在板上的水压力；

b——纵骨间距。

设船底板格的厚度为 t，则剖面模数为

$$W = \frac{bt^2}{6} = \frac{t^2}{6}$$

因为考虑筒型弯曲，用单位长度的板条梁弯曲来代替板的弯曲，故 $b=1$。

计算剖面中的最大应力公式为

$$\sigma_4 = \pm \frac{6M}{t^2}$$

式中 M——计算剖面上的弯矩。在板中心处，内表面受拉应力，取正号；外表面受压应力，取负号。在短边中点，应力符号正好相反。

于是，在板中心点横剖面上的应力为

$$\sigma_4 = \pm 73.5q\left(\frac{b}{100t}\right)^2 \quad (\mathrm{N/mm^2})$$

此时，板中心处内表面受拉应力，取正号；外表面受压应力，取负号。

在板短边中心点横剖面上的应力为

$$\sigma_4' = \mp 302.8q\left(\frac{b}{100t}\right)^2 \quad (\mathrm{N/mm^2})$$

由于板短边中点处弯曲方向与板中心点处的相反，所以应力符号也相反。此时，板中心处内表面受压应力，取负号；外表面受拉应力，取正号。

对于横骨架式板格，根据合成应力的要求，应该计算长边中点和板中心点横剖面的应力。如果计算中不考虑中面应力、初挠度等因素，亦即按刚性板处理，则上述剖面中的计算弯矩为

$$M_1 = k_3 q a^2, M_2 = k_5 q a^2$$

式中 k_3、k_5——弯矩系数，可根据边长比值 b/a 按板的弯曲要素查得，当 $b/a \geqslant 3$ 时 $k_3 = \frac{1}{24}$，$k_5 = \frac{1}{12}$；

q——船舶在中拱或中垂状态时作用在板上的水压力；

b——肋板间距。

于是，在板中心点横剖面上的应力为

$$\sigma_4 = 0.025\mu q\left(\frac{a}{t}\right)^2 \quad (\mathrm{N/mm^2})$$

在板长边中心点横剖面上的应力为

$$\sigma_4' = \pm 0.05q\left(\frac{a}{t}\right)^2 \quad (\mathrm{N/mm^2})$$

在强度校核计算中，计算板的弯曲应力按表 8-9 进行计算。

表 8-9 板的弯曲应力计算表

构件号	长边 a/cm	短边 b/cm	板厚 t/cm	边长比 a/b	$(b/t)^2$	波峰压头 H_h/m	波谷压头 H_s/m	板中心距基线 h/m	计算压头 $H-h$/m		应力/(N·mm^{-2})			
											波峰		波谷	
									波峰	波谷	板中心	短边中点	板中心	短边中点

8.3.2 总合应力的计算

将船体构件中的总纵弯曲应力 σ_1 与局部弯曲应力 σ_2 或 σ_3 或 σ_4 叠加，称为应力合成，而所得的应力称为总合应力(或称为合成应力)。

求总合应力时以一个隔舱为计算对象，计算时，应该对一个隔舱之中可能是最危险应力的剖面以及该剖面上可能是最危险的应力点处，求出其总合应力之值。

1. 总纵弯曲应力 σ_1

σ_1 沿舱长等高处是相同的，图 8-16 所示 σ_1 为中拱时甲板上纤维处的应力。

2. 板架弯曲应力 σ_2

考虑到中桁材的剖面沿舱长基本不变，但其弯曲力矩 M_2 沿舱长是变化的。设 M_2 系当单跨梁(两端 $x=1$)算出，则 M_2 分布如图 8-16 所示。所以，应取计算剖面为舱壁处及跨中，如图 8-16 中的剖面 Ⅰ 与Ⅳ所示。剖面上计算点则为底上表面及外底中面处。同时要计算这几点处的 σ_1，以便和 σ_2 叠加。

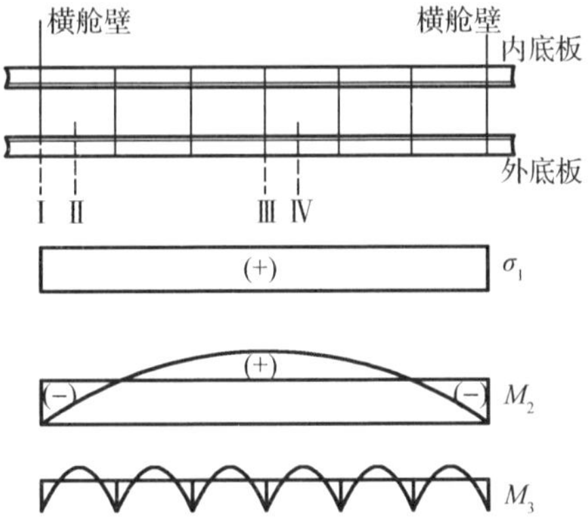

图 8-16 总合应力的四个剖面位置

由于 M_2 在一挡肋距之间变化不大，所以可近似认为其在边沿肋距和跨中肋距内是相同的。

3. 船底纵骨弯曲应力 σ_3

考虑到船底纵骨剖面沿舱长基本不变，在任意两肋板间纵骨的弯曲力矩 M_3 相同，其分布如图 8-16 所示，故取任一跨纵骨校核均可。但因在舱壁处肋距与舱长中间肋距的 σ_2 不同，故求 $\sigma_{总合}$时应取边沿肋距及跨中肋距计算。在每跨肋距内计算剖面又为跨中的支座处两个剖面(图 8-16 中的剖面 Ⅰ、Ⅱ、Ⅲ、Ⅳ)。剖面上计算点则为上、下纤维，即纵骨自由边与外底板中面处。同样要计算这几点处的 σ_1 与 σ_2，以便和 σ_3 叠加。

表 8-10　第一、第二类构件总合应力计算

构件名称、编号及计算位置			总纵弯曲应力 σ_1		板架弯曲应力 σ_2		总合应力 $\sigma=\sigma_1+\sigma_2$		许用应力[σ]/($N\cdot cm^{-2}$)
			波峰/($N\cdot cm^{-2}$)	波谷/($N\cdot cm^{-2}$)	波峰/($N\cdot cm^{-2}$)	波谷/($N\cdot cm^{-2}$)	波峰/($N\cdot cm^{-2}$)	波谷/($N\cdot cm^{-2}$)	
(1)			(2)	(3)	(4)	(5)	(6)	(7)	(8)
等值梁上纤维									
中桁材	内底板	横舱壁处							
		跨度中点							
	外底板	横舱壁处							
		跨度中点							
第一旁桁材	内底板	横舱壁处							
		跨度中点							
	外底板	横舱壁处							
		跨度中点							
第二旁桁材	内底板	横舱壁处							
		跨度中点							
	外底板	横舱壁处							
		跨度中点							

4. 船底板格弯曲应力 σ_4

船底外板厚度沿舱长可能改变，但通长变化不大，故板的每一跨度弯曲变形可认为相同。考虑到与 σ_3 叠加，所以取计算跨度位置及跨度内计算剖面位置均与纵骨相同，剖面上计算点取在船底板中面之处。同时要计算这几点处的 σ_1、σ_2、σ_3，以便和 σ_4 叠加。因此，应对图 8-16 中的剖面Ⅰ、Ⅱ、Ⅲ、Ⅵ进行应力合成，以便对可能是最危险的点求出其总合应力。

其中,对第一、二类构件的总合应力可采用表 8-10 进行计算。

前已述及,由于考虑到船体构件的多重作用和产生多种应力的特征,将船体构件分为四类,并分别求其总合应力,并用总合应力与相应位置的许用应力进行比较,以判定船体结构的总纵强度。从理论上说,还是比较合理的。但实际上,它不能不受到人们的认识水平和可能的实际处理方法的限制,例如,总合应力是各自孤立地求出的总纵弯曲应力和局部弯曲应力,并取其代数和,这样就不满足船体剖面中力的平衡条件。

有鉴于此,各国造船界一直在不断地寻求改进方法。例如在 1962 年苏联颁布的《海船强度标准》中,就取消了第三和第四类构件应力的合成,只保留了第一和第二类构件的应力合成,来校核船体总纵强度。近年来,不少国家已用概率方法来研究船体结构强度,以便能用新的概率强度标准来校核船体总纵强度。

8.3.3 许用应力及强度校核

许用应力就是船体结构在设计的各种工况下,各构件所容许的最大应力。

许用应力通常小于构件材料破坏时的极限应力或结构发生危险状态时,材料所对应的极限应力,以保证结构具有足够的强度储备。

在理论上,材料的极限应力除以安全系数(或称强度储备系数)得许用应力,即

$$[\sigma]=\frac{\sigma_0}{n} \tag{8-26}$$

式中 $[\sigma]$——许用应力;

σ_0——极限应力(对钢材可取其屈服极限 σ_s);

n——安全系数。

实际上,船体结构的许用应力标准,是根据舰船设计、建造和营运的经验,用标准计算方法对其进行统计分析,并参照积累的实船静载测量和航行试验结果,根据安全和经济的原则来确定的。

例如,选一批经过长期航行考验,并证明具有足够强度的船,不妨称为"可靠船舶"。对这些船舶按照静置在标准波浪上的计算方法,求出其总合应力,称为计算应力。然后对其加以分析整理,定出一个强度标准的平均值,并大致确定其上、下波动幅度,这个统计平均值可以代表实际船舶按标准计算方法所得出的安全、可靠的应力水平。所以可以作为确定许用应力的基础。再以若干实船的强度测试结果予以佐证,并参考各类船级社颁布的建造规范所规定的强度要求,然后在符合安全和经济的原则下,具体制定许用应力的标准值。

显然,用这种方法决定的许用应力值纯属经验性质,并且与计算方法有关。这就是说,船舶结构设计中所用的许用应力标准是与某一种确定的外力、内力的计算方法相联系的。当这种计算方法改变时,也相应地改变许用应力标准。同时可见,用这种许用应力标准来判断船体强度乃是一种比较强度法。

苏联船舶登记局在 1962 年颁布的《海船强度标准》中,关于总纵强度计算,在规定了外力和内力的计算方法与要求之后,又规定了按不同计算应力校核强度时的许用应力标准。其中对总强度的正应力校核有如下标准。

(1)仅按总纵弯曲应力校核强度时,其许用应力为

$$干货船:[\sigma]=0.50\sigma_s$$

$$油船:[\sigma]=0.45\sigma_s$$

(2)按总纵弯曲应力和板架弯曲应力合成值校核强度时,其许用应力分别是

$$
\text{跨中剖面}\begin{cases}\text{干货船}:[\sigma_1+\sigma_2]=0.65\sigma_s\\ \text{油船}:[\sigma_1+\sigma_2]=0.55\sigma_s\end{cases}
$$

$$
\text{支座剖面}\begin{cases}\text{干货船}:[\sigma_1+\sigma_2]=1.0\sigma_s\\ \text{油船}:[\sigma_1+\sigma_2]=0.90\sigma_s\end{cases}
$$

式中 σ_s——材料屈服极限;

σ_1——总纵弯曲应力;

σ_2——板架弯曲应力。

确定了总合应力和许用应力之后,就可以对船舶总纵弯曲强度进行校核了。用许用应力标准校核强度,就是要求结构中的最大应力不大于许用应力。例如在船体总纵强度的正应力校核中,其强度条件就是

$$
\begin{cases}(\sigma_1)_{\max}\leqslant[\sigma_1]\\ (\sigma_1+\sigma_2)_{\max}\leqslant[\sigma_1+\sigma_2]\\ (\sigma_1+\sigma_2+\sigma_3)_{\max}\leqslant[\sigma_1+\sigma_2+\sigma_3]\\ (\sigma_1+\sigma_2+\sigma_3+\sigma_4)_{\max}\leqslant[\sigma_1+\sigma_2+\sigma_3+\sigma_4]\end{cases}\tag{8-27}
$$

应该指出,用许用应力标准来判断船体强度乃是一种比较强度法,它并不代表船体的真正强度。但是它通过与“可靠船舶”相比较,采用不低于“可靠船舶”强度的方法来表征设计船的强度。

近几十年以来,人们在运用、改进许用应力法的同时,也不断提出许用应力法的缺点。

其一,没有考虑计算应力值的随机性,往往是简单地取最大载荷和最差材料性能,得出一个计算应力,然后用许用应力值来衡量强度。然而这个计算应力只代表该应力随机变量的某个应力水平,围绕它有许多实际可能值。所以这样做是不够的,也不符合实际情况。事实上,所谓满足强度要求,就是要保证结构在使用期内不出现公认的危险状态。而从随机的观点看来,不是保证不出现危险状态(也不可能得到保证),而是确保出现危险状态的概率很小,属于小概率事件。

其二,把计算应力和许用应力相比较时,对决定结构强度的所有因素都赋予了一个统一的强度储备系数,即只采用了一个统一的安全系数 n。实际上,从随机性来看,这些因素的性质是互不相同的。例如在衡量甲板构件的强度时,计算应力中应包括静水应力和波浪应力,而静水应力所具有的随机性比波浪应力的随机性要小得多,二者的超越可能性也是不同的,但却被赋予了相同的安全系数 n。所以,许用应力法仅仅在形式上保证各结构在统一的强度储备系数下具有足够的强度,而实际上却不能表征影响结构强度诸因素的变动性和随机性。

因此,船体强度的研究方向,应该是采用概率方法。只有概率方法才能充分揭示作用在船上的随机外力的真实情况以及结构材料在随机载荷作用下的破坏机理。但是,由于许用应力法简单,并且已经过长期应用,大量的资料、规则、规范等均以此法为基础制定,故目前仍采用许用应力法来评定船体强度。

【任务测试】

1. 某散货船的型深 $D=13.45$ m,它的船中横剖面由强力甲板、舷侧外板、船底板等 25

个纵向连续构件构成。选取基线为参考轴,经表格计算半个剖面的剖面要素后得

$$A = \sum A_i = 11\ 547\ \text{cm}^2$$

$$B = \sum A_i Z_i = 61\ 439\ \text{cm}^2 \cdot \text{m}$$

$$C = \sum (A_i Z_i^2 + i_0) = 620\ 508\ \text{cm}^2 \cdot \text{m}^2$$

试求船体剖面中和轴离参考轴的距离 e,剖面对中和轴的惯性矩 I 及甲板边板的剖面模数 W_i。

2. 对于同时参与总纵弯曲及板架弯曲的总骨架式板,该用哪一公式来计算其折减系数 φ? 说明所用公式中的每一个字母的含义与符号取法。

3. 归纳一下计算纵骨架式船底板架的弯曲应力 σ_2、船底纵骨的弯曲应力 σ_3 与船底板格的弯曲应力 σ_4 的计算模型和计算剖面,并写出计算剖面处的弯矩公式和应力公式。

任务 8.4 极限弯矩计算

学习任务单

<table>
<tr><td>学习领域</td><td colspan="2">船舶结构与强度</td></tr>
<tr><td>项目 8</td><td>总纵强度计算</td><td>学时</td></tr>
<tr><td>学习任务 4</td><td>极限弯矩计算</td><td>2</td></tr>
<tr><td>任务描述</td><td colspan="2">任务导入:
极限弯矩是指船体横剖面内刚性构件中,离中和轴最远点处的拉应力达到屈服极限或压应力达到构件临界应力时,船体剖面上所对应的总弯矩。满足许用应力要求时,不一定能满足过载系数要求,满足过载能力要求时,许用应力的要求一般必能满足,所以过载系数的要求也是重要的检验船体总强度指标。
学习步骤:
(1)极限弯矩的计算;
(2)极限弯矩的校核</td></tr>
<tr><td>任务要求</td><td colspan="2">技能要求:
(1)能够利用公式进行极限弯矩的计算;
(2)能够确定过载系数;
(3)能够利用公式进行极限弯矩的校核。
职业素质要求:
(1)具有分析问题、解决实际问题的能力;
(2)具有责任意识和敬业精神;
(3)具有迎接挑战的意识</td></tr>
<tr><td>学习资源</td><td colspan="2">教材、教学课件、图片、图纸</td></tr>
</table>

【典型案例】

极限强度的研究历史

关于船体极限总强度的研究可以追溯到20世纪60年代Caldwell开创性论文的发表。几十年来,各国船舶力学研究者发展了许多计算船体纵向强度的数学模型,其中较具代表性的是直接计算法和逐步破坏分析法。Caldwell将船体总纵强度估算为船体横剖面的全塑性弯矩,通过对受压构件承载能力的折减处理屈曲的影响。该方法没有考虑加筋板单元承受的压力超过其极限强度后的载荷—缩短行为以及截面应力的重新分布,因而往往过高地估算了船体结构的总纵极限强度。另外,在当时由于不能准确地计算每个结构单元的折减因子值,因此计算的结果难以真实地反映船体破坏行为和极限承载能力。

【知识要点学习】

8.4.1 极限弯矩与船体过载能力的概念

船舶满足许用应力要求是指在正常航行状态下所需满足的强度要求。但是其还不能反映船舶所具有的最大承载能力。船舶在营运中还可能遇到某些超过波浪计算外力的偶然性载荷作用的情况,例如碰撞、搁浅、水下爆炸等。由于事先无法估计这些载荷的性质、大小及作用区域,因此要准确计算它们及其产生的应力是困难的。所以在造船工程上采用了一种计算船体剖面所能承受的极限弯矩的方法,并用船体过载系数来估计船舶所具有的最大承载能力。

1. 极限弯矩定义

极限弯矩是指船体横剖面内,刚性构件中,离中和轴最远点处的拉应力达到材料屈服极限或压应力达到构件临界应力(这是基于允许降低稳定要求而提出的,一般有 $\sigma_{cr}=0.90\sigma_s$)时,船体剖面上所对应的总弯矩。

设 M_j 为 极限弯矩,则

$$M_j=\sigma_j W_j \tag{8-28}$$

式中 σ_j——拉应力时是材料屈服极限 σ_s,压应力时是甲板板架或船底纵向骨材的临界应力 σ_{cr};

W_j——在极限弯矩作用下的船体最小剖面模数,称为极限剖面模数。

2. 船体过载能力

船体过载能力可用式(8-29)表示:

$$\alpha=\frac{M_j}{M} \tag{8-29}$$

式中 α——过载系数;

M_j——由上述定义所规定的极限弯矩;

M——船舶静置于标准波浪上的计算弯矩。

在强度标准中,规定了必须具有的最小 α 值,记为 α^0。一般情况下,$\alpha^0=2$。

若 $\alpha \geqslant \alpha^0$，则满足规定要求。有时，满足许用应力的要求时，不一定能满足过载系数的要求；而满足了过载系数的要求时，许用应力的要求一般必能满足。所以，过载系数的要求也是检验船体总强度的重要指标。

8.4.2 极限弯矩 M_j 的计算及其校核

通常是在总纵弯曲第一次近似计算的基础上进行极限弯矩 M_j 的计算。

从式(8－28)可知，计算极限弯矩 M_j 实际上就是计算极限状态下的船体最小剖面模数 W_j。为此，首先应确定船体剖面上的应力分布，然后用总纵弯曲应力 σ_1 第二次近似计算的办法，求折减后的最小剖面模数。

一般船体横剖面中和轴偏于船底一边，因此不论中拱或中垂状态，通常是甲板上刚性构件的应力首先达到材料屈服极限 σ_s 或临界应力 σ_{cr}，如图 8－17 所示。

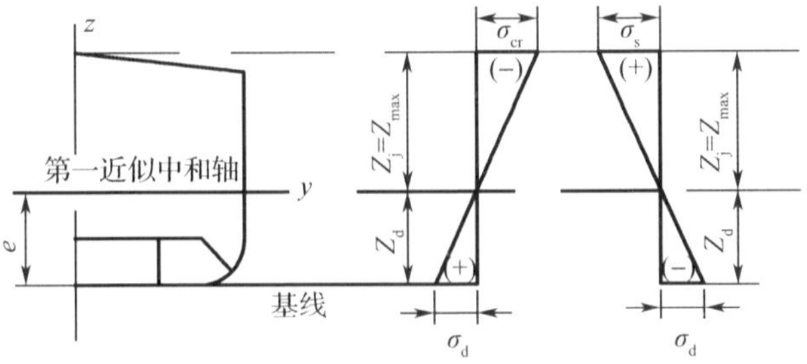

图 8－17 极限状态下的应力分布

剖面上其他构件的应力按线性规律分布，即

$$\sigma_i = \frac{Z_i}{Z_{max}}\sigma_s$$

或 (8－30)

$$\sigma_i = \frac{Z_i}{Z_{max}}\sigma_{cr}$$

式中 Z_i——任意构件距第一次近似中和轴的距离；

Z_{max}——甲板上刚体构件距中和轴最远点处至中和轴的距离。

求得各构件的应力之后，便可计算各受压构件的折减系数。因为极限弯矩本身是一种假定性的计算，所以计算折减系数时，只考虑总纵弯曲应力，不考虑局部弯曲应力。由于只有板允许折减，因此折减系数为

$$\varphi = \frac{\sigma_E}{\sigma_i} \tag{8－31}$$

求得折减系数后，便可按与总纵弯曲应力计算中同样的方法，逐次近似计算出对应的最小剖面模数，即极限剖面模数 W_j。

选取剖面第一近似中和轴为参考轴(定为 y 轴)，Z 轴向上(图 8－17)。

用表 8－11 计算面积折减修正值及其对第一近似中和轴的静力矩和惯性矩。

表 8-11 面积折减修正值及其对第一近似中和轴的静力矩和惯性矩的计算

应折减构件的编号	构件名称	折减面积 A_i/cm^2	折减系数 φ_i	面积折减修正值 $A_i(\varphi_i-1)/\text{cm}^2$	离第一近似中和轴的距离 Z_i/cm^2	静力矩 $A_i(\varphi_i-1)\cdot Z_i/\text{cm}^3$	惯性矩 $A_i(\varphi_i-1)\cdot Z_i^2/\text{cm}^4$
Ⅰ	Ⅱ	Ⅲ	Ⅳ	Ⅴ	Ⅵ	Ⅶ	Ⅷ
	$\sum$			ΔA		ΔB	ΔC

设总纵弯曲应力计算所得的半剖面面积为 A,中和轴距基本线距离为 e,剖面对中和轴的惯性矩为 I,利用上表所算出的结果:

$$\Delta A = \sum A_i(\varphi_i - 1)$$

$$\Delta B = \sum A_i(\varphi_i - 1)Z_i$$

$$\Delta A = \sum A_i(\varphi_i - 1)Z_i^2$$

可得剖面对中和轴的惯性矩为

$$I_1 = I + 2\left[\Delta C - \frac{(\Delta B)^2}{A + \Delta A}\right] \tag{8-32}$$

中和轴移动距离为

$$\Delta e = \frac{\Delta B}{A + \Delta A} \tag{8-33}$$

新中和轴离基线距离为

$$e_i = e - \Delta e \tag{8-34}$$

极限剖面模数为

$$W_j = \frac{I_1}{Z_{1\max}} \tag{8-35}$$

式中,

$$Z_{1\max} = Z_{\max} - \Delta e \tag{8-36}$$

式中 $Z_{\max}$——最远构件与第一次近似中和轴的距离。

若由式(8-35)算出的极限剖面模数 W_j 与原剖面模数相比,其相对误差不小于 10%,需要再进行一次近似计算,直到前后两次计算值的相对误差小于 10%。同时,最终之 W_j 不得小于总纵弯曲应力第一次近似计算值的 75%,否则结构要重新设计。

在分别计算中拱及中垂状态的 M_j 的过程中,对于中拱状态,即当甲板的上纤维中拉应力达到 σ_s 时,若在中和轴以下的板折减过多,使 Δe 上移较大,达到 $|e_1| > \frac{D}{2}$(D 为型深),则表明修正后船底下纤维处压应力将大于材料的屈服极限 σ_s,这样就不符合 M_j 的定义。因此,应重新令船底下纤维处的压应力 $e_{压} = -e_s$ 来重新计算极限剖面模数 W_j。

求得极限剖面模数 W_j 后，按式(8－28)便可算出极限弯矩 M_j，接着可按式(8－29)计算过载系数 α，即

$$\alpha=\frac{M_j}{M}$$

并判断 $\alpha \geqslant \alpha^0$ 是否成立。

显然，中拱、中垂状态有各自的 α($\alpha_{拱}$ 或 $\alpha_{垂}$)。

如果求得的 α 过大，则表明船体结构材料没有充分利用，船体具有多余的过载能力；反之，若 α 小于规定值，则认为结构强度不足，应重新修改剖面，使之满足。

【任务测试】

1. 为什么说用许用应力法来判断船体强度乃是一种强度比较法？许用应力法有何缺点？如何改进？为什么现在还使用许用应力法？

2. 举例说明在实际应用中如何确定船体结构的许用应力标准。

3. 试述极限弯矩的定义，写出极限弯矩 M_j 的计算公式，并说明公式中的每一个字母的含义。再说明为何要用 M_j 来估计船体所具有的过载能力。实际应用中可用什么形式来规定船体承受过载的能力？

【项目拓展】

某船舯剖面设计如图8－18所示，其几何特性如下：全剖面面积 $A=5\ 000\ \text{cm}^2$，中和轴距基线高度 $e=6$ m，剖面惯性矩 $I=3\ 000\ \text{cm}^2\cdot\text{m}^2$，甲板剖面模数 $W_d=600\ \text{cm}^2\cdot\text{m}$。因加工装配时发生差错，误将上下甲板的纵桁互相调换(即上甲板装配了4根截面积各为 $f_2=15\ \text{cm}^2$ 的小纵桁，而下甲装配了4根截面积各为 $f_1=25\ \text{cm}^2$ 的大纵桁)。若已知型深 $H=11$ m，两层甲板的间距 $d=2.5$ m，试计算实际的甲板剖面模数。

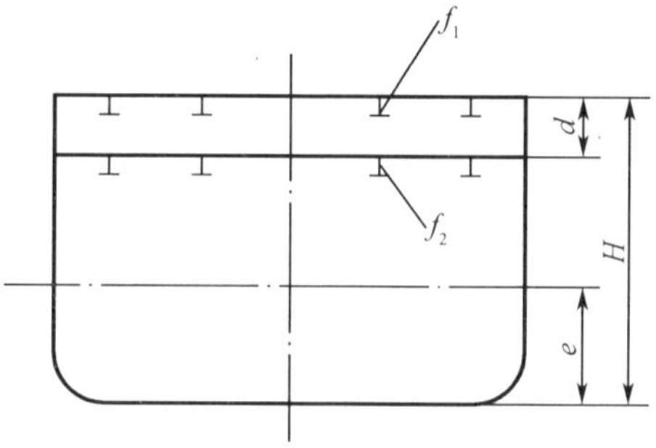

图8－18　某船舯剖面设计

解：以装错时的中和轴为参考轴，因此对调前后总的剖面面积不变，但对调前后面积相对于参考轴来说产生的静矩会发生变化，则

$\Delta B=B_{正}-B_{错}=15\times4\times5+25\times4\times2.5-25\times4\times5-15\times4\times2.5=-100\ \text{cm}^2\cdot\text{m}$

则实际中和轴与参考轴间的距离为

$$\Delta Z=\frac{\Delta B}{A}=-\frac{100}{5\ 000}=-0.02\ \text{m}$$

又正、错两种情况相对参考轴的惯性矩变化量为

$$\Delta I = I_{正} - I_{错} = 600 \times 5^2 + 100 \times 2.5^2 - 100 \times 5^2 - 60 \times 2.5^2 = -750\ \text{cm}^2 \cdot \text{m}$$

此时整个剖面对参考轴的惯性矩为

$$I_{正} = 30\ 000 - 750 = 29\ 250\ \text{cm}^2 \cdot \text{m}^2$$

则装正确后新的中和轴的位置为

$$e' = 6 - 0.02 = 5.98\ \text{m}$$

所以,整个剖面对新的中和轴的惯性矩为

$$I' = 29\ 250 - 5\ 000 \times 0.02^2 = 29\ 248\ \text{cm}^2 \cdot \text{m}^2$$

则实际的甲板剖面模数为

$$W'_d = \frac{I'}{Z'} = \frac{29\ 248}{5 + 0.02} = 5\ 826\ \text{cm}^2 \cdot \text{m}$$

因此,重新装正确后的剖面模数比以前减小了。

项目9　船体型材剖面设计

【项目描述】

在船体结构中，加强船体钢板的骨架通常占船体结构钢料的30%左右，因此其构件尺寸的合理选择，对保证船体结构强度和节约钢材都具有重大意义。船体结构中的骨架构件，一些仅承受拉伸或压缩载荷的作用，如支柱、桁架斜杆等，这类构件剖面的设计比较简单，并且已在材料力学课程中充分地讨论过了；另一些（船体结构中绝大部分构件）主要承受弯曲，即作为"梁"使用。因此，本项目只介绍承受弯曲的梁材剖面设计问题。

【项目目标】

1. 知识目标

(1)了解型材种类和特点；

(2)能够进行型材稳定性的计算。

2. 能力目标

(1)熟悉型材剖面要素包括的内容；

(2)能够进行型材剖面的优化设计。

3. 素质目标

(1)具有及时发现问题、解决问题的能力；

(2)具有勇于探索的精神；

(3)具有爱岗敬业、实事求是、团结协作的优秀品质。

【学习任务】

1. 型材剖面要素计算；

2. 型材的稳定性计算；

3. 型材剖面的优化设计。

【相关知识】

1. 船体结构中的型材

船体结构中的骨架梁大多由轧制型钢（图9－1）、T型材、折边钢板等制成，并与焊接的船体钢板形成组合梁，共同抵抗弯曲。轧制型钢（扁钢、球扁钢、角钢、不等边角钢、槽钢等）我国已批量生产，设计时只是按要求选择型号。T型材能够最合理地使用材料从而得到最高的强度，且能使结构具有良好的对称性，因而在船体结构中得到了越来越广泛的应用。随着冶炼技术的发展，供船舶使用的轧制T型材可望大量生产。目前大量使用的T型材均由船厂拼装焊接而成，其剖面最佳尺寸的确定便是本项目的任务。

2. 衡量型材剖面材料利用程度的指标

型材剖面设计应符合下列要求：

(1)具有足够的强度、刚度和稳定性；

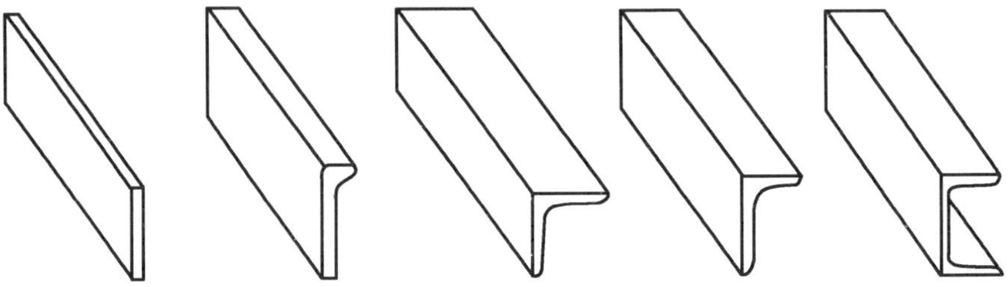

图 9－1　轧制型钢

(2)尽可能符合生产与工艺方面的要求,如制造简单、施工质量高等;

(3)满足特殊结构与营运使用的要求,例如,为保证货舱容积对型材剖面高度的限制、因腐蚀磨损对最小板厚的要求等;

(4)剖面内材料分布合理,使所得结构质量最轻,这是船体结构工程师的重要目标之一。

衡量型材剖面内材料分布合理程度的指标有剖面利用系数和比面积。

梁材受横向载荷作用时,其抵抗弯矩的能力由剖面的最小剖面模数保证。剖面的最小剖面模数 W_1 为

$$W_1 = \frac{I}{|Z|_{max}} = \frac{\int_F Z^2 \mathrm{d}F}{|Z|_{max}} = |Z|_{max}\int_F\left(\frac{Z}{|Z|_{max}}\right)^2 \mathrm{d}F \tag{9-1}$$

式中　I——型材剖面积对其中和轴的惯性矩, $I = \int_F Z^2 \mathrm{d}F$;

Z——微面积 $\mathrm{d}F$ 与中和轴的距离;

$|Z|_{max}$——剖面上最远纤维与中和轴的距离。

因此,在给定剖面积 F 时,若 $Z = |Z|_{max}$,式(9－1)具有最大值,即

$$W_1 = |Z|_{max}F \tag{9-2}$$

这就相当于由两个与中和轴的距离为 $|Z|_{max}$、面积各为 $0.5F$ 的翼板组成的剖面(图9－2)。可是,这种型材实际上是无法制造的,因为它没有连接两翼板的腹板,所以称之为“理想”剖面。记“理想”剖面的剖面模数为 W_0,则

$$W_0 = \frac{1}{2}hF \tag{9-3}$$

式中　h——剖面高度。

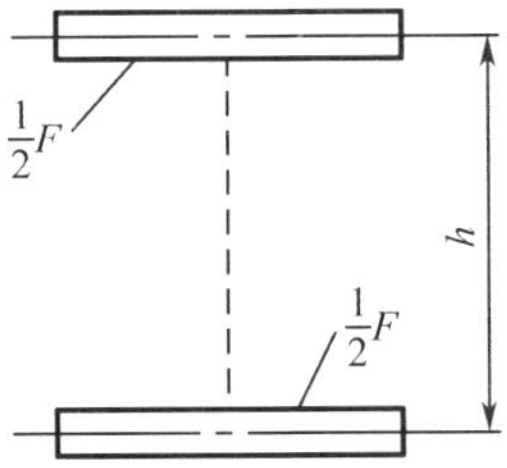

图 9－2　“理想”剖面

实际所用的各种型材,其最小剖面模数仅为 W_0 的一部分,即

$$W_1 = \eta W_0 = \eta\frac{1}{2}hF \tag{9-4}$$

式中,系数 η 称为剖面利用系数,表 9－1 列出了一些型材剖面的利用系数。

表9－1　一些型材剖面的利用系数

编号	型材剖面	η	编号	型材剖面	η
1	实心圆剖面	0.25	5	轧制槽钢和I型钢	0.60
2	实心矩形剖面	0.33	6	轧制球尾角钢或球尾T型钢	0.40～0.45
3	小厚度空心圆管	0.50	7	组合工字型材	0.70～0.75
4	等厚度薄壁空心方盒	0.67			

在剖面积 F 和剖面高度 h 一定的情况下，剖面利用系数 η 能表明材料在剖面中分布的合理程度，即 η 越大，所设计的型材剖面越接近于“理想”剖面，剖面材料的利用率就越高。由于剖面高度对剖面模数有很大影响，当剖面高度 h 不同时，η 的大小就不能反映材料在剖面中的利用率了。

为了衡量剖面材料的利用率，引入剖面模数比面积：

$$C_w = \frac{F}{W^{2/3}} \tag{9-5}$$

及剖面惯性矩比面积：

$$C_i = \frac{F}{I^{1/2}} \tag{9-6}$$

式中　F——型材剖面积；

W——型材最小剖面模数；

I——型材剖面惯性矩。

对焊接在钢板上的船体骨架梁，在上述比面积公式中，F 为不包括带板的型材剖面积，而 W、I 则为包括带板的型材最小剖面模数和型材剖面惯性矩。

C_w 的意义就是产生单位剖面模数（$W^{2/3}$）所需的剖面积。显然，C_w 越小，剖面材料的利用率就越高，剖面设计得就越好。

对于几何相似的型材剖面，因所有尺寸相差 n 倍，便有下述关系：

$$F_2 = n^2 F_1, I_2 = n^4 I_1, W_2 = n^3 W_1$$

$$C_w = \frac{F_1}{W_1^{2/3}} = \frac{F_2}{W_2^{2/3}} = \text{常数}$$

$$C_i = \frac{F_1}{I_1^{1/2}} = \frac{F_2}{I_2^{1/2}} = \text{常数}$$

即两个几何相似的型材剖面其比面积是相同的。

在同品种型材中，比面积的变化范围也不大。例如，船用球扁钢的 C_w 为0.64～0.68，C_i 为0.40～0.45，在设计计算中可近似地取 $F=0.65W^{2/3}$ 和 $F=0.40I^{1/2}$。

【任务实施】

任务9.1 型材剖面要素计算

学习任务单

学习领域	船舶结构与强度	
项目9	船体型材剖面设计	学时
学习任务1	型材剖面要素计算	2
任务描述	任务导入： 在进行船体型材剖面的优化设计之前，首先要了解船体型材剖面要素的主要内容，即需要对型材的剖面模数和惯性矩进行计算，然后需要建立型材剖面要素与剖面几何尺寸之间的关系式，进而得出抗弯强度和抗剪强度间的关系。 学习步骤： (4)型材剖面模数与惯性矩的计算； (5)腹板的相当面积计算； (6)梁材抗弯强度与抗剪强度间的关系	
任务要求	技能要求： (1)能够计算型材的剖面模数和惯性矩； (2)掌握腹板相当面积的计算方法。 职业素质要求： (1)具有分析问题、解决实际问题的能力； (2)具有责任意识和敬业精神； (3)具有迎接挑战的意识	
学习资源	教材、教学课件、图片、图纸	

【典型案例】

因钢材尺寸不合格造成倒塌事故案例分析

苏联某钢铁厂仓库运输廊道为钢结构。廊道内净空为8 m×6 m，轴线之间的总长度为113 m，由(41.5+30+41.5) m三跨组成。廊道结构由高6.5 m、跨度41 m和29 m的纵向钢桁架组成，桁架上面支承着间距为6 m、跨度为18 m的横向桁架和廊道的纵向墙。廊道的主要承重结构为沿轴线的纵向钢桁架，采用铸钢转动铰支座，支承在钢柱上。桁架是三角形腹杆焊接桁架，弦杆为工字形截面。1960年11月倒塌。

倒塌后经现场调查发现，柱列之间轴线上的桁架下弦焊接工字钢的腹板沿轧制方向出现局部分层现象，节点吊杆扭曲；柱列之间轴线的柱肢翼缘出现裂纹，并伸到柱肢的腹板，部分柱缀条失去稳定，在平面内和出柱平面鼓凸；几乎所有的桁架节点都出现了弦杆或斜杆扭曲，焊缝开裂，并延伸至腹板或螺栓孔处。此外，横向次要结构，如横向桁架、廊道屋盖上弦支撑、楼盖梁、墙架构件连同主体结构一起受到破坏，大都严重地弯扭，个别部位发生了断裂。

总之，在倒塌结构中查明：杆件断裂发生在应力集中处节点附近的整块母材上，桁架腹杆和弦杆的所有安装焊接接头，均未破坏；全部断口和拉断处都很新鲜，未发黑，亦无锈迹。经调查表明系钢材尺寸不合理导致的倒塌事故。

【知识要点学习】

为了保证型材有足够的强度，必须使翼板上的最大正应力和腹板上的最大剪应力小于许用应力，即

$$\frac{M}{W_1} \leqslant [\sigma]$$

及

$$\frac{NS}{It} \leqslant [\tau] \tag{9-7}$$

式中 M,N——作用于剖面的弯矩及剪力；

W_1——最小剖面模数；

I——型材剖面对中和轴的惯性矩；

S——剖面中和轴以上或以下的剖面积对中和轴的静矩；

t——型材腹板的厚度。

为此，首先要建立型材剖面要素与剖面几何尺寸之间的关系式。

9.1.1 型材剖面模数与惯性矩的计算

焊接于船体钢板上的 T 型材，研究其强度、稳定性时采用图 9-3 所示的标记：

f_1,t_1,b_1——小翼板（亦称自由翼板、面板）剖面积、厚度及宽度；

f_2,t_2,b_2——大翼板（即型材带板）剖面积、厚度及宽度；

f,t,h——腹板的剖面积、厚度及高度（两翼板重心间距离）；

h_1,h_2——翼板重心到剖面中和轴的距离。

并且假定两翼板的厚度远小于剖面高度（一般，厚度不超过高度 1/8 即可）。

设参考轴 $O'-O'$ 取在小翼板厚度中点的轴线上。利用剖面特性计算的移轴定律，剖面中和轴至参考轴的距离为

$$h_1 = \frac{f_2 h + f\dfrac{h}{2}}{f_1 + f_2 + f} \tag{9-8}$$

剖面对中和轴的惯性矩为

$$I = f_2 h^2 + f\left(\frac{h}{2}\right)^2 + \frac{fh^2}{12} - (f_1 + f_2 + f) h_1^2$$

将式(9-8)代入上式得

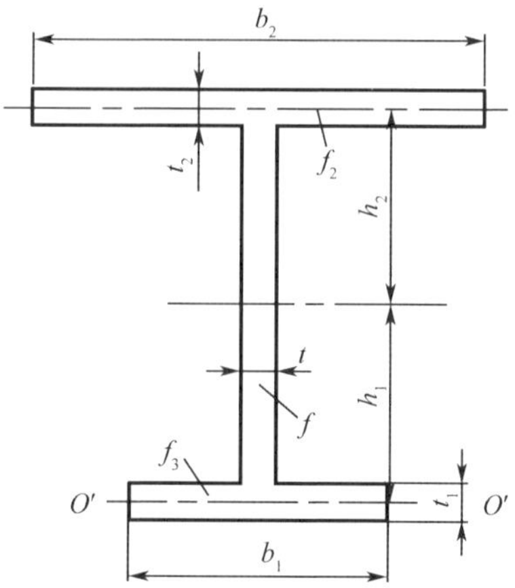

图 9-3 T 型材尺寸标记

$$I = h^2 \frac{f_1 f_2 + \frac{f}{3}(f_1 + f_2) + \frac{f^2}{12}}{f_1 + f_2 + f} \tag{9-9}$$

由此，小翼板的剖面模数为

$$W_1 = \frac{I}{h_1} = h \frac{f_1 f_2 + f_1 \frac{f}{3} + f_2 \frac{f}{3} + \frac{f^2}{12}}{f_2 + \frac{1}{2} f}$$

以$(f_1 f/2 - f_1 f/6)$代替$f_1 f/3$，便可得

$$W_1 = h\left(f_1 + \frac{f}{6} \frac{4f_2 - 2f_1 + f}{2f_2 + f}\right) \tag{9-10}$$

同理，大翼板的剖面模数为

$$W_2 = \frac{I}{h_2} = h\left(f_2 + \frac{f}{6} \frac{4f_1 - 2f_2 + f}{2f_1 + f}\right) \tag{9-11}$$

式中，h_2 为大翼板重心到中和轴的距离，即

$$h_2 = h - h_1 = h \frac{f_1 + \frac{1}{2} f}{f_1 + f_2 + f} 0.5 \leqslant h \tag{9-12}$$

型材剖面模数及惯性矩也常利用表 9－2 及下述公式计算。

剖面中和轴至参考轴的距离：

$$e = B/A$$

对中和轴的惯性矩：

$$I = C - Ae^2 = C - eB$$

剖面模数：

$$W = I/h_1$$
$$W_2 = I/(h - h_1)$$

表 9－2　剖面要素计算表

构件编号 i	构件名称及尺寸/mm	构件剖面积 f_i/cm^2	至参考轴距离 Z_i/cm	静矩 $f_i Z_i/\mathrm{cm}^3$	$f_i Z_i^2/\mathrm{cm}^4$	自身惯性矩 i_0/cm^4
—	$\sum$	A		B	C	

小翼板的剖面模数为型材剖面的最小剖面模数。为下面介绍方便起见，将式(9－10)改写为

$$W_1 = h(f_1 + f/K) \tag{9-13}$$

式中，

$$K = 6 \times \frac{2f_1 + f}{4f_2 - 2f_1 + f} \tag{9-14}$$

令中和轴到大、小翼板距离的比值为β，即

$$\beta = \frac{h_2}{h_1} = \frac{2f_1 + f}{2f_2 + f} < 1 \tag{9-15}$$

则可得

$$K = \frac{6}{2 - \beta} \tag{9-16}$$

利用式(9－10)或(9－13)可解决在型材剖面中材料合理分布的问题。

(1)K值的变化范围不大，在3与6之间。图9－4表明了系数K等于最小值及最大值时，剖面中材料分布的情况。如剖面是对称的，则$f_1 = f_2$，$\beta = 1$，$K = 6$；如将大翼板增至无穷大，则$\beta = 0$，$K = 3$。

(2)只要剖面高度h不变，增加大翼板的剖面积，虽然可使剖面模数增加，但增加得极为缓慢，从节约材料的观点来看，这不是好办法。由此可知，船体骨架梁带板宽度的变化对梁材最小剖面模数的影响是不大的。

(3)增加不对称剖面型材最小剖面模数最有效的办法是增加腹板的高度；或者腹板高度不变时，增加小翼板的剖面积。

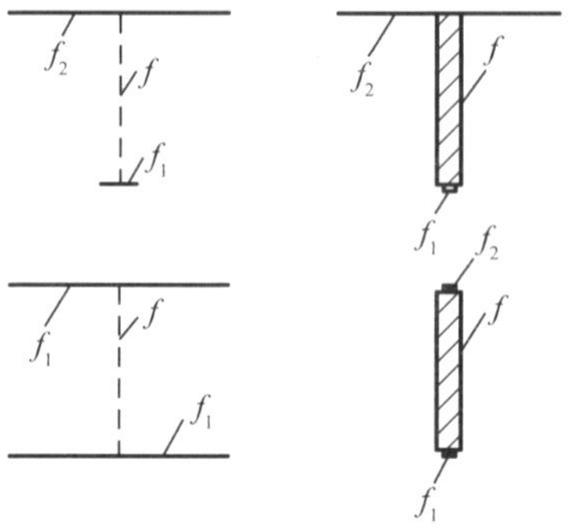

图9－4 系数K等于最小值及最大值时的剖面图

为了尽可能减小结构质量，在必须减小不对称剖面型材最小剖面模数时，减小大翼板剖面积将比减小小翼板剖面积更有利。但是，在船体结构中，大翼板为带板，其厚度是由其他条件决定的。

9.1.2 腹板的相当面积计算

式(9－7)中腹板上的最大剪应力公式可写成

$$\tau = \frac{N}{\bar{f}} \tag{9-17}$$

式中，

$$\bar{f} = \frac{It}{S} \tag{9-18}$$

$\bar{f}$称为型材腹板的相当面积，它相当于使最大剪应力沿腹板高度均匀分布的剖面积。

利用 $I=W_1h_1$，$S=f_1h_1+\frac{1}{2}h_1^2t$ 及 $f=ht$ 及式(9－8)与式(9－10)，可得到腹板的相当面积与腹板面积的关系式

$$\bar{f}=f\frac{f_1+\frac{f}{6}\frac{4f_2-2f_1+f}{2f_2+f}}{f_1+\frac{f}{4}\frac{2f_2+f}{f_1+f_2+f}} \tag{9-19}$$

一般船用型材的大翼板为带板，其剖面积可作为常量。若小翼板剖面积 f_1 与腹板剖面积 f 之比值满足下式

$$0<\frac{f_1}{f}<\infty$$

则 $\bar{f}$ 的变化范围为

$$0.67f<\bar{f}<f$$

因此，在强度计算中可近似取为

$$\bar{f}=0.85f \tag{9-20}$$

这表明薄壁 T 型材剖面上的剪力主要由腹板承受。

于是，为抵抗剪切，腹板的剖面积必须满足：

$$f\geqslant\frac{N}{0.85[\tau]}$$

9.1.3　梁材抗弯强度与抗剪强度间的关系

承受一定载荷的梁所受到的弯矩随跨度 l 的增长而增大，而其剖面抵抗弯矩的能力随剖面高度 h 的增高而增大，因此剖面上的弯曲正应力的大小不但与剖面材料的分布有关，而且随 l 与 h 之比值 l/h 的增加而增加。然而，由式(9－17)及式(9－19)可知，承受一定载荷的梁之最大剪应力仅与剖面上材料的分布有关。由此可知，若假定梁剖面中的最大剪应力与最大正应力同时达到各自许用应力时，所对应的比值 l/h 为最小值 $(l/h)_{min}$，当 l/h 大于此数值时，若满足了梁的抗弯强度条件，则梁的抗剪强度必然是有保证的；反之，勻 l/h 小于此数值时，则梁的抗剪切要求是主要的，即满足了抗剪强度条件，梁的抗弯强度便自动得到保证。

按第四强度理论来校核一般弯曲的强度时，梁的剪切许用应力为 $[\tau]=[\sigma]/\sqrt{3}$，因此有

$$\frac{\tau_{max}}{\sigma_{max}}=\frac{[\tau]}{[\sigma]}=0.57$$

表 9－3 列出一些梁在不同载荷种类和端点固定情况的 $(l/h)_{min}$ 值。对于支持在弹性基础上的梁，剪力对强度的影响大大增加。此时，表 9－3 所列 $(l/h)_{min}$ 值须乘以一修正系数 k_u。系数 k_u 按参数 u 从图 9－5 中查得。

$$u=\frac{l}{2}\sqrt[4]{\frac{K}{4EI}} \tag{9-21}$$

式中　K——梁弹性基础的刚性系数；

　　EI——梁的弯曲刚度。

表 9-3　不同载荷种类和端点固定情况的 $(l/h)_{min}$ 值②

编号③	载荷种类和端点固定情况	f_1/f ①				
		0.4	0.6	0.8	1.0	1.2
1	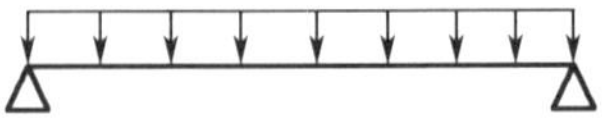	5.3	6.7	8.1	9.4	10.8
2	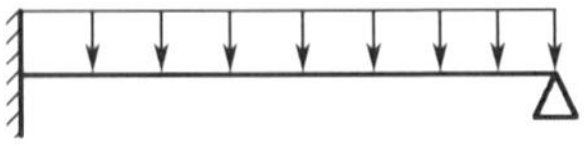	6.7	8.4	10.1	11.7	13.4
3	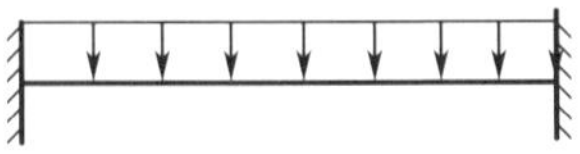	8.0	10.1	12.1	14.2	16.1
4	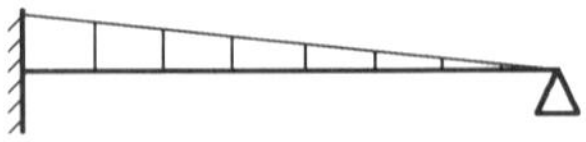	8.0	10.1	12.1	14.2	16.1
5		2.7	3.4	4.1	4.7	5.4
6		5.3	6.7	8.1	9.4	10.8

① f_1/f 为型材自由翼板面积与腹板面积之比；
②在计算 $(l/h)_{min}$ 时，假定带板面积大于型材；
③编号 1,2,…,6 对应图 9-5 中的 1,2,…,6。

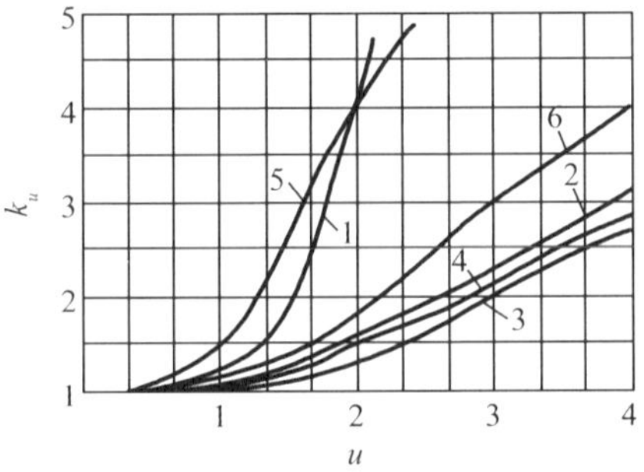

图 9-5　k_u-u 曲线

【任务测试】

1. 已知某船底板厚度 $t=1.3$ cm，船底纵骨为 22a 号球扁钢。试计算该纵骨（含带板）的剖面要素及剖面利用系数（带板宽度 $b=60$ cm）。

2. 已知型材剖面的尺寸如习图 9-1 所示。试计算在下述情况下小翼板的剖面模数的变化情况：

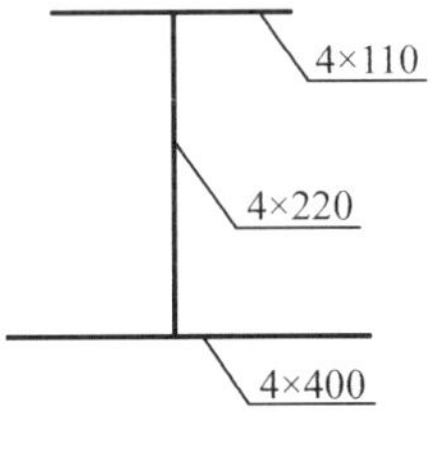

习图 9-1

(1)当小翼板的剖面积f_1增加1 cm^2时;

(2)当大翼板的剖面积f_2增加1 cm^2时。

任务9.2　型材的稳定性计算

学习任务单

学习领域	船舶结构与强度	
项目9	船体型材剖面设计	学时
学习任务2	型材的稳定性计算	2
任务描述	任务导入: 在进行型材稳定性计算的过程中要考虑型材的局部稳定性,当作用于型材剖面最大刚性平面内的横向载荷超过某一限度时,梁材会离开它自己的弯曲平面,并在其最小刚性平面内发生弯曲,同时还伴有扭转变形,即丧失了弯曲平面形状的稳定性,这种失稳是整体性的,它将导致整个结构的破坏,故稳定计算中也要考虑型材的总稳定性。 学习步骤: (1)型材局部稳定性计算; (2)型材总稳定性计算	
任务要求	技能要求: (1)能够利用公式计算翼板和腹板的临界应力; (2)能够进行型材总稳定性的校核。 职业素质要求: (1)具有分析问题、解决实际问题的能力; (2)具有责任意识和敬业精神; (3)具有迎接挑战的意识。	
学习资源	教材、教学课件、图片、图纸	

【典型案例】

美风电项目叶片抗剪腹板裂纹引发倒塌事故

2017年11月,美国加利福尼亚某风电场发生一起风电机组倒塌事故,风电机组厂家调查出的初步原因是叶片内部的抗剪腹板出现裂纹。

风电场业主表示:“这种类型的裂纹发展缓慢,在裂纹发展直至失效前,可以通过对叶片内部进行肉眼检查进行排除。”业主表示,风电机组厂家目前正在对风电场内所有机组(的叶片)进行内部检查,直到“确认这种类型的事故不可能再次发生”。由此可见,抗剪应力对于构件安全性、稳定性至关重要。

【知识要点学习】

9.2.1　型材的局部稳定性

保证型材的局部稳定性，系指保证其翼板和腹板的稳定性。

1. 翼板的稳定性

将型材自由翼板的一半视为三边自由支持在刚性支座上，另一边完全自由的单向受压的长矩板（图9－6），其临界应力为

$$\sigma_{cr}=8.2\left(\frac{100t_1}{b}\right)^2 \quad (N/mm^2) \tag{9-22}$$

式中　b——由腹板至自由边的翼板宽度；

t_1——翼板厚度。

一般要求压应力达到材料屈服极限 σ_s 时，翼板仍是稳定的。令 $\sigma_{cr}=\sigma_r$，且忽略腹板的厚度，可得

$$n_0=\frac{b}{t_1}=10\sqrt{\frac{820}{\sigma_s}} \tag{9-23}$$

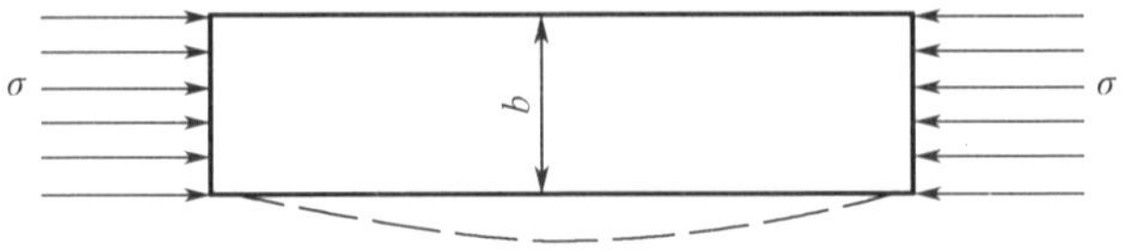

图9－6　自由翼板稳定性计算图形

上式仅适用于弹性范围，当压应力超过弹性范围时应作修正。此外，考虑到在实际船体结构中，自由翼板具有初挠度，以及使用上的要求（翼板宽度太大，就难以在梁材之间进行检查及油漆等工作），通常应使 n_0 值不超过7.5～10，或者按下式决定的值：

$$n_0=\frac{b}{t_1}=10\sqrt{\frac{184}{\sigma_s}} \tag{9-24}$$

2. 腹板的稳定性

研究腹板的稳定性时，将其视为四周自由支持在刚性支座上的矩形板，沿四周作用着定值剪应力，同时沿腹板高度作用着线性分布的弯曲正应力（图9－7）。

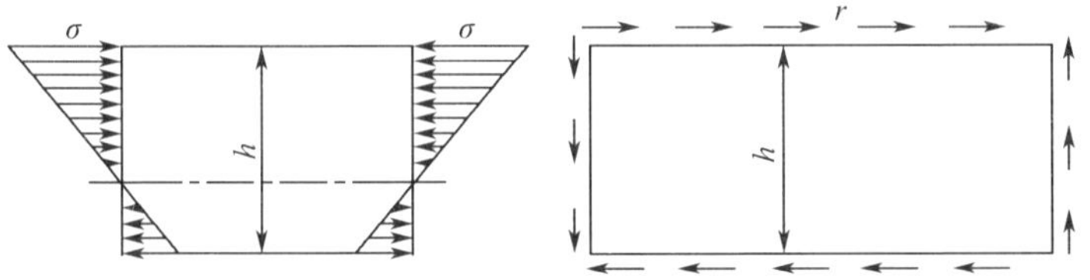

图9－7　腹板稳定性计算图形

板单独受非均匀线性分布的弯曲正应力作用时，其临界应力为

$$\sigma_{cr}=76\left(\frac{100t}{h}\right)^2\left[1+0.95\,(1+\beta)^{2.33}\right] \quad (N/mm^2) \tag{9-25}$$

式中 β——一个翼板内的拉应力与另一个翼板内的压应力之比的绝对值。

板单独受定值剪应力作用时，其临界应力为

$$\tau_{cr}=102\left(\frac{100t}{h}\right)^2 \quad (\mathrm{N/mm^2}) \tag{9-26}$$

板同时受这两种应力作用时，若 σ 和 τ 满足下述相关方程便发生失稳：

$$\frac{\sigma}{\sigma_{cr}}+\frac{\tau}{\tau_{cr}}=1$$

或

$$\frac{\sigma}{A}+\frac{\tau}{102}=\left(\frac{100t}{h}\right)^2$$

式中

$$A=76\left[1+0.95\ (1+\beta)^{2.33}\right] \tag{9-27}$$

由此得到

$$m=\frac{h}{t}=\frac{100}{\sqrt{\dfrac{\sigma}{A}+\dfrac{\tau}{102}}} \tag{9-28}$$

在利用式(9－28)确定 m 时，应注意以下几点。

(1)临界压应力 σ 和临界剪应力 τ 的极限值分别是 σ_s 和 $0.57\sigma_s$。为保证腹板具有足够的稳定性，在设计时一般要求 σ 和 τ 尽可能接近于其极限值。

因此，若实际的 $\tau/\sigma\leqslant0.57$，则应使弯曲压应力等于屈服极限值，即 $\sigma=\sigma_s$，而 τ 为相应于该正应力时剖面中和轴处的剪应力。这样，根据式(9－28)，应按下式确定 m：

$$m=\frac{h}{t}=\frac{100}{\sqrt{\dfrac{102}{A}+\dfrac{\tau}{\sigma}}}\sqrt{\frac{102}{\sigma_s}} \tag{9-29}$$

若实际的 $\tau/\sigma>0.57$，则应使 $\tau=0.57\sigma_s$，并保持 τ/σ 不变。于是，根据式(9－28)，应按下式确定 m：

$$m=\frac{h}{t}=\frac{100}{\sqrt{\dfrac{58}{A}\dfrac{\sigma}{\tau}+0.57}}\sqrt{\frac{102}{\sigma_s}} \tag{9-30}$$

式中 σ_s——材料的屈服极限，$\mathrm{N/mm^2}$。

(2)若型材自由翼板总是受拉应力作用，则 $\beta\geqslant1$。此时，大翼板内可能达到的临界压应力为 σ_s/β，τ 为相应于自由翼板内产生拉应力为 σ_s 时的载荷作用下，在剖面中和轴处的剪应力，即计算时仍保持实际的 τ/σ 不变。

(3)由于 m 与剖面中和轴的位置和 τ/σ 有关，所以只能通过逐次近似计算确定。初次计算时可取 $\beta=0.5$，$\tau/\sigma=0.5$。

(4)考虑到在实际船体结构中梁材腹板初挠度的影响，以及电焊过程中所发生的偏斜现象，在内河船舶设计中一般 $m\leqslant75$，在海船设计中通常 $m<(70\sim100)$。

9.2.2 型材的总稳定性

当作用于型材剖面最大刚性平面内的横向载荷比较小时，梁材将仅在其最大刚性平面内弯曲。但是，当该横向载荷超过某一限度时，梁材会离开它自己的弯曲平面，并在其最小刚性平面内发生弯曲，同时还伴有扭转变形，即丧失了弯曲平面形状的稳定性，称为型材侧向失稳。这种失稳是整体性的，它将导致整个结构的破坏，故也被称为型材总稳定性丧失。在船体结构中，几乎所有的梁都是焊接在钢板上的，而且钢板平面内的刚性要比梁的弯曲刚性和扭转刚性大得多，以致可以将梁视为沿梁与钢板的连接线不发生任何侧向位移。因此，型材的侧向失稳可视为扭转轴线固定了的开口薄壁杆件的侧向失稳问题。

舱壁扶强材的侧向失稳就是型材总稳定性丧失的典型例子。对两端自由支持的 T 型材（图 9－8），为了不发生侧向失稳，其跨度中点的横向载荷不得大于按下式求得的临界载荷：

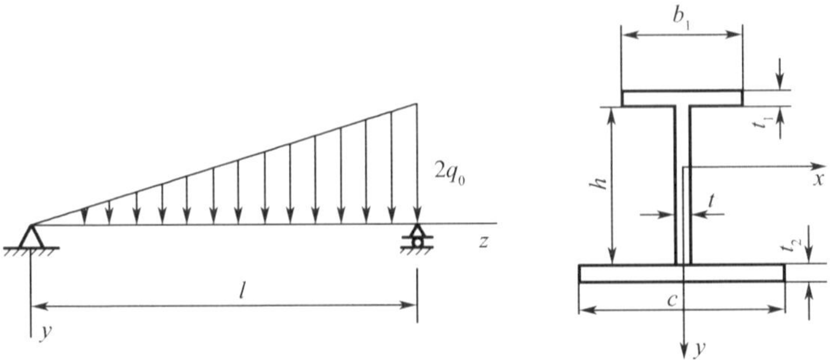

图 9－8　两端自由支持的 T 型材

$$q_{0.\,cr}=\frac{EI_{\omega}^{*}}{|\beta_1^{*}|\,l^4}\Phi(a_1,a_2) \tag{9-31}$$

式中　E——材料弹性模量；

$I_{\omega}^{*}=\frac{1}{12}t_1b_1^3h^2$，扶强材剖面扇形惯性矩，$cm^6$；

$\beta_1^{*}=\frac{1}{I_x}\left[\int_F y^3\mathrm{d}F+\int_F x^2y\mathrm{d}F\right]-2b_y$（$I_x$ 为剖面对 x 轴的惯性矩，单位 cm^4），cm；

$\Phi(a_1,a_2)$——按 a_1 及 a_2 由图 9－9 查得的函数值。

$$a_1=\frac{I_a l^2}{I_{\omega}^{*}}$$

$$a_2=\frac{k_{\theta}l^4}{EI_{\omega}^{*}}$$

式中　$I_a=\frac{1}{3}b_1t_1^3+\frac{1}{3}ht^3$，扶强材扭转惯性矩，$cm^4$；

k_{θ}——扶强材单位宽度带板抗扭刚性系数。

$$k_{\theta}=\frac{Et_z^3}{3c(1-\mu^2)}$$

式中　t_z——扶强材带板厚度，cm；

c——扶强材间距，cm。

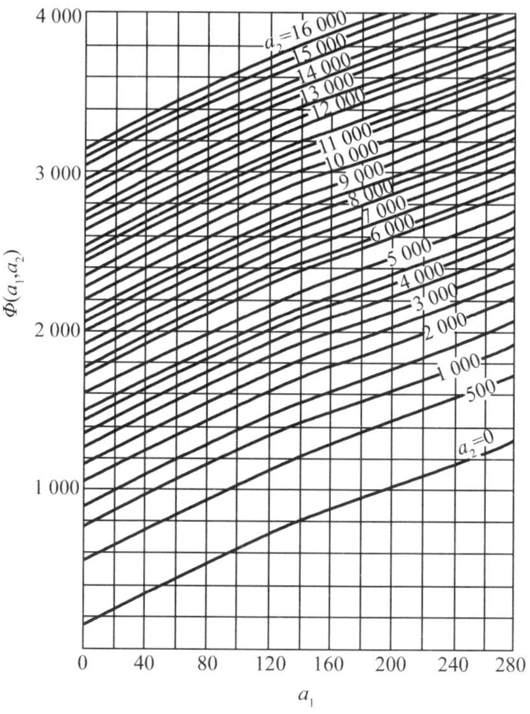

图 9-9　$\Phi-a_1,a_2$ 曲线

若扶强材在丧失稳定性时，应力超过了材料弹性极限，对上述临界载荷计算公式应予以修正。

研究式(9-31)，不难发现，影响型材总稳定性的主要因素是：梁材腹板高度 h、小翼板的宽度 b_1 及梁材跨度 l。梁材跨度 l 越大，小翼板宽度 b_1 越小、腹板高度 h 越大，则型材越容易丧失总稳定性。

初次近似计算时，可按下式校核型材的总稳定性：

$$\frac{l}{b_1}<100\sqrt{\frac{100}{\sigma_Y}} \tag{9-32}$$

式中　σ_s——材料屈服极限，N/mm。

【任务测试】

1. 试设计一舱壁扶强材。已知：舱壁厚度 $t=7.5$ mm，最小厚度 $t_0=5$ mm，扶强材间距 $c=750$ mm，许用应力 $[\sigma]=0.8\sigma_s=192$ N/mm^2，$[\tau]=0.5[\sigma]$。扶强材的固定情况及水柱高度如习图 9-2 所示。(要求校核总稳定性。)

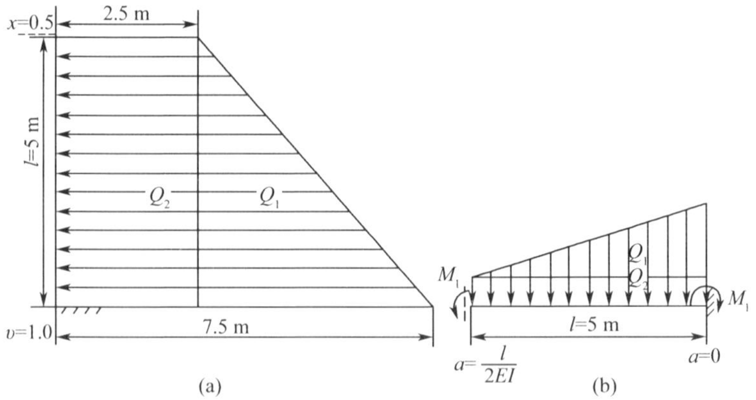

习图 9－2

任务 9.3　型材剖面的优化设计

学习任务单

学习领域	船舶结构与强度	
项目 9	船体型材剖面设计	学时
学习任务 3	型材剖面的优化设计	2
任务描述	任务导入： 船体结构的优化设计是指在保证船体结构强度的前提下追求最轻的空船质量。在船体结构中，加强船体钢板的骨架通常占船体结构钢料的 30% 左右，因此其构件尺寸的合理选择，对保证船体结构强度和节约钢材都具有重大意义。本任务从减轻船体质量的目标入手，探索进行型材剖面优化设计的方法。 学习步骤： (1) 型材剖面的设计公式； (2) 型材剖面的优化设计	
任务要求	技能要求： (1) 了解型材剖面设计的任务； (2) 能够利用型材剖面最佳尺寸的设计公式进行计算； (3) 能够进行型材剖面的优化设计。 职业素质要求： (1) 具有分析问题、解决实际问题的能力； (2) 具有责任意识和敬业精神； (3) 具有迎接挑战的意识	
学习资源	教材、教学课件、图片、图纸	

【典型案例】

优化设计一直是工程设计界关注的问题。从物理学的观点看,优化问题的设计变量大致可分为四个部分:材料的机械或者物理特性、结构的拓扑形式、结构的几何形状以及构件的截面尺寸。其中,结构选材的优化将在高强度钢的应用研究中展开。除了选材优化,从设计变量的层次来看,从低到高可以把优化设计分为以下三个方面的内容。

(1)结构尺寸优化:在结构构型、结构形状已定的条件下,对有关单元特性的参数(如梁的截面积、板厚等)进行优选。

(2)结构形状优化:对结构的外形、连接点位置等进行优选,可看作给定结构拓扑下的几何优化问题。

(3)结构拓扑优化:对结构构型、布局等进行的方案优选。

【知识要点学习】

9.3.1 型材剖面设计的任务

对于焊接于钢板上的T型材,其剖面设计的任务是确定结构质量最轻的剖面尺寸:型材腹板高度 h 及厚度 b、面板宽度 t_1 及厚度 b_1(图9-10),并保证型材具有足够的强度和稳定性,以及满足工艺、构造、营运使用等方面的要求。

求最优的 h、t、b_1、t_1 使不包括带板剖面积 f_2 的型材剖面积为最小,即

$$F = ht + b_1 t_1 \rightarrow \min \tag{9-33}$$

并满足下列要求:

(1)翼板最大弯曲正应力 σ 不超过许用应力 $[\sigma]$,即

$$\sigma = \frac{M}{W_1} \leqslant [\sigma] \tag{9-34a}$$

或

$$W_1 \geqslant \frac{M}{[\sigma]} \tag{9-34b}$$

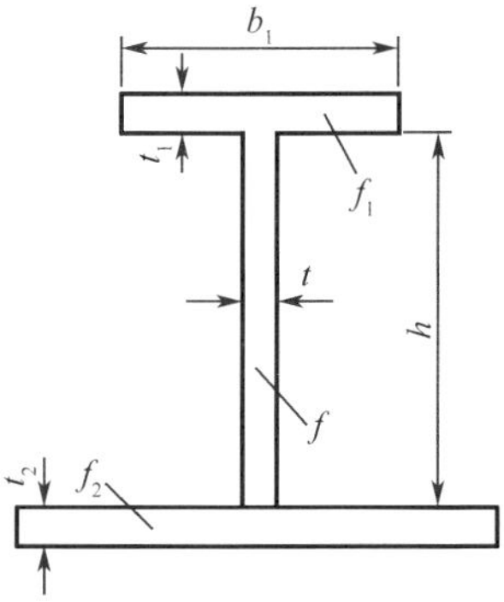

图9-10 T型材尺寸标记

(2)腹板最大剪应力 τ 不超过许用值 $[\tau]$,即

$$\tau = \frac{NS}{It} \leqslant [\tau] \tag{9-35a}$$

或

$$f = ht \geqslant \frac{N}{0.85[\tau]} = f_0 \tag{9-35b}$$

(3)保证腹板不丧失局部稳定性,即要求

$$\frac{h}{t} \leqslant m \tag{9-36}$$

(4)考虑腐蚀或工艺性,即要求

$$t \geqslant t_0 \tag{9-37}$$

(5)保证面板不丧失局部稳定性,即要求

$$\frac{b}{t_1} \leqslant n_0 \tag{9-38}$$

此外，尚应保证型材的总稳定性。为简化讨论，将这一要求用作最后的补充校核。

9.3.2　型材剖面最佳尺寸的实用设计公式

1. 公式推导的基本思路

首先，暂不考虑面板的具体尺寸，在一般情况下，保证梁材的弯曲强度是主要的，即最轻型材剖面尺寸相应于弯曲强度条件式(9－34)为临界约束，取该式的等式，即

$$W_1=\frac{M}{[\sigma]} \tag{9-39}$$

又利用式(9－13)，将型材面板的面积表示为腹板尺寸的函数，即

$$f_1=b_1t_1=\frac{W_1}{h}-\frac{ht}{K} \tag{9-40}$$

于是，可将式(9－33)转化为

$$F=\frac{W_1}{h}+\frac{K-1}{K}ht \tag{9-41}$$

而约束条件为

$$h/t\leqslant m \tag{9-42}$$

$$t\geqslant t_0 \tag{9-43}$$

$$ht\geqslant f_0 \tag{9-44}$$

图9－11、图9－12及图9－13表示了几种典型情况下的最优设计。下面，将对其分别加以说明。

2. 腹板的最佳高度

(1)最轻剖面高度仅受腹板最小厚度条件控制

这种情况如图9－11所示。

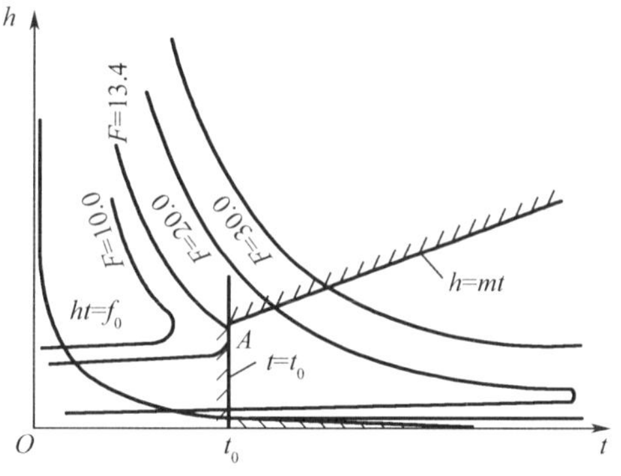

图9－11　最轻剖面高度仅受腹板最小厚度条件控制的最优设计

此时式(9－43)取等式，式(9－42)及式(9－44)取不等式。

因取 $t=t_0$，式(9－41)又进一步简化为一个单变量函数，即

$$F=\frac{W_1}{h}+\frac{K-1}{K}ht_0$$

于是，由

$$\frac{\partial F}{\partial h} = -\frac{W_1}{h^2} + \frac{K-1}{K} t_0 = 0$$

求得使剖面积 F 为最小的腹板高度 h_{opt} 为

$$h_{opt} = \sqrt{\frac{K}{K-1} \frac{W_1}{t_0}} \tag{9-45}$$

此解为图 9－11 中目标函数等值线与 $t = t_0$ 直线的切点 A。

以 K 的最大值（$K=6$）与最小值（$K=3$）代入式（9－45）得

$$1.10\sqrt{\frac{W_1}{t_0}} \leqslant h_{opt} \leqslant 1.22\sqrt{\frac{W_1}{t_0}}$$

由此可知，K 对 h_{opt} 的影响不大。

一般在设计中，取其平均值进行近似计算，即

$$h_{opt} = 1.16\sqrt{\frac{W_1}{t_0}} \tag{9-46}$$

由于已假定腹板的稳定性条件自动满足，即

$$\frac{h_{opt}}{t_0} = \frac{\sqrt{\frac{K}{K-1} \frac{W_1}{t_0}}}{t_0} \leqslant m$$

由此得关系式

$$W_1 \leqslant \frac{K-1}{K} m^2 t_0^3 \tag{9-47}$$

如令

$$W_0 = \frac{K-1}{K} m^2 t_0^3 \tag{9-48}$$

则式（9－47）变为

$$W_1 \leqslant W_0 \tag{9-49}$$

另外，还假定腹板的剪切强度条件自动满足，即

$$\frac{f_0}{t_0} \leqslant \sqrt{\frac{K}{K-1} \frac{W_1}{t_0}}$$

由此又得关系式：

$$W_1 \geqslant \frac{K-1}{K} \frac{f_0^2}{t_0} \tag{9-50}$$

这就是说，若由弯曲强度条件式（9－39）决定的最小剖面模数 W_1 满足以下条件，最轻剖面高度仅受腹板最小厚度条件控制。

$$\frac{K-1}{K} \frac{f_0^2}{t_0} \leqslant W_1 \leqslant W_0$$

（2）最轻剖面高度仅受腹板稳定性条件控制

这种情况如图 9－12 所示。此时，式（9－42）取等式，式（9－43）及式（9－44）取不等式。

因为

$$\frac{h}{t}=m$$

故有

$$f=ht=\frac{h^2}{m}$$

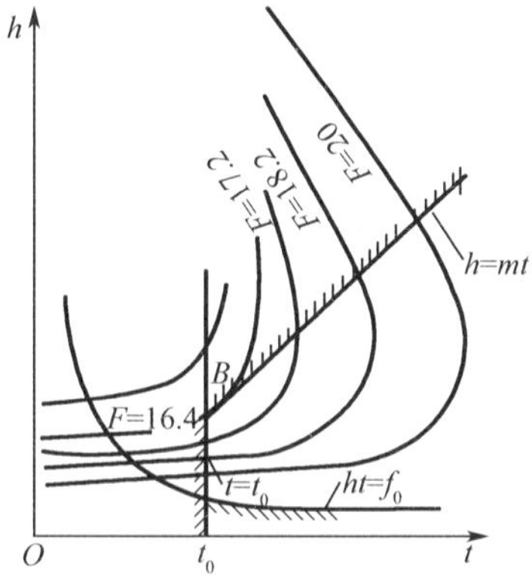

图9-12 最轻剖面高度仅受腹板稳定性条件控制的最优设计

将其代入式(9-41)得

$$F=\frac{W_1}{h}+\frac{K-1}{K}\frac{h^2}{m}$$

利用

$$\frac{\partial F}{\partial h}=-\frac{W_1}{h^2}+2\frac{K-1}{K}\frac{h}{m}=0$$

求得使剖面积 F 为最小的腹板高度 h_{opt} 为

$$h_{opt}=\sqrt[3]{\frac{K}{2(K-1)}W_1 m} \tag{9-51}$$

此解为图9-12中目标函数等值线与 $h=mt$ 直线的切点 B。

代入 K 的最大值与最小值,可知 h_{opt} 取值范围为

$$0.84\sqrt[3]{W_1 m}\leqslant h_{opt}\leqslant 0.9\sqrt[3]{W_1 m}$$

因此,在设计中一般可取其平均值进行近似计算:

$$h_{opt}=0.87\sqrt[3]{W_1 m} \tag{9-52}$$

因为已假定腹板的最小厚度条件自动满足,即

$$t\geqslant t_0$$

或

$$h=mt\geqslant mt_0$$

所以有

$$\sqrt[3]{\frac{K}{2(K-1)}W_1 m}\geqslant mt_0$$

由此得

$$W_1\geqslant\frac{2(K-1)}{K}m^2 t_0^3 \tag{9-53}$$

根据式(9－48)得

$$W_1 \geqslant 2W_0 \tag{9－54}$$

由于$\dfrac{f_0}{t_0} < mt_0$，显然腹板的剪切强度条件自动满足。

(3)最轻剖面高度受最小剖面模数 W_1 在 W_0 与 $2W_0$ 之间条件控制

此时，最轻剖面高度将同时受腹板稳定性及最小厚度两条件控制，即图 9－13 所示对应的两约束曲线的交点 C。由图 9－13 可见，此时若仅以腹板最小厚度条件决定最佳高度(即 A 点)不能满足腹板的稳定性要求，而若仅以腹板稳定性条件决定最佳高度(即 B 点)又不能满足腹板最小厚度要求。

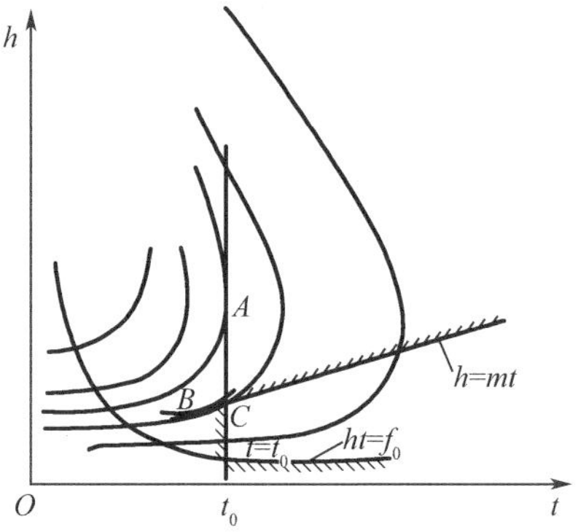

图 9－13　最轻剖面高度受最小剖面模数 W_1 在 W_0 与 $2W_0$ 之间条件控制的最优设计

(4)带板应力受限制的型材剖面设计

在造船实践中，有时舱壁板采用机械性能比舱壁扶强材低的材料，以充分发挥材料的作用。

此时，梁材的弯曲强度尚应附加对带板弯曲正应力的限制，即

$$\frac{M}{W_2} \leqslant [\sigma'] \tag{9－55}$$

式中　W_2——型材剖面带板的剖面模数；

　　$[\sigma']$——带板的许用应力。

考虑到式(9－39)，式(9－55)可转化为

$$\beta \leqslant \beta_0 \tag{9－56}$$

式中，

$$\beta = \frac{W_1}{W_2} = \frac{2f_1 + f}{2f_2 + f} < 1$$

式中　β_0——两翼板的许用应力之比，$\beta_0 = \dfrac{[\sigma']}{[\sigma]}$。

因此，带板与型材材料不同时，可以先假定它们是相同的来确定剖面的最佳尺寸。然后，校核强度条件式(9－56)，若该式成立，则最佳尺寸求得；若不满足该式，则带板应采用机械性能更高的材料或者设法降低型材剖面的 β，使其等于 β_0。由于带板剖面积 f_2 为一定值，要降低 β(即要使剖面中和轴移向带板)，只有靠减小小翼板面积 f_1。但是，为了不破坏

小翼板的强度条件，又必须同时提高腹板的高度。

令

$$\beta = \frac{2f_1 + f}{2f_2 + f} = \beta_0 \tag{9-57}$$

则得

$$f_1 = \beta_0 f_2 - \frac{1 - \beta_0}{2} f \tag{9-58}$$

又知

$$f_1 = \frac{W_1}{h} - \frac{2 - \beta_0}{6} f \tag{9-59}$$

联列求解式(9－58)和式(9－59)，可得满足大、小翼板弯曲强度条件的腹板面积，即

$$f = \frac{6}{2\beta_0 - 1}\left(\frac{W_1}{h} - \beta_0 f_2\right) \tag{9-60}$$

以及小翼板面积，即

$$f_1 = \frac{6}{2\beta_0 - 1}\left(\beta_0 \frac{2 - \beta_0}{6} f_2 - \frac{1 - \beta_0}{2} \frac{W_1}{h}\right) \tag{9-61}$$

这里要指出，此时型材剖面的总面积为

$$F = f_1 + f = \frac{6}{2\beta_0 - 1}\left(\frac{1 + \beta_0}{2} \frac{W_1}{h} - \beta_0 \frac{4 + \beta_0}{6} f_2\right) \tag{9-62}$$

而总面积将随型材高度 h 的增加而单调下降，因此不存在极值条件下的质量最轻解。

①最轻剖面高度仅受腹板最小厚度条件控制，即最轻解在约束曲线 $t = t_0$ 上。

此时，由

$$f = ht_0 = \frac{6}{2\beta_0 - 1}\left(\frac{W_1}{h} - \beta_0 f_2\right)$$

得二次方程

$$h^2 + \frac{6\beta_0 f_2}{(2\beta_0 - 1)t_0} h - \frac{6}{2\beta_0 - 1} \frac{W_1}{t_0} = 0 \tag{9-63}$$

解此方程，便得型材剖面最佳高度 h。

由于已假定腹板的稳定性条件自动满足，即由式(9－63)求得的 h 满足 $h < mt_0$，因此，最小剖面模数 W_1 必定满足

$$W_1 < \frac{2\beta_0 - 1}{6} m^2 t_0^3 + mt_0 f_2 \beta_0$$

令

$$W_0 = \frac{2\beta_0 - 1}{6} m^2 t_0^3 + mt_0 f_2 \beta_0 \tag{9-64}$$

则得

$$W_1 < W_0 \tag{9-65}$$

②最轻剖面高度仅受腹板稳定性条件控制，即最轻解在约束曲线 $h = mt$ 上。

此时，由

$$f = ht = \frac{h^2}{m}$$

式(9－60)变为

$$h^3+\frac{6\beta_0}{2\beta_0-1}f_2mh-\frac{6}{2\beta_0-1}mW_1=0 \tag{9-66}$$

解此三次方程,便求得型材剖面最佳高度 h。

由于已假定腹板的最小厚度条件取不等式,即上式求得的 h 满足

$$\frac{h}{m}>t_0$$

所以,对最小剖面模数 W_1 必定有

$$W_1>W_0 \tag{9-67}$$

③最轻剖面高度同时满足 $t\geqslant t_0$ 及 $\frac{h}{t}\leqslant m$ 的条件,即最轻解在 $t=t_0$ 及 $h=mt$ 二约束曲线的交点上。

3. 梁材面板的尺寸

在 W_1、h、f 及 f_2 已知的情况下,梁材面板的剖面积可根据式(9－10)求得,即

$$f_1=\frac{4f_2(3W_1-fh)+f(6W_1-fh)}{4h(3f_2+f)} \tag{9-68}$$

或者按式(9－59)决定。

在设计型材剖面时,必须尽可能增大自由翼板的宽度和减小其厚度,以提高型材的总稳定性。但是,其尺寸还受到自由翼板不丧失局部稳定性的限制,即

$$\frac{\left(\frac{b_1}{2}\right)}{t_1}\leqslant n_0 \tag{9-69}$$

式中,n_0 按式(9－23)或式(9－24)决定。

在式(9－69)中取等号,并由

$$f_1=b_1t_1=b_1\frac{b_1}{2n_0}=2n_0t_1^2$$

得自由翼板的尺寸:

$$b_1=\sqrt{2n_0f_1} \tag{9-70}$$

$$t_1=\sqrt{\frac{f_1}{2n_0}} \tag{9-71}$$

在确定型材面板尺寸时还应考虑使用及施工过程中的问题。面板宽度过大,就难以在梁材间进行检查及油漆等工作。腹板与翼板的厚度相差太大对梁材焊接工作不利,因为在焊接过程中,热量向厚度大的组成部分传递比向厚度小的组成部分传递快。因此,焊接 T 型材面板厚度 t_1、腹板厚度 t 及带板厚度 t_2 之间一般有如下关系

$$t_1\leqslant t+4\ \text{mm}$$

$$1.4t\leqslant t_1\leqslant 2t$$

$$t_2-4\ \text{mm}\leqslant t\leqslant t_2+4\ \text{mm}$$

另外,在设计时还应注意,用扁钢制造 T 型材面板比用钢板简单、经济。

9.3.3　型材剖面设计示例

1. 型材剖面设计的基本步骤

根据上面的讨论，型材剖面最佳高度与参数 m 及 K 等有关，而 m、K 又与剖面尺寸有关。因此，型材剖面尺寸只能通过逐步近似的过程确定。

通常，可按下述步骤决定 T 型材剖面尺寸。

(1)确定设计前提。

①根据梁材所受的载荷、梁材间距、跨度及端部固定情况，确定设计用的计算弯矩 M 及剪力 N。

②根据型材及带板材料的屈服极限 σ_s、σ_s'和相应的许用应力$[\sigma]$，$[\sigma']$，$[\tau]$决定要求的剖面模数：

$$W_1 = \frac{M}{[\sigma]}$$

$$W_2 = \frac{M}{[\sigma']}$$

腹板最小剖面积：

$$f_0 = \frac{N}{0.85[\tau]}$$

③确定腹板的最小允许厚度 t_0。

④确定带板的宽度及厚度。带板宽度一般可按规范的规定确定，或根据弹性力学的结果确定：对两端刚性固定梁，取跨度的1/6；对两端自由支持梁，取跨度的1/3。但均不得大于梁材间距。

(2)第一次近似决定 m。

初步可取 $\beta = 0.5, \dfrac{\tau}{\sigma} = 0.5, K = 4$ 进行计算。

(3)根据 m 与 t_0 计算 W_0。

因取 $K = 4$，所以有

$$W_0 = 0.75m^2 t_0^3$$

(4)比较 W_1 与 W_0 的大小，按表9-4选择合适的公式计算 h_{opt} f f_1。

(5)第二次近似决定 m。

先计算 β、τ 及 τ/β，然后按公式计算 m。

(6)重复步骤(3)与(4)。

应注意，若前后两次近似计算未改变型材剖面设计所选用的计算公式，则逐步近似计算就可不继续进行。这是因为，中和轴位置的改变，对最佳剖面尺寸的影响不大于10%。型材剖面设计不同公式见表9-4。

(7)计算面板的宽度与厚度。

(8)根据使用要求、钢材规格及施工要求等，最后确定剖面尺寸，并以最后选定的尺寸检验是否满足强度要求。

(9)检验型材总稳定性。

表 9-4　第一次近似计算

最小腹板面积 f_0 的范围	最小剖面模数 W_1 的范围	剖面最佳高度 h_{opt}	腹板剖面积 f	面板剖面积 f_1
$f_0 \leqslant mt_0^2$	$W_1 \leqslant \frac{K-1}{K}\frac{f_0^2}{t_0}$	$\frac{f_0}{t_0}$	f_0	$\frac{a_2(3a_1-1)+0.25(6a_1-1)}{3a_2+1}f$ $a_1=\frac{W_1}{fh};a_2=\frac{f_2}{f}$
	$\frac{K-1}{K}\frac{f_0^2}{t_0}<W_1<W_0$	$\sqrt{\frac{K-1}{K}\frac{W_1}{t_0}}$	$h_{opt}t_0$	
	$W_0 \leqslant W_1 \leqslant 2W_0$	mt_0	mt_0^2	
	$W_1>2W_0$	$\sqrt[3]{\frac{K}{2(K-1)}W_1 m}$	h_{opt}^2/m	

仅当初步估算不能满足要求时，才选用更加精确的方法。

如果型材与带板用不同的材料制造，尚须补充比较 β 与 β_0 的大小。若 $\beta \leqslant \beta_0$，上述设计为最佳设计；若 $\beta > \beta_0$，则应根据 W_1 与 W_0' 的关系选用不同的公式重新确定 h，以降低 β，使其等于 β_0。

例 9.1　试确定某船实肋板尺寸。已知：

$$M=770\ \text{kN}\cdot\text{m}, N=71\ \text{kN}, \sigma_r=235\ \text{N/mm},$$
$$[\sigma]=176\ \text{N/mm}^2, [\tau]=100\ \text{N/mm}^2, f_2=18\ \text{cm}^2,$$
$$t_0=4\ \text{mm}, l=8\ \text{m}$$

解

(1)计算 W_1 及 f_0。

$$W_1=\frac{M}{[\sigma]}=437.5\ \text{cm}^3$$

$$f_0=\frac{N}{0.85[\tau]}=9.5\ \text{cm}^2$$

(2)第一次近似决定 m。

初步取 $\beta=0.5$，$\frac{\tau}{\sigma}=0.5<0.57$。

因为

$$A=76[1+0.95(1+\beta)^{2.33}]=261.7$$

所以

$$m=\frac{100}{\sqrt{\frac{102}{A}+\frac{\tau}{\sigma}}}\sqrt{\frac{102}{\sigma_y}}=70$$

(3)计算 W_0。

因为 $K=4$，所以

$$W_0=0.75\ \text{m}^2t_0^3=235.2\ \text{cm}$$

(4)第一次近似计算型材剖面尺寸。

因为 $W_0 < W_1 < 2W_0$ 及 $f_0 < mt_0^2$,最佳高度同时受腹板稳定性及最小厚度条件限制,计算结果为

$$h_{opt} = mt_0 = 28\ \text{cm}$$

$$f = mt_0^2 = 11.2\ \text{cm}^2$$

$$f_1 = \frac{a_2(3a_1 - 1) + 0.25(6a_1 - 1)}{3a_2 + 1} f = 13.4\ \text{cm}^2$$

(5)第二次近似决定 m。

因为

$$\beta = \frac{2f_1 + f}{2f_2 + f} = 0.805$$

$$\tau = \frac{N}{0.85f} = 74.6\ \text{N/mm}^2$$

$$\frac{\tau}{\sigma} = \frac{\tau}{[\sigma]} = 0.424$$

所以

$$m = \frac{100}{\sqrt{\frac{102}{A} + \frac{\tau}{\sigma}}} \sqrt{\frac{102}{\sigma_y}} = 78.4$$

(6)第二次近似计算型材剖面尺寸。

因为

$$K = \frac{6}{2 - \beta} = 0.502$$

$$W_0 = \frac{K - 1}{K} m^2 t_0^3 = 315\ \text{cm}^3 < W_1 < 2W_0$$

所以

$$h_{opt} = mt_0 = 31.4\ \text{cm}$$

$$f = mt_0^2 = 12.54\ \text{cm}^2$$

$$f_1 = \frac{a_2(3a_1 - 1) + 0.25(6a_1 - 1)}{3a_2 + 1} f = 11.3\ \text{cm}^2$$

式中,$a_1 = \frac{W_1}{fh} = 1.11$,$a_2 = \frac{f_2}{f} = 1.435$。

因为第二次近似计算未改变所使用的计算公式,所以不必进行第三次近似计算。

(7)确定面板尺寸。

考虑到制造因素,取腹板尺寸为 300 × 4。于是,为保证弯曲强度,面板面积为

$$f_1 = \frac{a_2(3a_1 - 1) + 0.25(6a_1 - 1)}{3a_2 + 1} f = 12.1\ \text{cm}^2$$

由式(9 − 23)及式(9 − 24)决定的 n_0 为 9 ~ 18。

由式(9 − 70),面板宽度为

$$b_1 = \sqrt{2n_0 f_1} = (14.8 \sim 20.9)\ \text{cm}$$

由式(9 − 71),面板厚度为

$$t_1 = \sqrt{\frac{f_1}{2n_0}} = (0.82 \sim 0.58)\ \text{cm}$$

考虑到钢材牌号。实取面板尺寸为 160 ×8。

(8)按最后选定的尺寸检验强度条件。

利用最后选定的尺寸可得

$$\beta = \frac{2f_1 + f}{2f_2 + f} = 0.783$$

$$K = 4.93$$

$$W_1 = h\left(f_1 + \frac{f}{K}\right) = 457\ \text{cm}^3 > 437.5\ \text{cm}^3$$

(9)总稳定性检验。

$$\frac{l}{b} = \frac{800}{16} = 50 < 100\sqrt{\frac{100}{\sigma_r}} = 65.2$$

所以,总稳定性可以得到保证。

【任务测试】

1. 根据任务 9.2 的任务测试,若梁材的高度 $h = 250$ mm 不能改变,试根据受到的剪力 $N = 72$ kN及弯矩 $M = 770$ kN · m,选择型材的剖面尺寸(许用应力$[\sigma] = 176\ \text{N/mm}^2$,$[\tau] = 88\ \text{N/mm}^2$)。

【项目拓展】

图 9 - 14 所示任意两构件的形心分别为 a_1 和 a_2,其距离为 D,已知各构件的面积分别为 A_1 和 A_2,对各自形心轴的惯性矩分别为 I_1 和 I_2,求该组合剖面对其形心轴的惯性矩 I。

解 以 A_2的水平中和轴为参考轴,则

$$B_{oy} = A1D$$

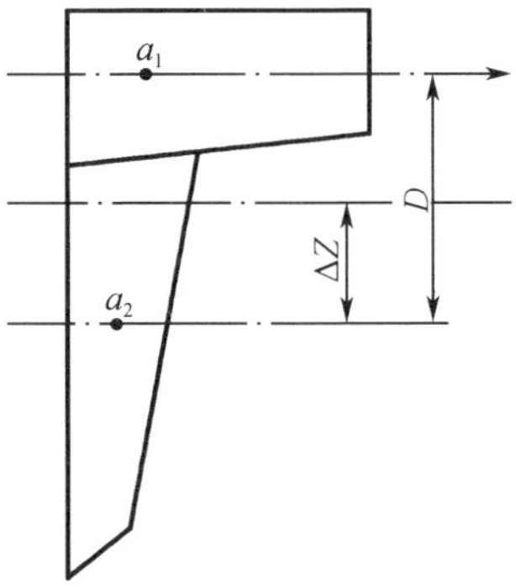

图 9 - 14 构件

中和轴距参考轴的距离为

$$\Delta Z = \frac{A_1 D}{A_1 + A_2}$$

所以

$$I=I_1+I_2+A_1\left(D-\frac{A_1}{A_1+A_2}D\right)^2+A_2\left(\frac{A_1D}{A_1+A_2}\right)^2$$

$$=I_1+I_2+\left[A_1\frac{A_2^2}{(A_1+A_2)^2}+A_2\frac{A_1^2}{(A_1+A_2)^2}\right]D^2$$

$$=I_1+I_2+\frac{D^2A_1A_2(A_1+A_2)}{(A_1+A_2)^2}$$

$$=I_1+I_2+\frac{D^2}{\frac{A_1+A_2}{A_1A_2}}$$

$$=I_1+I_2+\frac{D^2}{A_1^{-1}+A_2^{-1}}$$

项目10　船体结构规范设计

【项目描述】

船舶结构设计是指在初步设计之后，完成对全船结构形式的设计。在该设计阶段，完成船舶结构计算书，绘制基本结构图以及典型横剖面图。最常用的设计方法就是依据规范进行的规范设计法。

【项目目标】

1. 知识目标

(1)掌握船体结构设计的概念、任务与要求。

(2)掌握船体结构设计的方法及步骤。

2. 能力目标

(1)具备识读《钢质海船入级与建造规范》的能力。

(2)掌握应用规范法进行船舶总纵强度校核的方法。

(3)掌握应用规范法进行船体外板结构设计的设计方法。

(4)掌握应用规范法进行甲板结构设计的设计方法。

(5)掌握应用规范法进行船底骨架结构设计的设计方法。

(6)掌握应用规范法进行舷侧骨架结构设计的设计方法。

(7)掌握应用规范法进行甲板骨架结构设计的设计方法。

3. 素质目标

(1)具有及时发现问题、解决问题的能力。

(2)具有勇于探索的精神。

(3)具有爱岗敬业、实事求是、团结协作的优秀品质。

【学习任务】

1.《钢质海船入级与建造规范》对总纵强度的要求；

2. 船体外板设计；

3. 甲板设计；

4. 船底骨架设计；

5. 舷侧骨架设计；

6. 甲板骨架设计。

【相关知识】

1. 船体结构设计的概念、任务与要求

船体结构设计通常是在船舶总体设计初步完成后，根据已经确定的主尺度、型线图、总布置图并按设计任务书对结构的要求(船舶用途、航区、装载情况、建筑形成、甲板层数、主要设备及使用要求等)，对船体结构进行设计。

在方案设计及技术设计阶段结构设计的主要任务如下：

(1)确定整个船体结构设计的原则，如选择材料、骨架形式、肋骨间距、分析结构质量对经济性的影响。

(2)解决结构设计中的主要技术问题，确定构件的尺寸和连接方式，同时应充分考虑结构施工的可行性。

(3)提出船体主要钢料预估单，并为总体设计提供船体钢料的重心资料。

在这一设计阶段通常需要完成的主要图纸及技术文件有：船体主要构件计算书；中横剖面图；基本结构图；艏、艉结构图；艏、艉柱结构图；甲板平面图；肋骨型线图；外板展开图；主舱壁结构图；主机座结构图；艉轴架结构图；主机座和推力轴承座结构图；甲板室和上层建筑结构图；舱盖结构图和强度计算书；通风筒、空气管和排水口布置及结构图等。

如果进入施工设计阶段，则还需要绘制所有结构及零件部件的施工详图，例如对分段建造的船舶，要绘出分段划分图、分段结构图等。

结构设计中会出现众多的矛盾，应正确处理好这些矛盾，使设计的船体具有适当的强度和良好的技术经济性能，以便于对结构设计提出要求。

(1)船体结构强度与质量的矛盾

保证船体结构具有足够的强度、刚度和稳定性是设计者应首先考虑的问题。但这并不是说构件选得越大、越坚固越好，强度过剩会造成质量增加，钢材消耗多，建造成本提高并降低船舶载运能力。我们希望在保证船体结构满足强度、刚度和稳定性的前提下，尽量减轻结构质量，节约材料，降低成本，提高船舶的营运经济性。

(2)结构与工艺性的矛盾

在结构设计时，还必须考虑到结构工艺性要求。好的结构工艺性包括：考虑到船舶所有部位的装配和施焊的可能性；尽可能扩大分段建造范围，缩短造船周期，改善作业条件，提高造船质量；尽量简化零部件结构，减少规范品种，尽可能采用标准件；尽量减少零部件的曲线外形，结构上的开孔、切角等应符合标准尺寸或常取尺寸；考虑船体结构维修与保养的可能性与方便性等。

(3)结构与使用性的矛盾

结构布置与构件尺寸要符合使用要求。例如，货船的结构布置要便于装卸货物；旅客及船员住舱应有足够的净空高度；支柱的布置应不妨碍总体布置及机器设备安装的要求等。因此结构设计要与总体、轮机和设备的设计密切配合，树立整体观念，保证船舶各方面都有良好的性能。此外，根据使用要求在选取构件尺寸时要合理地考虑锈蚀、磨损余量及其他特殊加强，以降低维修费用和提高使用年限。

2. 船体结构设计的方法及步骤

在绪论中曾指出，结构设计的方法一般有两种：一种是规范设计，另一种是计算设计。

规范设计是指按照有关部门颁布的规范来进行船体结构的布置及构件尺寸的确定。目前一些主要造船国家都有自己的船舶规范。例如，中国船级社(China Classification Society，CCS)颁布的《钢质海船入级与建造规范》，英国劳氏船级社(Lloyd's Register of Shipping，LR)的《英国船舶入级规范》，美国船级社(American Bureau of Shipping，ABS)也有船舶规范。

规范根据以往的经验，且统计分析了大量型船资料和实船测量资料，并辅之以日趋发展的结构力学计算方法，总结出一系列的规定和经验公式，作为新船船体结构设计的依据。

利用规范设计船体结构能比较方便地确定构件的布置与尺寸。目前，民用船舶一般都采用规范设计。

船体结构规范设计也有其局限性，一是规范制订中某些不合理因素限制了新船结构设计的合理性，二是不断诞生的新型船舶无法依据规范进行结构设计，三是造船新材料的问世也使得原有规范不能适用。

船体结构的计算设计是根据结构力学的原理来确定满足强度、刚度和稳定性要求的船体结构布置及构件尺寸的。计算机技术的发展，给计算设计提供了迅速有效的工具，加上结构优化设计理论的发展，结构的计算设计将有较大的发展。对于设计技术要求较高，对结构质量控制严格的军用船舶，只能用计算设计。

必须指出，目前，船体结构的计算设计必须辅之以经验设计才能完成。这是由于船舶结构设计的计算方法还不完善，计算设计一般只能在船舶中部的结构设计中实现，对于艏、艉这些复杂部分还需参考型船进行设计。

本书仅介绍按中国船级社的《钢质海船入级与建造规范》进行结构设计的方法。

结构设计的一般做法如下。

(1)根据总布置图、型线图及船舶使用要求，通过调查研究，分析和参考同类型船舶的结构情况，确定设计船舶的结构形式、骨材间距、构件布置等。并要求考虑在型船的基础上对设计船舶结构的改进问题。

(2)结构设计一般从船舶中部开始，因为船体中部的构件承受着最大的总纵弯曲应力，是船体总强度的关键部位。一般应在中部 $0.4L$ 范围内选择 2～4 个具有代表性的剖面(例如中部货舱大开口处、机舱大开口处、上层建筑突变处)进行设计。确定构件布置及构件尺寸，并绘制中剖面图，在设计时应边设计边绘草图，在草图上确定构件的定位尺寸及构件的跨距等，便于利用规范公式进行构件剖面要素的计算。

(3)根据绘出的中剖面图和总布置图进行全船结构布置，即绘制基本结构图。完成船体主要结构计算书。

(4)进行船体结构的重心计算，完成船体钢料的预估单。

3. 船体骨架形式的选择及构件布置原则

事实上，在船舶总体设计一开始就必须考虑船体结构的骨架形式。船体结构的骨架形式有三种：横骨架式结构、纵骨架式结构、混合骨架式结构。

横骨架式结构中横向构件较为密集，由纵、横向构件分隔成的板格的长边是平行于船宽方向的。横骨架式结构中大部分梁不能计入船体等值梁剖面，其总纵强度主要由甲板、船底板、纵舱壁、龙骨及甲板纵桁等来保证，因此横骨架式结构的总纵强度是较弱的。由结构力学的研究可知，在局部载荷作用下，船体板的最大正应力是沿着板格的短边方向的，对于横骨架式结构来说，这正是船长方向，这在总纵强度中从应力合成结果来看，对总纵强度也是不利的。另外，横骨架式结构的稳定性也不理想。

在横骨架式结构中，密集的横向构件十分有利于船体的横向强度和局部强度。横骨架式结构工艺较简单，造价也比较低。

纵骨架式结构中纵向构件较为密集，有较多的梁可以计入船体等值梁剖面，因此总纵强度及稳定性较好。由于纵骨架式结构板格的短边平行于船宽方向，因此与横骨架式结构相比，在总纵强度中，应力合成结果要小一些，有利于总纵强度。纵骨架式结构单位排水量的钢料质量较横骨架式结构小，这对于减轻自重和节省材料是有利的。

纵骨架式结构的横向强度较弱。另外,从工艺性和使用条件考虑,纵骨架式结构节点复杂,装配与焊接施工比较困难,且舱容、净空损失较大。

内河大型船舶、海洋船舶及军用船舶,对总纵强度要求较高,应采用纵骨架式结构。

有些较大的船舶,对于保证总纵强度起着重要作用的甲板及船底采用纵骨架式结构,而主要承受局部弯曲的舷侧采用横骨架式结构,形成了"混合骨架式"结构。混合骨架式结构的船舶,其艏、艉部一般都取横骨架式结构,这是由于艏、艉部的总纵弯曲应力不再是主要的,而较多考虑局部强度的要求。

内河中的小型船舶,尤其是船长小于50 m的船舶,确定构件尺寸时,工艺因素占相当的比重,总纵强度一般都有较大的裕度,它不是主要矛盾,因此一般应采用横骨架式结构。另外,一些具有大开口纵通舱的内河双壳船以及尺度比 $B/D>(5\sim5.5)$ 的扁宽型大开口船舶,其横向强度问题极为突出,也应考虑采用横骨架式结构。

选择好合适的型船以后,设计船舶构件的布置一般是不会发生很大困难的,但是,构件布置必须遵循如下原则。

(1)框架性原则

船体结构的主要作用是保证船体强度,而整个船体结构是由各个局部构成的,为使每个局部结构都能有效地工作,必须考虑到构件的布置要有利于构件之间载荷的有效传递。例如,内河横骨架式结构船舶,舷侧肋骨受到水压力作用,并传递给作为其刚性支座的舷侧纵桁,而舷侧纵桁两端又刚性固定在横舱壁上,因此载荷又将传递给横舱壁。同时,肋骨还将载荷传递给与其连接的甲板及船底部分的构件。这里,肋骨与舷侧纵桁构成舷侧板架,舷侧板架又与甲板板架、船底板架及横舱壁构成一个空间结构。舷侧肋骨与甲板横梁、底部肋板构成同一平面内的横向框架结构;船底桁材、甲板纵桁、舱壁扶强材、支柱应尽可能布置在同一纵剖面内,以形成纵向框架;舷侧纵桁、舱壁水平桁、水平撑材要求布置在同一水平面内,以形成水平框架。

(2)连续性原则

一种结构形式或某一构件,其布置方向不能突然中断或尺寸突变,以免破坏内力的传递和引起严重的应力集中。例如,中部 $0.4L$ 内所有纵向构件应连续贯通;凡前后不能在同一延伸线上的纵向构件在中断处应彼此交错延伸两挡以上;双层底向艏、艉单层底过渡时,应采用水平过渡舌形肘板等逐步进行;中部纵骨架式向艏、艉横骨架式过渡时,纵骨不能同时中断在同一剖面处,而应逐渐消失,等等。

(3)等间距性原则

支承构件应尽可能等间距布置,这不仅给设计、施工带来方便,而且可以使被支承骨材按等强度条件来决定尺寸,以利于减少构件品种规格,充分利用材料,降低结构质量。例如,等间距布置的强横梁可使甲板纵骨等跨距,等间距布置的支柱可使甲板纵桁等跨距,均可使各跨的甲板纵骨或甲板纵桁具有相同的强度尺寸。

(4)节点刚性连接原则

船体不同方向的构件交汇形成了节点,在节点处一般采用肘板连接,肘板可以保证刚性连接、传递内力、减少应力集中。例如,内河横骨架式船舶,舷侧肋骨下端与肋板用连接肘板(舭肘板)连接,舭肘板作为肋骨下端的刚性固定端。但当肋骨与肋板的连接不采用舭肘板或其他的有效连接形成时,肋骨在肋板上的固定程度将大大减弱,这对肋骨的弯曲显然是不利的。

4.《钢质海船入级与建造规范》的一些基本规定

(1)定义

①船长 L(m):沿夏季载重线,由艏柱前缘量至舵柱后缘的长度;对无舵柱的船舶,由艏柱前缘量至舵杆中心线的长度;但均不得小于夏季载重线总长的96%,且不必大于97%。对于箱形船体,L 为沿夏季载重线自船首端壁前缘量至船尾端壁后缘的长度。

②船宽 B(m):在船舶的最宽处,由一舷的肋骨外缘量至另一舷的肋骨外缘之间的水平距离。

③型深 D(m):在船长中点处,沿船舷由平板龙骨上缘量至上层连续甲板横梁上缘的垂直距离;对甲板转角为圆弧形的船舶,则由平板龙骨上缘量至横梁上缘延伸线与肋骨外缘延伸线的交点。

④吃水 d(m):在船长中点处,由平板龙骨上缘量至夏季载重线的垂直距离。

⑤方形系数 C_b:方形系数 C_b 由下式确定。

$$C_b = \frac{\nabla}{LBd} \tag{10-1}$$

式中 ∇——相应于夏季载重线吃水时的型排水体积,m^3;

L、B、d——见上述定义。

⑥上层连续甲板:船体的最高一层全通甲板。

⑦强力甲板。

a. 上层连续甲板;

b. 在船中部 $0.5L$ 区域内长度不小于 $0.15L$ 的上层建筑甲板,和此上层建筑区域以外的上层连续甲板。

⑧下甲板:上层连续甲板以下第1层连续甲板为第2甲板,依次向下为第3甲板……总称为下甲板。

⑨舱壁甲板:各水密横舱壁上伸到达的连续甲板。

⑩干舷甲板:按《1966年国际载重线公约》量计干舷高度的甲板。

⑪平台甲板:强力甲板以下,不计入船体总纵强度的不连续甲板。

⑫上层建筑及甲板室:上层连续甲板上,由一舷伸至另一舷或其侧壁板离船壳板向内不大于4%船宽 B 的围蔽建筑为上层建筑,即艏楼、桥楼、艉楼。其他的围蔽建筑为甲板室。

⑬长上层建筑及短上层建筑:长度或大于 $0.15L$,且不小于其高度6倍的上层建筑为长上层建筑。不符合长上层建筑条件的为短上层建筑。

⑭长甲板室及短甲板室:长度或大于 $0.15L$,且不小于其高度6倍的甲板室为长甲板室。不符合长甲板室条件的为短甲板室。

⑮装载率 γ(m^3/t):货舱容积与货舱内货物质量的比值。

⑯艏、艉垂线:艏垂线为通过艏柱前缘与夏季载重线交点的垂线。艉垂线为通过舵柱后缘与夏季载重线交点的垂线,对无舵柱船舶为舵杆中心线。

⑰主要构件:船体的主要支撑构件称为主要构件,如强肋骨、舷侧纵桁、强横梁、甲板纵桁、实肋板、船底桁材、舱壁桁材等。

⑱次要构件:一般是指板的扶强构件,如肋骨、纵骨、横梁、舱壁扶强材、组合肋板的骨材等。

(2)适用范围

规范适用于船长大于或等于20 m且满足下列条件的钢质海船:

$$L/B>5$$

$$B/D\leqslant 2.5$$

$$C_b\geqslant 0.6$$

(3)骨材标准间距

肋骨、横梁或纵骨(船底、舷侧、甲板)的标准间距 s_b 应按下式计算,且不大于0.7 m:

$$s_b=0.0016L+0.5\quad(\mathrm{m})\tag{10-2}$$

式中　L——船长,m^3。

在艏、艉尖舱内,肋骨或舷侧纵骨的标准间距 s_b 应为按式(10-2)计算所得值和0.6 m中的较小者。

在船端0.05L区域内,上层建筑及甲板室的甲板纵骨或横梁的标准间距 s_b 应为按式(10-2)计算所得值和0.6 m中的较小者。

(4)构件带板

主要构件带板的有效剖面积 A 应按下列各式确定,但取值不小于面板剖面积。

a. 安装在平板上:

$$A=10fbt_p\quad(\mathrm{cm}^2)\tag{10-3}$$

b. 安装在槽形板上且与槽形平行:

$$A=10at\quad(\mathrm{cm}^2)\tag{10-4}$$

c. 安装在槽形板上且与槽形成直角:

$$A=10b_ft_f\quad(\mathrm{cm}^2)\tag{10-5}$$

式中　f——系数,等于 $0.3(l/b)^{2/3}$,但不大于1;

b——主要构件所支承的面积的平均宽度,m;

l——主要构件的长度,m;

t_p——带板的平均厚度,mm;

b_f——主要构件面板宽度,m;

t_f——主要构件面板厚度,mm;

a——槽形板平面部分的宽度,m;

t——槽形板厚度,mm。

次要构件的带板宽度,取为1个骨材间距。

(5)强骨材的有效跨距

强骨材的端部往往通过肘板与其他构件连接,由于肘板有一定的宽度,因此强骨材两端的支承点并不在其端点处,其有效跨距也并不等于强骨材的长度。规范对强骨材的有效跨距作了以下规定。

强骨材如桁材、强横梁、强肋骨等的有效跨距,取跨距点之间的距离,跨距点应取距该构件端点为 b_e 的点(图10-1),b_e 由下式确定:

$$b_e=b_b\left(1-\frac{d_w}{d_b}\right)\tag{10-6}$$

式中　b_b——强骨材端部肘板的宽度;

d_w——强骨材的高度;

d_b——强骨材端部肘板高度与强骨材高度之和。

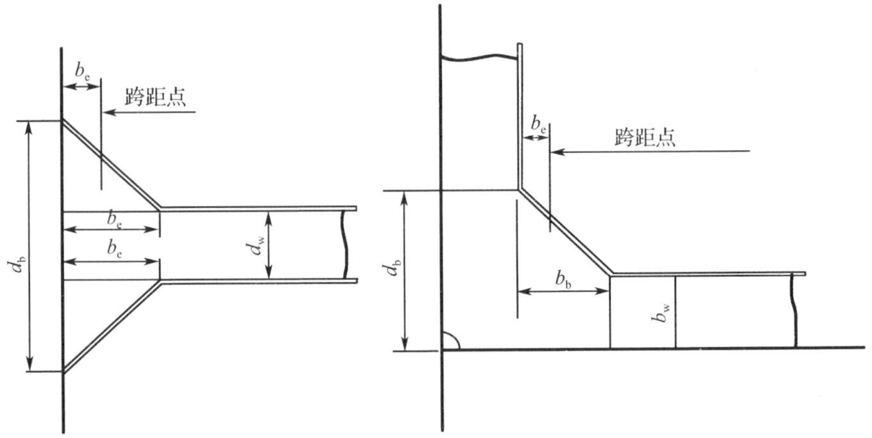

图 10－1　强骨材的有效跨距

（6）船体钢材的选用

建造船体的钢材要求具有一定的机械性能，即有一定的强度、塑性、韧性以及抗疲劳性，以保证船舶在各种设计受力状态下构件不被破坏。船体钢材还要求有良好的耐腐蚀性，以达到一定的耐用程度。船体钢材尚必须具有良好的工艺性，便于船体构件进行冷、热加工和焊接。

一般在正常气温下，当船长大于或等于 90 m 时，船体结构用钢应符合表 10－1 的要求。当船长小于 90 m 时，船体结构用钢一般可以使用 A/AH 钢级。

表 10－1　材料级别和钢级的使用

构件类别	构件名称	材料级别或钢级	
		船中 0.4L 内	船中 0.4L 外
次要类	（1）纵舱壁板，除主要类要求者外 （2）露天甲板板，除主要类和特殊类要求者外 （3）舷侧板	Ⅰ	A/AH
主要类	（1）船底板，包括平板龙骨 （2）强力甲板板，不包括特殊类要求的甲板板 （3）强力甲板以上的纵向连续构件，不包括舱口围板 （4）纵舱壁最上一列板 （5）垂直列板（舱口纵桁）和顶边舱的最上一列斜板	Ⅱ	A/AH
特殊类	（1）强力甲板处的舷侧顶列板① （2）强力甲板处的甲板边板① （3）在纵舱壁处的甲板列板② （4）集装箱船和其他有类似舱口的船舶在货舱口角隅处与舷侧之间的强力甲板板③	Ⅲ	Ⅱ （船中 0.6L 外为 Ⅰ）

表 10－1(续)

构件类别	构件名称	材料级别或钢级	
		船中 0.4L 内	船中 0.4L 外
	(5)散装货船、矿砂船、兼用船及其他有类似舱口的船舶在货舱口角隅处的强力甲板板[4] (6)舭列板[5][6] (7)长度超过 0.15L 的纵向舱口围板[7] (8)纵向舱口围板过渡的端肘板和甲板室围板[7]	Ⅲ	Ⅱ (船中 0.6L 外为 Ⅰ)

注:①船长大于 250 m 的船舶,在船中 0.4L 范围内选用应不低于 E/EH 钢级。

②不包括双壳船在内壳纵舱壁处的甲板板。

③在货舱区域的长度范围内选用应不低于材料级别Ⅲ。

④在船中 0.6L 区域内选用应不低于材料级别Ⅲ,在货舱区域的其余长度范围内选用应不低于材料级别Ⅱ。

⑤船长小于 150 m 且整个船宽范围内设有双层底的船舶,舭列板可以选用材料级别Ⅱ。

⑥船长大于 250 m 的船舶在船中 0.4L 范围内,舭列板选用应不低于 D/DH 钢级。

⑦选用应不低于 D/DH 钢级。

在表 10－1 中,为防止断裂,全船不同部位的船体构件按其所承受的应力情况分为 3 个类别,即次要类、主要类和特殊类。船体各强力构件的材料级别应不低于表 10－1 的规定。表 10－1 内没有列入的构件一般可以使用 A/AH 钢级。

对不同材料级别的船体构件,应根据船体构件所取的板厚按表 10－2 选用钢级。

当板厚大于规范要求的厚度时,应根据建造的实际板厚按表 10－2 选用钢级。

表 10－2　各材料级别要求的钢级

材料级别	Ⅰ		Ⅱ		Ⅲ	
板厚/mm	低碳钢	高强度钢	低碳钢	高强度钢	低碳钢	高强度钢
$t \leqslant 15$	A	AH	A	AH	A	AH
$15 < t \leqslant 20$	A	AH	A	AH	B	AH
$20 < t \leqslant 25$	A	AH	B	AH	D	DH
$25 < t \leqslant 30$	A	AH	D	DH	D	DH
$30 < t \leqslant 35$	B	AH	D	DH	E	EH
$35 < t \leqslant 40$	B	AH	D	DH	E	EH
$40 < t \leqslant 50$	D	DH	E	EH	E	EH

【任务实施】

任务 10.1 《钢质海船入级与建造规范》对总纵强度的要求

学习任务单

学习领域	船舶结构与强度	
项目 10	船体结构规范设计	学时
学习任务 1	《钢质海船入级与建造规范》对总纵强度的要求	
任务描述	任务导入： 通过前面的学习我们对船体的总纵强度有了了解，但是各船级社对船舶的总纵强度还有一些要求，下面我们以中国船级社的《钢质海船入级与建造规范》为例，看看规范对总纵强度的要求是什么。 具体要求和计算： （1）剖面模数的要求值； （2）剖面模数的定义及其计算； （3）剪切应力校核计算。 比较烦琐的计算可以采用列表计算的方法进行计算，可以提高计算准确度和速度，便于掌握计算逻辑。应用规范法进行设计时，注意对规范正确理解。理解和阅读规范是船舶设计工作者的基本能力	
任务要求	技能要求： （1）掌握规范对剖面模数的要求值的计算方法； （2）掌握剖面模数的定义及其计算方法； （3）掌握载荷曲线的计算方法； （4）掌握剪切应力校核计算方法。 职业素质要求： （1）具有分析问题、解决实际问题的能力； （2）具有责任意识和敬业精神； （3）具有迎接挑战的意识； （4）培养团队合作精神。	
学习资源	教材、教学课件、图片、船舶总纵强度计算书等	

【典型案例】

某 5668TEU 集装箱船在印度洋上航行时，发现淡水舱无水。回到港口后，发现淡水舱的水全部漏入集装箱货舱，内壳纵舱壁两根纵骨发生断裂，纵舱壁上撕开一条 1.2 m 长的裂缝。其原因是：高应力部位纵骨的跨距过大，纵骨强度不足，导致纵舱壁板格失稳。

【知识要点学习】

10.1.1　剖面模数的要求值

由前面的叙述可知，船体最大总纵弯曲应力为

$$\sigma = \frac{M}{W} \tag{10-7}$$

如果总纵弯曲应力小于材料的许用应力，则认为船体有足够的总纵强度。从式(10-7)出发，有其他两种衡量船体总纵强度的形式：其一，如果船舶的剖面模数大于确定弯矩下与许用应力相对应的剖面模数，则认为船体有足够的总纵强度；其二，如果船舶的总纵弯矩小于确定剖面模数下与许用应力相对应的总纵弯矩，则认为船体有足够的总纵强度。

因此，对总纵强度的要求，可有下面三种表达方式：

$$\sigma \leqslant [\sigma]_0$$

$$M \leqslant M_0$$

$$W \geqslant W_0$$

式中，M_0、W_0、$[\sigma]_0$ 是由规范规定的总纵弯矩标准值、剖面模数标准值和许用应力标准值。

规范中规定，船长大于或等于65 m时，船体中部最小剖面模数 W_0（强力甲板边线或平板龙骨处）应不小于按下式计算所得之值：

$$W_0 = CL^2B(C_b + 0.7) \quad (\mathrm{cm}^3) \tag{10-8}$$

式中　L——船长，m；

B——船宽，m；

C_b——方形系数，不得小于0.6；

C——系数，按下列各式计算：

$C = 0.0412L + 4$，当 $L < 90$ m时；

$C = 10.75 - \left(\frac{300 - L}{100}\right)^{3/2}$，当90 m$\leqslant L \leqslant$300 m时；

$C = 10.75$，当300 m$< L <$350 m时；

$C = 10.75 - \left(\frac{L - 300}{150}\right)^{3/2}$，当350 m$\leqslant L \leqslant$500 m时。

规范中规定，船中剖面对水平中和轴的惯性矩 I 应不小于按下式计算所得之值：

$$I = 3W_0L \quad (\mathrm{cm}^4) \tag{10-9}$$

式中　W_0——按式(10-8)计算所得的船中最小剖面模数，cm^3；

L——船长，m。

规范中规定，总纵弯曲应力应按下式计算：

$$\sigma = \frac{|M_s + M_w|}{W_c} \times 10^3 \quad (\mathrm{N/mm^2}) \tag{10-10}$$

式中　M_s——静水弯矩，kN·m；

M_w——波浪弯矩，kN·m；

W_c——计算点处的船体梁剖面模数，cm^3。

例10-1　某钢质海船，单层底纵骨架式结构，主尺度为 $L \times B \times D \times d = 184.3\ \mathrm{m} \times 28.4\ \mathrm{m} \times 15.8\ \mathrm{m} \times 11\ \mathrm{m}$，设计夏季载重线下的方形系数 $C_b = 0.821$。试按规范规定，求强力甲板边线

的中剖面模数和惯性矩的规范要求值。

解 按式(10-8),先计算系数 C:

$$C=10.75-\left(\frac{300-L}{100}\right)^{3/2}=10.75-\left(\frac{300-184.3}{100}\right)^{3/2}=9.51$$

再计算 W_0:

$$W_0=CL^2B(C_b+0.7)=9.51\times184.3^2\times28.4(0.821+0.7)=13\ 953\ 358.14\ \text{cm}^3$$
$$=139\ 534(\text{cm}^2\cdot\text{m})$$
$$I=3W_0L=3\times139\ 534\times184.3=77\ 148\ 348.6\ \text{cm}^4$$

10.1.2 剖面模数的定义及其计算

1. 定义

规范中规定,将船体梁横剖面对其水平中和轴的惯性矩,除以中和轴到强力甲板边线的垂直距离,可得出甲板处的船体梁剖面模数 W_d;将船体梁横剖面对其水平中和轴的惯性矩,除以从中和轴到平板龙骨上表面的垂直距离,可得出船底处的船体梁剖面模数 W_b。

2. 中剖面模数的计算原则

规范中规定,强力甲板及其以下所有在 0.4L 区域内连续的纵向构件的剖面积,均可计入船体梁剖面模数。强力甲板以上可计入舷顶列板伸出强力甲板的部分和连续的舷边角钢的剖面积。强力甲板以上的连续凸形甲板和连续纵向舱口围板(多个并列舱口的内侧舱口围板除外),当由纵舱壁或高腹板桁材作有效支持时,也可将其剖面积计入船体梁剖面模数。

在有多个并列舱口时,其连续内侧舱口围板及其以下的支持结构的有效剖面积,应根据其支持条件用直接计算法予以确定。在无详细计算时,可采用下列规定。

(1)支持连续内侧舱口围板的甲板下连续纵桁,应取 50% 的剖面积计入船体梁剖面模数。如甲板下连续纵桁直接与纵舱壁连接,可将其 100% 的剖面积计入船体梁剖面模数。

如甲板下连续纵桁为箱形结构或非箱形结构而有适当支持与船底相联结,可允许 80% 的剖面积计入船体梁剖面模数。

上述纵桁的长细比均应不大于 60。

(2)连续的内侧舱口围板的计算剖面积的百分比,可与其下面所支持的甲板下连续纵桁所取的百分比相同。

对于上述情况,在计算船体梁剖面模数时所用的计算点到中和轴之间的垂直力臂 Z_t 应按下式计算,Z_t 的计算值应大于中和轴到强力甲板边线的垂直距离:

$$Z_t=Z_c\left(0.9+0.2\frac{y}{B_1}\right)\quad(\text{m})\tag{10-11}$$

式中 Z_c——中和轴至连续强力构件顶点的垂直距离,m;

y——连续强力构件的顶点与船体中心线之间的水平距离,m;

B_1——计算剖面处的船宽,m。

在计算中,Z_c 和 y 均应量到能给出 Z_t 最大值的位置。

如甲板纵骨或纵桁布置在强力甲板以上,其剖面积可全部计入船体梁剖面模数。力臂 Z_t 为中和轴到强力甲板边线的垂直距离加上纵向构件的高度。

如果甲板开口长度(艏、艉方向)超过 2.5 m,或者宽度超过 1.2 m 或 0.04B(取其较小者)，在计算船体梁剖面模数时，应扣除其剖面积。

若纵骨或纵桁的开孔(如减轻孔、流水孔、焊缝处的单个扇形孔)高度不超过腹板高度的25%(但对扇形孔深度最大不超过75 mm)，则在计算船体梁剖面模数时不必扣除其面积。

10.1.3　剪切应力校核计算

1. 舷侧外板上的剪切应力 τ 按下式计算：

$$\tau = \frac{|F_s + F_w| S}{I\delta_1} \times 10^2 \quad (\mathrm{N/mm^2}) \qquad (10-12)$$

式中　F_s——设计静水切力，kN；

S——静矩，$\mathrm{cm^3}$，如果计算点在水平中和轴以上，S 为通过计算点的水平线以上的所有纵向构件对水平中和轴的静矩，如果计算点在水平中和轴以下，则 S 为通过计算点的水平线以下的所有纵向构件对水平中和轴的静矩；

F_w——波浪切力，kN；

I——计算横剖面对水平中和轴的惯性矩，$\mathrm{cm^3}$；

δ_1——系数，按下式计算：

$$\delta_1 = \frac{t_1}{f_1 + m_1}$$

式中　t_1——计算剖面上水平中和轴处舷侧外板的厚度(双壳船为内外壳板厚度之和)，mm；

f_1 及 m_1——系数，见表10－3。

表10－3　系数 f_1、f_2、m_1 和 m_2

序号	船体横剖面类型	系数 f_i	系数 m_i
1	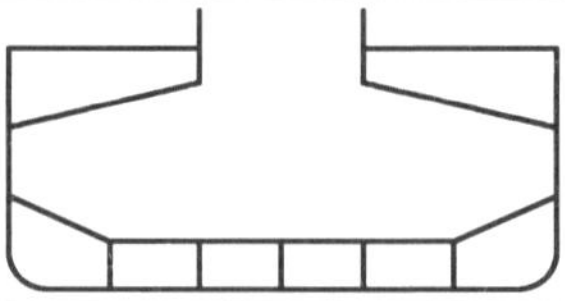	$f_1 = 0.5$	$m_1 = 0$
2	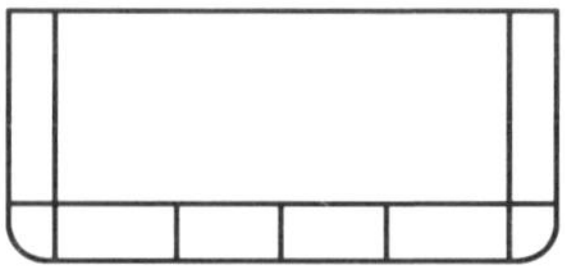	$f_1 = 0.5$	$m_1 = 0$
3	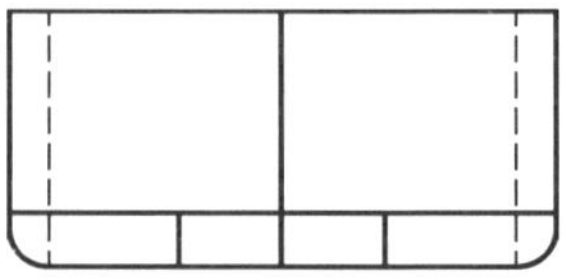	$f_1 = 0.261 + 0.058A_1/A_2$ $f_2 = 0.478 - 0.116A_1/A$	$m_1 = 0.5m_2$ $m_2 = 0.5(0.1 + \gamma)$
4	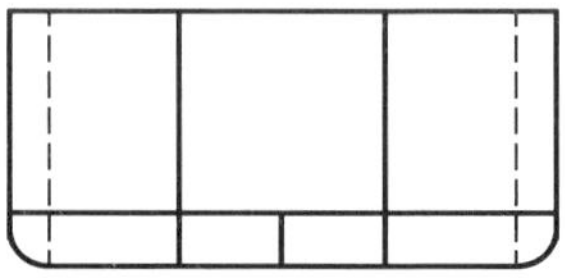	$f_1 = 0.154 + 0.08A_1/A_2$ $f_2 = 0.346 - 0.08A_1/A$	$m_1 = m_2$ $m_2 = (0.1 + \gamma)b/B$

注：A_1、A_2——分别为舷侧外板和纵舱壁板受剪切面积，$\mathrm{cm^2}$；

b——纵舱壁板距舷侧的水平距离，m；

B——船宽，m；

γ——横向非均匀装载时 $\gamma=0.15$，横向均匀装载时 $\gamma=0$。

2. 纵舱壁板上的剪切应力 τ 按下式计算：

$$\tau=\frac{|F_s+F_w|S}{I\delta_1}\times 10^2\quad(\text{N/mm}^2)\tag{10-13}$$

式中 F_s——设计静水切力，kN；

S——静矩，cm^3，如果计算点在水平中和轴以上，S 为通过计算点的水平线以上的所有纵向构件对水平中和轴的静矩，如果计算点在水平中和轴以下，则 S 为通过计算点的水平线以下的所有纵向构件对水平中和轴的静矩；

F_w——波浪切力，kN；

I——计算横剖面对水平中和轴的惯性矩，cm^3；

δ_2——系数，按下式计算：

$$\delta_2=\frac{t_2}{f_2+m_2}$$

式中 t_2——计算剖面上水平中和轴处纵舱壁板的厚度（双壳船为内外壳板厚度之和），mm；

f_2 及 m_2——系数，见表 10－3。

例 10－2 某钢质海船，单层底纵骨架式结构，主尺度为 $L\times B\times D\times d=184.3\ \text{m}\times 28.4\ \text{m}\times 15.8\ \text{m}\times 11\ \text{m}$，设计夏季载重线下的方形系数 $C_b=0.821$，该船中部 $0.4L$ 区域的货舱开口处，其剖面上计入中剖面模数的各纵向构件尺寸及编号如图 10－2 所示，试计算该剖面上甲板的剖面模数 W_d 和船底的剖面模数 W_b。

解 以船底基线为参考轴，利用表 10－4 计算如下。

根据表 10－4 计算得

$$\sum A_i=A=14\ 896.0\ \text{cm}^2$$

$$\sum A_iZ_i=B=95\ 230.8\ \text{cm}^2$$

$$\sum(A_iZ_i^2+i)=C=1\ 175\ 802.4\ \text{cm}^2\cdot\text{m}^2$$

剖面中和轴离参考轴距离 Δ 为

$$\Delta=\frac{B}{A}=\frac{95\ 230.8}{14\ 896.0}=6.393\ \text{m}$$

剖面对水平中和轴的惯性矩为

$$I=2(C-\Delta B)=2(1\ 175\ 802.4-6.393\times 95\ 230.8)=1\ 133\ 975.2\ \text{cm}^2\cdot\text{m}$$

船底剖面模数为

$$W_b=\frac{I}{Z_b}=\frac{1\ 133\ 975.2}{6.393}=177\ 378\ \text{cm}^2\cdot\text{m}$$

甲板剖面模数为

$$W_d=\frac{I}{Z_d}=\frac{1\ 133\ 975.2}{15.85-6.393}=119\ 909\ \text{cm}^2\cdot\text{m}$$

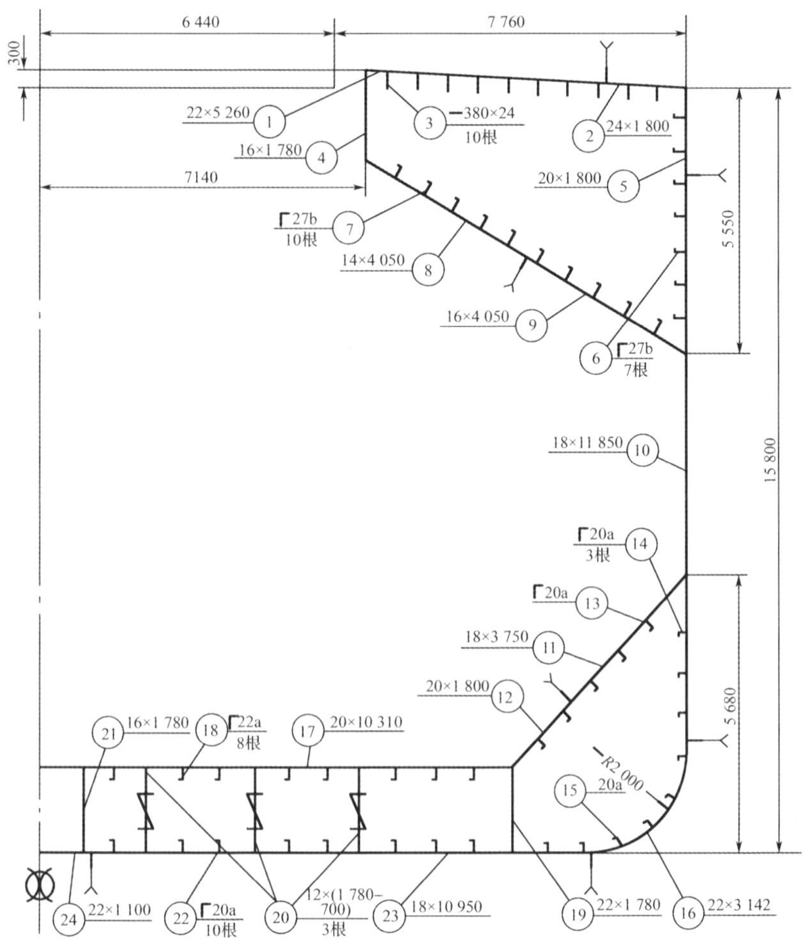

图 10－2　船中剖面构件图

表 10－4　例 10－2 计算表

序号	构件名称	构件尺寸/mm	剖面积 A_i/cm^2	离参考轴距离 Z_i/m	静力矩 A_iZ_i /(cm^2·m)	惯性矩 $A_iZ_i^2$/(cm^2·m^2)	自身惯性矩 i_0/(cm^2·m^2)
1	强力甲板	22×5 260	1 157.2	16.00	18 515.20	296 243.20	忽略不计
2	甲板边板	24×1 800	432.0	15.85	6 847.20	108 528.10	忽略不计
3	甲板纵骨	10(－280×24)	672.0	15.88	10 671.40	169 461.20	忽略不计
4	顶边舱垂直列板	16×1 780	284.8	15.20	4 328.96	65 800.20	47
5	舷顶列板	20×1 800	360.0	14.90	5 364.00	79 923.60	97.2
6	顶边舱舷侧纵骨	7(┌27*b*)	344.5	13.20	1 102.53	3 528.10	忽略不计
7	顶边舱斜板纵骨	10(┌27*b*	492.2	12.6	6 210.72	78 141.67	忽略不计
8	顶边舱斜板(1)	14×4 050	567.0	13.30	7 541.10	100 296.60	93.3

表 10－4(续)

序号	构件名称	构件尺寸/mm	剖面积 A_i/cm^2	离参考轴距离 Z_i/m	静力矩 A_iZ_i /($\mathrm{cm}^2\cdot\mathrm{m}$)	惯性矩 $A_iZ_i^2$/ ($\mathrm{cm}^2\cdot\mathrm{m}^2$)	自身惯性矩 i_0/ ($\mathrm{cm}^2\cdot\mathrm{m}^2$)
9	顶边舱斜板(2)	15×4 050	648.0	11.25	7 290.00	82 012.50	106.7
10	舱舷外板	18×11 850	2 133.0	8.10	17 277.30	139 946.10	24 960.1
11	底边舱斜板(1)	18×3 750	675.0	4.32	2 916.00	12 597.10	295.3
12	底边舱斜板(2)	20×1 800	360.0	2.40	864.00	2 073.60	36.62
13	底边舱斜板纵骨	5(⌐20a)	136.8	3.40	465.10	1 581.40	忽略不计
14	底边舱舷侧纵骨	3(⌐20a)	81.1	3.58	293.83	1 051.97	忽略不计
15	底边舱舭部纵骨	4(⌐20a)	109.4	0.80	87.55	70.04	忽略不计
16	舭列板	18×3 142	565.6	0.60	339.40	203.6	120
17	内底板	20×10 310	2062.0	1.80	3 711.60	6 680.88	忽略不计
18	内底纵骨	8(⌐22a)	262.6	1.65	431.91	710.49	忽略不计
19	旁桁材(1)	22×1 780	391.6	0.89	348.51	310.19	103.4
20	旁桁材(2)(3)(4)(扣除开孔)	3(12×1 080)	388.8	0.89	346.03	307.97	169.2
21	箱形中桁材	16×1 780	284.8	0.89	253.47	225.59	75.2
22	船底纵骨	10(⌐20a)	273.6	0.12	33.93	4.21	忽略不计
23	船底板	10×10 950	1 971.0	0	0	0	忽略不计
24	平析龙骨	22×1 100	242.0	0	0	0	忽略不计
	$\sum$		$A=14\ 896.0$		$B=95\ 230.8$	$C=1175\ 802.4$	

例 10－3 在例 10－2 的各条件下，设最大静水弯矩 $M_s=764\ 020.5\ \mathrm{kN\cdot m}$，最大静水切力 $N_s=36\ 574.6\ \mathrm{kN}$。试按照规范对总纵强度的要求进行总纵强度的计算。

解 先求出规范对强力甲板边线的中剖面模数的要求之值：

$$W_0=CL^2B(C_b+0.7)=9.51\times184.3^2\times28.4(0.821+0.7)=13\ 953\ 358.14\ \mathrm{cm}^3$$
$$=139\ 534\ \mathrm{cm}^2\cdot\mathrm{m}$$

而该船中部货舱开口区域剖面上甲板的剖面模数为

$$W_d=\frac{I}{Z_d}=\frac{1\ 133\ 975.2}{15.85-6.393}=119\ 909\ \mathrm{cm}^2\cdot\mathrm{m}$$

由于

$$W_d<W_0$$

不满足规范对总纵强度的要求，需调整该船中剖面上有关构件的尺寸。

为了提高该船中剖面剖面模数值，可以考虑对几个距离中和轴最远的构件适当放大尺寸，进行试算，即修正如下：

(1)对于构件①强力甲板尺寸,从 22 × 5260 修正成 28 × 5260,剖面积增量为 ΔA_1 = 315.6 cm²;

(2)对于构件②甲板边板尺寸,从 24 × 1800 修正成 28 × 1800,剖面积增量为 ΔA_2 = 72 cm²;

(3)对于构件③甲板纵骨尺寸,从 10(−280 × 24)修正成 10(−400 × 24),剖面积增量为 ΔA_3 = 448 cm²;

(4)对于构件⑤舷顶列板尺寸,从 20 × 1800 修正成 24 × 1800,剖面积增量为 ΔA_5 = 72 cm²;

利用表 10 −5,计算如下:

表 10 −5 例 10 −3 计算表

序号	构件名称	剖面积 A_i/cm²	离参考轴距离 Z_i/m	静力矩 A_iZ_i/(cm²·m)	惯性矩 $A_iZ_i^2$/(cm²·m²)	自身惯性矩 i_0/(cm²·m²)
	Ⅰ第一次计算结果	A = 14 896.0		B = 95 230.8	C = 1 175 802.4	
	Ⅱ有关构件修正					忽略不计
1	强力甲板	315.6	16	5 049.60	80 793.60	忽略不计
2	甲板边板	72	15.85	1 141.20	18 088.02	忽略不计
3	甲板纵骨	448	15.88	7 114.24	112 974.13	忽略不计
5	舷顶列板	72	14.9	1 072.80	15 984.72	19.44
	$\sum$	A' = 15 803.6		B' = 109 608.64	C = 1 403 662.31	

根据表 10 −5 内有关数值之和,求得修正后船中剖面图中和轴离参考轴距离 Δ'。

$$\sum \Delta A_i + A = A' = 15\,803.6 \text{ cm}^2$$

$$\sum \Delta A_i Z_i + B = B' = 109\,608.64 \text{ cm}^2$$

$$\sum (\Delta A_i Z_i^2 + \Delta i) = C' = 1\,403\,662.31 \text{ cm}^2 \cdot \text{m}^2$$

$$\Delta' = \frac{B'}{A'} = \frac{109\,608.64}{15\,803.6} = 6.936 \text{ m}$$

修正后的船中剖面对水平轴的惯性矩 I' 为

$$I' = 2(C' - \Delta' B') = 2(1\,403\,662.31 - 6.936 \times 109\,608.64) = 1\,286\,833.6 \text{ cm}^2 \cdot \text{m}$$

则船底剖面模数为

$$W_b' = \frac{I'}{Z_b'} = \frac{1\,286\,833.6}{6.936} = 177\,378 \text{ cm}^2 \cdot \text{m}$$

甲板剖面模数为

$$W_d' = \frac{I'}{Z_d'} = \frac{1\,286\,833.6}{15.85 - 6.936} = 144\,361 \text{ cm}^2 \cdot \text{m}$$

将上述计算得到的数值进行比较可得

$$W_d > W_0$$

所以，上述船中剖面模数满足规范对总纵强度的要求。

【任务测试】

船体结构设计的主要任务是什么？

任务 10.2　船体外板设计

学习任务单

<table>
<tr><td>学习领域</td><td colspan="2">船舶结构与强度</td></tr>
<tr><td>项目 10</td><td>船体结构规范设计</td><td>学时</td></tr>
<tr><td>学习任务 2</td><td>船体外板设计</td><td></td></tr>
<tr><td>任务描述</td><td colspan="2">任务导入：
外板是船体上的重要构件，关于外板的设计有两个方面：一个是外板的厚度，一个是外板的布置。下面我们就在这一部分来学习外板的布置要求以及外板的厚度的设计。
设计要求：
(1)外板的作用与结构；
(2)外板总体的布置要求；
(3)外板厚度的确定。
比较烦琐的计算可以采用列表计算的方法进行计算，可以提高计算准确度和速度，便于掌握计算逻辑。应用规范法进行设计时，注意对规范正确理解。理解和阅读规范是船舶设计工作者的基本能力</td></tr>
<tr><td>任务要求</td><td colspan="2">技能要求：
(1)掌握外板的作用与结构；
(2)掌握外板总体的布置要求；
(3)掌握外板厚度的确定方法。
职业素质要求：
(1)培养严谨、认真的工匠精神；
(2)具有分析问题、解决实际问题的能力；
(3)具有责任意识和敬业精神；
(4)具有迎接挑战的意识</td></tr>
<tr><td>学习资源</td><td colspan="2">教材、教学课件、图片、船舶外板厚度计算书等</td></tr>
</table>

【典型案例】

图 10-3 为某船外板展开图的一部分，外板上的厚度是如何确定的呢？

【知识要点学习】

10.2.1　外板的作用与结构

船体外板是保证船体水密的构件,外板与骨架共同保证了船舶的外形。外板在船体强度方面起着十分重要的作用,船底板、舷侧板是船体等值梁下翼板和腹板的重要组成部分,是保证船体总纵强度的基本构件。外板除了承受总纵弯曲应力外,还直接承受局部水压力作用发生弯曲变形。当板架在载荷作用下发生弯曲变形时,外板以骨架带板的形式参与板架弯曲。外板还要承受水浪的拍击力以及水面漂浮物的撞击力。在船舶尾部,外板还要承受螺旋桨的振动力。总纵弯曲应力以及局部水压力是外板受力中最主要的部分。外板厚度的确定主要依据这两种力的大小。

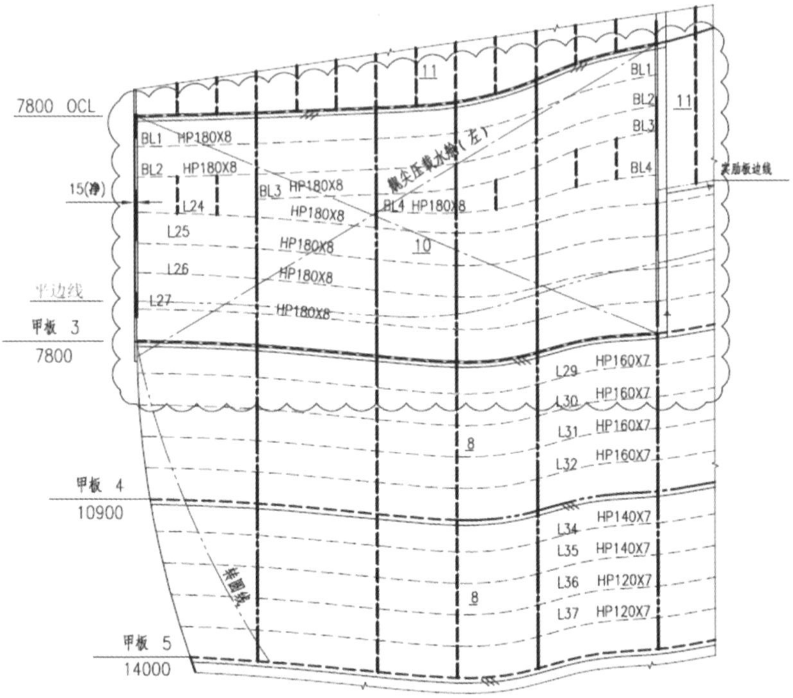

图 10－3　某船外板展开图(部分)

船体外板由许多钢板按一定规律排列焊接而成。考虑到船体外形在纵向及横向不同程度的曲率变化,以及钢板的供应尺寸,组成船体外板的钢板均将长边沿着船长方向排列,板与板短边相接成一长列称为板列。板与板的短边接缝称为外板的端接缝(简称端缝);板列与板列之间的接缝称为外板的边接缝(简称边缝)。外板接缝的分布位置对船体的强度、变形、施工、外观和经济性等诸多方面会产生不同程度的影响。外板边缝尽量设计成直线,使所用的钢板为仅有单向曲度的矩形板,以减少钢板的加工量,同时又便于使用自动焊,有利于提高焊接质量。边缝不能与纵向构件的角焊缝重叠,并要尽量避免边缝与纵向构件小角度(小于15°)相交,如无法避免,应将边缝改成阶梯形,如图 10－4 所示。外板端缝位于船体横剖面上,对船体强度有相当大的影响。应根据具体情况,合理安排端缝,尽可能减少端缝数量。考虑到工艺性以及避免应力集中,端缝不应布置在肋骨剖面上,一般应布置在肋距的1/4～3/4处。组成外板的一系列板,按其所处位置的不同,可分为:平板龙骨、船底板、舭列板、舷侧板和舷侧顶列板(图 10－5)。

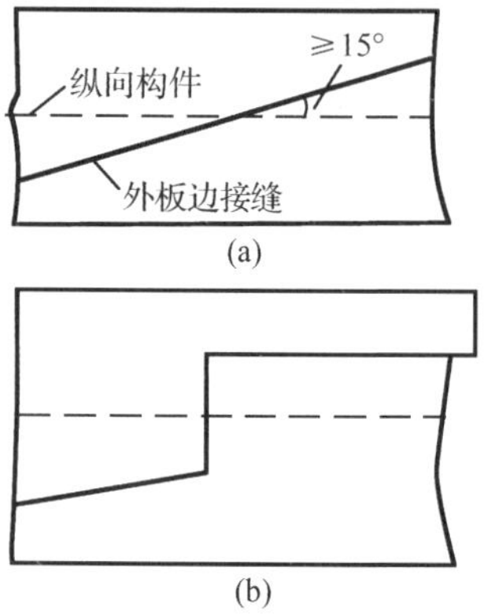

图 10－4　阶梯形边缝

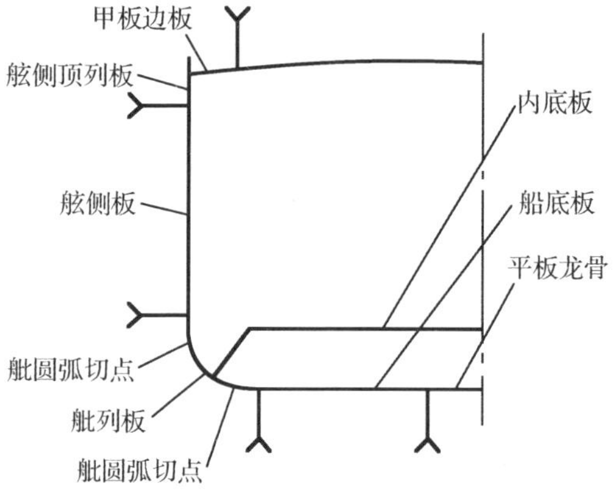

图 10－5　外板的分类

位于船底中线处的板称为平板龙骨;平板龙骨与舭圆弧和船底线切点之间的板称为船底板;舭圆弧与船底及舷侧的切点之间的板称为舭列板;舷侧最高处与甲板边板相接的板称为舷侧顶列板;舷侧顶列板与舭列板之间的板称为舷侧板。

所处位置不同的板,它们的受力情况也是不一样的。对于局部水压力,位置越高的外板受力越小;而对于总纵弯曲力,则离中和轴越远受力越大,如舷侧顶列板、平板龙骨和船底板。设计船体外板应从等强度观点出发,不同位置的外板根据其受力特点取不同厚度,这样能充分利用材料,减轻船体质量。一般情况下,船体外板厚度的分布情况如下。

(1)板厚沿船长方向的分布

船体中部的外板受有最大的总纵弯曲应力,而船体首部的外板则受有较大的波浪拍击力、碰撞力等局部外载荷,船体尾部受到因螺旋桨的转动而产生的强烈的振动力。这几个区域是外板在船长方向的特殊区域,这些区域的外板必须厚一些。一般来说船体中部 0.4L 范围为中部区域,艏垂线往后 0.075L 范围为首部区域,艉垂线向前 0.075L 范围为尾部区域,其余部分为过渡区(图 10－6),过渡区的外板受力一般要小一些,因此板厚可薄一些。

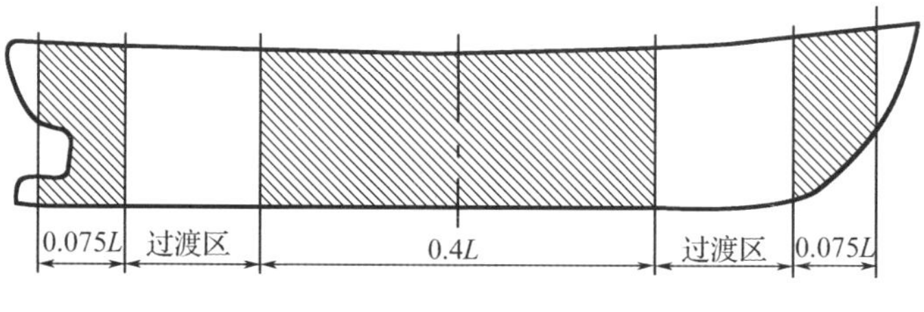

图 10－6　外板区域划分

(2)板厚沿船深方向的分布

平板龙骨除了受有较大的总纵弯曲应力外,常因搁浅、进坞等受到很大的支撑反力作用和磨损,因此要求平板龙骨的厚度大于船底板厚度。舷侧顶列板是离中和轴最远的构件,受有很大的总纵弯曲应力,因此它的厚度也应比其他舷侧板大。

必须指出,上述的外板厚度分布规律在船长小于 30 m 的内河小型船舶上几乎体现不出来。如内河小船除平板龙骨较其他板厚一点外,其余外板常常是一样厚的。原因之一是小型船舶尺度小，如一定要按等强度原则区分外板尺寸，尺寸之间的差异并不大，板缝却会因此而增加，既降低了钢板的利用率，又增加了工时，得不偿失；原因之二是决定小型船舶外板厚度的诸因素中，工艺性因素以及使用上的要求往往占有较大的比重，因此在强度方面一般都有较大的裕度，所以没有必要再区分各区域的板厚；对舷侧顶列板而言原因之三是一般的内河小型船舶在舷顶部均设有防撞的钢质护舷材，这就相当于加强了舷侧顶列板。

对于某些特殊区域的外板，必须局部加强。大致有下列几种情况。

外板开口处局部加强：外板上的开口削弱了船体的强度，产生应力集中，必须进行局部加强。干舷甲板以下的外板开口，应尽可能为圆形或长轴沿船长方向布置的椭圆形开口，以减少应力集中。中部区域的矩形开口，角隅应为圆角，并必须用加厚板或复板补强。舷门开口两侧须设竖桁材，开口上端须装设短桁材，开口上、下的舷侧外板均应采用厚度等于原厚度1.5倍的加厚板或厚度与原厚度相等的复板加强。加厚板或复板须向舷门边线两侧各延伸两挡肋距，并应将圆角包住（图10－7）。

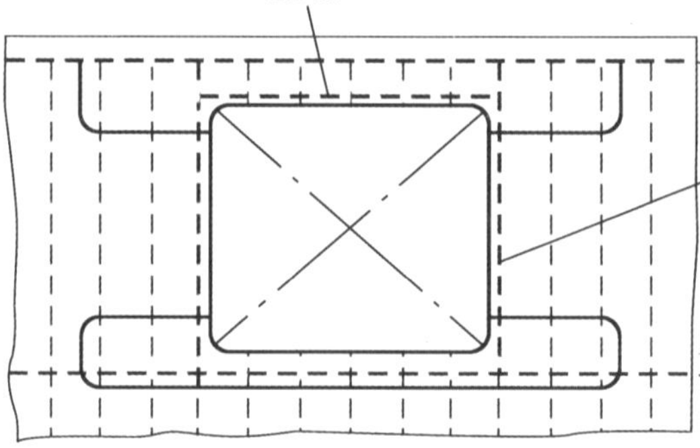

图10－7　开口处局部加强

主机座下的船底板，艉轴出口处的外板以及螺旋桨顶端外板应比中部船底板厚增加1～2 mm。艉轴架穿过处的外板，应增厚50%或加复板。对于船长小于30 m的船，其主机座下面的船底板厚度和螺旋桨顶端外板厚度可按船底板厚度增加0.5 mm。锚链孔口处的外板及其下方的一块外板应增厚3 mm或加复板。

10.2.2　船体外板厚度的确定

1. 船底板

由规范可知，船底为横骨架式时，船中部0.4*L*区域内的船底板厚度*t*应不小于按下列两式计算所得之值：

$$t_1 = 0.072sE^{-1}(L+170)\sqrt{F_b} \quad (\text{mm}) \tag{10-14}$$

$$t_2 = 7.0s\sqrt{(d+h_1)F_b} \quad (\text{mm}) \tag{10-15}$$

式中　s——肋骨间距，m，计算时取值应不小于肋骨的标准间距；

L——船长，m，但计算时取值不必大于200 m；

d——吃水，m；

E——$E = 1 + \dfrac{s^2}{S^2}$，其中，S为船底桁材或龙骨间距（单位m）；

h_1——$h_1 = 0.26C$，计算时取值不大于$0.2d$，C为系数，见式（10－8）；

F_b——当龙骨处的最大总纵弯曲应力小于许用应力时的折减系数，应符合下式条件，且不小于0.7。

$$F_b \geqslant \frac{\sigma_b}{[\sigma]}$$

式中 σ_b——龙骨处的总纵弯曲应力，N/mm^2；

$[\sigma]$——弯曲许用应力，N/mm^2。

由规范可知，船底为纵骨架式时，船中部0.4L区域内的船底板厚度t应不小于按下列两式计算所得之值：

$$t_1 = 0.043s(L+230)\sqrt{F_b} \quad \text{(mm)} \tag{10-16}$$

$$t_2 = 5.6s\sqrt{(d+h_1)F_b} \quad \text{(mm)} \tag{10-17}$$

式中 s——纵骨间距，m，计算时取值应不小于纵骨的标准间距；

d——吃水，m；

L——船长，m，计算时取值不必大于190 m；

F_b、h_1——见式(10-15)。

2. 平板龙骨

由规范可知，平板龙骨的宽度b应不小于按下式计算所得之值：

$$b = 900 + 3.5L \quad \text{(mm)} \tag{10-18}$$

式中 L——船长，m。

平板龙骨的宽度不必大于1 800 mm。平板龙骨的宽度应在整个船长内保持不变。

平板龙骨的厚度不得小于船底板厚度加2 mm，且均应不小于相邻船底板的厚度。

3. 舭列板

由规范可知，舭列板厚度应不小于相邻的船底板厚度。

当船底和舷侧均为纵骨架式，而舭部不设纵骨，而按要求设置横向强力构件或相当舭肘板时，舭列板的厚度应不小于$r/165$（r为舭部半径，单位mm），且应不小于相邻船底板的厚度。

4. 舷侧外板

由规范可知，舷侧外板系指舭列板与舷顶列板之间的外板。

舷侧为横骨架式时，船中部0.4L区域内舷侧外板厚度t应符合下列规定。

(1)距基线$3D/4$以上的舷侧外板厚度t应不小于按下列两式计算所得之值：

$$t_1 = 0.073sE^{-1}(L+170)\sqrt{F_d} \quad \text{(mm)} \tag{10-19}$$

$$t_2 = 4.2s\sqrt{(d+h_2)} \quad \text{(mm)} \tag{10-20}$$

(2)距基线$D/4$以下的舷侧外板厚度t应不小于按下列两式计算所得之值：

$$t_1 = 0.072sE^{-1}(L+110)\sqrt{F_b} \quad \text{(mm)} \tag{10-21}$$

$$t_2 = 6.3s\sqrt{(d+h_1)F_b} \quad \text{(mm)} \tag{10-22}$$

式中 s——肋骨间距，m，计算时取值应不小于肋骨的标准间距；

L——船长，m，但计算时取值不必大于200 m；

d——吃水，m；

F_b——见式(10-15)；

E——$E=1+\frac{s^2}{S^2}$，其中，S 为船底桁材或龙骨间距，m；

h_2——$h_2=0.5C$，计算时取不大于 $0.36d$，C 为系数，见式(10－8)；

h_1——系数，见式(10－15)；

F_d——当甲板处的最大总纵弯曲应力小于许用应力时的折减系数，应符合下式条件，且不小于0.7。

$$F_d \geqslant \frac{\sigma_d}{[\sigma]}$$

(3)距基线 $D/4$ 至距基线 $3D/4$ 区域内的舷侧外板厚度 t，由上述计算所得之值用内插法求得。

由2.3.4.3可知，舷侧为纵骨架式时，船中部 $0.4L$ 区域内舷侧外板厚度 t 应符合下列规定。

(1)距基线 $D/2$ 以上的舷侧外板厚度 t 应不小于按下列两式计算所得之值：

$$t_1=0.06s(L+110)\sqrt{F_d} \quad (\text{mm}) \tag{10－23}$$

$$t_2=4.2s\sqrt{(d+h_2)} \quad (\text{mm}) \tag{10－24}$$

(2)距基线 $D/4$ 以上的舷侧外板厚度 t 应不小于按下列两式计算所得之值：

$$t_1=0.06s(L+110)\sqrt{F_b} \quad (\text{mm}) \tag{10－25}$$

$$t_2=5.4s\sqrt{(d+h_1)F_b} \quad (\text{mm}) \tag{10－26}$$

式中 s——肋骨间距，m，计算时取值应不小于肋骨的标准间距；

L——船长，m，但计算时取值不必大于200 m；

d——吃水，m；

F_b、F_d——折减系数，分别见式(10－15)和式(10－19)；

h_2——$h_2=0.5C$，计算时取不大于 $0.36d$，C 为系数，见式(10－8)；

h_1——系数，见式(10－15)。

5. 舷顶列板

由规范可知，舷顶列板的宽度应不小于 $0.1D$(D 为型深)。

舷侧为横骨架式时，船中 $0.4L$ 区域内舷顶列板厚度 t 应不小于按下列两式计算所得之值：

$$t_1=0.085sE^{-1}(L_1+110)\sqrt{F_d} \quad (\text{mm}) \tag{10－27}$$

$$t_2=1.05s\sqrt{L+75} \quad (\text{mm}) \tag{10－28}$$

式中 s——肋骨间距，m，计算时取值应不小于肋骨的标准间距；

L——船长，m，但计算时取值不必大于200 m；

L_1——$L_1=L$，m，但计算时取值不必大于200 m；

E、F_d——见式(10－19)。

舷侧为纵骨架式时，船中 $0.4L$ 区域内舷顶列板厚度 t 应不小于按下列两式计算所得之值：

$$t_1=0.06s(L_1+110)\sqrt{F_d} \quad (\text{mm}) \tag{10－29}$$

$$t_2=0.9s\sqrt{L+75} \quad (\text{mm}) \tag{10－30}$$

式中 s——肋骨间距，m，计算时取值应不小于肋骨的标准间距；

L——船长，m，但计算时取值不必大于 200 m；

L_1——$L_1 = L$，m，但计算时取值不必大于 200 m；

F_d——见式(10－19)。

在船中部 0.4L 区域内的舷顶列板的厚度，在任何情况下均应不小于强力甲板边板厚度的 0.8 倍，也不小于相邻舷侧外板的厚度。舷顶列板的厚度可逐渐向两端过渡到端部的舷侧外板厚度。

舷顶列板与甲板边板的连接采用焊接时，舷顶列板上缘应平整，在船中部 0.5L 范围内应避免焊接其他装置；在此范围内或上层建筑间断处，如舷顶列板高出甲板，则在舷顶列板的甲板以上部分不应开流水孔。

用圆弧舷板时，圆弧半径应不小于板厚的 15 倍。圆弧舷板厚度至少应等于甲板板厚度。加工后应采取措施保证钢材应具有的性能。在船中部 0.5L 区域内的圆弧舷板上应尽量避免焊接甲板装置。

6. 外板开口

由规范可知，在船中部 0.5L 区域内，舭列板弯曲部分应尽量避免开口，必需开口时，应开成长轴沿船长方向布置的椭圆形开口。

舷顶列板上的圆形孔，如果避开舷缘和舱口边线外的任何甲板开口，且此孔的高度不超过舷顶列板高度的 20% 或 380 mm（以较小者为准）时，则一般不必补偿。此项圆形孔应充分避开上层建筑端点。圆弧形舷缘上不允许开口。

海水进口及其他开口角隅应有足够大的圆角。通海阀箱厚度应与邻近的外板厚度相同，船长等于及大于 90 mm 时，应不小于 12 mm，但不必大于 25 mm。

舷门等开口角隅应采用足够大的圆角，而且要避开上层建筑端点和货舱口边线外的甲板开口。在船中部 0.5L 范围内，应完全补偿，补偿可用加厚板或复板，在船长方向应有足够长度。

外板开口的上述规定，一般也适用于艏、艉端部区域。

7. 舭龙骨

由规范可知，如在船体上安装有舭龙骨，舭龙骨应连接在一根连续的扁钢上，此扁钢可焊接在船体上，舭龙骨上的端接缝、扁钢上的端接缝与外板上的端接缝都应相互错开。

舭龙骨和扁钢不能突然中断，应逐渐减小，且在端点处的船体内应有适当的内部支持。

【任务测试】

船体结构设计中要解决的矛盾是什么？

任务 10.3　甲板设计

学习任务单

学习领域	船舶结构与强度	
项目 10	船体结构规范设计	学时
学习任务 3	甲板设计	

任务描述	任务导入： 甲板是船体上的重要构件，与外板一起构成了主船体，上面有货物、机械等载荷，是总纵强度的主要构件。散货船、集装箱船等船型甲板存在大开口，结构较为复杂。下面我们就学习一下甲板的结构设计方法。 设计要求： (1)甲板的作用与结构； (2)甲板板尺寸的确定
任务描述	比较烦琐的计算可以采用列表计算的方法进行计算，可以提高计算准确度和速度，便于掌握计算逻辑。应用规范法进行设计时，注意对规范正确理解。理解和阅读规范是船舶设计工作者的基本能力
任务要求	技能要求： (1)掌握甲板的作用与结构； (2)掌握甲板板尺寸的确定方法。 职业素质要求： (1)具有分析问题、解决实际问题的能力； (2)具有责任意识和敬业精神； (3)具有迎接挑战的意识； (4)具有团队意识
学习资源	教材、教学课件、图片、船舶甲板计算书等

【典型案例】

图 10-8 为某船甲板结构的一部分，构件尺寸如何确定呢？

【知识要点学习】

10.3.1 甲板的作用与结构

甲板与外板共同围成一定形状的空间，构成船体的外形，组成船舶的主体。甲板能直接承载货物、人员、行李等。甲板作为船体等值梁的上翼板，在抵抗总纵弯曲方面起着十分重要的作用。甲板还作为甲板板架的带板参与板架弯曲。

根据甲板所处的位置、作用和受力情况，可对甲板作如下分类。

(1)强力甲板

强力甲板是指中部纵向连续的甲板，由它构成船体等值梁的上层翼板，因此强力甲板又称计算甲板。对于仅有一层甲板的内河船舶，则该甲板既是干舷甲板，又是强力甲板。

对于中部具有二层及二层以上连续钢质甲板的内河客船或客货船，如以干舷甲板作为强力甲板，则称该船为单甲板船，其上面一层甲板作为上层建筑甲板；如果以上甲板作为强力甲板，则称该船为双甲板船。干舷甲板上不载货或仅载少量货时，双甲板船的上甲板剖面积将远大于干舷甲板的剖面积，甲板剖面积的这种分配情况对于总纵强度是有利的，也增加了上层建筑参与总纵弯曲的程度。

(2)上层建筑甲板

强力甲板以上各层甲板均可作为上层建筑甲板，例如单甲板船的上甲板，双甲板船的游步甲板、驾驶甲板以及顶篷甲板等。

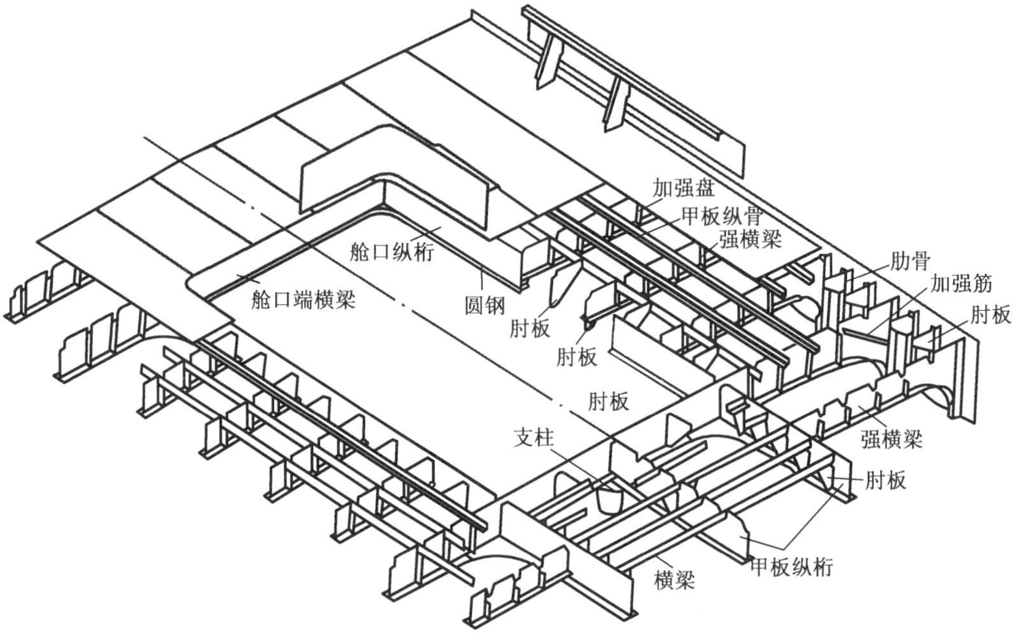

图 10－8　某船甲板结构的一部分

(3)舷伸甲板

主体甲板在舷外侧的延伸部分称为舷伸甲板。舷伸甲板一般可在舷侧水线以上部分设置,宽度为 1 ~ 1.5 m(图 10－9)。舷伸甲板的剖面积应计入甲板剖面积,并参与总纵弯曲。舷伸甲板扩大了船舶甲板面积,提高了船舶的使用价值,对于内河船舶是有较大意义的。

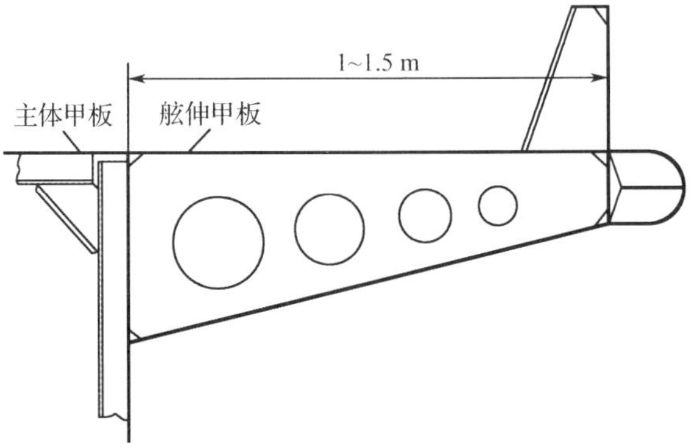

图 10－9　舷伸甲板

此外,按甲板载货与否,还可以将甲板分为载货甲板和不载货甲板。甲板货船(如甲板驳等)的干舷甲板是载货甲板,双甲板船的干舷甲板也常常用作载货,也可作为载货甲板。

甲板具有双向曲度。甲板在宽度方向的弧形称为梁拱,它两边低中间高,便于排除甲板上的积水。梁拱的高度随船宽而定,一般为船宽的 1/100 ~ 1/50。甲板在纵向的弧形称为舷弧,舷弧的存在可以防止船舶航行时波浪冲到甲板上,舷弧的大小根据船舶的航区、航速以及用途而定。

甲板板与舷侧邻接的部分称为甲板边板(图 10－10)。甲板边板是甲板中自艏至艉纵向连续的构件,它将全部有效地参与总纵弯曲,对船体总纵强度起着十分重要的作用。因此在甲板板中,甲板边板应该是最厚的。在甲板大开口之间的甲板板以及艏、艉端的甲板板是间断构件,并不参与总纵弯曲,因此板厚可以小一些,只要满足局部强度和使用上的要求就可以了。

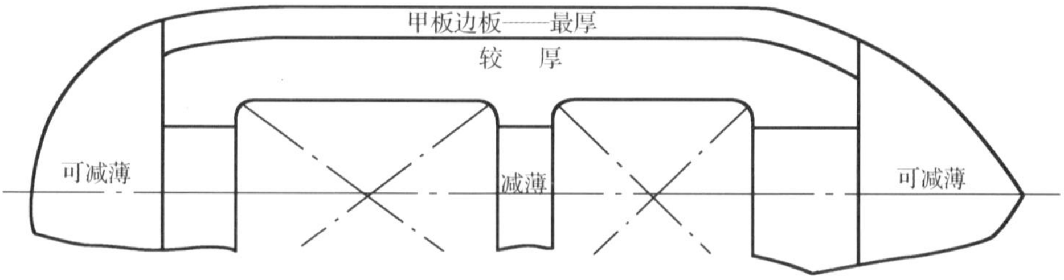

图 10－10　甲板边板

根据使用要求,甲板上常有各种开口,例如人孔、货舱口、机舱口等。甲板大开口的角隅处会产生严重的应力集中,甚至使船舶撕裂。因此,在大开口角隅处应予以补强,或将角隅做成一定的形状,以减小应力集中。一般的做法如下。

(1)大开口角隅做成圆角,圆角半径应不小于开口宽度的 1/10。如果圆角半径小于 610 mm,则应采用厚度等于甲板厚度 1.5 倍的加厚板或厚度等于甲板厚度的复板加强。补强范围和尺寸如图 10－11 所示。复板与甲板应用塞焊焊妥。

如果圆角半径大于 610 mm,可不必补强。

(2)大开口角隅做成抛物线形、椭圆形。其尺寸要求如图 10－12 所示,图中 l_2 应按下式计算:

$$l_2 = \frac{b}{20} \quad 且 \quad l_2 \nless 2.5L + 75\ \text{mm}$$

式中　b——甲板开口宽度。

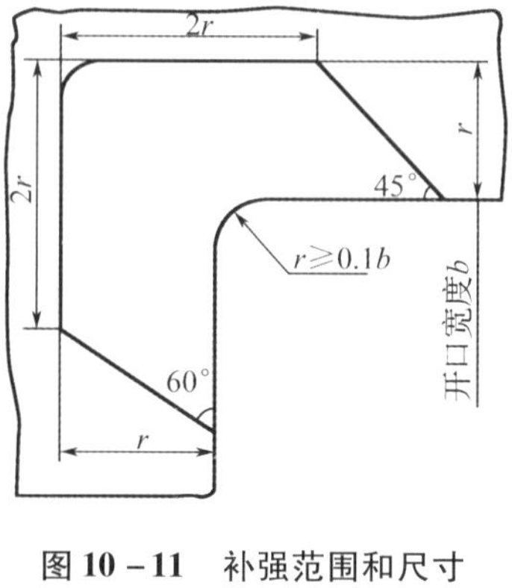

图 10－11　补强范围和尺寸

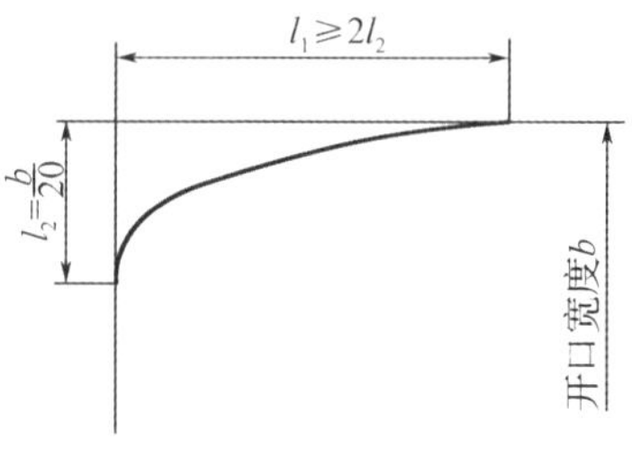

图 10－12　大开口角隅尺寸

强力甲板的大开口宽度应不超过 0.8 倍船宽,若需超过必须征得验船部门同意。

在强力甲板大开口两侧及其边线延长线以外的甲板上应尽量减少开孔。若需开孔,允许开圆形或椭圆形孔口。孔口边缘应适当加强。各孔口应互相远离,更应避免开舱口角隅。如孔口位于船中部,孔口宽度超过甲板开口一侧甲板宽度的 0.15 倍,或位于船中部以外孔口宽度超过甲板开口一侧甲板宽度的 0.30 倍时,应补偿因开孔而损失的甲板剖面积。

不允许开孔宽度超过甲板开口一侧甲板宽度的 0.5 倍。

舷边的舷顶列板与甲板边板的连接形式一般有以下三类.

(1)舷边角钢铆接。如图 10－13(a)和(b)所示,工艺陈旧,现已逐渐淘汰。

(2)圆弧舷板连接。如图 10－13(c)所示,优点是能使甲板和舷侧的应力顺利过渡;但减小了甲板的有效利用面积。

(3)舷边直接焊接。如图 10－13(d)和(e)所示,施工简便,广泛用于各种船舶。

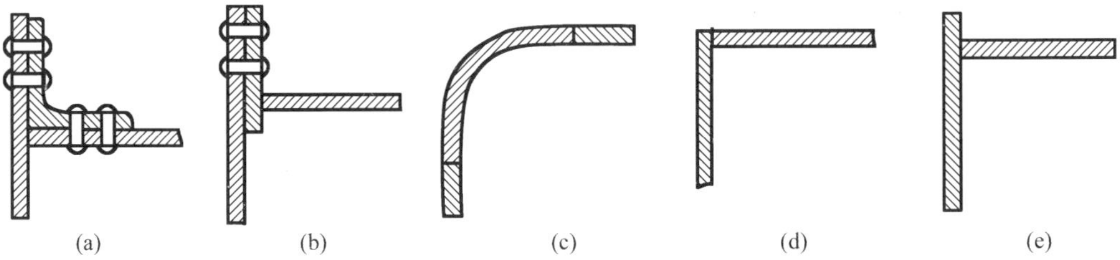

图 10－13　甲板与舷侧的连接形式

在布置甲板机械、系缆桩等设备的甲板部位,均须用加厚板或用复板补强(受拉力的情况不宜采用复板)。

10.3.2　甲板板尺寸的确定

1. 强力甲板

由规范可知,开口边线外强力甲板厚度 t,除应符合中剖面模数要求外,还应不小于按下列各式计算所得之值。

(1)横骨架式。

$$t_1 = 0.085sE^{-1}(L_1 + 110)\sqrt{F_d} \quad (\text{mm}) \tag{10－31}$$

$$t_2 = 1.05s\sqrt{L + 75} \quad (\text{mm}) \tag{10－32}$$

式中　s——横梁间距,m,计算时取值应不小于横梁的标准间距;

L——船长,m;

L——$L_1 = L$,m,但计算时取值不必大于 200 m;

F_d——折减系数,见式(10－19);

E——$E = \dfrac{s^2}{S^2}$,其中,S 为甲板纵桁间距。

(2)纵骨架式。

$$t_1 = 0.06s(L_1 + 110)\sqrt{F_d} \quad (\text{mm}) \tag{10－33}$$

$$t_2 = 0.9s\sqrt{L + 75} \quad (\text{mm}) \tag{10－34}$$

式中　s——纵骨间距,m,计算时取值应不小于纵骨的标准间距;

L——船长,m;

L_1——$L_1 = L$,m,但计算时取值不必大于 200 m;

F_d——折减系数,见式(10－19);

E——$E=\frac{s^2}{S^2}$，其中，S 为甲板纵桁间距。

(3)当甲板开口宽度小于 0.4B 时，则开口边线外强力甲板的厚度在符合船中剖面模数要求的情况下，可适当减薄。

在开口边线以内及离船端 0.075L 区域内的强力甲板，无论是纵骨架式还是横骨架式，其厚度 t 应不小于按式(10－34)计算所得之值。

强力甲板(包括端部甲板)的最小厚度 t 应不小于 6 mm。

船中部强力甲板厚度应在船中部 0.4L 区域内保持相同，并逐渐向端部甲板厚度过渡。

2. 甲板边板

由规范可知，在船中部 0.4L 区域内的强力甲板边板宽度，应不小于(6.8L＋500) mm。其中 L 为船长，但不必大于 1 800 mm。强力甲板边板在端部的宽度，应不小于船中部宽度的 65%。强力甲板边板厚度，应不小于强力甲板厚度。

3. 甲板开口

由规范可知，当强力甲板上机炉舱、货舱开口的角隅为抛物线形或椭圆形时，角隅处的甲板不需加厚板，但应符合图 10－12 的规定。

当强力甲板上的机炉舱、货舱开口的角隅为圆形时，角隅处要求有加厚板，且角隅半径与舱口宽度之比不小于 1/20，但对于舱口围板处未设置甲板纵桁者不小于 1/10。如果甲板伸进舱口围板内，圆形角隅的最小半径为 300 mm；如果舱口围板以套环形式与甲板内缘焊接，圆形角隅最小半径为 150 mm。

角隅处加厚板的尺寸应符合图 10－14(a)或 10－14(b)的规定。角隅处加厚板端接缝应与舱口围板的端接缝以及甲板骨架的角接焊缝错开，加厚板的厚度应较强力甲板增加 4 mm。

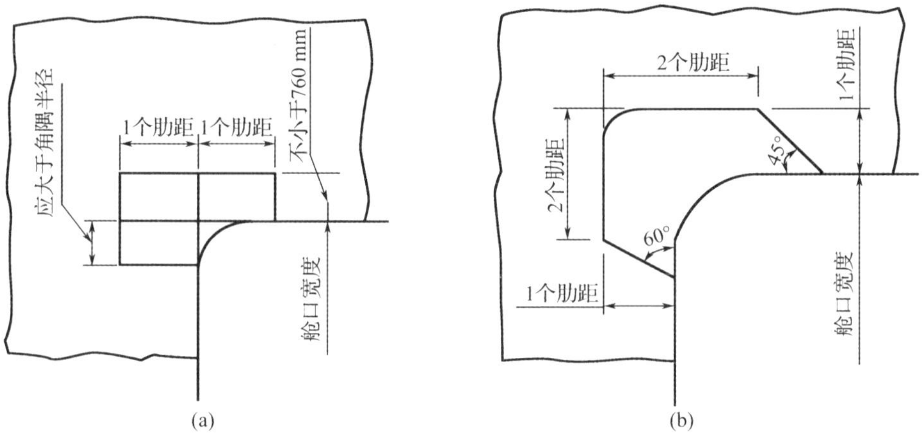

图 10－14　甲板角隅处加厚板尺寸

在强力甲板舱口边线外的开口应尽量减少，并应避开舱口角隅。所有开口角隅应有良好的圆角和光滑的边缘。

在船中部 0.5L 区域内，强力甲板舱口线外的开口，当其应力集中系数大于 2(一般强度钢)或 1.5(高强度钢)时，应采用套环形式加强开口边缘(图 10－15)。

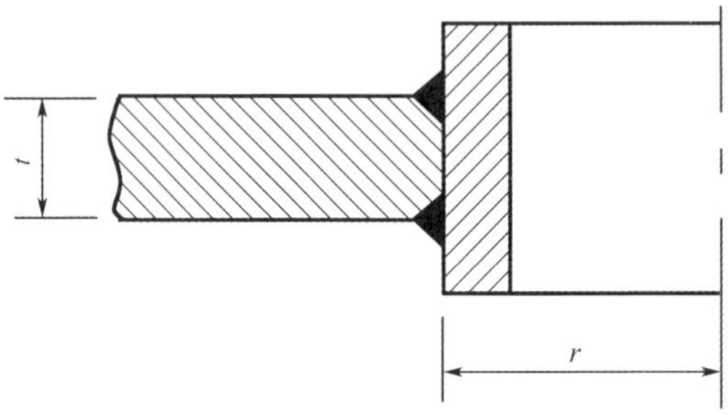

图 10－15　套环形式加强开口边缘

下甲板开口应符合下述要求：

（1）第 2 甲板机舱、货舱开口角隅处要求加厚板，厚度应较甲板增加 2.5 mm。第 3 甲板及以下甲板（包括平台甲板）的舱口角隅处一般不要求加厚板；

（2）舱口线外的开口应尽量避开舱口角隅处和其他高应力区域。

4. 下层甲板

由规范可知，第 2 甲板在船中部 0.4L 区域内的货舱口边线外的甲板厚度 t 应不小于按下式计算所得之值：

$$t = 12s \quad (\text{mm}) \tag{10-35}$$

式中　s——骨材间距，m，计算时取值应不小于骨材的标准间距。

在舱口边线以内及离船端 0.075L 区域内的厚度，应不小于按下式计算所得之值：

$$t = 10s \quad (\text{mm}) \tag{10-36}$$

式中　s——骨材间距，m，计算时取值应不小于骨材的标准间距。

第 3 甲板和平台甲板的厚度，应不小于按式（10－36）计算所得之值。

【任务测试】

船体结构规范设计法有哪些局限性？

任务 10.4　船底骨架设计

学习任务单

学习领域	船舶结构与强度	
项目 10	船体结构规范设计	学时
学习任务 4	船底骨架设计	
任务描述	任务导入： 船底位于船体的最下部，是船体上的重要构件，受力比较复杂，它承受较大的总纵弯曲应力、船底水压力及货物压力，机舱区的船底结构还承受机器的振动力，货舱部位的船底结构还要承受货物及装卸机械的动力冲击。除此以外，船底结构还承受搁浅、擦底的碰撞力，进坞时的坞墩反力等偶然性载荷。下面我们就学习一下船底骨架的结构设计方法。	

任务描述	设计步骤： (1)船底骨架的作用及其结构； (2)单层底骨架设计； (3)双层底骨架设计。 比较烦琐的计算可以采用列表计算的方法进行计算，可以提高计算准确度和速度，便于掌握计算逻辑。应用规范法进行设计时，注意对规范正确理解。理解和阅读规范是船舶设计工作者的基本能力
任务要求	技能要求： (1)掌握船底骨架的作用及其结构； (2)掌握单层底骨架设计方法； (3)掌握双层底骨架设计方法。 职业素质要求： (1)具有分析问题、解决实际问题的能力； (2)具有责任意识和敬业精神； (3)具有迎接挑战的意识； (4)具有团队意识
学习资源	教材、教学课件、图片、船舶船底结构计算书等

【典型案例】

图 10－16 为某船底部结构图，构件尺寸如何确定呢？

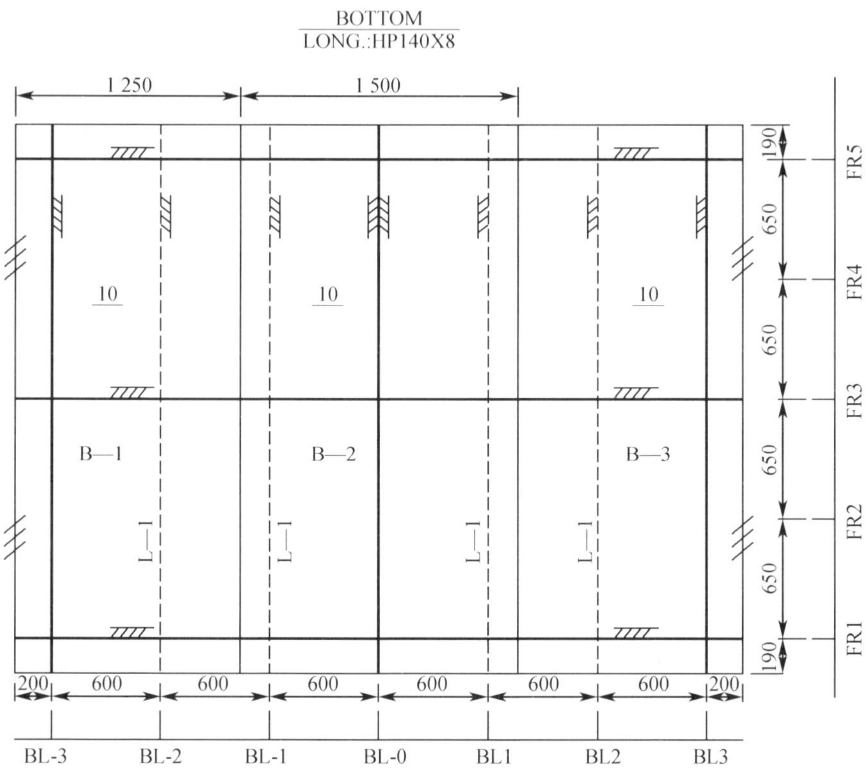

图 10－16　某船底部结构图

【知识要点学习】

10.4.1 船底骨架的作用及其结构

船底位于船体的最下部，是保证船体总纵强度和局部强度的重要构件。

船底结构是船体的基础结构，受力也比较复杂。它承受较大的总纵弯曲应力、船底水压力及货物压力，机舱区的船底结构还承受机器的振动力，货舱部位的船底结构还要承受货物及装卸机械的动力冲击。除此以外，船底结构还承受搁浅、擦底的碰撞力，进坞时的坞墩反力等偶然性载荷。

船底结构形式可分为横骨架式单层底结构、纵骨架式单层底结构、横骨架式双层底结构和纵骨架式双层底结构四种。

横骨架式单层底结构是船底几种结构形式中最简单的一种，广泛用于内河中、小型船舶及拖船、渔船上。

纵骨架式单层底结构与横骨架式单层底结构相比，有利于提高船底板格的稳定性，从而提高船舶的总纵强度，但对于内河中、小型船舶，总纵强度不是主要问题，因此除在一些中拱较严重的大尺度油轮、油驳和甲板驳上有采用纵骨架式单层底结构以外，内河中、小型船舶一般不采用这种结构形式。

双层底结构有利于提高船舶抗沉性，确保航行安全。双层底内还可以布置油舱、水舱和压载舱。双层底结构增强了船底板架的局部强度。双层底中的内底板是纵向连续构件，因此对提高总纵强度也是十分有利的。对抗沉性要求较高的船舶和对总纵强度要求较高的大尺度船舶，都可以考虑设置双层底。对于具有甲板纵通大舱口的内河船舶（如矿砂、分节驳等），为了弥补由大开口引起的总纵强度及横向强度的减弱以及加强局部强度，也应该考虑设置双层底。

双层底结构是选用横骨架式还是选用纵骨架式，这要视具体情况而定。横骨架式结构横向强度和局部强度较好，且工艺简单，施工方便。纵骨架式结构对总纵强度有利，但结构比较复杂，工艺困难，尤其是当纵骨尺寸比较大时。因此，在内河船舶中，除了一些对总纵强度问题比较突出的长江大、中型客货轮以外，一般应优先考虑采用横骨架式双层底结构。对于船宽型深比较大（$B/D>5$）的内河船舶、双机型船舶以及装运矿砂的大开口货驳等横向强度较为突出的船舶，其双层底结构应该采用横骨架式。对于船长大于 40 m，航行于长江急流航段的客货轮，因抗沉性要求而设置的双层底，也应该采用横骨架式结构。

尺度较小的船舶，受到型深的限制，不宜设置双层底。

1. 横骨架式单层底结构

横骨架式单层底结构如图 10－17 所示。从图 10－17 中可以看出，横骨架式单层底结构由实肋板、中内龙骨、旁内龙骨等主要构件组成。

船长大于 30 m 的横骨架式单层底船必须在每挡肋位设置实肋板。实肋板可以用组合 T 型材或者折边型材做成，但在机舱部位，一般都用组合 T 型材。肋板在中内龙骨处间断，以保证中内龙骨的纵向连续性，但必须将它与中内龙骨焊牢。为了方便清除舱底积水，实肋板以及旁内龙骨下方均应开设流水孔。

中内龙骨是连续的纵向构件，在横骨架式船体结构中，它对于保证总纵强度起着重要作用。中内龙骨还作为肋板的支承点。中内龙骨由组合 T 型材做成。中内龙骨在舱室内保持连续，一般在横舱壁处间断。

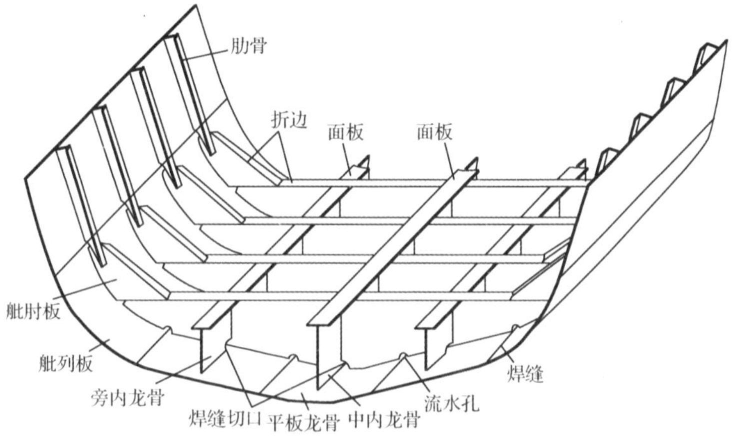

图 10－17　横骨架式单层底结构

旁内龙骨起着联系肋板的作用，它在肋板之间是间断设置的。旁内龙骨应尽可能与甲板纵桁设置在同一纵剖面内，以便于布置支柱以及构成纵向框架，使力能很好地相互传递。旁内龙骨一般可以用组合 T 型材做成，在小型船舶上也可以用折边型材做成。

内龙骨与横舱壁应有效地连接，并尽可能减小应力集中。一般可采用下面几种连接方法。

(1)将内龙骨腹板在一档肋距内逐步升高至原高度的 1.5 倍，内龙骨的面板应延伸至舱壁，可不与之焊接(图 10－18(a))。

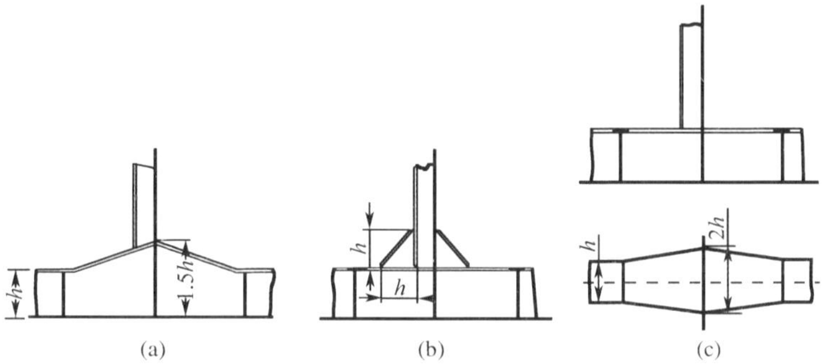

图 10－18　内龙骨与横舱壁的连接

(2)用肘板将内龙骨与舱壁扶强材连接。肘板的直角边高度等于内龙骨的高度，肘板的面板(或折边)尺寸与内龙骨相同。内龙骨面板可不与舱壁焊接(图 10－18(b))。

(3)将内龙骨的面板在一挡肋距内逐渐放宽，至横舱壁处为原宽度的两倍，并与舱壁焊牢(图 10－18(c))。

2. 纵骨架式单层底结构

图 10－19 为纵骨架式单层底结构。从图 10－19 中可以看出，纵骨架式单层底结构由中内龙骨、旁内龙骨、肋板和船底纵骨等主要构件组成。为了保证纵向构件的连续性，内龙骨都设计成纵向连续贯通的，肋板则在内龙骨处间断。内龙骨的高度通常等于肋板高度。肋板间距一般应不大于 2.5 m。

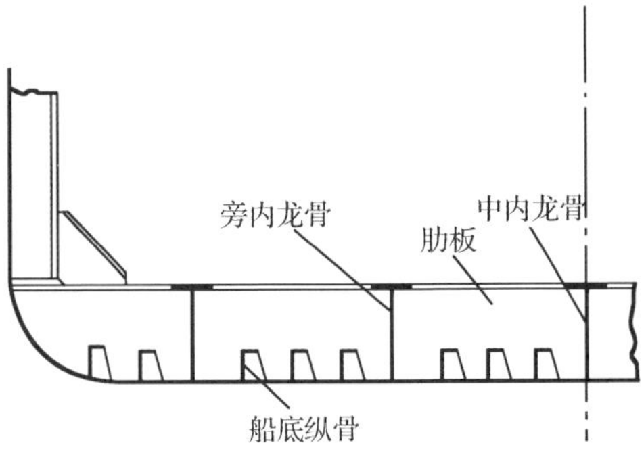

图 10－19　纵骨架式单层底结构

船底纵骨大多采用球扁钢。船底纵骨与肋板相交处有两种连接方式:一种是在肋板上开梯形切口让纵骨穿过,仅在纵骨腹板的一面与肋板焊接,这种连接形式的优点是易于装配;另一种是肋板上的切口与纵骨形状相同,将纵骨穿过,周围全部焊接,这种连接形式的优点是连接可靠,但是装配难度较大。船底纵骨应用肘板与横舱壁连接,肘板的直角边为纵骨高度的 2 倍,厚度与纵骨相同。

单层底船中内龙骨腹板上不允许开孔。

有时因船舶管路等通过的需要在实肋板或旁内龙骨腹板上开孔时,应予以补强。

3. 横骨架式双层底结构

图 10－20 是横骨架式双层底结构。从图 10－20 中可以看出,横骨架式双层底结构由中底纵桁、旁底纵桁、实肋板、水密肋板、组合肋板及内底板、船底板等组成。

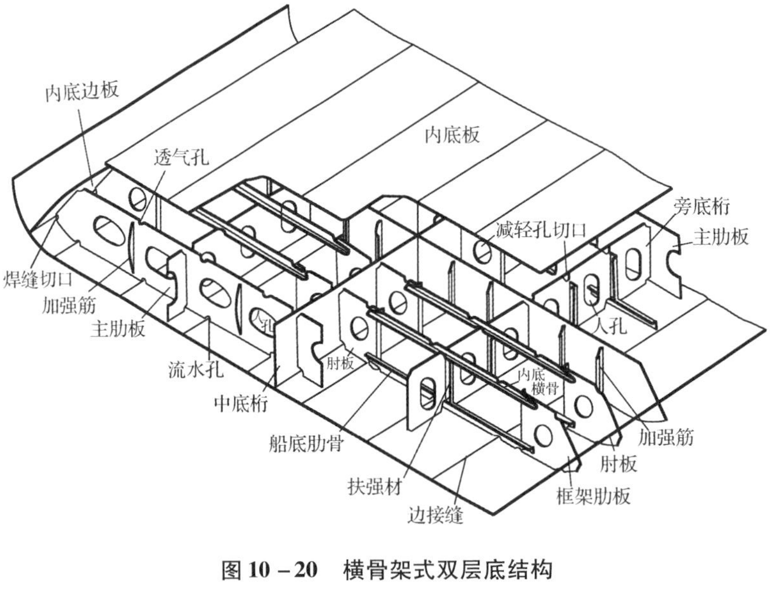

图 10－20　横骨架式双层底结构

为了便于施工和维修,以及为了满足抗沉性的要求,双层底高一般不小于 800 mm,平底船不小于 700 mm。

处在中线处的底纵桁称为中底纵桁,它与平板龙骨及内底板部分的带板构成组合“工”字钢。中底纵桁在整个舱室内连续。

对称布置在中线两侧的底纵桁称为旁底纵桁(图10－21)。旁底纵桁在实肋板处间断，并与实肋板焊接。旁底纵桁的四个角上都有焊缝切口。旁底纵桁上、下缘开孔让组合肋板的横向骨材穿过。旁底纵桁上可以开设长圆形的人孔以及减轻孔，但在支柱的下方或横舱壁扶强材的下方不允许开孔。

横骨架式双层底结构中，应间隔设置实肋板，其间距不大于2.5 m。实肋板在中底纵桁处间断，并与之焊接，而在其余部位则保持连续。实肋板上开有流水孔、透气孔和焊缝切口，还可以开设人孔和减轻孔。实肋板上可视具体情况设置扶强材。对于机动船，机舱部位可每隔一挡设置实肋板。推力轴承座下应设置实肋板。

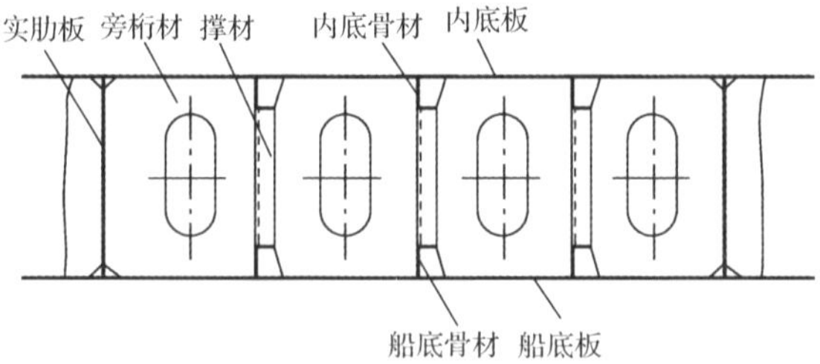

图10－21　旁底纵桁

为分隔不同用途的双层底舱，可设置水密肋板。一般在水密横舱壁下方都相应设置水密肋板。水密肋板上没有任何开孔，并保证在规定压力下水密。水密肋板上可视具体情况设置扶强材。

不设实肋板和水密肋板的肋位上，设置组合肋板。由内底骨材、船底骨材、撑材和肘板等组成(图10－22)。撑材起到支撑横向骨材的作用，同时又是旁桁材的扶强材。与实肋板相比，组合肋板的强度较低，但是质量轻，设置组合肋板是减轻船底结构质量的一个有效手段。

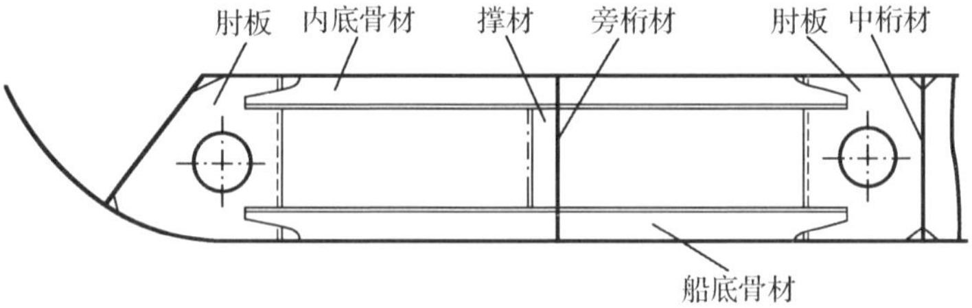

图10－22　组合肋板

双层底结构的内底板应延伸到舷侧，由内底边板与舷侧连接，内底边板可以是水平设置的(图10－23(a))，也可以是倾斜的(图10－23(b))。倾斜式有利于排除舱内积水。对于长年航行于长江激流区段的船舶，为保证船底触礁破损后的安全性，必须使用甲板边板盖没舭部，如果水平内底板不能满足要求，则可设置升高的内底边板(图10－23(c))。

对中部为双底层结构，首、尾部为单层底结构的船舶，要注意双层底向单层底的过渡。一般应采用增设肘板、短桁材或延续桁材的办法使应中断的桁材逐步消失。内底板应转化为首、尾部中内龙骨和旁内龙骨上的舌形面板，舌形面板的延伸长度一般可以取大于双层底高度的两倍或不小于三挡肋距，如图10－24所示。

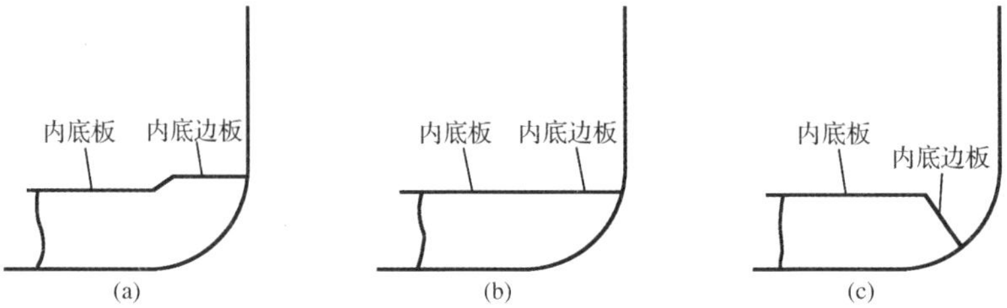

图 10－23　内底板的形式

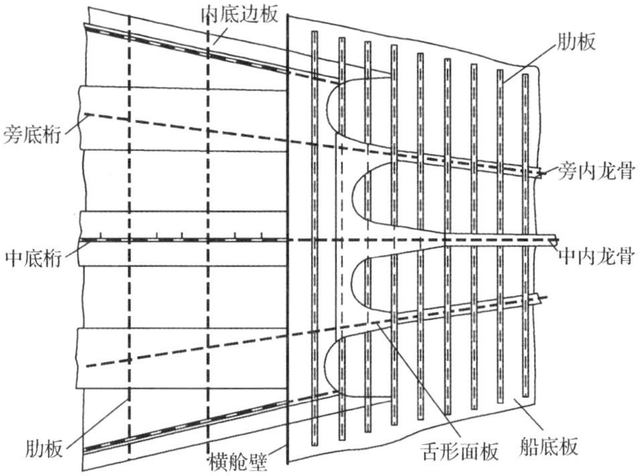

图 10－24　双层底向单层底的过渡

4. 纵骨架式双层底结构

图 10－25 是纵骨架式双层底结构。由图 10－25 中可以看到，纵骨架式双层底结构由中底纵桁、旁底纵桁、实肋板、水密肋板、内底纵骨、船底纵骨、内底板以及船底等主要构件组成。

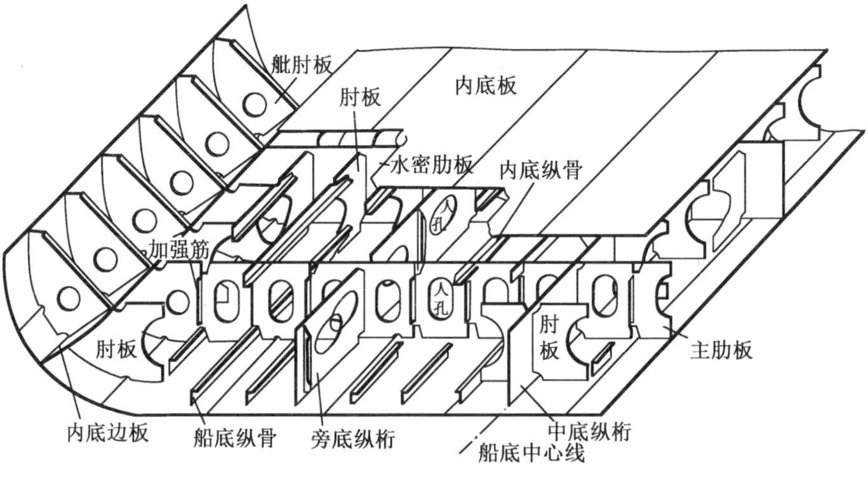

图 10－25　纵骨架式双层底结构

处在中线处的底纵桁称为中底纵桁，中底纵桁是水密的纵向连续构件。由于肋板间距较大，为保证中底纵桁的稳定性，在两肋板间的中底纵桁两侧设置肘板。肘板伸至邻近的纵骨，其厚度与实肋板相同。

旁底纵桁是非水密的纵向构件，它对称地布置在中线两侧。旁底纵桁在肋板处间断并与之焊接。在旁底纵桁上可以开设人孔及减轻孔。旁桁材在实肋板间距中点须设一道加强筋。

实肋板的间距应不大于 2.5 m。为保证实肋板的稳定性，可在实肋板上设置垂直加强筋。实肋板在中底纵桁处间断，并与之焊接。纵骨架式双层底结构中的实肋板与横骨架式双层底结构中的实肋板结构相似，图 10－26 是实肋板结构。实肋板上有切口以便让内底纵骨和船底纵骨穿过，它们的连接形式如图 10－27(a)所示。对于机动船，机舱部位可每隔一挡肋距设置实肋板，推力轴承座下应设置实肋板。

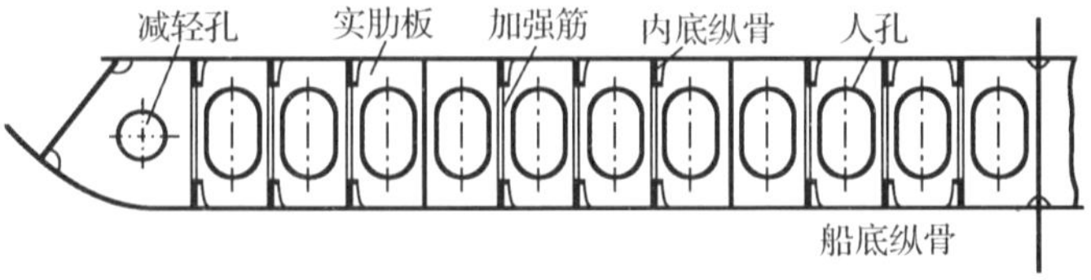

图 10－26　实肋板结构

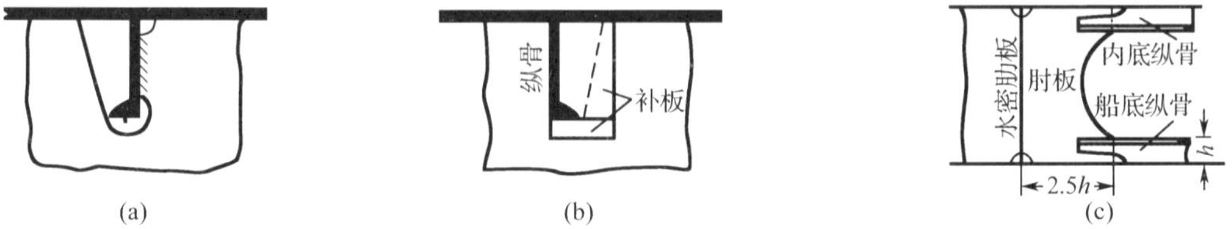

图 10－27　水密肋板

纵骨架式双层底结构无实肋板的肋位上，要设置与实肋板厚度相同的肘板，并延伸到邻近的船底纵骨和内底肋骨，如图 10－25 所示。

在必要的部位应设置水密肋板。水密肋板上有切口让纵骨通过，但切口处必须用补板封焊，并保证节点处水密，如图 10－27(b)所示。纵骨也可以在水密肋板处间断，它与水密肋板的连接形式如图 10－27(c)所示。前者纵骨的连续性好，但工艺复杂，施工困难；后者则连续性稍差，但工艺简单施工方便。

纵骨是纵向连续构件，多采用球扁钢，也可以采用不等边角钢。

10.4.2　单层底骨架设计

1. 肋板

由 2.5.4.1～2.5.4.3 可知，每个肋距处应设置实肋板，其中纵剖面处腹板高度 h、厚度 t 及面板剖面积 A 应不小于按下列各式计算所得之值：

$$h=42(B+d)-70\ (\mathrm{mm}) \tag{10-37}$$

$$t=0.01h+3\ (\mathrm{mm})，但不必大于\ 14\ \mathrm{mm} \tag{10-38}$$

$$A=4.8d-3\quad (\mathrm{cm}^2) \tag{10-39}$$

式中 B——船宽,m;

d——吃水,m。

肋板面板的厚度应不小于肋板腹板的厚度,面板宽度应不小于其厚度的 10 倍,但亦不必大于 15 倍。

对具有显著的舭部(或向艏艉端)升高的船舶,应增加实肋板的高度。当实肋板是水密舱壁或深舱、液舱舱壁的组成部分时,肋板在中纵剖面处的高度应不小于 900 mm,其厚度应不小于舱壁底列板的厚度。

对小型船舶,肋板在中纵剖面处的高度可适当减小。

2. 中内龙骨

由规范可知,在船舶中纵剖面处应设置中内龙骨。中内龙骨的高度应等于肋板的高度,其腹板厚度 t 和面板剖面积 A 应不小于按下列各式计算所得之值。

在船中部 0.4L 区域内:

$$t = 0.06L + 6.2 \quad (\text{mm}) \tag{10-40}$$

$$A = 0.65L + 2 \quad (\text{cm}^2) \tag{10-41}$$

在船端 0.075L 区域内:

$$t = 0.05L + 5.5 \quad (\text{mm}) \tag{10-42}$$

$$A = 0.52L \quad (\text{cm}^2) \tag{10-43}$$

式中 L——船长,m。

3. 旁内龙骨

由 2.5.3.1 可知,旁内龙骨的高度与该处肋板高度相同。其腹板厚度 t 和面板剖面积 A,应不小于按下列各式计算所得之值:

$$t = 0.05L + 5 \quad (\text{mm}) \tag{10-44}$$

$$A = 0.25L \quad (\text{cm}^2) \tag{10-45}$$

式中 L——船长,m。

4. 舭肘板

由规范可知,肋板与肋骨之间应用舭肘板连接。舭肘板的高度由基线算起为纵中剖面处肋板高度的 2 倍。舭肘板长度,由肋骨内缘算起等于纵中剖面处肋板高度。舭肘板厚度等于肋板厚度。舭肘板应有面板或折边。当为折边时,其折边宽度不应大于 10 倍肘板厚度,但不小于 50 mm。

由于船舶线型或其他原因不能设置舭肘板时,肋板应向船侧升高到舭肘板所需的高度。

当舭肘板或肋板与肋骨搭接时,对其搭接长度应有下列规定:

(1)当肋骨高度等于或小于 100 mm 时,搭接长度应不小于 2 倍肋骨高度;

(2)当肋骨高度大于 100 mm 时,搭接长度应不小于 1.5 倍肋骨高度,且不小于 200 mm。

5. 流水孔

由规范可知,船底肋板、旁内龙骨上均应开流水孔,流水孔大小应考虑到泵的抽吸率,使自船底部的各个流水孔至吸口均能自由流通。

10.4.3 双层底骨架设计

1. 中桁材

由规范可知，在船舶中纵剖面处应设置中桁材。中桁材高度 h_0 在任何情况下应不小于700 mm，且不小于按下式计算所得之值：

$$h_0 = 25B + 42d + 300 \quad (\mathrm{mm}) \tag{10-46}$$

式中 B——船宽，m；

d——吃水，m。

中桁材的厚度应不小按于下列各式计算所得之值。

(1)船中部0.4L 区域内：

$$t = 0.0077h_0 + 4 \quad (\mathrm{mm}) \tag{10-47}$$

式中 h_0——双层底计算高度。

(2)船端0.075L 区域内，中桁材厚度可比本条(1)的要求减少2 mm。

(3)炉舱内中桁材厚度应较船中部0.4L 区域内中桁材增厚2.5 mm。

中桁材在船中部0.75L 区域范围内应连续，并应尽量向艏艉柱延伸。

船中部0.75L 区域内，中桁材上不应开人孔或减轻孔。

船中部0.75L 区域以外，中桁材(舱壁前后1挡肋距内除外)上可以开孔，但开孔的高度应不大于该处中桁材高度的40%。

2. 箱形中桁材

由规范可知，中桁材可用箱形中桁材(管隧)代替。箱形中桁材侧板厚度应不小于水密肋板的厚度，侧板之间的距离应不大于2 m。

箱形中桁材区域的船底板和内底板应适当增厚。

箱形中桁材的骨架应符合下列要求。

(1)在箱形中桁材内的每个肋距上，应设置船底骨材和内底骨材，其剖面模数 W 应不小于按下式计算所得之值：

$$W = 22sdl^2 \quad (\mathrm{cm}^3) \tag{10-48}$$

式中 s——肋骨间距，m；

d——吃水，m；

l——跨距，m，取两道侧板的间距。

(2)船底骨材和内底骨材的两端应逐渐放大，与箱形中桁材侧板连接，其放大后的高度和长度应不小于骨材高度的1.5倍。同时，侧板的外侧无肋板的肋位上，应设置与实肋板等厚的肘板，并与船底和内底纵骨连接。

(3)箱形中桁材内在船体中心线上，应设置间断的船底纵向骨材。

箱形中桁材和中桁材的衔接处，至少应有不小于3挡肋距的相互交叉过渡区。

箱形中桁材应设有水密人孔和通向露天甲板的应急出口，其出口的关闭装置应能两面操纵，围壁结构应符合对水密舱壁的要求。

3. 横骨架式旁桁材

由规范可知，旁桁材的厚度可比上述规定的中桁材厚度减少3 mm。水密旁桁材厚度应较旁桁材厚度增厚2 mm。但旁桁材的厚度均应不小于相应的肋板厚度。

船宽大于10 m的船舶，中桁材两侧至少各设1道旁桁材；船宽大于18 m时，中桁材两侧至少各设 2 道旁桁材，桁材之间的间距一般不大于 4 m。但是，距艏垂线 0.2L 以前区域，旁桁材设置间距应不大于 3 挡肋距。旁桁材应尽可能均匀设置。

4. 横骨架式实肋板

由规范可知，货舱和机舱实肋板的厚度 t 应不小于按下式计算所得之值，但不必超过15 mm：

$$t = 0.0077h_0 + 1 \quad (\text{mm}) \tag{10-49}$$

式中 h_0——双层底计算高度，mm。

炉舱内实肋板和污水阱处的实肋板厚度应较上式增加 2.5 mm。

至少每隔 4 挡肋距应设置实肋板，且间距不大于 3.2 m。船长超过 90 m 或肋板高度超过 0.9 m 时，实肋板上应设置垂直加强筋，其间距不大于 1.5 m，厚度与肋板相同，宽度为肋板高度的 1/10。

机舱、锅炉座下、推力轴承座下应在每个肋距上设置实肋板；横舱壁以及支柱下应设置实肋板。

距艏垂线 0.2L 以前区域应在每个肋距上设置实肋板。

5. 横骨架式水密肋板

由规范可知，对水密肋板的厚度有以下规定。

(1) 水密肋板厚度较货舱实肋板厚度增加 2 mm，但一般不必大于 15 mm。

在横向水密舱壁下应尽量设置水密肋板。

(2) 油舱的油密肋板厚度与上述要求相同。

水密肋板的高度大于 0.9 m 而不超过 2 m 时，应设置间距不大于 0.9 m 的垂直加强筋，加强筋两端应削斜，其剖面模数 W 应不小于按下式计算所得之值：

$$W = 5.5shl^2 \quad (\text{cm}^3) \tag{10-50}$$

式中 s——加强筋间距，m；

h——由内底板到溢流管顶的垂直距离，m；

l——加强筋跨距，m，即实取的双层底高度。

油舱的油密肋板加强筋的要求与上式相同。

当双层底与边液体舱或隔离舱内部相连通，或实肋板的高度超过 2 m 时，水密肋板的尺度应不小于对深舱的要求，同时垂直加强筋的端部要加肘板。

6. 组合肋板

由规范可知，横骨架式的双层底在不设置实肋板的肋位上应设置组合肋板。其在中桁材及内底边板处的肘板宽度应不小于中桁材高度的 75%；其厚度应与该区域肋板的板厚相同；如双层底高度等于或大于 800 mm，肘板应有面板或折边，其宽度为厚度的 10 倍，但不宜大于 90 mm。旁桁材一边应设扶强材，扶强材尺寸与内底骨材相同，如图 10-28 所示。图 10-28 中 l 大于 2.5 m 时，应设中间撑柱。

组合肋板船底骨材的剖面模数 W 应不小于按下式计算所得之值：

$$W = (15 - 2.5l_1)sdl^2 \quad (\text{cm}^3) \tag{10-51}$$

式中 s——肋骨间距，m；

d——吃水，m；

l——骨材跨距，m，自肘板边缘量至旁桁材，如图 10-28 所示；

l_1——同 l，但 $l > 2.5$ m 时，取 $l_1 = 2.5$ m。

如在上述骨材跨距 l 的一半处设置中间撑柱，则船底骨材的剖面模数应不小于上式计算值的一半。

中间撑柱截面积 A 应不小于按下列各式计算所得之值：

$$A = 23.8 + 0.04W\ (\text{cm}^2)，当\ W > 85\ \text{cm}^3 时 \tag{10-52}$$

$$A = 0.32W\ (\text{cm}^2)，当\ W \leqslant 85\ \text{cm}^3 时 \tag{10-53}$$

式中 W——船底骨材的剖面模数，cm^3。

内底骨材的剖面模数应为船底骨材的剖面模数的85%。

在锅炉舱区域内的骨材及撑柱应增厚2 mm。

当内底板上承受较大压力时，上述骨材等应另行考虑。

组合肋板的船底骨材及内底骨材与肘板的搭接要求和舭肘板与肋骨的搭接相同。

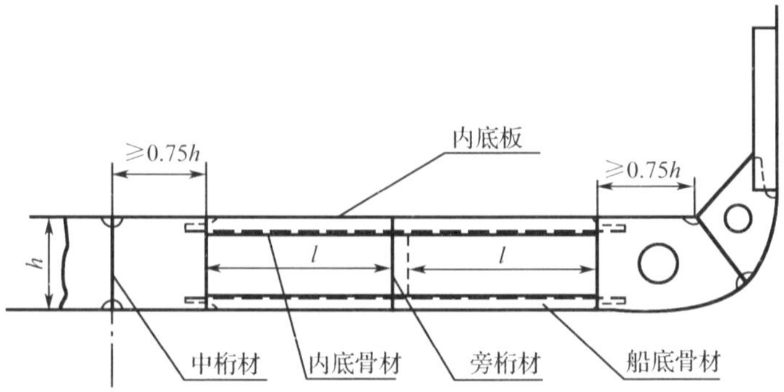

图10－28 组合肋板

7. 轻型肋板

由2.6.8.1可知，横骨架式双层底在不设置实肋板的肋位上，可设置轻型肋板以代替组合肋板。轻型肋板腹板厚度不小于所在区域实肋板厚度。其开孔边缘至内底或船底的最小距离应不小于0.2倍中桁材高度；从中桁材和内底边板至开口边缘的距离应不小于0.5倍中桁材高度；旁桁材与开口边缘的距离应不小于0.25倍中桁材高度；开口长度应不超过1.2倍中桁材高度，如图10－28所示。肋板上的垂直扶强材，其厚度与肋板相同，其间距应不大于2.2 m。

8. 横骨架式内底板及内底边板

由规范可知，内底板的厚度 t 应不小于按下列各式计算所得之值。

在船中部0.4L区域内：

$$t = 0.04L + 5s + 2.1 \quad (\text{mm}) \tag{10-54}$$

在机舱区域内：

$$t = 0.055 + 4.8 \quad (\text{mm}) \tag{10-55}$$

式中 l——船长，m，计算时取值不必大于400 mm；

s——肋骨间距，m。

船端部0.075L区域内的厚度为船中部0.4L区域内厚度的0.9倍。其他区域的厚度应自船中部0.4L区域的厚度向端部的厚度逐渐过渡。

内底板的局部增厚：

(1)双层底内为燃油舱的区域，内底板厚度应不小于8 mm。

(2)如货舱舱口下未铺设木铺板,应将舱口下内底板至少增厚 2 mm。如采用抓斗或其他类似机械卸货而又未按 CCS 规范规定铺设木铺板,内底板应至少增厚 5 mm。

内底边板的宽度,当内底边板为向下倾斜形式时,应不小于中桁材高度的 80%;为水平形式时,应不小于舭肘板宽度加 50 mm。

内底边板向下倾斜时,在货舱区域内,当船长等于或小于 110 m 时,应较内底板增厚 1.5 mm;当船长大于 110 m 时,应较内底板增厚 2 mm。机舱和炉舱区域,内底边板的厚度不小于各区域的内底板厚度。

9. 纵骨架式船底桁材

由规范可知,中桁材的高度和厚度与横骨架式的要求相同。但在实肋板之间的中桁材两侧,应各设通达邻近纵骨的肘板,其间距一般不大于 1.20 m,肘板厚度与肋板相同。

如中桁材是水密的,则在肘板与肋板之间(间距大于 1 挡肋距时)应设置与水密肋板加强筋同样尺寸的加强筋。

对船宽大于 12 m 但不大于 20 m 的船舶,中桁材两侧至少应各设 1 道旁桁材。对船宽大于 20 m 的船舶,中桁材两侧至少应各设 2 道旁桁材,桁材之间的间距一般不大于 5 m。距艏垂线 $0.2L$ 以前区域,旁桁材间距应不大于 4 个纵骨间距。旁桁材应尽可能均匀设置。

旁桁材和水密旁桁材的厚度应符合横骨架式旁桁材的要求。如果双层底与边液舱或深隔离舱内部相连通,水密旁桁材厚度尚应符合深舱要求。

上述桁材均应设置垂直加强筋。旁桁材上的垂直加强筋应按横骨架式实肋板的规定设置,水密旁桁材上的垂直加强筋应按横骨架式水密肋板的规定设置。

10. 纵骨架式肋板

由规范可知,在机舱区域,至少每隔 1 个肋距上应设置实肋板,但在主机座、锅炉座、推力轴承座下的每个肋距处均应设置实肋板。横舱壁下和支柱下应设置实肋板。

距艏垂线 $0.2L$ 以前区域应在每隔 1 个肋距上设置实肋板。

其余区域实肋板间距应不大于 3.6 m。

纵骨架式实肋板厚度应较横骨架式要求的实肋板厚度增厚 10%,但不必大于 15 mm,而纵骨架式水密和油密肋板厚度与横骨架式的要求相同。肋板上的每根纵骨处应设置垂直加强筋。非水密肋板垂直加强筋的厚度等于肋板厚度,宽度应不小于 150 mm;船长小于 90 mm 时,加强筋的宽度取不小于 $1.65L$(mm),但至少为 50 mm。纵骨架式水密肋板垂直加强筋的尺寸与横骨架式相同。垂直加强筋应与内外底纵骨焊接。

肋板厚度与高度之比一般不小于 1/130。

如果双层底与边液舱或深隔离舱内部相连通,水密肋板厚度及其扶强材均应按深舱的要求设置。

11. 纵骨架式船底纵骨

由规范可知,船底纵骨的最大间距应不大于 1 m。

船底纵骨的剖面模数 W,应不小于按下式计算所得之值:

$$W=\frac{8.5f}{1.73-F_b}(d+h_1)sl^2 \quad (\text{cm}^3) \tag{10-56}$$

式中 s——纵骨间距,m;

l——纵骨跨距,m,但不小于 1.5 m;

d——吃水,m;

f——系数，有中间垂直撑柱时为 0.52，无中间垂直撑柱时为 1.0；

F_b——折减系数，见式(10－15)；

h_1——见式(10－15)。

如实肋板间距大于 2.5 m，可在跨距中点设置连接船底纵骨与内底纵骨的垂直撑柱，其剖面积 A 应不小于按下式计算所得之值：

$$A = 23.8 + 0.04W\ (\mathrm{cm}^2)，当\ W > 85\ \mathrm{cm}^3\ 时 \tag{10-57}$$

$$A = 0.32W\ (\mathrm{cm}^2)，当\ W \leqslant 85\ \mathrm{cm}^3\ 时 \tag{10-58}$$

式中　W——纵骨的剖面模数，cm^3。

内底纵骨的剖面模数为船底纵骨剖面模数的 85%。在锅炉舱内、纵骨、撑柱及肘板等应增厚 2 mm。

纵骨穿过非水密肋板时，纵骨应与肋板和该处肋板上的垂直加强筋焊接。

当纵骨在水密肋板处中断时，纵骨应以肘板与水密肋板连接。当船长超过 200 m 或纵骨采用了高强度钢时，船底纵骨应穿过水密肋板，但也可采用相应的替代结构。

12. 纵骨架式内底板及内底边板

由规范可知，内底板的厚度应按式(10－54)和式(10－55)计算，式中 s 应取纵骨间距，但计算值可减小 1 mm。内底板的局部增厚按横骨架式的要求。

内底边板的厚度除符合上述要求外，尚应按横骨架式的要求增厚。

内底边板应在每个肋距处设置通达邻近底纵骨的肘板(图 10－29)，肘板边缘应作加强，肘板厚度与肋板相同。

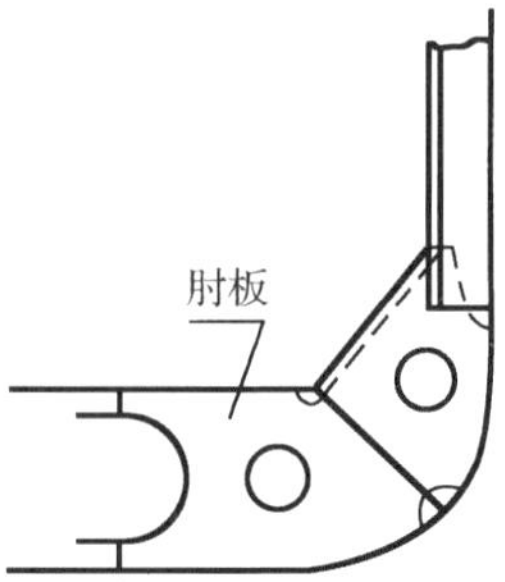

图 10－29　内底边板的肘板

13. 舭肘板

由规范可知，舭肘板应在每个肋距上设置。舭肘板厚度与实肋板厚度相同。舭肘板上可以开圆形减轻孔，但孔缘任何地方的板宽均应不小于舭肘板宽度的 1/3。

舭肘板的自由边缘应有面板或折边，面板或折边的宽度一般为其厚度的 10 倍。

舭肘板的标准高度和宽度按下述规定。

连接次要构件的舭肘板的高度为内底板至最近一层甲板之间高度的 10% 或肋骨腹板高度的 2.2 倍，取较大者。连接主要构件的舭肘板的高度为肋骨腹板高度的 1.65 倍。舭肘板的宽度和高度相同。舭肘板的宽度和高度按图 10－30 所示量取。如双层底内底边板为水平式，则在舭肘板趾端的双层底内肋板上应设置垂直加强筋，如图 10－30 所示，加强筋的要求与横骨架式实肋板相同。

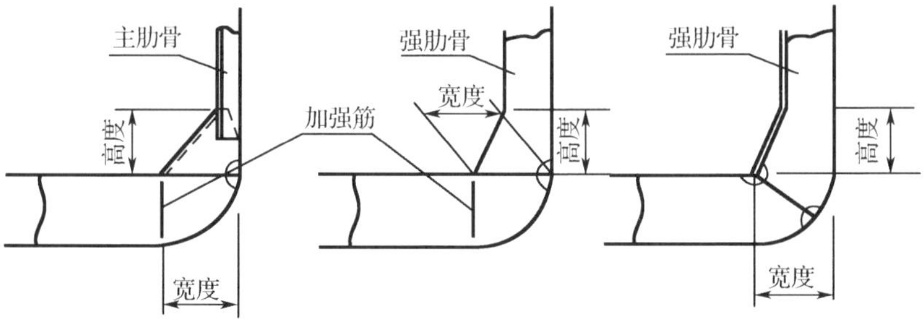

图 10－30　舭肘板的宽度和高度

【任务测试】

船体结构设计的一般做法是什么?

任务 10.5 舷侧骨架设计

学习任务单

学习领域	船舶结构与强度	
项目 10	船体结构规范设计	学时
学习任务 5	舷侧骨架设计	
任务描述	任务导入: 舷侧板架是船舶的主要构件,它与甲板横梁、底部肘板等构成了船体横向的框架,对船体的横向强度和局部强度起着重要作用。其上的纵向构件(舷侧纵桁等)参与总纵弯曲。下面我们就学习一下舷侧的结构设计方法。 设计步骤: (1)舷侧骨架的作用及其结构; (2)舷侧骨架设计。 比较烦琐的计算可以采用列表计算的方法进行计算,可以提高计算准确度和速度,便于掌握计算逻辑。应用规范法进行设计时,注意对规范正确理解。理解和阅读规范是船舶设计工作者的基本能力	
任务要求	技能要求: (1)掌握舷侧骨架的作用及其结构; (2)掌握舷侧骨架设计方法。 职业素质要求: (1)具有分析问题、解决实际问题的能力; (2)具有责任意识和敬业精神; (3)具有迎接挑战的意识; (4)具有团队意识	
学习资源	教材、教学课件、图片、船舶舷侧结构计算书等	

【典型案例】

图 10－31 为某船舷侧结构的立体图,构件尺寸如何确定呢?

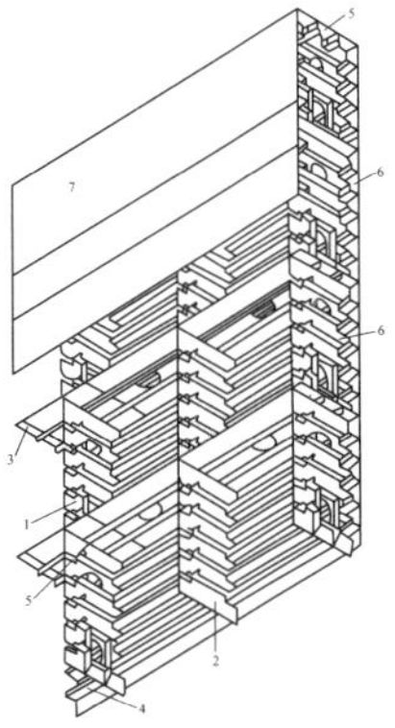

图 10－31 某船舷侧结构的立体图

【知识要点学习】

10.5.1 舷侧骨架的作用及其结构

舷侧构件与船侧板共同构成了船侧板架。船侧构件与甲板横梁、底部肘板等构成了船体横向的框架,对船体的横向强度和局部强度起着重要作用。船体的纵向构件参与总纵弯曲,是船体等值梁腹板的组成部分。

出于横向强度的需要，内河船舶多采用横骨架式船侧结构，图 10－32 就是这种结构。从图 10－32 中可以看出，横骨架式船侧结构由肋骨、强肋骨、甲板间肋骨和舷侧纵桁组成。横骨架式船侧结构可以分成交替肋骨制和单一肋骨制两种。

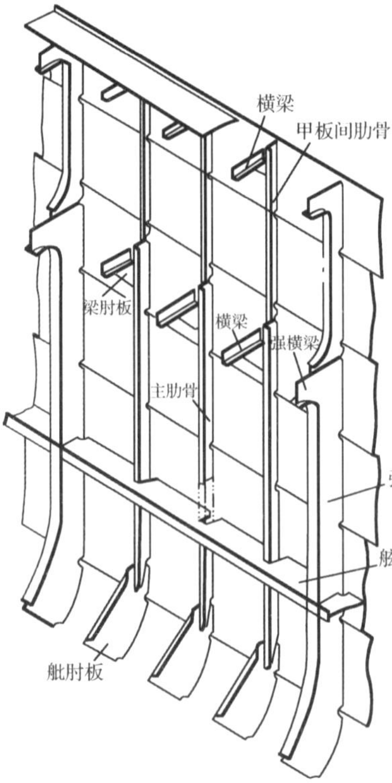

图 10－32　横骨架式船侧结构

如果舷侧采用普通肋骨和强肋骨交替设置，则称为交替肋骨制，强肋骨间距应不大于 2.5 m；如果舷侧每挡设置主肋骨，则称为单一肋骨制。采用交替肋骨制时，当舱深超过 2 m 时应设置舷侧纵桁，拖（推）船也应设置一道船侧纵桁。机动船的机舱区应采用交替肋骨制。单一肋骨制舷侧结构，由于没有高腹板的强肋骨和舷侧纵桁（当舱深较大时也设置舷侧纵桁），能扩大舱室的有效舱容。对甲板及船底采用纵骨架式结构，舷侧为横骨架式结构的混合骨架式船舶，其舷侧必须采用交替肋骨制。

肋骨是舷侧的主要结构。肋骨一般可由不等边角钢做成。肋骨在舱室内连续，它与舷侧纵桁相交时，舷侧纵桁上开口让其穿过，并在舷侧纵桁的下方设置肘板与肋骨相连接（图 10－33）。

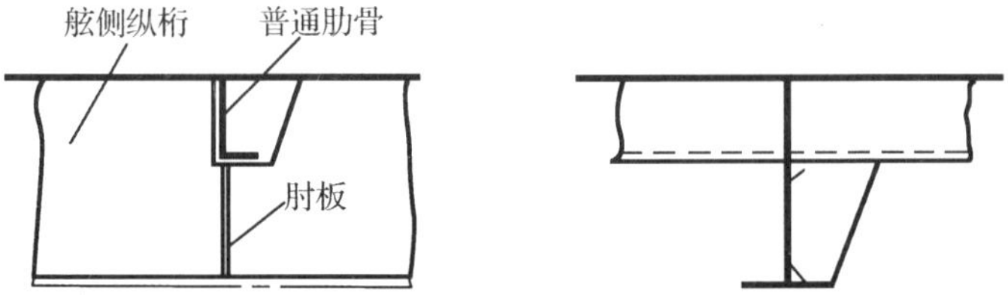

图 10－33　肘板与肋骨的连接

肋骨上端应通过肘板与甲板横梁连接，连接形式如图 10－34(a)和(b)所示。肘板直角边的高度可按横梁高度确定，肘板厚度与横梁厚度相同。若甲板是纵骨架式，舷侧肋骨通过肘板与甲板连接，并延伸至相邻一道纵骨，肘板的高度为纵骨高度的 2.5 倍，厚度与纵骨相同，如图 10－34(c)和(d)所示。肘板直角边长与肘板厚度之比超过 30 时，自由边应折边(或设面板)，折边(或面板)宽一般应为肘板厚度的 10 倍。

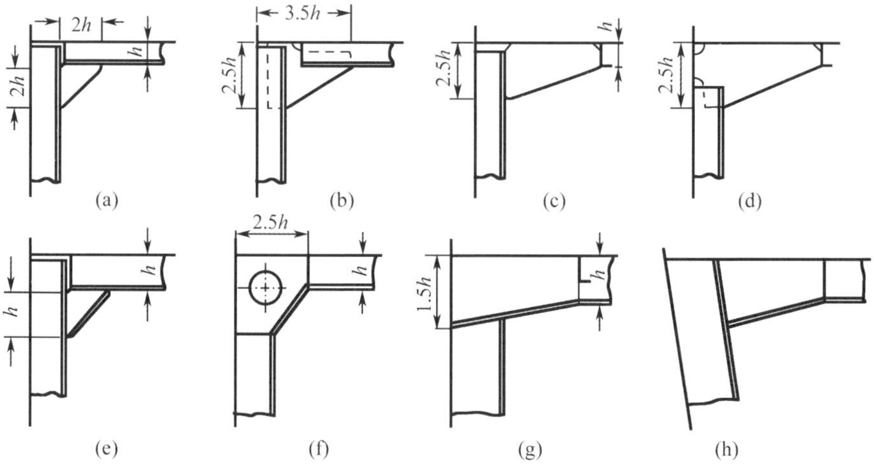

图 10－34　肋骨与甲板横梁的连接

肋骨下端应和实肋板有效连接，对斜底船，可将肋骨端剖削斜后直接与肋板搭接(图 10－35(a))；对于平底船应用舭肘板连接，舭肘板高出肋板应不小于肋骨高度的 3 倍，舭肘板的宽度约等于中纵剖面处实肋板高度，舭肘板的厚度与实肋板相同(图 10－35(b))；如与底肋骨相连，则舭肘板与肋骨的搭接长度应不小于底肋骨高度的 2 倍(图 10－35(c))；如船底为纵骨架式单层底结构，肋骨应用舭肘板与船底板固定，并延伸至相邻纵骨，舭肘板与肋骨的搭接长度应不小于肋骨高度的 2 倍(图 10－35(d))。舭肘板的自由边应有折边或加面板，其宽度应为舭肘板厚度的 10 倍。

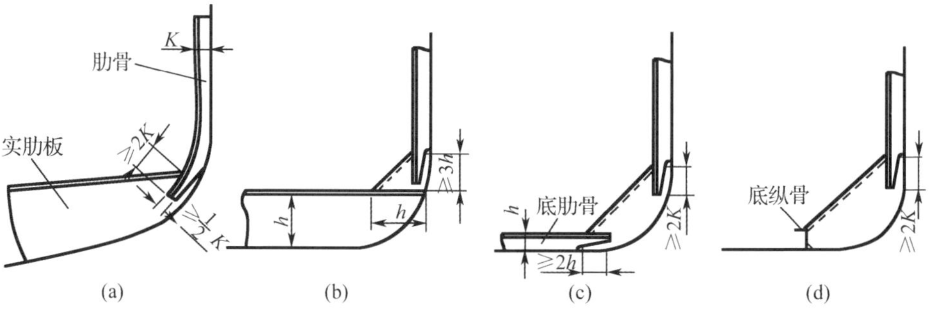

图 10－35　肋骨和实肋板的连接

如果船底为双层底，肋骨则应通过舭肘板与内底边板连接，其连接形式如图 10－36(a)、(b)、(c)所示。舭肘板的直角边应不小于肋骨高度的 3 倍，其搭接长度应不小于肋骨高度的 2 倍。

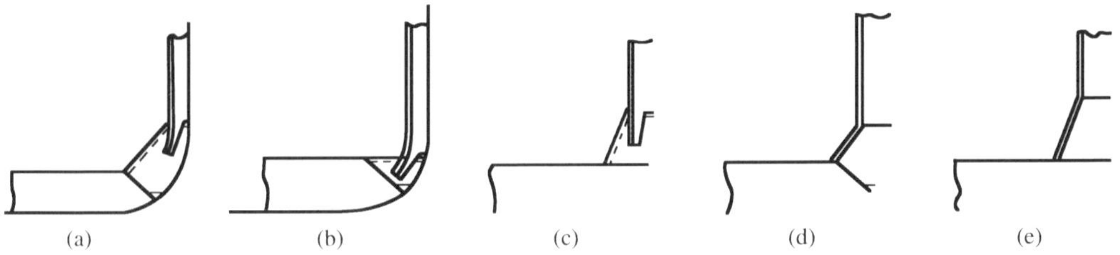

图 10－36　强肋骨与实肋板的连接

强肋骨是横向的强力构件，它与甲板强横梁、肋板构成强肋骨框架。强肋骨在舱室内保持连续。强肋骨一般由组合T型材做成，小型船舶上也有用折边型材做的。强肋骨的上端必须用肘板与强横梁连接，肘板的直角边与强横梁腹板的高度相等，厚度与强横梁腹板厚度相同，其自由边应折边或加面板。连接形式如图 10－34(e)、(f)、(g)、(h)所示，其中(f)最为常见。

强肋骨的下端通过舭肘板与实肋板连接，舭肘板的直角边与实肋板腹板高度相等，其厚度与实肋板厚度相等。如果船底为双层底结构，则可用图 10－36(d)和(e)所示的连接形式。

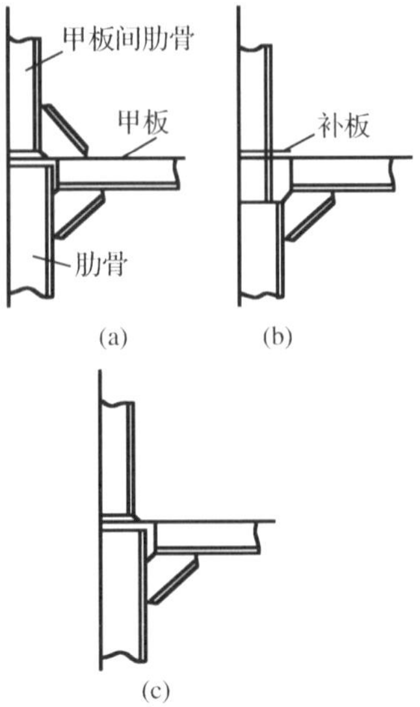

图 10－37　甲板间肋骨的连接形式

有两层甲板的船，干舷甲板与上甲板之间的肋骨称为甲板间肋骨。甲板间肋骨的尺寸较肋骨小，甲板间肋骨的连接形式一般有两种：一种是通过肘板与干舷甲板连接(图 10－37(a))；另一种是甲板上切口让甲板间肋骨穿过并与下层舱室的肋骨相连接，然后用补板封补甲板切口(图 10－37(b))。前者施工方便，但装货不便，后者肋骨的连续性好，又省掉了甲板间肋骨下端的肘板，增大了有效舱容，但施工麻烦。也有将甲板间肋骨的下端直接与甲板焊接的(图 10－37(c))，这种连接形式在内河船上得到了较广泛的应用。

舷侧纵桁是肋骨的支点，它将肋骨的载荷传递给强横梁和横舱壁。舷侧纵桁在强肋骨处间断，舷侧纵桁必须与横舱壁有效地连接，其连接形式和船底内龙骨与横舱壁的连接形式相同(图 10－18)。舷侧纵桁一般用组合T型材做成，在小型船舶上也可采用折边型材。

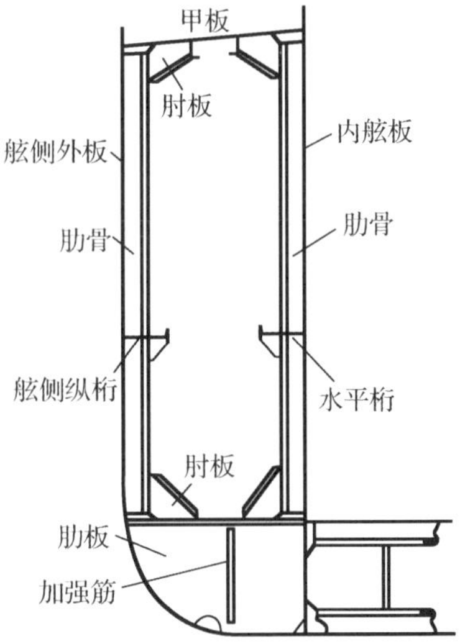

图 10－38　双壳结构形式

具有纵通大开口货舱的船舶(如长江分节驳)，为了满足总纵强度和横向强度的需要，常采用双层舷侧结构，如底部同时为双层底结构，则总称为双壳结构形式(图 10－38)，这种结构形式的船称为双壳船。

10.5.2　舷侧骨架设计

1. 肋骨

由规范可知，除艏、艉尖舱外，主肋骨的剖面模数 W 应不小于按下式计算所得之值：

$$W = cc_1 sdl^2 \quad (\text{cm}^3) \tag{10-59}$$

式中　s——肋骨间距，m；

d——吃水，m；

l——肋骨跨距，即为在舷侧处从肋板面板或内底板的上缘至最下层甲板边线之间的垂直距离，m，但无论如何应不小于$\sqrt{D}$（D 为型深），在从艉尖舱舱壁至距艏垂线 0.2L 之间的区域内，应取用船中的肋骨跨距，在从距艏垂线 0.2L 至防撞舱壁之间的区域内，应取用该区中最大的肋骨跨距；

c_1——系数，当 $L<90$ m 时，$c_1=1.05$，当 $L\geqslant 90$ m 时，$c_1=1$。

$$c = \frac{2 + \dfrac{0.65d}{D}}{1.45 - \dfrac{\sqrt{D}}{l}}$$

对主肋骨剖面模数的修正：

（1）如舭肘板的高度小于单层底或双层底的规定值，则每减小 100 mm，按式（10-59）计算所得的主肋骨剖面模数应增加 2.7%；

（2）如主肋骨与横梁或近舷侧甲板纵骨相连接的肘板臂长大于公式计算值，则每增加 100 mm 按式（10-59）计算所得的主肋骨剖面模数可减小 1.3%。

如按均匀布置的原则设置符合要求的舷侧纵桁，则可按下列规定减小主肋骨的剖面模数：

（1）当设置 1 根舷侧纵桁时，主肋骨的剖面模数可为按式（10-59）及修正计算所得值的 1/2；

（2）当设置 2 根舷侧纵桁时，主肋骨的剖面模数可为按式（10-59）及修正计算所得值的 2/7。

（3）当设置 3 根舷侧纵桁时，主肋骨的剖面模数可为按式（10-59）及修正计算所得值的 1/5。

舱口端梁下的主肋骨剖面模数应不小于本节所规定的普通主肋骨剖面模数的 1.67 倍。

当机舱位于船中部时，如未按规定在机舱内设置强肋骨，则应将机舱内主肋骨的剖面模数增加 50%。

在任何情况下，主肋骨的剖面模数应不小于甲板间肋骨的剖面模数，且不小于 20 cm^3。

主肋骨的剖面惯性矩 I 应不小于按下式计算所得之值：

$$I = 3.2Wl \quad (\text{cm}^4) \tag{10-60}$$

式中　W——规定的主肋骨剖面模数，cm^3；

l——肋骨跨矩，m，无舷侧纵桁时，同式（10-59）的规定，当设有舷侧纵桁时，为肋板的面板或内底板的上缘与纵桁之间或舷侧纵桁之间或舷侧纵桁与最下层甲板的边线之间的垂直距离。

艏、艉尖舱内的肋骨剖面模数 W 和剖面惯性矩 I 应分别不小于按下列两式计算所得之值：

$$W = 4.6sdD \quad (cm^3) \tag{10-61}$$

$$I = 3.5Wl \quad (cm^4) \tag{10-62}$$

式中　s——肋骨间距，m；

d——吃水，m；

D——型深，m；

l——肋骨的实际跨距，m。

甲板间及上层建筑肋骨的剖面模数 W 应不小于按下式计算所得之值：

$$W = CC_1 sdl\sqrt{D} \quad (cm^3) \tag{10-63}$$

式中　s——肋骨间距，m；

d——吃水，m；

l——肋骨跨距，m，即为在舷侧量得的甲板间高，且对于甲板间肋骨当其实际跨距小于 2.6 m 时应取 $l = 2.6$ m，对于上层建筑肋骨当其实际跨距小于 2.3 m 时应取 $l = 2.3$ m；

D——型深，m；

C——系数，取 $C = 0.7 + 4\dfrac{d}{D}$；

C_1——系数，按肋骨所在位置确定，对于上甲板以下第一层甲板间 $C_1 = 1.0$，对于第二层甲板间 $C_1 = 1.1$，对于第三层及其以下各层甲板间 $C_1 = 1.45$，对于艏楼肋骨 $C_1 = 0.9$，对于桥楼和艉楼肋骨 $C_1 = 0.8$。

舱口端梁下的甲板间肋骨的剖面模数，应不小于本节所规定的普通甲板间肋骨剖面模数的 1.67 倍。

当机舱位于船中部时，如未按规定在机舱内设置强肋骨，则应将机舱内载重水线以上最低一层甲板以下的甲板间肋骨剖面模数增大 50%。

如艏楼或艉楼的长度大于 $0.25L$，则位于艏楼后端或艉楼前端的两根肋骨的尺寸应与该处上甲板间肋骨的尺寸相同。

2. 舷侧纵桁

由规范可知，支持主肋骨的舷侧纵桁的剖面模数 W 和剖面惯性矩 I，应分别不小于按下列两式计算所得之值：

$$W = 7.8hbl^2 \quad (cm^3) \tag{10-64}$$

$$I = 2.5Wl \quad (cm^4) \tag{10-65}$$

式中　b——舷侧纵桁支持面积的宽度，m；

h——从舷侧纵桁跨距中点至上甲板边线的垂直距离，m；

l——舷侧纵桁的跨距，m。

在舷侧纵桁与横舱壁的连接处，应设置连接肘板。在舷侧纵桁与强肋骨的连接处，应使舷侧纵桁的面板或折边具有足够的连续性。

在横骨架式的机舱区域内，当主肋骨跨距大于 6 m 时，应设置支持主肋骨的舷侧纵桁，其剖面模数和剖面惯性矩均应符合式(10-64)和式(10-65)的规定，但其腹板高度应不小于主肋骨高度的 2.5 倍。

在横骨架式的机舱区域内，也可用间断的舷侧纵桁替代上述的舷侧纵桁，但其间距一般应为 2.5 m；其腹板高度与主肋骨的高度相同；其腹板厚度 t 和面板的剖面积 A，应分别不小于按下列两式计算所得之值：

$$t = 0.023L + 6 \quad (\text{mm}) \tag{10-66}$$

$$A = 0.14L + 1 \quad (\text{cm}^2) \tag{10-67}$$

式中 L——船长，m。

3. 横骨架式强肋骨

由规范可知，对于支持舷侧纵桁的强肋骨，其尺寸应由直接计算予以确定，计算时，假定强肋骨两端为刚性固定，强肋骨承受由舷侧纵桁传递的集中载荷（舷侧纵桁的计算水压头，应为舷侧纵桁的跨距中点至上甲板边线的垂直距离，单位 m）的作用，取许用弯曲应力为 93.2 N/mm²，许用剪切应力为 83.4 N/mm²。

当机舱位于船尾部且船侧为横骨架式结构时，则在机舱区域内，应设置间距不大于 5 个肋骨间距的强肋骨，强肋骨应从内底延伸至上甲板。

在横骨架式的机舱区域内，支持舷侧纵桁的强肋骨的尺寸，应按上述的直接计算方法予以确定。

在横骨架式的机舱区域内，不支持舷侧纵桁的强肋骨，其剖面模数 W 应不小于按下列两式计算所得之值。

在最下层甲板以下：

$$W = 5Shl^2 \quad (\text{cm}^3) \tag{10-68}$$

在甲板间：

$$W = 3.5Sdl\sqrt{D} \quad (\text{cm}^3) \tag{10-69}$$

式中 S——强肋骨间距，m；

h——从强肋骨跨距中点至上甲板边线的垂直距离，m；

l——强肋骨的跨距，m；

d——吃水，m；

D——型深，m。

在横骨架式的机舱区域内，强肋骨的腹板高度应不小于相邻肋骨高度的 2.5 倍。

4. 舷侧纵骨

由规范可知，上甲板以下的舷侧纵骨（包括舭部纵骨）的剖面横数 W 应不小于按下式计算所得之值：

$$W = \frac{8.5}{f}hsl^2 \quad (\text{cm}^3) \tag{10-70}$$

式中 s——纵骨间距，m；

l——纵骨跨距，m；

f——系数，应按下列两式计算，计算时取不大于 1.077：

$f = 1.73 - F_d \dfrac{Z - Z_n}{D - Z_n}$，当 $Z \geqslant Z_n$ 时；

$f = 1.73 - F_b \dfrac{Z_n - Z}{Z_n}$，当 $Z < Z_n$ 时；

Z_n——船体横剖面的水平中和轴距基线的高度，m；

F_d、F_b——折减系数，见式（10-19）；

Z——纵骨距基线的高度,m;

h——计算压头,应按下式计算:

$$h=0.26C+D-\frac{Z}{D}(0.06C+d)$$

式中 D——型深,m;

d——吃水,m;

C——系数,见式(10-8)。

在距艏垂线0.2L至艏尖舱舱壁之间的区域内,上甲板以下的舷侧纵骨的剖面模数,除应符合式(10-70)的规定外,尚应符合式(10-71)的规定。

当机舱位于船尾部时,机舱区域内的舷侧纵骨的剖面模数,除应符合式(10-70)的规定外,尚应不小于按式(10-72)计算所得值的0.8倍。

在艏尖舱内,舷侧纵骨的剖面模数W应不小于按下式计算所得之值:

$$W=7.5shl^2 \quad (cm^3) \tag{10-71}$$

式中 s——纵骨间距,m;

h——从纵骨至量计船首最小高度的甲板(见《1966年国际载重线公约》第39条)以上3 m的垂直距离;

l——纵骨跨距,m,但计算时取值不应小于1.5 m。

在艉尖舱内,舷侧纵骨的剖面模数W应不小于按下式计算所得之值:

$$W=8.5sl^2(h+0.167D) \quad (cm^3) \tag{10-72}$$

式中 s——纵骨间距,m;

L——纵骨跨矩,m,但计算时取值不应小于1.5 m;

h——从纵骨至上甲板边线的垂直距离,m,但计算时取值应不小于3 m;

D——型深,m,但计算时取值不必大于20 m。

舷侧纵骨(包括舭部纵骨)的剖面模数,不必大于与其间距相同的船底纵骨的剖面模数。

5. 纵骨架式强肋骨

由规范可知,当舷侧为纵骨架式时,应设置支持舷侧纵骨的强肋骨。强肋骨应设置在实肋板平面内。强肋骨的间距,当船长等于或小于100 m时,一般应不大于3.6 m;当船长大于100 m时,一般应不大于(0.006L+3.0),单位m,其中L为船长。在艏、艉尖舱内,纵骨架式强肋骨的间距:当船长等于或小于100 m时,应不大于2.5 m;当船长等于或大于300 m时,应不大于3.5 m,中间值用内插法求得。

除机舱区域和艏、艉尖舱外,纵骨架式强肋骨的剖面模数W应不小于按下式计算所得之值:

$$W=10Shl^2 \quad (cm^3) \tag{10-73}$$

式中 S——强肋骨间距,m;

h——从强肋骨跨距中点至上甲板边线的垂直距离,m;

l——强肋骨跨距,m。

在纵骨架式的机舱区域内,强肋骨剖面模数W应不小于按下列两式计算所得之值。

在最下层甲板以下:

$$W=10Shl^2 \quad (cm^3) \tag{10-74}$$

在甲板间：

$$W = 4.4Sdl\sqrt{D} \quad (\text{cm}^3) \tag{10-75}$$

式中 S——强肋骨间距，m；

h——从强肋骨跨距中点至上甲板边线的垂直距离，m；

l——强肋骨的跨距，m；

d——吃水，m；

D——型深，m。

强肋骨腹板高度应不小于其所支持的舷侧纵骨高度的2.5倍。

在纵骨架式的艏尖舱内，强肋骨的剖面模数 W 和剖面惯性矩 I，应分别不小于按下列两式计算所得之值：

$$W = 14Shl^2 \quad (\text{cm}^3) \tag{10-76}$$

$$I = 2.5Wl \quad (\text{cm}^4) \tag{10-77}$$

式中 S——强肋骨间距，m；

h——从强肋骨跨距中点至艏尖舱舱顶的垂直距离，或至溢流管顶的垂直距离的一半，m，取较大者；

l——强肋骨跨距，m。

在纵骨架式的艉尖舱内，强肋骨的剖面模数 W 应不小于按下式计算所得之值：

$$W = 10Shl^2 \quad (\text{m}^3) \tag{10-78}$$

式中 S——强肋骨间距，m；

h——从强肋骨跨距中点至上甲板边线的垂直距离，m；

l——强肋骨跨距，m。

【任务测试】

在船体结构设计中，构件布置须遵循哪些原则？

任务10.6 甲板骨架设计

学习任务单

学习领域	船舶结构与强度	
项目10	船体结构规范设计	学时
学习任务6	甲板骨架设计	
任务描述	任务导入： 甲板骨架是船体上的重要构件，甲板骨架与甲板板共同组成了甲板板架，承受着货物、人员以及甲板上浪后的水的压力。甲板骨架中的纵向连续构件是船体等值梁上翼板的组成部分，对船体总纵强度起着重要作用。甲板横梁与舷侧的肋骨、船底的肋板构	

任务描述	成横向的肋骨框架,保证了船体的横向强度。下面我们就学习一下甲板骨架的结构设计方法。 设计要求: (1)甲板骨架的作用及其结构; (2)甲板骨架设计。 比较烦琐的计算可以采用列表计算的方法进行计算,可以提高计算准确度和速度,便于掌握计算逻辑。应用规范法进行设计时,注意对规范正确理解。理解和阅读规范是船舶设计工作者的基本能力
任务要求	技能要求: (1)掌握甲板骨架的作用及其结构; (2)掌握甲板骨架设计方法。 职业素质要求: (1)具有分析问题、解决实际问题的能力; (2)具有责任意识和敬业精神; (3)具有迎接挑战的意识; (4)具有团队意识
学习资源	教材、教学课件、图片、船舶甲板骨架计算书等

【典型案例】

2009 年,某船于长江某港锚地过驳装载铁矿粉,装载约 6 500 t 时船舶主甲板及左右舷侧板断裂,随即中部折断并快速沉没。该事故船为钢质的散货船(适于矿石、钢材、水泥熟料、煤炭等一般散货)总长 115.80 m,两柱间长 112.00 m,型宽 18.40 m,设计吃水 6.00 m,7500DWT,限于近海(B 级冰区)和长江 A、B 级航区,2005 年 10 月建造完工后即投入营运。

【知识要点学习】

10.6.1　甲板骨架的作用及其结构

甲板骨架与甲板板共同组成了甲板板架,承受着货物、人员以及甲板上浪后的水的压力。甲板骨架中的纵向连续构件是船体等值梁上翼板的组成部分,对船体总纵强度起着重要作用。甲板横梁与舷侧的肋骨、船底的肋板构成横向的肋骨框架,保证了船体的横向强度。

甲板骨架结构形式多样,构造比较复杂。按骨架形式的类型,可将甲板分为横骨架式和纵骨架式两类。内河中小型船舶绝大部分采用横骨架式甲板结构。对总纵强度要求较高的内河大型船舶可采用纵骨架式甲板结构,但如果是双甲板船,下甲板主要承受局部载荷,而上甲板才是船体等值梁上翼板的主要部分,因此上甲板采用纵骨架式结构,而下甲板则采用横骨架式结构。内河具有纵通大开口货舱的船舶(如长江分节驳),由于大开口降低了船体的总纵强度,因此对甲板在总纵强度中的作用要求较高,可以采用纵骨架式结构。

1. 横骨架式甲板结构

图 10－39 是横骨架式甲板结构。如果舷侧采用交替肋骨制,则在与强肋骨对应的肋位

上必须设置甲板强横梁(强半梁)。由此可见,横骨架式甲板骨架由甲板横梁、甲板纵桁、强横梁、舱口端横梁和舱口纵桁等构件组成。

横梁是横骨架式甲板的主要构件,它保持横向连续,与甲板纵桁相交时,甲板纵桁开口让其穿过并与之焊接,并在横梁的下方每间隔一个肋距设置单面肘板,也可设置双面肘板,双面肘板的间距不大于 2 m,肘板的厚度与甲板桁腹板厚度相同,如图 10－40(a)所示。处在开口区的横梁终止于甲板纵桁处,并称为甲板半梁。甲板半梁的尺寸同甲板横梁是一样的,它通过肘板与甲板纵桁连接,肘板的尺寸与上述肘板相同,如图 10－40(b)所示。甲板横梁一般采用不等边角钢做成。

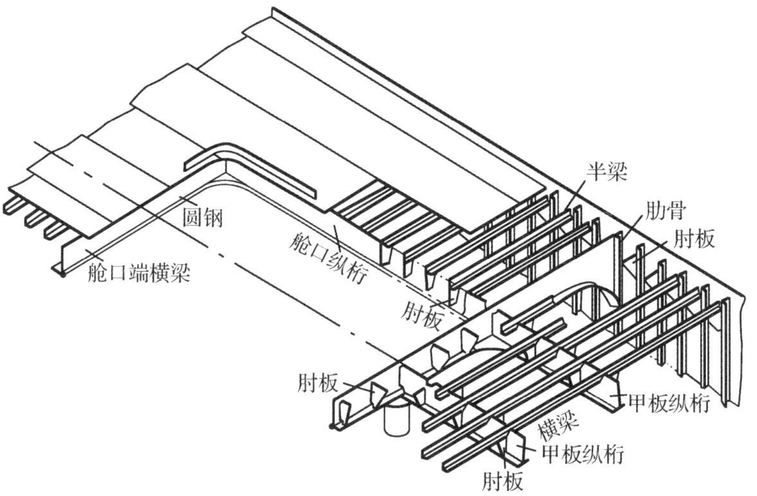

图 10－39　横骨架式甲板结构

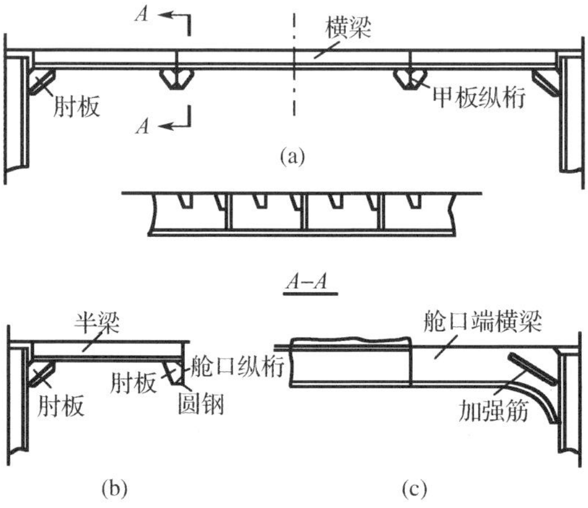

图 10－40　横梁的结构形式

甲板纵桁是纵向强构件,并作为横梁的刚性支座。甲板纵桁在舱口端横梁处间断。甲板纵桁在同一舱室内跨距相差较大时,其腹板可以做成不等高度的,但腹板较高的纵桁应逐步过渡到腹板较低的纵桁,过渡范围的长度应不小于腹板高度差的 3 倍。

甲板纵桁应与舱壁扶强材或垂直桁材对齐,并与内龙骨、底纵桁尽可能设置在同一平面内,以构成纵向平面框架。

甲板纵桁应与横舱壁有效连接,连接方法可选下列三种之一:

(1)将纵桁腹板在一挡肋距内升高至原高度的1.5倍,与舱壁焊接;

(2)用肘板与舱壁连接,肘板高度应不小于纵桁腹板高度,厚度与腹板相同;

(3)将纵桁面板在一挡肋距内逐渐放宽,至横舱壁处为原宽度的2倍,再与横舱壁焊接;

上述连接形式和舱底的内龙骨、船侧纵桁与横舱壁的连接相似,可参看图10-18。

甲板纵桁一般用组合T型材做成,小型船舶上也可用折边型材做成。

沿舱口边的纵桁又称为舱口纵桁,在多数情况下,舱口纵桁兼作舱口下围板(舱口围板甲板以下的部分),为避免装卸货物时磨损起货吊索,舱口纵桁的面板全部偏向舷侧一边,并在腹板和面板的交角上焊一圆钢。

强横梁由组合T型材做成,在甲板大开口区间的强横梁在舱口纵桁处终止,称为强半梁。货舱口前后端的强横梁称为舱口端横梁,舱口端横梁起着支持舱口纵桁的作用。舱口端横梁一般都兼作舱口下围板,其结构形式与舱口纵桁相似。

有些船舶甲板货舱开口与舷侧之间设有“舱口悬臂梁”,悬壁梁与舱口端横梁一起支承着舱口纵桁,设置悬臂梁以后,舱口纵桁及舱口端横梁的尺度可适当减小。悬臂梁必须与舷侧强肋骨对应设置。根据悬臂梁的受力特点,将其高度设计成从舷侧至舱口逐步减小。如图10-41所示。

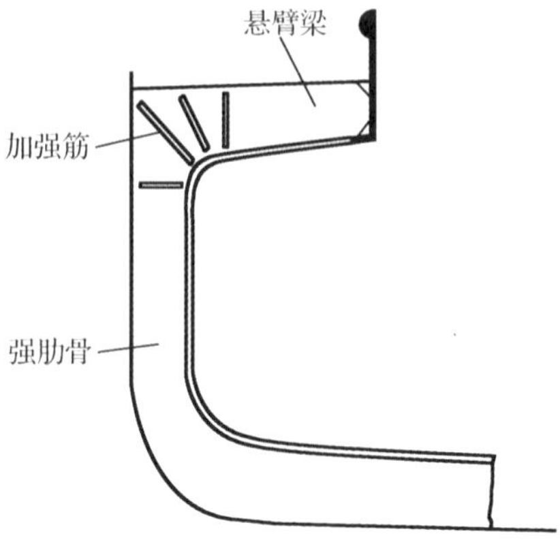

图10-41 半梁的结构形式

2.纵骨架式甲板结构

图10-42是纵骨架式甲板结构。纵骨架式甲板骨架由甲板纵骨、甲板纵桁、舱口纵桁、强横梁、舱口端横梁等构件组成。

甲板纵骨是纵骨架式甲板的主要构件,它在舱室内保持连续,与强横梁相交时,强横梁腹板开孔让其穿过并与之焊接,在纵骨的下方每间隔一个肋距设置单面肘板与强横梁连接,也可设置双面肘板,双面肘板的间距不大于2 m,肘板的厚度与强横梁腹板厚度相同。

甲板纵骨通过肘板与横舱壁连接,肘板的直角边应为纵骨高度的2倍,厚度与纵骨相同。甲板纵骨一般可由不等边角钢和球扁钢做成。

当船首尾部是横骨架式结构,中部甲板纵骨不应终止在同一横剖面上,必须在末端相互错开,逐步过渡,并延伸至强横梁上。

纵骨架式甲板的甲板纵桁、舱口纵桁、强横梁、舱口端横梁的结构情况与横骨架式甲板相似。纵骨架式甲板构架,视具体情况,在必要时也可以设置舱口悬臂梁。

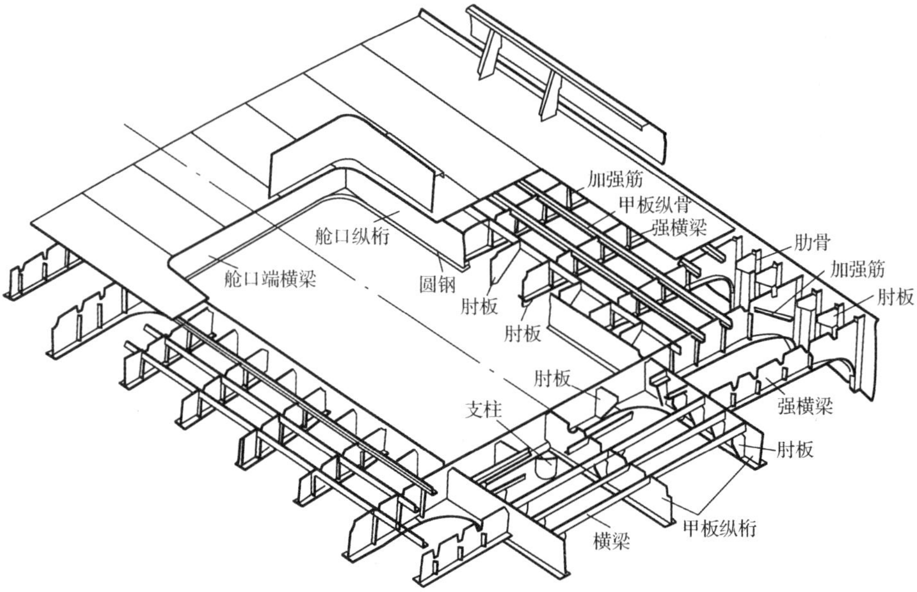

图 10 – 42　纵骨架式甲板结构

10.6.2　甲板骨架设计

1. 甲板横梁

由规范可知,甲板横梁的剖面模数 W 应不小于按下式计算所得之值:

$$W = C_1 C_2 Dd + C_3 shl^2 \quad (\mathrm{cm}^3) \tag{10-79}$$

式中　C_1——系数,根据横梁所在区域的甲板(包括桥楼和尾楼甲板)总层数决定,对于 1 层 $C_1=2$,对于 2 层 $C_1=1.33$,对于 3 层 $C_1=1.05$,对于 4 层及 4 层以上 $C_1=0.93$,对于艏楼甲板 $C_1=1.33$;

C_2、C_3——系数,见表 10 – 6;

D——型深,m;

d——吃水,m;

s——横梁间距,m;

h——甲板计算压头,m,见表 10 – 7;

l——横梁跨距,m,计算时取值应不小于 2 m。

表 10 – 6　系数 C_2 和 C_3 的取值

甲板名称	C_2	C_3
距艏垂线 0.075L 以前的露天强力甲板或露天艏楼甲板	0.8	0.54B
距艏垂线 0.075L ~ 0.15L 的露天强力甲板或露天艏楼甲板	0.8	与舷侧相连的横梁:0.36B 其他横梁:0.33B
距艏垂线 0.15L 以后的露天强力甲板或露天艏楼甲板	0.54	
露天的短桥楼和艉楼甲板	0.14	
货物甲板及其他甲板	0.40	4.0
居住处所的强力甲板或下层甲板	0.52	4.0

注:表中 B 为船宽,m。

表 10 - 7　甲板计算压头

甲板名称及位置	计算压头 h/m
距艏垂线 0.075L 以前的露天强力甲板* 或露天艏楼甲板*	纵桁、强横梁:h_0+3 纵骨、横梁:1.5h_0
距艏垂线 0.075L ~ 0.15L 的露天强力甲板* 或露天艏楼甲板*	纵桁、强横梁:h_0+2 纵骨、横梁:1.25h_0
距艏垂线 0.15L 以后的露天强力甲板*	h_0
距艏垂线 0.15L 以后的露天上层建筑甲板*	$h_0-0.2$
距艏垂线 0.075L 以前的载有甲板货的露天强力甲板或露天艏楼甲板	$0.49p+0.3$
距艏垂线 0.075L ~ 0.15L 的载有甲板货的露天强力甲板或露天艏楼甲板	$0.37p+0.3$
距艏垂线 0.15L 以后的载有甲板货的露天上层建筑甲板	$0.14p+0.3$
距艏垂线 0.15L 以后的载有甲板货的露天上层建筑甲板	$0.14p$
货物甲板(非露天的)	$0.14p$,但不小于甲板间的平均高度(m)
居住处所的强力甲板** 或下层甲板**	1.2
非露天的上层建筑甲板	1.0
仓库处所的甲板	2.0
机舱平台** 以及修理间和机舱物料间处所的甲板	2.6

注:①表中 h_0 应不小于按下式计算所得之值,但应不小于 1.2 m,也不必大于 1.5 m。

$$h_0=1.20+\frac{2}{1\ 000}\left(\frac{100+3L}{D-d}-150\right)\quad (\mathrm{m})$$

式中　L——船长,m;

d——吃水,m;

D——型深,m。

②表中 p 为设计载荷,kPa;当设计截荷小于 8.5 kPa 时,应取 $p=8.5$ kPa。

③对于标有*的甲板,其实际承受的货物载荷应不超过 8.5 kPa,当超过时,应将其作为载有甲板货的露天甲板。

④对于标有**的甲板,当其实际的装载率 $\gamma<1.39\ \mathrm{m^3/t}$ 时,应将相应的表列计算压头乘以系数 $1.39/\gamma$。

⑤对于船长小于 90 m 的船舶,可适当减小其艏、艉区域的甲板横梁和甲板纵桁的计算压头,但应不小于相同位置的纵骨或横梁的计算压头。

对于露天甲板,其横梁剖面模数 W 不必大于按下式计算所得之值:

$$W=Bshl^2\quad (\mathrm{cm^3})\tag{10-80}$$

式中　B——型宽,m,计算时取值不大于 21.5 m;

s、h、l——见式(10 - 79)。

甲板横梁的腹板高度应不小于 60 mm。

应将横梁穿过甲板纵桁,并应在横梁与纵桁腹板的相交处进行焊接。当需将横梁在舱口纵桁或甲板纵桁的腹板处中断时,应设置肘板将横梁与纵桁连接,肘板应延伸至甲板纵桁面板。

2. 横骨架式甲板纵桁

由规范可知,对于距艏垂线 0.075L 以前的露天强力甲板,其支持横梁的甲板纵桁的间距应不大于 3.6 m;对于艉尖舱舱壁以后的上甲板和下甲板,其支持横梁的甲板纵桁的间距应不大于 3 m。

支持横梁的甲板纵桁的剖面模数 W 应不小于按下式计算所得之值:

$$W = 4.75bshl^2 \quad (\text{cm}^3) \tag{10-81}$$

式中 b——甲板纵桁所支承面积的平均宽度,m;

h——甲板的计算压头,m,见表 10-7;

l——甲板纵桁的跨距,m。

当支持横梁的甲板纵桁承受 1 个集中载荷时,尚应增加其剖面模数,所增加的剖面模数 W 应不小于按下式计算所得之值:

$$W = 0.102cPl \quad (\text{cm}^3) \tag{10-82}$$

式中 P——集中载荷,kN;

l——甲板纵桁跨距,m;

c——系数,按表 10-8 选取。表 10-8 中 a 为 P 的作用点至纵桁两支点间较远一点的距离,m。

表 10-8　系数 c 的选取

a/l	0.94	0.90	0.85	0.80	0.75	0.70	0.60	0.50
c	1.44	3.36	5.68	7.36	8.64	9.20	9.60	10

当支持横梁的甲板纵桁承受 2 个或 3 个集中载荷时,对于其所需增加的剖面模数 W,应由直接计算确定。计算时,假定纵桁的两端为刚性固定,许用弯曲应力为 124 N/mm^2。

甲板纵桁的剖面惯性矩 I 应不小于按下式计算所得之值:

$$I = 2Wl \quad (\text{cm}^4) \tag{10-83}$$

式中 W——甲板纵桁剖面模数,cm^3;

l——甲板纵桁的跨距,m。

甲板纵桁的腹板高度应不小于横梁穿过处的切口高度的 1.6 倍。对切口的设计,应使腹板上的应力集中为最小。甲板纵桁腹板的厚度应不小于其高度的 1% 加 4 mm。

当需将电缆和管系穿过甲板纵桁的腹板时,在腹板上的开孔高度应不超过腹板高度的 25%,开孔的宽度应不超过横梁间距的 60% 或纵桁腹板的高度(为其较大者),否则应予以补偿;对船长小于 65 m 的船舶,开孔高度可予以适当放宽。开孔的边缘至纵桁面板的距离应不小于纵桁腹板高度的 40%;开孔的边缘应光滑并具有良好的圆角。不应将开孔密集地布置在相邻的肋位内。离纵桁肘板趾端 200 mm 范围内的纵桁腹板上,不应有任何开孔。

3. 横骨架式强横梁

由规范可知,对于支持甲板纵桁的强横梁,其尺寸应由直接计算确定。计算时,假定强横梁两端为刚性固定，并承受由甲板纵桁传递的集中载荷，许用弯曲应力为124 N/mm^2。

支持甲板纵桁的强横梁的剖面惯性矩 I 应不小于按下式计算所得之值：

$$I = 2Wl \quad (\text{cm}^4) \tag{10-84}$$

式中　W——强横梁剖面模数，cm^3；

l——强横梁的跨距，m。

4. 甲板纵骨

由规范可知，露天强力甲板纵骨的剖面模数 W 应不小于按下列两式计算所得之值：

$$W = c_1 shl^2 \quad (\text{cm}^3) \tag{10-85}$$

$$W = c_2 sh + c_3 sl^2 L^2 \times 10^{-4} \quad (\text{cm}^3) \tag{10-86}$$

式中　s——纵骨间距，m；

l——纵骨跨距，m，计算时取值应不小于2 m；

c_1、c_2 和 c_3——系数，按表10-9的规定；

L——船长，m，计算时取值不必大于200 m；

h——甲板的计算压头，m，按表10-7的规定，但在船中部0.4L区内的甲板开口线以外，

$$h \geqslant \frac{22.6L}{1\,780 - L}$$

表10-9　系数 c_1、c_2、c_3 的取值

序号	甲板纵骨位置	区域	c_1	c_2	c_3
1	距艏垂线0.075L以前		12.5	63.5	7.8
2	距艏垂线0.075L～0.15L		12.5	57	7.2
3	距艏垂线0.15L处	开口线外	9	48.5	6.2
		开口线内	7.5	40	5.5
4	距艏垂线0.15L～0.3L	开口线外	见注		
		开口线内	7.5	40	5.5
5	船中部0.4L区域	开口线外	10.5	—	—
		开口线内	7.5	40	5.5
6	距艉垂线0.075L～0.3L	开口线外	见注		
		开口线内	7.5	40	5.5
7	距艉垂线0.075L以后		7.5	40	5.5

注：对于该处甲板纵骨的剖面模数，可以通过将船中部和端部的甲板纵骨的剖面模作直线过渡后予以确定。

货物甲板纵骨剖面模数 W 应不小于按下列两式计算所得之值：

$$W = 2.5shl^2 + 0.6sL \ (\text{cm})^3 \quad 对于 \quad L \geqslant 90\ \text{m} \tag{10-87}$$

$$W = 5shl^2 \quad (\text{cm}^3) \quad 对于 \quad L < 90\ \text{m} \tag{10-88}$$

式中　s、h、l、L——见式(10-86)。

居住甲板和上层建筑甲板纵骨的剖面模数 W 应不小于按下列两式计算所得之值：

$$W = 2.5shl^2 + 0.52sL\ (\text{cm}^3) \quad 对于 \quad L \geq 90\ \text{m} \tag{10-89}$$

$$W = 4.4shl^2\ (\text{cm}^3) \quad 对于 \quad L < 90\ \text{m} \tag{10-90}$$

式中 s、h、l、L———见式(10-86)。

应将开口线外的甲板纵骨穿过强横梁，且在纵骨与强横梁腹板的相交处，应予以焊接。当甲板纵骨在舱口端梁或强横梁的腹板处中断时(限于甲板开口线内或船端部分)，在甲板纵骨与舱口端梁或强横梁的连接处，应按有关规定设置肘板，并应将肘板沿舱口端梁腹板或强横梁腹板伸至舱口端梁或强横梁的面板。

当甲板纵骨在横舱壁处中断时，在甲板纵骨与横舱壁的连接处，应按有关规定设置肘板。当船长大于 200 m 时或采用高强度钢时，应将甲板开口线外的强力甲板纵骨连续穿过横舱壁，但也可采用相应的替代结构。

不应将开口线外的强力甲板纵骨终止在同一横剖面处，而应将其末端适当错开，并应将其延伸至横向构件。

5. 纵骨架式甲板纵桁

由规范可知，对于支持强横梁的甲板纵桁，其尺寸应由直接计算确定，计算时，假定甲板纵桁的两端为刚性固定，并承受由强横梁传递的集中载荷，许用弯曲应力为 124 N/mm^2。

支持强横梁的甲板纵桁剖面惯性矩 I 应不小于按下式计算所得之值：

$$I = 2Wl \quad (\text{cm}^4) \tag{10-91}$$

式中 W——甲板纵桁剖面模数，cm^3；

l——甲板纵桁跨距，m。

6. 纵骨架式强横梁

由规范可知，当甲板为纵骨架式时，应设置支持甲板纵骨的强横梁。甲板强横梁应设置在实肋板平面内。强横梁的间距：当船长等于或小于 100 m 时，一般应不大于 3.6 m；当船长大于 100 m 时，一般应不大于$(0.006L+0.30)$，其中 L 为船长。在艏、艉尖舱内，纵骨架式强横梁的间距：当船长等于或小于 100 m 时，应不大于 2.5 m；当船长等于或大于 300 m 时，应不大于 3.5 m；中间值用内插法求得。

在机舱区域和艉尖舱内，应将支持甲板纵骨的强横梁设在强肋骨所处的肋位上。

支持甲板纵骨的强横梁剖面模数 W 应不小于按下式计算所得之值：

$$W = 5Shl^2 \quad (\text{cm}^3) \tag{10-92}$$

式中 S——强横梁间距，m；

h——甲板的计算压头，m，按表 10-7 的规定；

l——强横梁跨距，m。

对单甲板船，其强横梁剖面模数应较按上式计算所得的值增大 15%。

当支持甲板纵骨的强横梁承受集中载荷时，对于其所增加的剖面模数，可按式(10-81)或式(10-82)对甲板纵桁的规定计算。

支持甲板纵骨的强横梁剖面惯性矩 I 应不小于按下式计算所得之值：

$$I = 2Wl \quad (\text{cm}^4) \tag{10-93}$$

式中 W——强横梁剖面模数，cm^3；

l——强横梁跨距，m。

强横梁的腹板高度应不小于甲板纵骨穿过处的切口高度的 1.6 倍。对切口的设计，应使腹板的应力集中为最小。强横梁腹板的厚度应不小于其高度的1%加4 mm。

当需将电缆和管系穿过甲板强横梁的腹板时，在腹板上的开孔高度应不超过腹板高度的25%，开孔的宽度应不超过甲板纵骨间距的60%或强横梁腹板的高度（为其较大者），否则应予以补偿；对船长小于60 m的船舶，开孔高度可予以适当放宽。开孔的边缘至强横梁面板的距离应不小于强横梁腹板高度的40%；开孔的边缘应光滑并具有良好的圆角。不应将开孔密集地布置在相邻的纵骨间距内，离强横梁肘板趾端200 mm范围内的强横梁腹板上不应有任何开孔。

强横梁端部与肋骨或强肋骨或纵舱壁之间应按有关规定设置连接肘板。

当将强横梁与强肋骨或纵舱壁垂直桁的连接结构设计成整体形时，一般应使其形成环形框架，连接处的肘板应为圆弧形。其圆弧半径一般应不小于强横梁腹板高度和强肋骨或纵舱壁垂直桁腹板高度中的较小者，并应设面板将强横梁面板与强肋骨或纵舱壁垂直桁面板相连接，面板的尺寸应与强横梁面板尺寸相同。当肘板的尺寸较大时，应在肘板上设置加强筋。

7. 舱口甲板纵桁

由规范可知，当将露天甲板的舱口甲板纵桁（包括露天甲板舱口围板）同时兼作甲板纵桁且以舱口两端作为支点时，舱口甲板纵桁的剖面模数 W 和剖面惯性矩 I 应分别不小于按下列两式计算所得之值：

$$W = 7hbl^2 \quad (\text{cm}^3) \tag{10-94}$$

$$I = 2.6Wl \quad (\text{cm}^4) \tag{10-95}$$

式中　h——甲板的计算压头，m，见表10－7；

b——舱口甲板纵桁所支承面积的平均宽度，m；

l——舱口甲板纵桁的跨距，m。

下甲板舱口甲板纵桁的剖面模数 W 和剖面惯性矩 I 应分别不小于按下列两式计算所得之值：

$$W = 5.2hbl^2 \quad (\text{cm}^3) \tag{10-96}$$

$$I = 2Wl \quad (\text{cm}^4) \tag{10-97}$$

式中　h——甲板的计算压头，m，见表10－7；

b——下甲板舱口甲板纵桁所支承面积的平均度，m；

l——下甲板舱口甲板纵桁的跨距，m。

当下甲板舱口甲板纵桁承受集中载荷时，尚应增加其剖面模数，所增加的剖面模数应为按式（10－81）或式（10－82）计算所得值的1.1倍。

舱口甲板纵桁腹板在甲板以下的高度应不小于与其相连接的横梁腹板的高度。

舱口甲板纵桁腹板的厚度应不小于其高度的1%加4 mm。

在计算舱口甲板纵桁（包括舱口围板）的剖面模数和剖面惯性矩时，可算至舱口围板的水平面上缘（应扣除水平面板上的开孔）；当不设水平面板时，仅能算至围板的水平加强筋上缘。

对于舱口甲板纵桁延伸构件的尺寸，应予逐渐过渡。

当甲板为纵骨架式时，应设肘板将舱口甲板纵桁与强横梁相连接，若甲板下舱口甲板纵桁的腹板高度与强横梁的腹板高度相同，则应将舱口甲板纵桁直接与强横梁相连接。当强横梁的间距大于2个肋骨间距时，应在强横梁之间增设1块防倾肘板，防倾肘板应伸至舱口甲板纵桁面板和邻近的甲板纵骨,肘板的厚度应与邻近的强横梁腹板厚度相同。

当甲板为横骨架式时,在每根横梁与舱口甲板纵桁的连接处均应设置肘板,并应将肘板伸至舱口甲板纵桁的面板。

【任务测试】

骨材带板的含义是什么?规范对骨材带板的宽度作了哪些规定?

【项目拓展】

大作业:7800DWT 多用途船船舶结构设计计算书。

计算工况:选取空载(压载)到港状态进行计算且该工况在静水中处于中拱状态。

设计资料

7800DWT 多用途船

1. 主要数据:

满载到港状态下的有关参数:

计算船长:$L = 126.00$ m

总重量:$W = 5\ 491.7$ t

海水密度:$\rho = 1.025$ t/m

浮心纵向坐标:$X_b = 1.680$ m

重心纵向坐标:$X_g = 0.839$ m

船宽:$B = 22.00$ m

水线面面积:$A_w = 1\ 520.68$ m^2

平均吃水:$T = 3.782$ m

重力加速度:$g = 9.80$ m/s^2

纵稳心半径:$R = 210.2$ m

漂心纵向坐标:$X_f = 1.788$ m

附录　跨梁的弯曲要素表

说明：

1. 在弯曲要素表中采用的符号与单跨梁弯曲理论中相同；
2. 梁的坐标原点在左支座；
3. 在弯曲要素表的公式中，符号$\|_c$后的项仅用于$x>c$的断面。

附表 1　悬臂梁的弯曲要素表

序号	载荷形式	挠曲线方程式	梁端挠度	梁端转角
1		$v=\dfrac{Pl^3}{3EI}\left[\dfrac{x^2}{l^2}\left(\dfrac{3}{2}-\dfrac{x}{2l}\right)\right]$	$\dfrac{Pl^3}{3EI}$	$\dfrac{Pl^2}{3EI}$
2		$v=\dfrac{mx^2}{2EI}$	$\dfrac{ml^2}{2EI}$	$\dfrac{ml}{EI}$
3	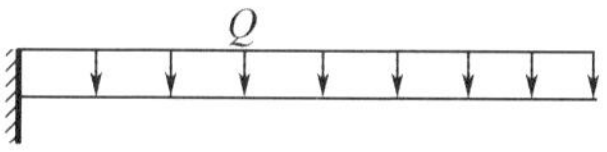	$v=\dfrac{Ql^3}{24EI}\dfrac{x^2}{l^2}\left(6-4\dfrac{x}{l}+\dfrac{x^2}{l^2}\right)$	$\dfrac{Ql^3}{8EI}$	$\dfrac{Ql^2}{6EI}$
4	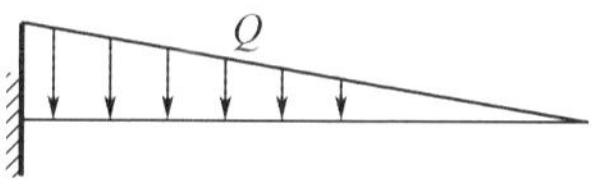	$v=\dfrac{Ql^3}{60EI}\dfrac{x^2}{l^2}\left(10-10\dfrac{x}{l}+5\dfrac{x^2}{l^2}-\dfrac{x^3}{l^3}\right)$	$\dfrac{Ql^3}{15EI}$	$\dfrac{Ql^2}{12EI}$

附表 2　两端自由支持梁的弯曲要素表

序号	载荷形式与弯矩剪力图	挠曲线方程式与挠度	梁端转角	弯矩	支座反力
1	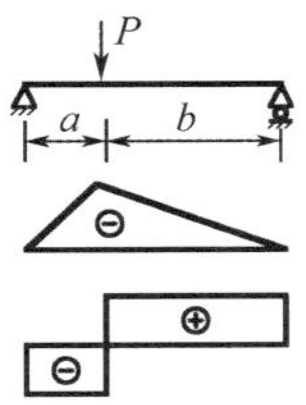	$v=\frac{Pl^3}{6EI}\left[\frac{b}{l}\times\frac{x}{l}\left(1-\frac{b^2}{l^2}-\frac{x^2}{l^2}\right)+\Big\|_a\left(\frac{x-a}{l}\right)^3\right]$ $v(a)=\frac{Pa^2b^2}{3EIl}$ 当 $a=b=\frac{l}{2}$时，$v\left(\frac{l}{2}\right)=\frac{Pl^3}{48EI}$	$\theta_1=\frac{Pab}{6EI}\left(1+\frac{b}{l}\right)$ $\theta_2=-\frac{Pab}{6EI}\left(1+\frac{a}{l}\right)$ 当 $a=b=\frac{l}{2}$时 $\theta_1=-\theta_2=\frac{Pl^2}{16EI}$	$M(a)=-\frac{Pab}{l}$ 当 $a=b=\frac{l}{2}$时， $M\left(\frac{l}{2}\right)=-\frac{Pl}{4}$	$R_1=\frac{Pb}{l}$ $R_2=\frac{Pa}{l}$ 当 $a=b=\frac{l}{2}$时， $R_1=R_2=\frac{P}{2}$
2	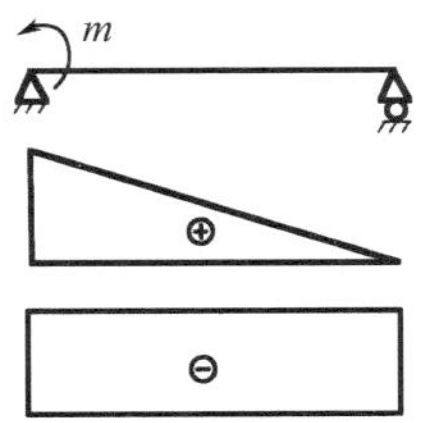	$v=-\frac{mlx}{6EI}\left(2-3\frac{x}{l}+\frac{x^2}{l^2}\right)$ $v\left(\frac{l}{2}\right)=-\frac{ml^2}{16EI}$	$\theta_1=-\frac{ml}{3EI}$ $\theta_2=\frac{ml}{6EI}$	$M=\frac{m}{l}(l-x)$	$R_1=\frac{m}{l}$ $R_2=-\frac{m}{l}$
3	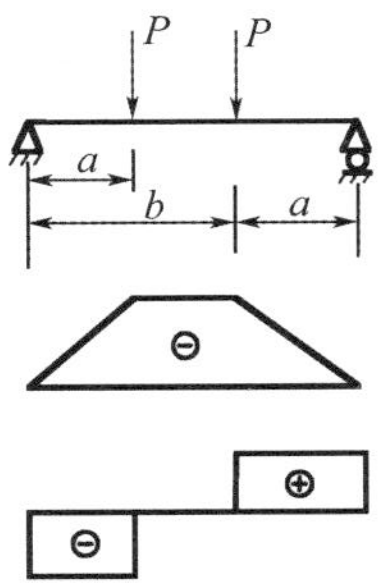	$v=\frac{Pl^3}{6EI}\left[\frac{x}{l}\left(3\frac{ab}{l^2}-\frac{x^2}{l^2}\right)+\Big\|_a\left(\frac{x-a}{l}\right)^3+\Big\|_b\left(\frac{x-b}{l}\right)^3\right]$ $v(a)=\frac{Pa^2l}{6EI}\left(3\frac{b}{l}-\frac{a}{l}\right)$ $v\left(\frac{l}{2}\right)=\frac{Pl^3}{6EI}\left(\frac{3}{4}-\frac{a^2}{l^2}\right)$	$\theta_1=-\theta_2=\frac{Pab}{2EI}$	当 $a\leqslant x\leqslant b$ 时 $M=-Pa$	$R_1=R_2=P$

附表 2（续 1）

序号	载荷形式与弯矩剪力图	挠曲线方程式与挠度	梁端转角	弯矩	支座反力
4	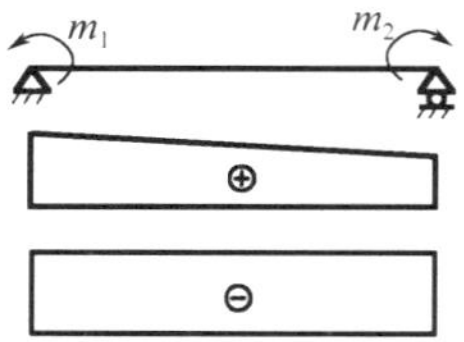	$v = -\frac{l^2}{6EI}\frac{x}{l}\left(1-\frac{x}{l}\right)\times$ $\left[m_1\left(2-\frac{x}{l}\right)+m_2\left(1+\frac{x}{l}\right)\right]$	$\theta_1 = -\frac{m_1 l}{3EI}-\frac{m_2 l}{6EI}$ $\theta_2 = \frac{m_1 l}{6EI}+\frac{m_2 l}{3EI}$	$M = m_1\left(1-\frac{x}{l}\right)+m_2\frac{x}{l}$	$R_1 = \frac{m_1 - m_2}{l}$ $R_2 = \frac{m_2 - m_1}{l}$
5	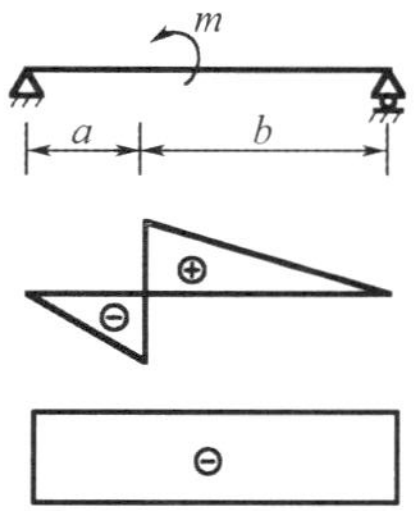	$v = \frac{ml^2}{6EI}\left[\frac{x}{l}\left(1-3\frac{b^2}{l^2}-\frac{x^2}{l^2}\right)+\right.$ $\left.\Big\|_a 3\left(\frac{x-a}{l}\right)\right]$ $v(a) = \frac{mab}{3EI}\left(\frac{a-b}{l}\right)$	$\theta_1 = \frac{ml}{6EI}\left(1-\frac{3b^2}{l^2}\right)$ $\theta_2 = \frac{ml}{6EI}\left(1-\frac{3a^2}{l^2}\right)$	$M = -m\left(\frac{x}{l}-\Big\|_a 1\right)$	$R_1 = \frac{m}{l}$ $R_2 = -\frac{m}{l}$
6	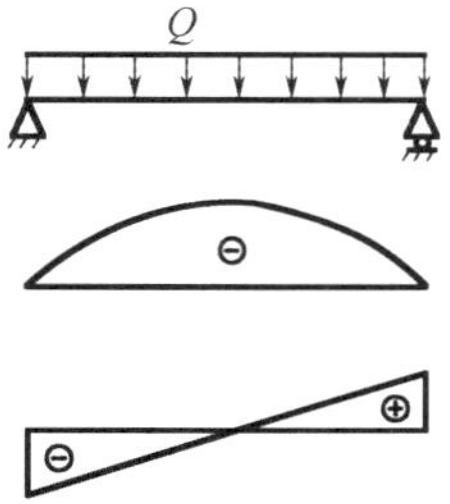	$v = \frac{Ql^3}{24EI}\left(\frac{x}{l}-2\frac{x^3}{l^3}+\frac{x^4}{l^4}\right)$ $v\left(\frac{l}{2}\right) = \frac{5Ql^3}{384EI}$	$\theta_1 = -\theta_2 = \frac{Ql^2}{24EI}$	$M\left(\frac{l}{2}\right) = -\frac{Ql}{8}$	$R_1 = R_2 = \frac{Q}{2}$

附表 **2**(续 2)

序号	载荷形式与弯矩剪力图	挠曲线方程式与挠度	梁端转角	弯矩	支座反力
7	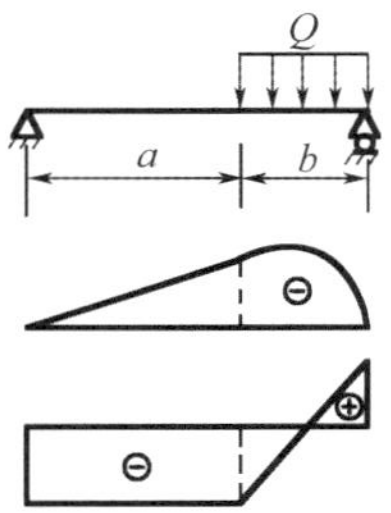	$v=\frac{Qbl^2}{24EI}\left[\frac{x}{l}\left(1+\frac{2a}{l}-\frac{a^2}{l^2}-2\frac{x^2}{l^2}\right)+\Big\|_a\frac{(x-a)^4}{b^2l^2}\right]$	$\theta_1=\frac{Qbl}{24EI}\left(1+\frac{2a}{l}-\frac{a^2}{l^2}\right)$ $\theta_2=-\frac{Qbl}{24EI}\left(1+\frac{a}{l}\right)^2$	$M_{max}=-\frac{Ql}{8}\left(1+\frac{a}{l}\right)^2$	$R_1=\frac{Qb}{2l}$ $R_2=Q\left(1-\frac{b}{2l}\right)$
8	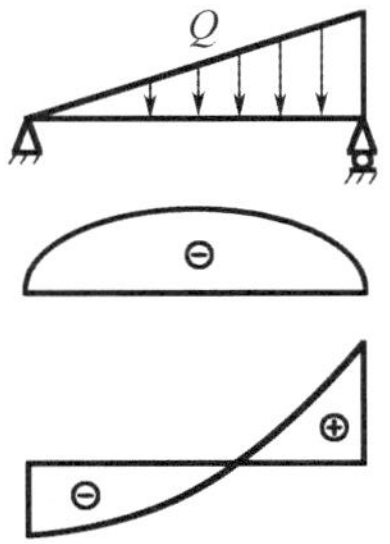	$v=\frac{Ql^3}{180EI}\left(7\frac{x}{l}-10\frac{x^3}{l^3}+3\frac{x^5}{l^5}\right)$ 当 $x=0.519\ 3l$ 时， $v_{max}=0.013\ 04\frac{Ql^3}{EI}$	$\theta_1=\frac{7Ql^2}{180EI}$ $\theta_2=-\frac{2Ql^2}{45EI}$	当 $x=0.577\ 3l$ 时 $M_{max}=0.128\ 3Ql$	$R_1=\frac{Q}{3}$ $R_2=\frac{2Q}{3}$
9	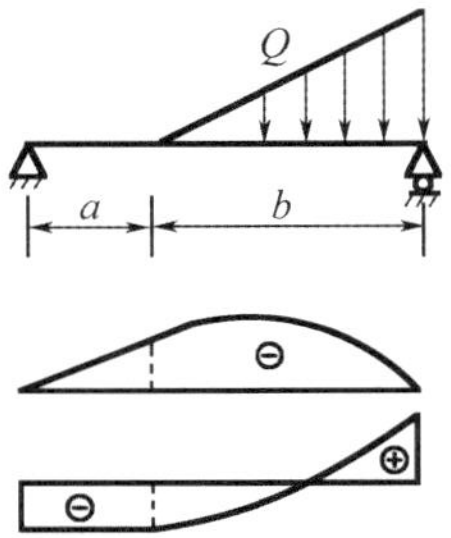	$v=\frac{Ql^3}{180EI}\left[\frac{b}{l}\left(7+6\frac{a}{l}-3\frac{a^2}{l^2}-10\frac{x^2}{l^2}\right)\frac{x}{l}+\Big\|_a 3\frac{(x-a)^5}{b^2l^3}\right]$	$\theta_1=\frac{Qbl}{180EI}\left(7+6\frac{a}{l}-3\frac{a^2}{l^2}\right)$ $\theta_2=-\frac{Qbl}{180EI}\left(8+9\frac{a}{l}+3\frac{a^2}{l^2}\right)$	$M=-\frac{Ql}{3}\left[\frac{bx}{l^2}-\Big\|_a\frac{(x-a)^3}{b^2l}\right]$	$R_1=\frac{Qb}{3l}$ $R_2=Q\left(1-\frac{b}{3l}\right)$

附表 3 一端自由支持，一端刚性固定梁的弯曲要素表

序号	载荷形式与弯矩剪力图	挠曲线方程式与挠度	固定断面弯矩	右支座反力
1	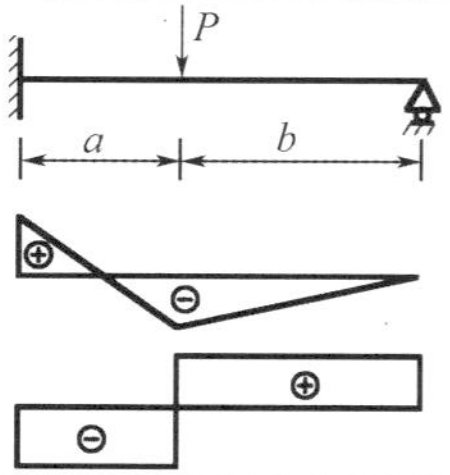	$v=\frac{Pl^3}{6EI}\left\{\frac{x^2}{l^2}\left[\frac{3}{2}\frac{ab}{l^2}\left(1+\frac{b}{l}\right)-\left(1-\frac{3a^2}{2l^2}+\frac{a^3}{2l^3}\right)\frac{x}{l}\right]+\Big\Vert_a\left(\frac{x-a}{l}\right)^3\right\}$ 当 $a=b=\frac{l}{2}$ 时，$v\left(\frac{l}{2}\right)=\frac{7Pl^3}{768EI}$	$M_1=\frac{P}{2}\frac{ab}{l}\times\left(1+\frac{b}{l}\right)$ 当 $a=b=\frac{l}{2}$ 时，$M_1=\frac{3}{16}Pl$	$R_2=\frac{Pa^2}{2l^2}\times\left(3-\frac{a}{l}\right)$ 当 $a=b=\frac{1}{2}$ 时，$R_2=\frac{5P}{16}$
2	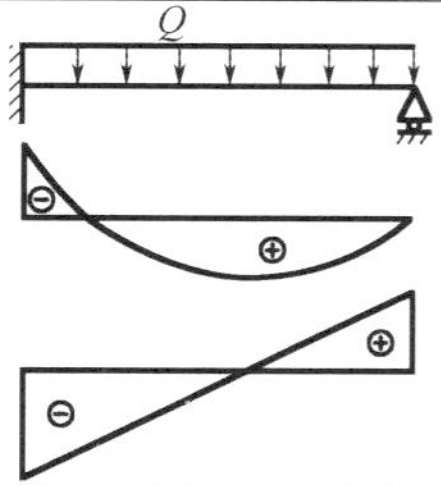	$v=\frac{Ql^3}{24EI}\frac{x^2}{l^2}\left(\frac{x^2}{l^2}-\frac{5x}{2l}+\frac{3}{2}\right)$ $v\left(\frac{l}{2}\right)=\frac{Ql^3}{192EI}$ 当 $x=0.579l$ 时，$v_{\max}=\frac{Ql^3}{185EI}$	$M_1=\frac{Ql}{8}$	$R_2=\frac{3}{8}Q$
3	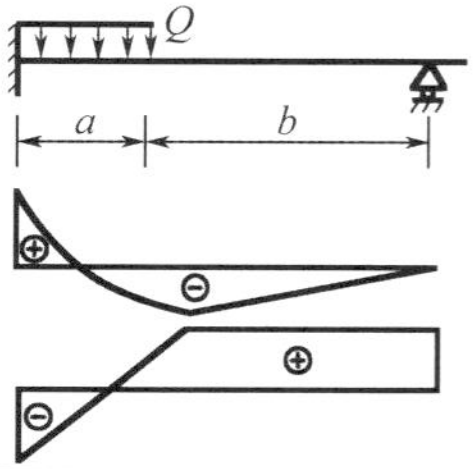	$v=\frac{ql^4}{24EI}\left\{\frac{x^2}{l^2}\left[\frac{a^2}{l^2}\left(6-6\frac{a}{l}+\frac{3a^2}{2l^2}\right)+\frac{x}{l}\left(\frac{x}{l}-\frac{4a}{l}+2\frac{a^3}{l^3}-\frac{a^4}{2l^4}\right)\right]-\Big\Vert_a\left(\frac{x-a}{l}\right)^4\right\}$	$M_1=\frac{qa^2}{8}\left(2-\frac{a}{l}\right)^2$	$R_2=\frac{qa^3}{8l^2}\left(4-\frac{a}{l}\right)$
4	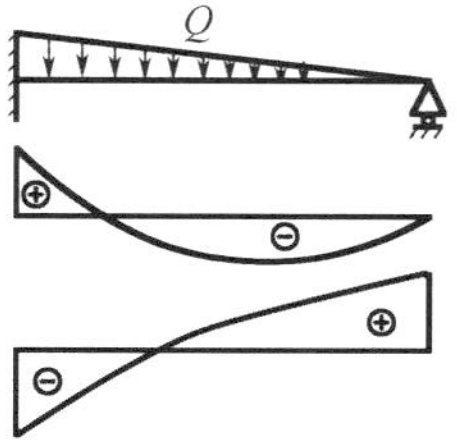	$v=\frac{Ql^3}{60EI}\frac{x^2}{l^2}\left(4-8\frac{x}{l}+5\frac{x^2}{l^2}-\frac{x^3}{l^3}\right)$ $v\left(\frac{l}{2}\right)=\frac{Ql^3}{213.3EI}$ 当 $x=0.552l$ 时，$v_{\max}=\frac{Ql^3}{209.3EI}$	$M_1=\frac{Ql}{7.5}$	$R_2=0.2Q$

附表 4　两端刚性固定梁的弯曲要素表

序号	载荷形式与弯矩剪力图	挠曲线方程式与挠度	固定断面弯矩	左支座反力
1	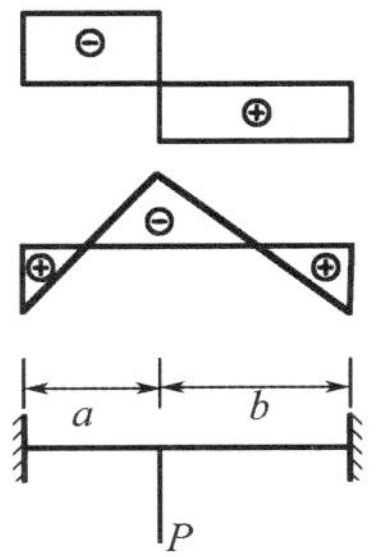	$v = \frac{Pl^3}{6EI}\left[\frac{b^2}{l^2}\frac{x^2}{l^2}\left(\frac{3a}{l} - \frac{3a+b}{l}\frac{x}{l}\right) + \Big\Vert_a \left(\frac{x-a}{l}\right)^3\right]$ $v(a) = \frac{Pl^3}{3EI}\frac{a^3b^3}{l^6}$ 当 $a = b = \frac{l}{2}$ 时，$v\left(\frac{l}{2}\right) = \frac{Pl^3}{192EI}$	$M_1 = \frac{ab^2}{l^2}P$ $M_2 = \frac{a^2b}{l^2}P$ 当 $a = b = \frac{l}{2}$ 时，$M_1 = M_2 = \frac{Pl}{8}$	$R_1 = \frac{b^2}{l^3}(3a+b)P$ $R_2 = \frac{a^2}{l^3}(3b+a)P$ 当 $a = b = \frac{l}{2}$ 时， $R_1 = R_2 = \frac{P}{2}$
2	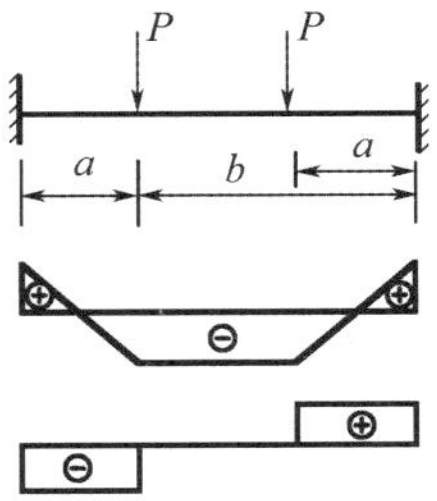	$v = \frac{Pl^3}{6EI}\left[\frac{x^2}{l^2}\left(3\frac{ab}{l^2} - \frac{x}{l}\right) + \Big\Vert_a \left(\frac{x-a}{l}\right)^3 + \Big\Vert_b \left(\frac{x-b}{l}\right)^3\right]$ $v(a) = \frac{Pl^3}{6EI}\frac{a^3}{l^3}\frac{2b-a}{l}$	$M_1 = M_2 = \frac{ab}{l}P$	$R_1 = R_2 = P$
3	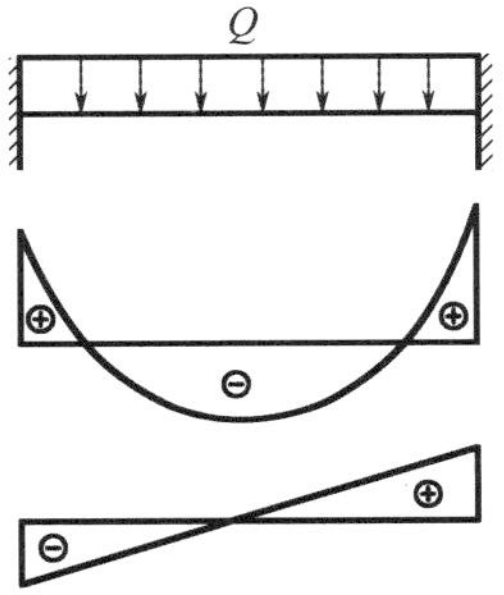	$v = \frac{Ql^3}{24EI}\frac{x^2}{l^2}\left(1 - 2\frac{x}{l} + \frac{x^2}{l^2}\right)$ $v\left(\frac{l}{2}\right) = \frac{Ql^3}{384EI}$	$M_1 = M_2 = \frac{Ql}{12}$	$R_1 = R_2 = \frac{Q}{2}$

附表 4(续)

序号	载荷形式与弯矩剪力图	挠曲线方程式与挠度	固定断面弯矩	左支座反力
4	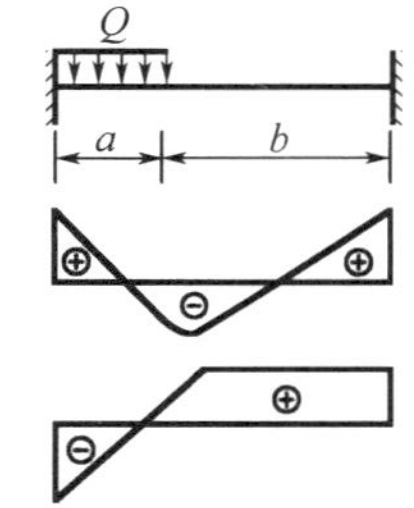	$v=\frac{ql^4}{24EI}\left\{\frac{x^2}{l^2}\left[\frac{x^2}{l^2}-\frac{2ax}{l^2}\left(2-2\frac{a^2}{l^2}+\frac{a^3}{l^3}\right)+\frac{a^2}{l^2}\left(6-8\frac{a}{l}+3\frac{a^2}{l^2}\right)\right]-\Big\Vert_a\left(\frac{x-a}{l}\right)^4\right\}$	$M_1=\frac{qa^2}{12}\left(6-8\frac{a}{l}+3\frac{a^2}{l^2}\right)$ $M_2=\frac{qa^2}{12}\left(4-3\frac{a}{l}\right)\frac{a}{l}$	$R_1=\frac{qa}{2}\left(2-2\frac{a^2}{l^2}+\frac{a^3}{l^3}\right)$ $R_2=\frac{qa}{2}\left(2-\frac{a}{l}\right)\frac{a^2}{l^2}$
5	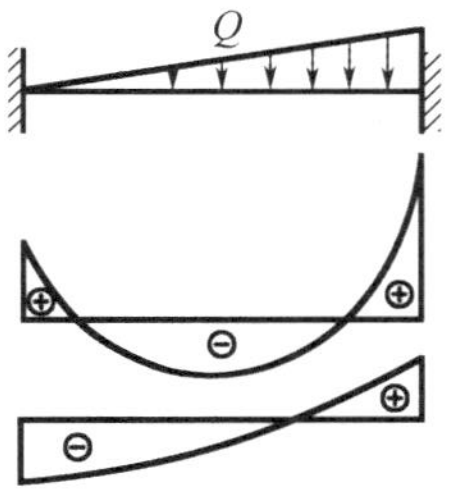	$v=\frac{Ql^3}{60EI}\frac{x^2}{l^2}\left(\frac{x^3}{l^3}-3\frac{x}{l}+2\right)$ $v\left(\frac{l}{2}\right)=\frac{Ql^3}{384EI}$ 当 $x=0.525l$ 时,$v_{\max}=\frac{Ql^3}{382EI}$	$M_1=\frac{Ql}{15}$ $M_2=\frac{Ql}{10}$	$R_1=0.3Q$ $R_2=0.7Q$
6	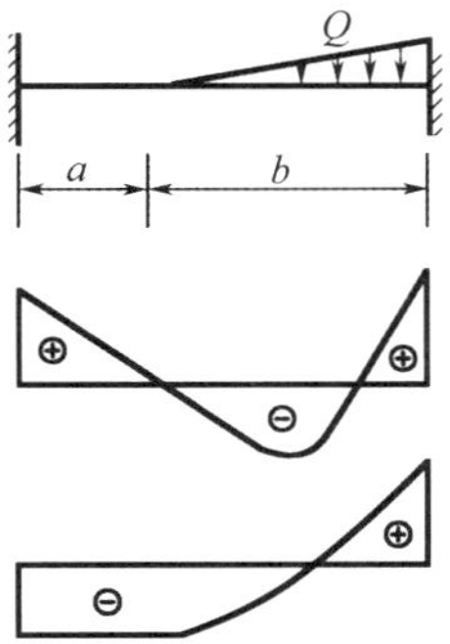	$v=\frac{Ql^3}{60EI}\left\{\frac{b}{l}\frac{x^2}{l^2}\left[2+\frac{a}{l}-\frac{3a^2}{l^2}+\frac{x}{l}\left(2\frac{a^2}{l^2}+\frac{a}{l}-3\right)\right]+\Big\Vert_a\frac{(x-a)^5}{b^2l^3}\right\}$	$M_1=\frac{Q}{30}\frac{b^2}{l^2}(2l+3a)$ $M_2=\frac{Qb}{30}\left(10\frac{a}{l}+3\frac{b^2}{l^2}\right)$	$R_1=\frac{Q}{10}\frac{b^2}{l^2}\left(3+2\frac{a}{l}\right)$ $R_2=\frac{Q}{10}\left(10-\frac{3b^2}{l^2}-\frac{2ab^2}{l^3}\right)$

附表 5　一端弹性固定，另一端弹性支座的梁的固定断面弯矩

符号：$\overline{\alpha}=\dfrac{\alpha EI}{l}$，$\overline{A}=\dfrac{AEI}{l^3}$；

α——弹性固定端的柔性系数；

A——弹性支座的柔性系数；

$$K_A=\overline{\alpha}+\overline{A}+\frac{1}{3}$$

$$K_0=3\overline{\alpha}+1$$

序号	载荷形式	固定断面弯矩（$A\neq0$）	固定断面弯矩（$A=0$）
1	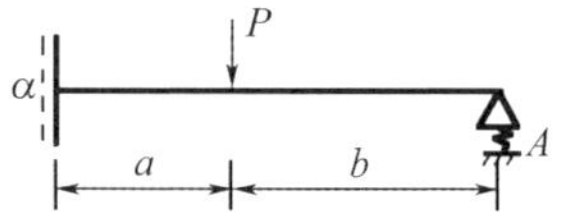	$\dfrac{Pa}{K_A}\left[\overline{A}+\dfrac{b}{6l}\times\left(1+\dfrac{b}{l}\right)\right]$	$\dfrac{Pab}{2l}\dfrac{1}{K_0}\times\left(1+\dfrac{b}{l}\right)$
2	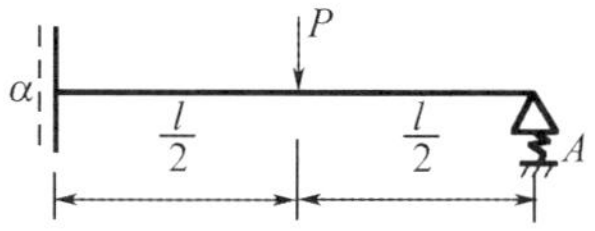	$\dfrac{Pl}{2}\dfrac{1}{K_A}\left(\overline{A}+\dfrac{1}{8}\right)$	$\dfrac{3Pl}{16}\dfrac{1}{K_0}$
3	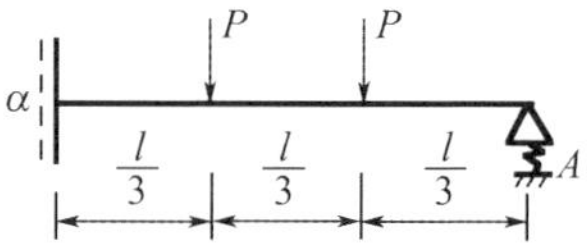	$\dfrac{Pl}{K_A}\left(\overline{A}+\dfrac{1}{9}\right)$	$\dfrac{Pl}{3}\dfrac{1}{K_0}$
4	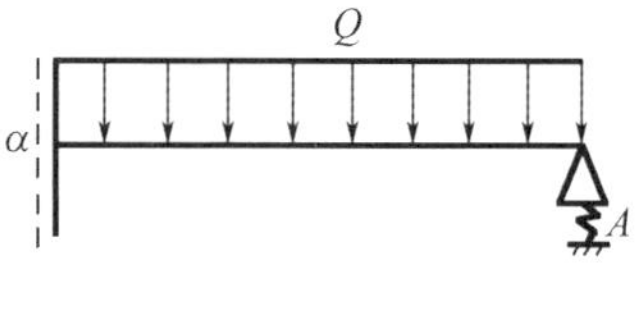	$\dfrac{Ql}{24}\dfrac{1}{K_A}(12\overline{A}+1)$	$\dfrac{Ql}{8}\dfrac{1}{K_0}$
5	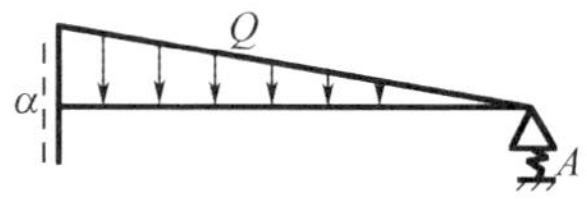	$\dfrac{Ql}{45}\dfrac{1}{K_A}(15\overline{A}+2)$	$\dfrac{Ql}{15}\dfrac{2}{K_0}$
6	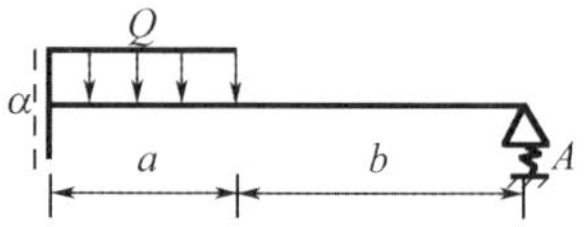	$\dfrac{Qa}{24}\dfrac{1}{K_A}\left[12\overline{A}+\left(1+\dfrac{b}{l}\right)^2\right]$	$\dfrac{Qa}{8}\dfrac{1}{K_0}\left(1+\dfrac{b}{l}\right)^2$

附表 6 两端弹性固定的梁的固定断面弯矩

符号：$\bar{\alpha}_1 = \dfrac{\alpha_1 EI}{l}$，$\bar{\alpha}_2 = \dfrac{\alpha_2 EI}{l}$

式中 α_1——梁左弹性固定端的柔性系数；

α_2——梁右弹性固定端的柔性系数。

$$K = \left(\bar{\alpha}_1 + \frac{1}{3}\right)\left(\bar{\alpha}_2 + \frac{1}{3}\right) - \frac{1}{36}$$

序号	载荷形式	左端弯矩 M_1	右端弯矩 M_2
1	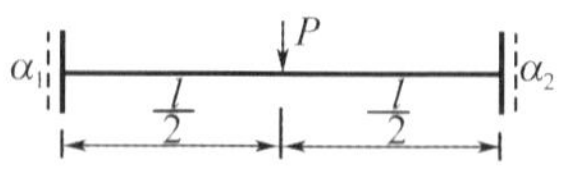	$\dfrac{Pl}{16}\dfrac{1}{K}\left(\bar{\alpha}_2 + \dfrac{1}{6}\right)$	$\dfrac{Pl}{16}\dfrac{1}{K}\left(\bar{\alpha}_1 + \dfrac{1}{6}\right)$
2	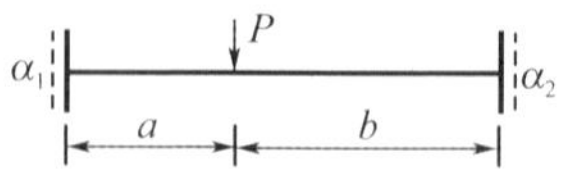	$\dfrac{Pab}{6l}\dfrac{1}{K}\left[\left(1 + \dfrac{b}{l}\right) \times \left(\bar{\alpha}_2 + \dfrac{1}{3}\right) - \dfrac{1}{6}\left(1 + \dfrac{a}{l}\right)\right]$	$\dfrac{Pab}{6l}\dfrac{1}{K}\left[\left(1 + \dfrac{b}{l}\right) \times \left(\bar{\alpha}_1 + \dfrac{1}{3}\right) - \dfrac{1}{6}\left(1 + \dfrac{b}{l}\right)\right]$
3	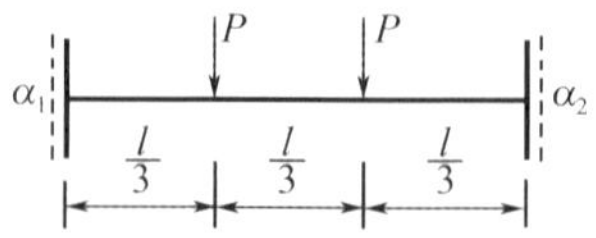	$\dfrac{Pl}{9}\dfrac{1}{K}\left(\bar{\alpha}_2 + \dfrac{1}{6}\right)$	$\dfrac{Pl}{9}\dfrac{1}{K}\left(\bar{\alpha}_1 + \dfrac{1}{6}\right)$
4	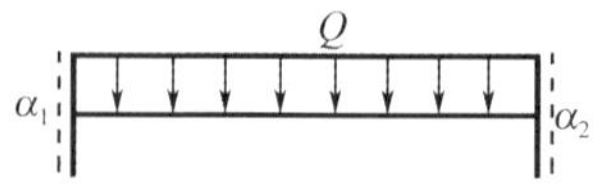	$\dfrac{Ql}{24}\dfrac{1}{K}\left(\bar{\alpha}_2 + \dfrac{1}{6}\right)$	$\dfrac{Ql}{24}\dfrac{1}{K}\left(\bar{\alpha}_2 + \dfrac{1}{6}\right)$
5	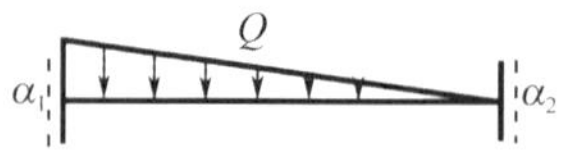	$\dfrac{Ql}{45}\dfrac{1}{K}\left(\bar{\alpha}_2 + \dfrac{3}{16}\right)$	$\dfrac{7Ql}{180}\dfrac{1}{K}\left(\bar{\alpha}_1 + \dfrac{1}{7}\right)$
6	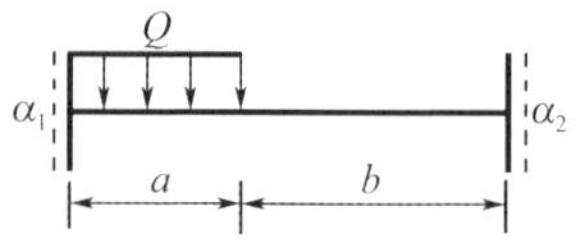	$\dfrac{Qa}{24}\dfrac{1}{K}\left[\left(\bar{\alpha}_2 + \dfrac{1}{3}\right)\left(1 + \dfrac{b}{l}\right)^2 - \dfrac{1}{6}\left(1 + \dfrac{2b}{l} - \dfrac{b^2}{l^2}\right)\right]$	$\dfrac{Qa}{24}\dfrac{1}{K}\left[\left(\bar{\alpha}_1 + \dfrac{1}{3}\right) \times \left(1 + \dfrac{2b}{l} - \dfrac{b^2}{l^2}\right) - \dfrac{1}{6}\left(1 + \dfrac{b}{l}\right)^2\right]$

参 考 文 献

[1] 陈铁云,陈伯真.船舶结构力学[M].北京:国防工业出版社,1986.
[2] 王礼亨.船舶结构力学[M].北京:国防工业出版社,1986.
[3] 杨代盛.船体强度与结构设计[M].北京:国防工业出版社,1986.
[4] 王杰德,杨永谦.船体强度与结构设计[M].北京:国防工业出版社,1986.
[5] 戴天授.船体强度与结构设计[M].北京:国防工业出版社,1988.
[6] 袁胜庆.船体结构与强度[M].北京:国防工业出版社,1980.
[7] 程国平.船舶强度与结构设计[M].北京:人民交通出版社,1998.
[8] 刘旭.游艇材料与加工工艺[M].哈尔滨:哈尔滨工程大学出版社,2015.
[9] 聂武,孙丽萍.船舶计算结构力学[M].哈尔滨:哈尔滨工程大学出版社,2000.
[10] 刘向东.船舶结构与强度设计[M].北京:人民交通出版社,2007.
[11] 中国船级社.钢质海船入级与建造规范(2001 规范和 2002 规范修改通报)[M].北京:人民交通出版社,2002.